Le salon de Ma moeurs li

Fernand Kolney

Alpha Editions

This edition published in 2023

ISBN : 9789357957212

Design and Setting By
Alpha Editions
www.alphaedis.com
Email - info@alphaedis.com

Contents

I

Il ne faut pas croire que Madame Truphot soit, en raccourci bourgeois, le type désormais historique de la princesse Mathilde.

Médéric Boutorgne sortait du *café Napolitain* où il aimait à fréquenter. De cinq à sept, c'était le confluent de toutes les salles de rédaction et l'endroit de la planète où l'on se giflait le plus. Même un gérant inspiré avait eu, un moment, l'idée d'y installer un appareil ambulatoire destiné à distribuer les calottes. Ainsi toute fatigue superflue aurait été évitée à MM. les gens de lettres, journalistes, marchands d'hexamètres et *prosifères* de tout ordre, déjà exténués par le colossal labeur qui consiste à enfanter, chaque jour, la pensée de tout un peuple, à être quelque chose comme l'encéphale d'une race réputée pour le brio de son génie. Médéric Boutorgne hantait le lieu avec acharnement. Malgré l'hostilité des courants d'air qui avaient fini par tuer le patron du lieu, lui-même, et l'élévation à 75 centimes du prix des absinthes, il persistait, chaque fin d'après-midi, à passer avec des mines respectueuses et attendries, la carafe frappée, le *Temps* du soir ou le pyrophore aux maîtres incontestés, aux maharajahs du Lieu commun qui régnaient dans les gazettes. Et il aimait à ce point la littérature, qu'à deux ou trois reprises, il n'avait point hésité à se précipiter pour payer le fiacre quand l'augure fébrilement attendu n'avait point de monnaie, ce qui arrivait souvent. Grâce à cela, il était l'homme qui, avec les arbres du boulevard, les sites célèbres et l'hémicycle de la Chambre, avait entendu, sans broncher, le plus de sottises. Auditeur bénévole, la bouche en oméga, il sirotait tous les cancans qu'on voulait bien lui notifier, se montrait ravi d'une telle condescendance et s'exclamait toujours à point, en des superlatifs aussi nouveaux qu'avantageux, lorsqu'il devenait nécessaire d'expertiser l'esprit de la *vedette*, du chroniqueur ou du *tartinier* occupé à éjaculer des bons mots. Malgré cela, il ne perçait point. Il savait, par exemple, que la belle Fridah, des *Bouffes*, était allée faire une scène, en plein domicile conjugal, au mari de cette pauvre Madame Desroziers, un critique influent, parce que cette dernière qui concubinait encore avec elle, il n'y avait pas un mois, l'avait salement plaquée, pour retourner à l'amour masculin. Il n'ignorait pas non plus que Flamussin, de l'*Escobar*, s'était mis en ménage avec un déménageur de pianos, et qu'il avait tenté la semaine précédente de se suicider: car l'homme de chez Pleyel, après deux semaines seulement de parfaite félicité, était décédé subitement à Cochin, d'une appendicite. Il était informé aussi que ce gros homme sale, givré de pellicules, d'âge indéfinissable, assis en face de lui, qui s'ivrognait ponctuellement, fabriquait tous les livres de Pornos qui tirait à quatre-vingt mille. Cet auteur avait même traité avec le patron, moyennant une somme fixe à l'année pour que son tâcheron se ribotât sans inquiétude: car il ne travaillait jamais mieux que dans le plein d'une bonne soulographie.

Oui, nul autre avant Médéric Boutorgne ne donnait l'accolade à Pornos, lorsque ce dernier, coiffé d'un *bords plats*, les yeux exorbités comme un barbillon qui vient de perdre son frai, pénétrait dans le *Napolitain* avec son allure de commis-voyageur en photographies obscènes, de placier en suppositoires. Le premier, il avait reçu de cet écriturier plein de génie la mémorable confidence: «Un homme de mon talent n'est-il pas vrai? ne doit pas se surmener au point de vue sexuel. Nous recevons deux fois par semaine; il vient beaucoup de confrères, alors ma femme choisit.» Il connaissait aussi le métier du grand maigre, porteur de linge en celluloïd, chaussé d'une bottine à boutons et d'un soulier molière qui ne craignait pas d'affronter les élégances de M. Jehan de Mithylène, et hâtivement, d'un stylographe profitable, donnait à la copie de notre moderne Tallemant des Réaux, l'allure et le tour du grand siècle.

M. Jehan de Mithylène, de son vrai nom Dimitri Argireanu, sujet serbe ou bulgaro-macédonien d'origine, on ne sait pas au juste, était venu des Balkans à Paris dans le dessein d'y rénover le dandysme non moins que le bonapartisme et d'y brandir le bichon de la faute de français, afin de donner, lui aussi, un coup de fer au *Petit Chapeau*. C'était le *bagotier* du char de la dictature. On le voyait courir derrière les fiacres de tous les possibles dictateurs pour descendre les malles, abattre le strapontin, accomplir les basses besognes et recevoir la sportule. Il arborait sur le boulevard des pantalons en tire-bouchons et de suffocantes redingotes 1830, sanglées à la taille et qui allaient s'évasant à partir des hanches, en forme de fustanelle, de jupon de Palikare. Au débarqué de l'Orient-Express, tout heureux de s'être dérobé à une destinée identique à celle de ses auteurs qui vendaient des cacaouètes sur les quais de Salonique, il s'était engouffré, chaque jour, avec ponctualité, pendant deux ans, sous le porche de la Nationale non pas, comme on aurait pu le croire, dans l'intention louable de s'initier à la langue française ou à l'orthographe rudimentaire, mais bien pour prélever dans le Cabinet des Estampes un modèle de *galure* capable de compléter la chienlit de son personnage. Ainsi avantagé, sur les conseils d'un autre ratapoil, le baron Toussaint, *alias* René Maizeroy, il avait cru de son devoir d'apprendre par cœur les mémoires de Barras, ceux de la duchesse d'Abrantès, le Mémorial de Sainte-Hélène et de les découper en menues tranches pour les lecteurs d'un grand quotidien du matin, où le prince Victor, qui le subventionnait alors et payait son gargotier, l'avait fait embaucher comme manœuvre. Nul, comme ce Bulgare, n'était ferré sur le décret de messidor an VII qui règle les préséances; personne mieux que ce demi-Turc ne connaissait les traits de Talleyrand, les mots de Cambacérès et les rites du nationalisme dont il était le nouveau Brummel. Ses beuglements, lors d'une gaffe du Protocole, quand ce dernier fit éclater le ridicule et la misère d'esprit du roi d'Italie en le laissant bafouiller à l'Hôtel de ville, pour ne l'avoir point prévenu que le Préfet de la Seine allait le speecher et qu'il avait à lui répondre, ses beuglements d'indignation sont restés célèbres. M. Jehan de Mithylène avait même failli déborder du Napolitain, parloir des gens de Lettres, sur la scène du Monde. A la suite de la tragédie de Belgrade et pendant l'élection de Pierre Ier, il fut en effet, douze heures entières, l'*outsider* de la Skoupschina: car il avait par télégraphe posé sa candidature à la succession du mari de Draga. Présentement, chaque matinée, il se rendait à Saint-Gratien pour enfoncer le pessaire à la princesse Mathilde.

L'homme qui assistait ce jour-là M. Jehan de Mithylène *fabriquait des œuvres posthumes* de son métier. Qu'on ne s'étonne pas, il n'était point le seul, en Paris, à travailler dans cette partie qui n'enrichissait guère. Un grand écrivain, une Pensée dont l'altitude voisinait avec celle des étoiles les plus renfrognées, venait-il à disparaître, sa femme se réfugiait une année, comme il est décent, dans les ténèbres de ses voiles et s'immergeait dans le silence et la douleur. Ce délai écoulé, on apprenait ordinairement que le trépassé dont l'art contemporain, au dire des papiers publics, était incommensurablement endeuillé avait laissé des fonds de tiroirs, d'inestimables manuscrits qui ne tarderaient pas à être livrés au culte des foules éperdues de désir. Et une savante réclame fonctionnait judicieusement. Puis un beau jour la veuve allait trouver le spécialiste, *le fabricant d'œuvres posthumes.* Il s'agissait pour ce malheureux, moyennant un salaire infime et quelquefois une partie de la garde-robe du défunt, de s'introduire assez congrûment dans la peau du *de cujus* afin que les pastiches de son style et de ses idées, s'il en avait jamais eus, puissent être pris, par l'éditeur dupé, par le marchand de secousses littéraires, pour les propres excogitations de l'homme célèbre, que le papier, plein de soumission, avait recueilli de son vivant. Chaque année, paraissaient ainsi de nombreux recueils d'«Impressions», «Notes», «Souvenirs», «Aphorismes» signés du nom d'un mort illustre et qui étaient fabriqués dans des mansardes, moyennant des rétributions qui variaient de 150 à 300 francs par mois. Trente-cinq éditions de «Mémoires» élaborés de semblable façon et supérieurement écrits furent enlevés, récemment, en moins de six mois et la Critique en resta stupéfaite, car cette fois, le grand homme, soucieux de retenue et de modestie, avait attendu son décès pour manifester enfin quelque talent. Oui, Médéric Boutorgne savait cela, et bien d'autres choses encore, mais malgré tout, il n'arrivait pas. Jamais—ce qui était son plus grand désir—il n'avait pu pénétrer dans une grande feuille au tirage fabuleux. Une vigoureuse offensive et l'appui de ses belles relations l'avaient seulement amené, un jour, à collaborer comme chef des échos à un de ces journaux hypothétiques qui ont pris coutume depuis vingt ans, au moins, de se mettre en ménage, à trois ou quatre dans une unique chambre du Croissant, pour pouvoir être en mesure le jour du terme, tout comme les maçons, les *ligorniaux* de l'île Saint-Louis.

Médéric Boutorgne avait débuté dans les lettres par un livre qu'il avait intitulé: *Drames dans la Pénombre*. Sa prose chassieuse et la molle pétarade de ses métaphores ataxiques y faisaient sommation à la Vie, aux Êtres, aux Choses, à l'Univers lui-même, de livrer, sur l'heure, l'atroce mystère de leur Absolu, non moins que l'incognescible de leurs Futurs et de leurs Au-delà. Il est inutile d'ajouter que tout ce qui vient d'être énuméré n'avait rien révélé du tout, hormis la seule inanité de l'auteur. Un grand écrivain, à la réception de cet ouvrage abondamment dédicacé, avait évalué Médéric Boutorgne comme un «nouveau Shakespeare». Cet arbitrage bonifiant ayant été rapporté sur l'heure au plus grand nombre d'amis possibles, un de ces derniers lui avait fait remarquer que d'être un «nouveau Shakespeare», cela ne comptait pas: attendu qu'il y en avait déjà une quinzaine qui circulaient en se réclamant de ce titre avantageux, notamment un Néerlandais, un Marseillais qui écrivait en provençal sans compter sept ou huit Scandinaves et tous les impubères des jeunes Revues qui, à leur deuxième écriture, avaient, pour le moins, ravalé le grand Will. Médéric Boutorgne cependant avait persévéré. Il avait travaillé trois ans à la confection de deux bolides qui devaient, à son avis, rayer de leur aveuglante fulguration, la nue jusque là ténébreuse et morne des Lettres Contemporaines. Le premier s'appelait: *Épopées dans la Conscience*, le second s'abritait sous ce titre: *Julius Pélican*. Mais sa pyrotechnie devait avoir été maléficée ou compissée à l'avance: car sa trajectoire la plus tendue ne l'avait menée que dans les boîtes des bouquinistes des quais où les deux bolides s'étaient engouffrés avec ensemble, sans projeter la moindre étincelle, ni susciter la moindre monnaie.

Médéric Boutorgne, ce jour-là, devant les confrères glorieux, inventoriait sa vie ainsi que son présumable avenir. Quel destin contraire, quel mauvais sort enragé s'accrochait donc à ses grègues pour l'empêcher de se faufiler lui aussi? Tous ses camarades, un à un, finissaient par se hisser; lui seul restait enlizé dans le marasme. Quelques heures auparavant, un de ses amis l'avait écrasé encore de sa fortune naissante. Promu soudainement à la dignité de *chef des Informations et du Chantage*, il l'avait entraîné dans la salle de rédaction du *Gallo-Romain*, une feuille du boulevard battant pavillon de flibustiers et dont le directeur, un créole argentin, devait, plus tard, être choisi comme plénipotentiaire par une jeune République hispano-américaine désireuse d'être, sur l'heure, initiée, par ce maltôtier milliardaire, à toutes les ressources de la piraterie occidentale qui permettent à un peuple nouveau-né de s'imposer au respect des chancelleries et lui assurent, à bref délai, l'estime des autres nations civilisées. Arrêté devant le cadre fileté d'or, qui devait offrir aux regards de la clientèle les profils des nouveaux articliers de la maison, le camarade de Boutorgne touchait du doigt la place où, dès le lendemain, s'imposerait son front aux géniales radiations. Aussi Médéric sentait-il sourdre en lui une admiration profonde, enfiellée cependant de quelque amertume à l'égard du confrère pareillement favorisé. Mais, la Fortune cette fois, s'était montrée intelligente dans son choix, comme il dut le reconnaître devant le toupet du personnage soudainement mis à jour, toupet monstre qui, dans la littérature, permet d'accéder aux plus hautes situations.

Ils ne s'étaient pas retournés, en effet, que dans un froufroutement de fracassantes soieries, un feu d'artifice de lueurs et d'aveuglants rayons émané de soixante bagues et d'au moins quatorze colliers ou pendiques, parmi le déchaînement des parfums racoleurs où perçait cependant la note aiguë d'une pointe d'iodoforme, sortait la belle Otero venue pour solliciter une lèche de quelques lignes de ces messieurs.

Et l'ami s'était précipité vers le garçon de bureau.

—La belle Otero chez le patron? Elle a au moins cassé l'ascenseur, en montant?

—?????

—Oui, elle casse tous les ascenseurs: elle a démoli le mien, avant-hier, en venant chez moi.

Boutorgne qui savait dans quel taudion d'une maison ouvrière de la rue Lamark, dans quel galetas situé au plus haut d'un escalier, feutré les soirs de paye par le vomis des locataires, demeurait le *chef des Informations et du Chantage*, admira sans réserve et n'osa plus solliciter son admission dans un journal où, pour la moindre besogne, on pouvait requérir de lui, un égal savoir-faire. A s'ausculter soi-même, il reconnut qu'il lui faudrait au moins six mois d'entraînement rationnel et journalier dans l'imposture pour, à l'improviste, témoigner d'une pareille maîtrise.

C'était ce même jouvenceau,—auteur du *Cloporte cramoisi*—qui, à peine évadé de sa sous-préfecture tardigrade et installé depuis huit jours à Montmartre arrêtait au passage un ami journaleux pour lui tenir ce petit discours:

—Mon vieux, je sors de chez Puvis de Chavannes.

—Ah bah!

—Oui, et il m'a dit en me montrant sa dernière fresque: «Comment trouvez-vous cela, mon cher? Est-ce que cela vous plaît?»

Mot admirable et grâce à quoi on entrevoit Verlaine prenant conseil de Théodore Botrel; Renan, angoissé, demandant son avis à Francis de Croisset, par exemple.

Le camarade de Boutorgne était d'ailleurs le plus frappant exemple de la crétinisation indurée que le métier de gazetier peut conférer à des individus nés pour tenir exclusivement avec lustre l'emploi de calicot suburbain ou d'adjudant rengagé. Comme une certaine littérature avait mis la pédérastie à la mode dans le monde des petites chapelles d'esthétique, et comme un *tartinier* notoire, Jacques Flamussin, faisait profession dans un grand journal de jouer à la ville le rôle d'un Pétrone brabançon dont la prose saccageait les ronds de-cuir en mal de satanisme, notre éphèbe, dans le désir d'approcher ce dernier et de se décrasser aux yeux de tous de ses allures départementales, s'était fait initier à la sodomie passive, par dévouement professionnel. Désormais, il traita de saligauds ceux qui pratiquaient l'amour normal. Par surplus, afin de se conformer aux écritures de ce maître révéré, qu'il projetait d'égaler, Arthus Mabrique: c'est le nom de notre animalcule, s'était mis à boire l'éther et avait fait le possible,—bien que tout cela le dégoûtât peut-être,—pour devenir morphinomane. On ne le rencontra plus qu'avec Jacques Flamussin, racolant pour lui tous les Adelsward, tous les Warren, tous les Ephestions de trottoir qui déferlent de la Madeleine à la rue Drouot. Et il vous soufflait dans le nez, l'air dolent et exténué.

—Ah! si vous saviez! demandez à Jacques, mon *collabo*: l'éther me ravage, et je suis saturé de morphine, je vais bientôt sauter: pensez donc, trois piqûres par heure et par dessus tout cela, comme Jacques, j'ai la hantise... la maladie des masques... mais tous deux nous haïssons les brutes repoussantes de santé...

La Nature hélas, bien que Boutorgne fût parisien, l'avait affligé d'un empois tenace de provincial. Et, mâchant et remâchant le fiel extravasé d'une pareille constatation, il en arrivait à se dire qu'il était oiseux de lutter, qu'il ne serait jamais une signature retentissante; que quoi qu'il fît, puisqu'il n'était qu'un arriviste balourd, ses œuvres postérieures, comme les précédentes— où il avait cependant entreposé le meilleur de ses moelles et de son cerveau— seraient enterrées dans la fosse commune de l'indifférence. Pourtant, pourtant, il était de la race des écrivains! Cela, il en était sûr. Alors, pour évoquer l'ignorance, la mauvaise foi et la méchanceté des hommes à l'égard de l'artiste qu'il découvrait en lui, il se murmura, *in petto*, les vers de Baudelaire:

Dans le pain et le vin destinés à sa bouche,
Ils mêlent de la cendre avec d'impurs crachats...

Quels gratte-fesses que tous ces littérateurs, mes confrères! Dire que le public coupe là-dedans, lui que les journaleux traitent couramment de grand enfant imbécile, à l'incoercible crédulité, dire qu'on le guérira de tout excepté de la chose imprimée; dire que si la clientèle pouvait assister aux conversations de tous ces gens-là, quand ils se demandent quelles bourdes ils vont lui conter, sur quel bateau ils vont l'embarquer, elle marcherait encore dans le besoin où elle est de révérer quelque chose ou quelqu'un quand même et toujours, proféra-t-il à voix contenue. Devenu nihiliste et iconoclaste, pour hélas! seulement une seconde, il surenchérit en lui-même, tout en claquant la porte: Certes, une peuplade d'Araucaniens, une horde de la Papouasie est supérieure au mental et au moral à la Tribu des gens de lettres. Et, rageur, d'une allure précipitée, il doubla sans le voir, l'homme à la serviette sous l'aisselle, le gérant, qui inclinait la tête à son adresse en deux ou trois flexions amicales. Il avait, cependant, peiné près de quatre ans pour conquérir ce geste! Oui, il lui avait fallu de longues années d'assiduité avant de capter ainsi l'attention du personnel, avant d'être intronisé à tout jamais dans la maison. Désormais, cette politesse du gérant était une sorte de consécration et aux yeux des garçons, qui ne lisaient, eux, que le *Paris-Sport* ou bien les lettres décachetées dans les poches des pardessus, il pouvait passer pour avoir du talent puisqu'il figurait parmi les littérateurs qu'on salue.

Dehors, il pressa le pas dans la douceur de la soleillée finissante. On était en mai, et le ciel, tendu tel un velarium de soie indigo, rougeoyait des derniers brandons de l'astre au couchant, semblait palpiter et se soulever sous l'effort d'une brise légère et attiédie qui promulguait les jouvences nouvelles. Faces plates de cercleux vides d'intellect, visages malmenés par la hantise de l'argent ou de la femme à conquérir, bouches tordues par toutes les sales concupiscences, prunelles de flammes, yeux torves, chassieux ou hagards des fauves civilisés en tendance vers la proie, rumeur sourde faite des plus pures émanations de l'accablante sottise, locutions à la mode jetées d'un groupe à l'autre en manière de blague ou d'appel, rires de femmes, invectives de cochers, hurlements de camelots, poussière dansante et fine sablant les crachats épars, coudoiements voluptueux, mystère, menace des figures glabres ou poilues, retape de la fille, du giton ou de la tribade, journalistes en quête d'une bêtise à monnayer: le boulevard s'encombrait, pendant qu'une pestilence d'absinthe, émanée des terrasses de café où se tenaient les grandes assises de l'alcool, assaillait les passants.

Muni d'un carton ovale, Médéric Boutorgne stationna un quart-d'heure dans l'attente laborieuse de *Batignolles-Odéon*. Il se rappela, à propos, la boutade d'un confrère: Si Paris, désormais, ne peut plus faire de révolutions, s'il s'est résigné à accepter toutes les molestations et toutes les turpitudes, s'il est tombé à l'apathie dernière, la faute en incombe à la Compagnie des omnibus qui, depuis cinquante ans, l'accoutume à tout subir et, peu à peu, l'a amené à ce degré de vachardise dans la résignation. Ah! les gouvernants, quels qu'ils soient, peuvent être tranquilles: les citoyens capables de supporter pareilles avanies sans se révolter, jamais plus n'arracheront les pavés. Rebuté encore à la troisième voiture surgissant archi-comble, il passa devant la devanture d'un tailleur voisin, affronta le verdict de la glace, s'entrevit, comme toujours, petit, syncéphale: le cou dans les épaules et la poitrine trop bombée, en ventre de poulet. Blond, d'un blond sale identique à la paille d'avoine qu'on extrait parfois des couettes, des paillots d'enfant, alors qu'ils ont été exagérément humidifiés, l'allure anglaise qu'il devait à un *Raglan* de la *Belle-Jardinière* et à un faux-col des *Cent-mille chemises* n'arriva point à le consoler. Contristé par sa propre image, il revint au bord du trottoir, alluma une cigarette. Et tout à coup, il resta stupéfié, le bras en l'air, sans plus penser à jeter le tison qui, sournoisement, lui brûlait les doigts.

Devant lui, à trois pas, dans une victoria sobre, attelée de deux trotteurs anglais supérieurement racés que l'engorgement de la chaussée faisait piétiner sur place, il venait de reconnaître le prince de Tabran. Un demi siècle au moins, le prince avait fait peser sur Paris la dictature de ses élégances, avait été le patricien célèbre qui régente le bon ton et promulgue aux pantalons, aux jaquettes et aux cravates, non moins qu'aux attitudes, les brefs du goût parfait. Frappé quinze mois auparavant d'une attaque de paralysie générale: car rien, on s'en doute, ne peut liquéfier l'encéphale, ou ravager les méninges, comme de se trouver, chaque matin, dans la nécessité d'infuser du génie aux tailleurs de la gentry et de confabuler avec les esprits aussi adamantins qu'armoriés du Jockey-Club, il n'était restitué à l'air libre que depuis peu de jours, gâteux à un point indicible et ayant à peu près perdu l'usage du son articulé. En l'heure présente, il se manifestait sous les apparences d'un tas de chair amorphe élaborant des salives mousseuses qui floconnaient le long des commissures et qu'une femme, *une institutrice,*—il ne pouvait tolérer les hommes à son côté,—étanchait de minute en minute. Cette femme *était chargée de lui réapprendre à parler,* de lui indiquer la valeur et le sens des mots, comme elle aurait pu le faire à un enfant. Et rien n'était plus triste que de voir la main gantée de la compagne du vieillard pointer, au hasard, pendant que sa voix répétait plusieurs fois le nom de la chose, ou de l'être désigné, sans que rien d'autre qu'un bégaiement confus, une sorte de borborygme arrivât aux lèvres du prince. Tour à tour, l'institutrice, requérant toute son attention à l'aide d'intonations câlines, avait dit, le bras tendu:—un kiosque—un café—un chien—un soldat—la face du patricien, retourné aux limbes puérils, était restée plus morte que jamais. Mais, tout à coup, la femme montra la lamentable haridelle somnolant dans les brancards d'un fiacre en station et articula lentement: *cheval, cheval,* à deux reprises. Alors, comme si ce mot qui lui rappelait les gloires, les fastes hippiques qu'il avait présidés jadis, fût doué pour lui d'un pouvoir magique, le prince fit un suprême effort, son œil s'alluma d'une lueur d'intelligence et, très distinctement, il dit:

—*Dada! Dada!*

Médéric Boutorgne se préparait à philosopher, comme il est du devoir d'un bon littérateur de le faire quand le hasard place devant lui un geste drôle, une circonstance pleine d'enseignement ou une conjoncture pittoresque de la vie. Il n'en eut pas le loisir. Le voyant arrêté et comme statufié au bord du trottoir, une *marchande de spasmes* quinquagénaire, à l'arrière train tumultueux, qui n'avait point lésiné sur la tripe ni le téton, s'efforçait de l'aguicher depuis un bon moment déjà. Il murmura:—Vieille peau, à son adresse et fut admis enfin à s'insinuer dans le gros omnibus—le cinquième qui venait de passer. A peine assis, il se trouva gratifié de la puce classique que la compagnie, en surplus de la correspondance, tient à la disposition de tout voyageur. Et il donna ses trois sous d'impériale, cependant que le conducteur, dont c'est la fonction, lui marchait opiniâtrement sur les pieds.

Le gendelettre, tout en se grattant, convoqua ses soucis cuisants, les pensées douloureuses, l'*urticaire* mentale dont il était investi depuis longtemps déjà. Certes, il n'y avait rien à faire pour lui dans la littérature, s'entêter désormais serait stupide. Et il se remémorait les rancœurs subies, les crapauds, les poignées de cloportes qu'il lui avait fallu avaler quand il était petit reporter. C'était à lui que le mot suivant avait été dit: Un matin de décembre, après avoir trotté pendant deux heures avec des bottines spongieuses, dans la boue glacée des rues, il s'était présenté pour la deuxième fois dans la même semaine chez un augure, dans le dessein de lui soutirer à nouveau une interview et de faire ainsi du deux sous la ligne. Plein d'audace, la nécessité de gagner sa vie lui infusant du courage, il avait échappé au valet de chambre, au grand dam de sa jaquette après laquelle ce dernier s'agrippait afin de l'empêcher d'envahir le logis sacré où habitait la Gloire. Il avait culbuté avec un égal brio un autre larbin accouru à la rescousse et, finalement, s'était insinué dans la chambre à coucher, le crayon en arrêt et l'oreille attentive décrassée, préalablement, par un coup d'ongle, de la cire, du cérumen de la nuit. Alors l'oracle en chemise, le poil des jambes et de l'estomac hérissé de colère, s'était précipité sur lui.

—Comment c'est toujours vous! Qu'est-ce que vous voulez que je vous montre encore.... Mon âme ou mon pot de nuit?

Un confrère, à qui Boutorgne confessa la chose, réfléchit une minute, et conseilla:

—Mon vieux, tu as sous la main une vengeance épatante: conte dans ton papier que tu as trouvé un Larousse chez le bonze; il sera discrédité....

En effet, dans le métier des lettres, le Larousse est le parent pauvre. Il n'est pas d'injure plus forte pour un porteur de prose, pour un *prosifère*, que d'entendre dire de son érudition: il a pigé ça dans le Larousse. Un écrivain accepterait plutôt d'être traité de pédéraste que d'être accusé d'avoir chez lui l'infamante encyclopédie. C'est le monument inavouable qu'on cache aux visiteurs, qu'on relègue dans la pénombre, près du seau à charbon de la cuisine, et auquel presque tous cependant doivent leur savoir. Pauvre Larousse, combien d'ingrats éduques-tu tous les jours, toi qui as déjà fait entrer tant de gens sous la coupole des Quarante ou à l'Académie des Inscriptions et Belles-Lettres!

Boutorgne, ingénu en cette occurrence comme en toutes autres, n'avait pas su discerner la sombre scélératesse du conseil donné par le collègue. Celui ci rêvait de cumuler, d'adjoindre à ses appointements de *soiriste* les maigres émoluments de Médéric en lui râflant son emploi. Et cela ne tarda guère. L'augure accusé de posséder le Larousse courut d'un trait chez le Directeur du journal et incontinent fit débarquer le lamentable Boutorgne.

Ah! oui sortir de là au plus vite! Résilier l'ambition de prononcer des phrases éternelles, des mots qui enchanteront les siècles futurs, abdiquer l'espoir de monnayer jamais son jaspin, mais s'évader de cette rotonde d'hamadryas qu'on appelle la Littérature, le Journalisme, le quatrième État, tout ce que vous voudrez. D'autant plus que le cap de la trentaine était doublé depuis trois années, et il en avait vraiment assez de cette vie paupérique, de cette existence sans faste qu'il menait avec sa mère. Puisqu'il n'avait pas réussi à devenir notoire, il fallait abandonner l'idée du beau mariage. Les Lettres sont un moyen aussi certain de conquérir l'héritière bourgeoise que l'épaulette, et la plupart des vocations d'écrivain sont déterminées, comme les vocations militaires, par ce fait archi-connu. Mais néanmoins convient-il de sortir du rang. Quand on s'établit négociant en solécismes et manufacturier de banalités, faut-il que la boutique soit achalandée pour capter la pintade enrichie, désireuse de lisser ses plumes parmi les *volaillers* du beau langage. Or, il ne se trouvait nullement dans ce cas. Les dots fabuleuses ou même simplement acceptables étaient pour d'autres que lui. Tout au plus pouvait-il espérer épouser dans le demi-monde sur le retour. Et encore! Car ces dames devenaient exigeantes depuis que plusieurs d'entre elles avaient réussi à convoler dans les ambassades, l'Académie, ou avec les gloires du roman contemporain. Pourtant, coûte que coûte, il fallait trouver un expédient durable et nourricier.

Madame Boutorgne, sa mère, veuve d'un rond de cuir du ministère des Colonies, vivotait de la maigre retraite du père jointe à une prime d'assurances que le charançon administratif avait eu le bon esprit de souscrire pour sa femme, de son vivant. Le revenu annuel ne montait pas à 4.000 francs et ils étaient deux à s'alimenter dessus: lui, ne rapportant absolument rien. Même, un équipage décent était nécessaire: car Médéric, ravagé du besoin de paraître et profitant de ce que son auteur avait gratté jadis du papier à la Guadeloupe, accréditait au *Napolitain* le bruit qu'il était engendré de planteurs ruinés par des cyclones. Par surcroît, il confiait même à d'aucuns, de temps en temps—dans l'espoir d'allécher le nationalisme occupé alors à racoler des plumitifs reluisants—qu'il était marquis authentique. Mais, ajoutait-il, le ton désinvolte, il préférait laisser tomber son blason en désuétude, puisqu'il n'avait plus les 300.000 livres de rentes nécessaires à le porter dignement. On a beau avoir du talent, vous comprenez, n'est-ce pas, mon cher? Traîner un titre dans la littérature, c'est diminuant, sans compter que cela vous classe toujours comme amateur. Non, ce n'était plus à faire depuis ce pauvre Villiers qui avait roulé le sien dans tous les gargots et tous les monts de piété de Paris et que sa particule avait empêché d'être pris au sérieux et d'arriver au gros public. Lui, l'Isle-Adam, avait au moins une excuse. Il n'aurait jamais, certes, grossoyé de la copie si la France ne l'avait pas mis dans cette nécessité en lui refusant le trône de Grèce—auquel il avait des droits certains de par sa généalogie qui, d'après ses dires, le racinait aux Basileus de Byzance—quand il était venu supplier l'Empereur de le lui faire obtenir.

Ce soir-là, Médéric Boutorgne allait dîner, rue de Fleurus, chez Madame Truphot, tenancière d'un cénacle qui, deux fois par semaine, traitait des peintres, des orateurs, des gens de lettres et toutes sortes d'autres phénomènes. Peut-être de ce côté-là, y avait-il quelque chose à espérer. L'événement imprévu, la circonstance fortuite qui le tirerait d'affaire pouvait se produire dans ce milieu. Cependant il ne spéculait sur rien de précis, n'arrivait pas à fixer ni même à formuler son espoir. Enfin, il se tiendrait aux aguets de la moindre conjoncture. On verrait bien. Et il se représentait la femme, repassait son *curriculum*.

Bien qu'elle eût soixante ans pour le moins, Madame Truphot, depuis deux lustres, vivait avec un garçon de trente-cinq à peine, qu'elle entretenait de son mieux, le gros Siemans, un Belge à la face poupine, au cheveu rare, aux joues de jambon rose, aux épaules de coltineur, si complètement dans son rôle qu'il était muet à l'accoutumée comme ses congénères et, en toutes occasions, imitait des cyprins le silence prudent. La seule passion de cet homme, hormis celle de la musique, était d'aller se promener avec obstination devant la façade des trois immeubles tout neufs que Madame Truphot possédait rue des Écoles. On le rencontrait là, régulièrement, de quatre à cinq, quelque temps qu'il fît, suivi d'une théorie de petits chiens hideux et recroquevillés, gros comme le poing à peine, des fœtus de chiens inquiétants et louches, à la chassie opiniâtre de bêtes puantes qui ne pouvaient pas le souffrir d'ailleurs, aboyaient contre lui en rebellion constante et s'efforçaient de le mordre sournoisement, à la moindre occasion. Mais Siemans veillait sur eux, réfrénait leurs tentatives d'évasion, s'efforçait de se faire tolérer, leur prodiguant même des noms d'amitié, des épithètes câlines, dans l'épouvante—faut-il le croire?—où il pouvait être d'accomplir seul désormais la besogne de tendresse à laquelle se refusaient peut-être les carlins et les griffons. Sans doute, devant ce million des trois bâtisses, il se répétait les yeux crochés sur les balcons et les porches béants: Cela sera à moi un jour. Et des bouffées d'orgueil venaient crever à la mafflosité de sa face, tout son être éclatait de joie contenue pendant qu'il tirait sur lui les avortons à la queue chantournée, aux yeux laiteux. Fils d'un savetier de Louvain, il se voyait déjà retournant au pays après avoir réalisé la vieille, informant les gens de l'endroit qu'il avait gagné sa fortune à écrire des partitions avec son beau-frère, le compositeur—car sa sœur avait épousé un vague maëstro roumain qui pastichait Wagner et intriguait pour accéder à l'Opéra-Comique. Celui-ci lui avait donné quelques leçons et, dès lors, Siemans, rebuté par le piston et le violoncelle trop difficiles se souvint à propos qu'il avait été *serpent* dans sa jeunesse, à la paroisse natale, et il se mit à l'*ocarina*, un instrument dédaigné, mais dont on pouvait tirer des merveilles avec un peu d'art. Pendant de longues heures, sans relâche, il jouait du Tagliafico. Le *Voulez-vous bien ne plus dormir* succédait impitoyablement à la *Chanson de Marinette*.

Ses harmonies jetaient le désarroi dans les muqueuses féminines, ravageaient les cœurs d'alentour portés sur le sentiment. Un prêtre, qui habitait la maison, tout en lui reprochant d'introduire le trouble dans les âmes pieuses, était même venu le demander en mariage de la part d'une de ses pénitentes: une dame mûre mais très bien encore, la veuve d'un officier qui avait un fils à Saint-Cyr et qui portait un chignon de soie. Madame Truphot, mise au courant par des indiscrétions de domestiques, avait dû placer le propriétaire dans l'alternative de choisir entre elle, 2.000 francs de loyer, et cette personne, 1.200 à peine, le menaçant d'un congé s'il ne résiliait pas la location de l'autre. Et ce n'est qu'après le déménagement de cette énamourée que le Belge eut à nouveau licence de cultiver l'ocarina. Depuis quelques jours, il s'attaquait à Ambroise Thomas, auquel il correspondait, par nature, disait-il, et il épanchait *Mignon*, sur l'alentour, inexorablement. Dans l'immeuble, on affirmait que la vieille dame rebutée se mourait, rue d'Assas, d'une maladie de langueur, ce qui valait à Siemans une auréole d'amant fatal et faisait rager sa maîtresse sexagénaire.

De menus incidents revenaient encore à l'esprit de Boutorgne. Il évoquait l'enterrement de la fille de Madame Truphot, morte dans le célibat, à quarante ans, après avoir lutté sans succès, après s'être épuisée en querelles et en inutile stratégie pour éloigner l'amant qui tenait sa mère par on ne sait quelles fibres honteuses. Ce jour-là l'homme entretenu avait fait les honneurs du logis endeuillé, en maître désormais incontestable, avait marché bravement, tenant les cordons du poêle, à la tête de la famille, au regard d'une notable partie du Tout-Paris de l'art et de la politique, car M. Truphot, mari, avait été longtemps chef du municipe, maire d'un des arrondissements les plus riches de la capitale. Même, Boutorgne se revoyait, certain jour, courant les rédactions pour empêcher les quotidiens de révéler que M. Truphot avait été trouvé, un matin, au pied de son lit, la tempe trouée d'une balle. Pendant longtemps, cet homme, conjoint à une hystéromane, s'était efforcé de ne rien voir. Puis, quand il lui avait fallu, de mauvais gré, ouvrir les yeux sur les priapées de son logis, il avait versé en des scènes atroces, mais pour pardonner chaque fois, dans la crainte qu'un esclandre public ne l'astreignit à répudier l'écharpe tricolore à laquelle il tenait par dessus tout. Il s'était contenté d'expurger un peu son foyer, évacuant du mieux qu'il le pouvait la racaille de lettres qui mangeait à sa table et polluait sa literie, surveillant de près l'homme du gaz qui venait vérifier l'appareil, ou le frotteur qui, la brosse au pied, esquissait des entrechats excitants et dansait la croupe en l'air. Madame Truphot, en effet, ne répugnait à rien, s'accointait avec les plus viles espèces, dilapidait ce qu'on est convenu d'appeler «l'honneur conjugal» avec des histrions du théâtre Montparnasse, des pîtres de *Bobino*. Un jour même, elle avait été cause de la révocation d'un sergent de ville albinos, pour l'avoir, quand il était de faction, attiré dans la chambre de sa bonne en lui promettant de l'épouser, après divorce. Par la suite, M. Truphot, las sans doute de mener ici bas une vie dont les seules voluptés consistaient à marier les autres et à être plus cocu que le prince de Chimay ou le futur roi de Saxe, s'était mis subitement à la poursuite d'autres délices et s'était laissé induire en l'alcool. Pendant quatre années, il avait entrecoupé la quotidienne lecture des articles du Code d'abondants hoquets et aromatisé la salle d'honneur de la mairie d'une haleine où les senteurs du pernod et le relent du bitter réalisaient l'indissoluble hyménée. Comme on le voit, c'était dans toute son ampleur l'ignominie bourgeoise, la gangrène qui, à l'arrière de la façade impressionnante, de l'armature et des fonctions dignitaires ou honorifiques, ronge, comme un cancer, la chair et l'âme des classes possédantes. Mais l'honorable magistrat municipal, en une heure pessimiste où l'irréductible ignominie de sa compagne et le malaise de sa «bouche de bois» s'étaient faits particulièrement insupportables n'avait pu résister à la nécessité de se liquider d'un coup de revolver.

Madame Truphot, débarrassée du mari, avait réalisé un rêve longtemps caressé. Elle avait ouvert un salon littéraire. Le symbolisme alors battait son plein et des tiaulées d'imbéciles, opérés de toute syntaxe et de toute orthographe, travaillaient à surpeupler les maisons de fous en proposant à l'admiration des masses d'invraisemblables rébus, des formules aussi inouïes qu'hermétiques où, paraît-il, ils avaient *emprisonné la Beauté*. Madame Truphot fut donc préraphaëlite ardemment. De jeunes hommes, quelque peu Kleptomanes, visiblement détachés des ablutions et pédérastes comme il convient, vinrent, chaque mardi et chaque samedi, déverser chez elle le trop plein de leur génie, sous forme de pentamètres, d'hexamètres et de myriamètres, tout en faisant suinter, de leur mieux, les écrouelles de leur esthétique. Après quelque résistance, le Sar Péladan, coiffé d'une brassée de copeaux à la sépia, d'une bottelée de paille de fer, le Sar Péladan, lui-même, finit par céder et, pendant une année, honora son logis de ses pellicules et de ses oreilles en forme d'ailes d'engoulevent. Grâce à ses bons soins, la veuve fut, sur l'heure, immatriculée dans la religion de la Beauté et n'ignora plus tout ce que le *Saint Jean* du Vinci ou la sodomie vénale dérobe aux profanes de splendeurs cachées.

Son argent et sa personne furent, longtemps, l'âme du salon des Rose-Croix où elle figura sous les apparences d'une Salomé maigre; et deux ou trois artistes de l'*Ermitage* travaillèrent à la munir des proses gonorrhéiques aptes à glorifier en toute occasion les œuvres du divin Sandro ou de Cimabué. En sa demeure, Jean Moréas qui, depuis trente ans, menace le monde angoissé d'un chef-d'œuvre selon la norme grecque et se contente de ressembler à Euripide, qu'il traduit, comme Hadji-Stavros ressemble à Miltiade, Jean Moréas se vit acclamé à l'unanimité chef de l'*Ecole Romane*. Même, un moment le lustre de Madame Truphot fut tel que M. Huysmans alla jusqu'à parler de la mettre dans un de ses livres, quand elle eût donné dans les Bolandistes et fourni l'argent d'une messe noire. Mais le mauvais destin veillait et si la veuve ne fut point léguée à la postérité, telle une Mme Chantelouve d'un mode avantageux, c'est que son crédit politique s'avéra insuffisant pour faire octroyer le ruban rouge à l'auteur d'*A Rebours*. Sans doute, la sexagénaire serait arrivée avant peu à l'androgynat que lui préconisait le génial Joséphin, mais le Belge, son amant, rendu fou furieux par les dépenses exagérées d'un tel état de choses, avait un beau jour jeté tout le monde dehors. Nettement, il posa la question de confiance. Elle aurait à choisir désormais entre ce faubourg de Gomorrhe, ces Commodores de l'Insanité et son amour de mâle préféré. Et Madame Truphot, geignante, tout en protestant qu'il assassinait en elle et l'intelligence et la beauté avait cédé, sans trop de défense, dans la peur terrible où elle était de le perdre pour toujours.

Mais elle souffrait d'être, depuis cette époque, tenue à l'écart du mouvement littéraire et de n'avoir plus aucune action sur la pensée des hommes de son temps. Ses dîners hebdomadaires n'étaient plus, hélas! les Conciles d'antan. Et il lui était douloureux de ne plus manœuvrer, comme auparavant, la manette qui imprimait la direction au génie symboliste.

Médéric Boutorgne, qui se préparait à descendre à la station de Saint-Germain-des-Prés, se murmura tout à coup, en se frappant sur les cuisses:

—Ah! non, c'est trop drôle!

Il se remémorait le soir des *Sociétés savantes* où en compagnie de la Truphot éclectique, de son amant et de trois ou quatre autres camarades, il était allé entendre Truculor, le tribun socialiste. Truculor les avait fait placer sur l'estrade, tout près de lui et, de suite, il s'était mis à besogner de son métier sur les tréteaux, tonitruant, de sa voix fracassante.

—Oui, Citoyens, l'ordre qui régit les justes consciences et les esprits en possession de la Beauté, de la Vérité et de la Justice, sera l'ordre même de la Société nouvelle, de la Société que tous nous voulons créer, de la Société que nous voulons accoucher enfin de son idéal supérieur...

—Dans deux mille ans, coupa un prolétaire sceptique.

Mais Truculor, se tournant vers lui, continuait imperturbable:

—Je répondrai à mon interrupteur: Quai ce qu'ai c'est quai deux mille ans dans l'histoire du Minde? Quai ce qu'ai c'est quai deux mille ans de souffrince encore, étant donné que la misère existe depuis l'origine des sociétés et qu'elle menace de durer toujours? Et si le Sô-cia-lis-me venait dire à l'Hu-ma-ni-té: il est en mon pouvoir de faire régner la paix et le bonheur sur la terre, mais seulement dans deux mille ans, le Sô-ci-a-lis-me devrait être accepté avec enthousiasme par tous les hommes généreux...

Spontanément, Siemans, l'homme entretenu, s'était mis debout et avait donné le signal des applaudissements en heurtant l'une contre l'autre ses grosses mains poilues de roulier wallon, tandis que la Truphot, empoignée par l'éloquence du bateleur redondant, criait: bravo! bravo! de sa voix suraiguë de fifre avarié. Et Truculor ensuite avait été à ce point persuasif et admirable que, pendant trois jours, la veuve et le Belge—rétrogrades à l'ordinaire—ne parlèrent plus que du devoir où se trouvaient les bons citoyens, de coopérer au bonheur des hommes. Rénover la famille, supprimer les parasites dans la Cité future, oui, ils étaient travaillés par ce désir!

L'appartement de Madame Truphot, où elle concubinait avec son amant, était situé à l'entresol d'un pavillon en retrait sur la cour, dans une maison quiète et tranquille, d'allure balzacienne avec sa pénombre constante, les petits judas grillés de chaque porte et les tentatives de végétation de la cour: fusains empoussiérés et buis maupiteux dont le vert noirâtre, inexorable et agaçant, entretenait là une note de préau d'hôpital, de jardin de prison ou de presbytère calviniste. Mais Madame Truphot aimait cet immeuble dont l'allure compassée et réfrigérante marouflait le réel de sa vie d'une ombre austère et d'une décence profitable. Quand Médéric Bourtogne ascensionna l'escalier, il fut baigné par les ondes d'une mélodie qui, traversant les portes et les cloisons, rayonnait sur le dehors. C'était Siemans occupé à interpréter sur l'ocarina le «*Si vous ne m'aimez plus, oubliez la fenêtre...*» en fignolant les traits et en soignant les finales; ce qui, sans doute, devait avoir encore pour résultat de perturber, au sixième, les mansardes ancillaires et d'infuser aux femmes de professeurs dont la maison s'embellissait, l'irréfrénable désir des péripéties sentimentales. Parvenu au second et reprenant haleine, car il avait le souffle court, le jeune littérateur essuya, avec précaution, ses *Raoul* au paillasson et tira le cordon de sonnette dont l'appel intérieur détermina immédiatement la frénétique effervescence des roquets favoris. Une bonne vint ouvrir et, tout en garant le bas de son pantalon des crocs de *Moka*, *Spot*, *Nénette*, *Chiffe* et *Sapho*, Médéric Boutorgne préleva le meilleur de ses compliments et réussit à élaborer un sourire du plus pur aloi pour répondre au bon accueil du Belge et de la Truphot.

Très maigre et plutôt petite, avec un reste de cheveux gris insociables et envolés dont les courants d'air ou les torgnoles de son amant paraissaient prendre un soin jaloux, les joues caves creusées d'un coup de pouce et les pommettes rubéfiées; avec cela un verbe criard de marchand d'habits ou de robinettier ambulant, telle était la veuve de l'officier municipal. Possédée de la passion du bric-à-brac, ses deux salons ressemblaient à l'arrière-boutique d'un regrattier montmartrois ou à quelque sous-dépotoir de l'hôtel des Ventes, sentaient la poussière surie et le vieux matelas, s'encombraient de ferrailles archaïques, de lampadaires défaillants, de bahuts stropiats, de faïences qualifiées historiques qui avaient dû servir de projectiles dans les précédentes disputes du ménage et de soies juteuses quoique sans modestie. Cet entour sertissait merveilleusement, d'ailleurs, Madame Truphot, dont les corsages évanescents et les jupes instables, toujours pendantes au bout de quelque cordon mal sanglé, évoquaient un personnage de manucure douteuse qui, dans les périphéries, travaillerait les vicaires louches, les vieux messieurs décorés qui font leurs Pâques ou les sacristains promis à la correctionnelle. Parfois, elle faisait venir un artiste capillaire qui moyennant deux louis la séance la plâtrait et la cimentait avec perspicacité.

—Charles, il faut que vous me donniez trente-cinq ans aujourd'hui.

—Alors ça sera soixante francs; Madame sait bien que pour deux louis, je ne peux donner à Madame que l'apparence de quarante ans.

Elle s'en allait alors, filait en des expéditions mystérieuses, courait Paris, ne rentrait que le lendemain au soir, avec des yeux battus, des joues gaufrées de rides, où le fard écaillé mettait des esquarres de moisissure. Et dans l'heure qui suivait, des jeunes gens à figure sinistre, les orbites bistrés, la voix dolente, venaient apporter des bouquets qu'elle avait payés d'avance, du reste.

—Tu ne seras pas jaloux, disait la Truphot à Siemans, en ces sortes d'occasions. Vois je n'y peux rien; ils sont fous de moi; ils me pourchassent dans la rue. Hier, l'un d'entre eux, le pauvre mignon, a voulu se jeter à l'eau parce que je le repoussais...

Le Belge devait avoir l'espoir qu'un de ces drôles assassinerait sa vieille, quelque jour, car il ne protestait pas, veillait seulement à ce que cette vermine ne coutât pas trop cher. En cette prévision, il accaparait le gros des monnaies, ne laissait à sa maîtresse que des sommes peu élevées et retournait dans sa chambre, bien tranquille, jouer de l'ocarina et s'administrer des bolées de café au lait et des tartines de *cramique*—une passion tenace qu'il gardait du pays natal.

—Avant toutes choses, mon petit, dit Madame Truphot à Boutorgne, après l'avoir attiré sur une bergère claudicante dont la poussière, insuffisamment combattue par le balai apathique des bonnes peu surveillées, s'envola en une petite nuée ocreuse, avant toutes choses, vous allez me traduire cela, car vous êtes l'érudit de la maison. Ce sont des vers latins, des vers d'amour qu'un petit polisson inconnu m'a dépêchés ce matin sous le couvert de l'anonymat, et je voudrais bien savoir s'il a l'impudence de m'y conter fleurette... Et elle lui tendait un papier.

A la seule pensée que ses humanités improbables pouvaient être requises pour traduire quoi que ce soit ayant une relation quelconque avec la langue de Cicéron, le gendelettre sentit ses fibres intérieures se glacer. Néanmoins il fut beau joueur; il sortit son porte-cartes, en tira un carré de papier, brandit un crayon et dit:

—Je vais, Madame, vous traduire ce poulet tout de suite, et sans *Quicherat*.

Heureusement pour lui, la veuve l'arrêtait.

—Oh! ça ne presse pas; vous me donnerez la chose demain.

Rasséréné, Médéric Boutorgne pensa alors à un sien ami, un desservant très calé sur Tertulien, qui pourrait lui rendre ce service.

Le papier de Madame Truphot, portant dûment les deux timbres de la poste, convoyait bien des vers, mais hélas! c'était le madrigal tout particulier qu'Horace dépêche à la vieille Chloris:

Uxor pauperis Ibyci,
Tandem nequitiæ fige modum tuæ,
Famorisque laboribus.
Matura propior desine fumeri,
Inter ludere virgines,
Et stellis nebulam spargere candidis, etc, etc.

. . . .

. . . .

«Femme du pauvre Ibycus, mets enfin un terme à ton dérèglement,
«à ces travaux qui t'ont rendue tristement fameuse.
«Déjà mûre pour le trépas, déjà près de la tombe...
«... ton partage, à toi, c'est désormais le travail de la laine
«tondue près de la noble Lucérie, non la cithare, non la pourpre
«des roses, non les amphores mises à sec jusqu'à la lie;
«car maintenant tu es vieille.»

Ceci devait être un tour du Sar Péladan éconduit.

Trois coups de doigts rageurs dans l'emmêlement gris de son chignon malingre et la Truphot ajoutait:

—Maintenant, autre guitare. Oh! non pas que je veuille vous recommander d'avoir particulièrement de l'esprit, tout à l'heure, c'est une superfluité que de vous prier d'être en veine: vous l'êtes toujours. Non, j'attends de vous bien autre chose. Voilà: J'irai au fait avec la belle franchise spontanée que vous me connaissez. Comme je vous l'ai écrit, nous avons Truculor et Jacques Paraclet que j'ai invité lui, sur vos conseils, puis un type extraordinaire, confondant, une sorte de fou ou d'inspiré, on ne peut pas savoir, mais qui est bien l'homme le plus bizarre de tout Paris. On dit même que c'est le fils naturel d'un roi. Ceux-là, avec vous et trois ou quatre autres de moindre encolure, vont nous faire une table amusante. Mais écoutez-moi bien. Ce soir, par dessus tout, nous avons Honved et sa femme, vous connaissez bien Honved, l'auteur dramatique, Honved de *l'Ame païenne* qui s'est marié récemment?...

A cet endroit de son discours, la Truphot se levait et, s'emparant délibérément du bras de Boutorgne, elle le forçait à arpenter la pièce à son côté, puis volubile:

—Mon petit, j'ai décidé que vous seriez l'amant de Mme Honved et cela, dès demain, car c'est tout simplement une indignité, Honved a dix-huit ans de plus que sa femme qui n'en a pas vingt-cinq, elle; or, cela ne peut durer, il faut à toute force rompre une pareille union. La pauvre petite ne peut pas, ne doit pas aimer son mari. Je l'ai deviné. Or, moi, je veux que tous ceux qui m'entourent soient heureux. L'amour seul vaut de vivre n'est-ce pas? Et puis il y a des caractères qui ne savent pas vouloir: il faut les placer devant le fait accompli et aller ainsi au devant de leurs secrètes aspirations. C'est le cas de Madame Honved, j'en suis sûre....

Un peu ahuri par cette proposition quasi-injonctive, le gendelettre aux côtés de la vieille femme, marquait un écart et son pied venant à écraser la queue de *Sapho*, roulée en boule sur le tapis, celle-ci se mettait à pousser des glapissements suraigus immédiatement appuyés par ceux des autres.

La Truphot les calmait, en opérant une diversion d'une minute.

—Ah! ça! la paix *Spot*, *Moka*, *Chiffe*... Oh! les vilaines bêtes... mais il faut leur pardonner car elles sont très énervées en ce moment... un peu de neurasthénie... je pense... croiriez-vous, mon cher Boutorgne? Nénette et Sapho sont malades... Oui, Nénette est cardiaque et Sapho a des aphtes dans la bouche, la digitale pour l'une, de la kola pour l'autre... Voyez mes soucis... On a bien du mal, allez, avec ce qui vous est cher...

Déjà elle avait ressaisi le bras du *gendelettre*, donnant à nouveau tête baissée dans son projet, qu'elle n'avait pas eu l'audace, peut-être, de formuler d'un seul élan.

—Oui, nous pouvons, vous et moi, réparer une grande injustice, une des pires de la vie et du Destin: libérer une jeune femme d'un homme déjà vieux. Je fais appel à votre caractère chevaleresque. D'ailleurs, vous allez passer des jours sans rancœur. Ah! mon cher! Quels yeux! quelle plastique! une gorge à déchaponner un sénateur inamovible, comme dit mon scélérat de coiffeur... Et puis, si vous réussissez, ce qui n'est pas douteux, ma maison est à vous, vous en pourrez disposer, car vous n'avez pas de garçonnière... hein? Les garnis sont coûteux et si répugnants, n'est-ce pas?...

Elle l'avait empoigné des deux mains aux épaules, l'œil brasillant, une large tache rouge à chaque pommette...

—C'est entendu, dites, vous voulez bien?... Ah! quelle bonne odeur, quel charme cela mettra dans ma maison si triste parfois... Une odeur d'amour, la meilleure brise pour parfumer l'existence... Vous me connaissez, j'adore qu'on s'aime autour de moi... Mon Dieu! Entendre le bruit des baisers! voir des caresses! pressentir les étreintes voisines! C'est jeter un défi victorieux à la mort et c'est ne plus vieillir... Aussi, avec moi, pas de fausse honte, pas de gène ridicule. Si vous avez besoin d'argent, un signe, et je suis à votre disposition. Du reste je m'arrangerai avec Madame votre mère pour qu'à partir d'aujourd'hui vous ne lui coûtiez plus un sou...

Elle défaillait presque... ayant fini d'énoncer la chose d'une haleine ininterrompue, cette fois, avec des petits crissements de plaisir à la chute des mots. Et maintenant l'ordinaire cramoisi de ses joues avait fait place à une blêmeur un peu verte. Des frissons la secouaient, ses mains se rétractaient en des tics convulsifs, comme si son corps frémissait tout entier, à l'intérieur, à la promesse de ces amours qui allaient se dérouler tout près d'elle, à portée de son épiderme et sous son égide de matrone experte aux palpitations d'alcôve.

Cependant elle n'avait point terminé encore. Derechef la fadeur caséeuse de son haleine revint dans la figure de Boutorgne. Son discours heurté roula des mots choisis, des phrases triées et apprises d'avance, sans doute, qu'elle n'arrivait à sortir que très péniblement.

—Et puis voilà la vérité, lâchait-elle, j'ai de la vie une optique de philosophe et d'artiste. Nos mœurs sont stupides. Aucun de nous n'est fait pour n'aimer qu'un seul être. Je considère qu'il est du devoir de certaines intelligences d'empêcher les gens de s'encroûter dans un amour unique. N'est-ce pas d'un noble cœur et d'une grande âme d'intervenir, l'occasion se présentant, pour amener les circonstances, susciter les faits qui pousseront vos amis vers d'autres bras que les bras accoutumés. Régenter, administrer pour ainsi dire la chair d'autrui, au mieux de son bonheur et sans qu'il s'en aperçoive; deviner quels sont les êtres créés l'un pour l'autre et qui se correspondent parfaitement, c'est œuvrer supérieurement à Dieu lui-même et c'est se montrer plus grand que la vie stupide; c'est une tâche digne de mon esprit altruiste et de ma fortune. Je veux marquer la voie à la civilisation nouvelle, moi... S'efforcer d'affranchir l'Occident de l'imbécile monogamie est un beau rêve. Hommes et femmes ont droit à toutes les étreintes que le Destin peut leur offrir et les règles sociales sont criminelles qui les empêchent d'aller où leurs sens et leur cœur les entraînent. Répandre dans le monde une plus grande quantité d'amour, la répartir plus justement est une volonté autrement magnifique que celle du Socialisme qui veut répandre plus de bien-être matériel. C'est ma Sociologie et ce sera le labeur de ma vieillesse. Ah! si beaucoup m'imitaient, bientôt ainsi que l'a dit Raimbaud, en ces deux vers cités par Verlaine, chez moi, un soir de jadis:

Le monde frémira comme une immense lyre
Dans le frémissement d'un immense baiser.....

Médéric Boutorgne, bien qu'auparavant il n'ignorât rien de la femme, en restait quelque peu abasourdi. Comment, cette vieille frégate tant de fois incendiée par le brûlot du stupre toujours collé à ses flancs, comment, cette vieille tartane ne pouvait pas se résigner à gagner quelque hâvre de désarmement! Voilà qu'elle allait faire la remorque maintenant, sans y mettre plus de formes, et en résiliant d'un coup toute l'hypocrisie bourgeoise indiquée en pareille matière. Cette haquenée hors d'usage, à qui les dents rasées et les membres asséchés par les éparvins et les suros ne permettaient plus que très difficilement les gambades et les larges broutées dans le pacage sensuel, se précipitait écumante encore vers la senteur proche, le fumet d'amour, l'odeur d'accouplement, qui devaient revigorer ses vieux tendons, galvaniser ses flancs périmés, être en un mot le stimulant nécessaire aux nouvelles ruades, aux bondissements désordonnés de la fantasia lubrique! Le gendelettre exhumait maintenant de son souvenir une précédente histoire. La femme du peintre Maubuée qu'elle avait amenée à divorcer, sans but précis, uniquement pour le plaisir, par souci d'un proxénétisme désintéressé, poussé jusqu'à l'art, et qu'elle avait fiancée, elle-même ensuite, au petit Foinoir. Cette soirée de fiançailles était restée célèbre parmi les cénacles littéraires de la rive gauche. Le beau-frère du Belge avait interprété un de ses *oratorios*, et quand la Truphot portant le voile en paranymphe avait entonné elle-même l'épithalame, le gaz s'était éteint, tout à coup, au bon moment. Lorsqu'il se ralluma, Elphège Brucoglan, du *Mercure*, prétendait que la chose avait été machinée pour permettre dix minutes de *peloting* intensif et que, pour s'en convaincre, il n'y avait qu'à regarder cinq ou six messieurs qui n'osaient plus sentir leurs doigts. Trois heures après, la veuve couchait les tourtereaux non sans s'être assurée au préalable du bon fonctionnement de l'hydraulique dans les cabinets de toilette. Mais jamais plus les fiancés n'étaient revenus; ils étaient partis panteler ailleurs: ils avaient des doutes au sujet de certains trous insolites ménagés dans la cloison. Maintenant ils vivaient en parfait collage après avoir touché la petite dot que la Truphot leur avaient libéralement octroyée pour faire face aux premiers besoins: car cette femme était très généreuse en ces sortes de circonstances et elle se serait ruinée—si son amant n'y eût veillé—afin de satisfaire ce qu'elle appelait couramment *ses petits travers dix-huitième siècle*. Un rien de pudeur, un rogaton de préjugé, sans doute, la retenait encore, puisque riche comme elle l'était, elle aurait pu aller jusqu'au bout de son penchant, instituer par exemple une *campagne*, une folie, comme à l'époque du Régent, une sorte de lupanar gratuit à l'usage de la littérature dont elle aurait administré les coucheries et frôlé le personnel.

Médéric Boutorgne pensait à tout cela. Cette femme, après tout, n'est pas sans logique. On donne bien à manger, pourquoi ne pas donner aussi à culbuter? Ce serait pratiquer l'hospitalité bien entendue. On regarde les autres danser, pourquoi diable, ne pas les regarder aimer? La danse n'est qu'une excitation passionnelle, une mimique hypocrite des étreintes, et seul le puritanisme social s'oppose à la contemplation du geste de volupté. Mais que sera le puritanisme social dans deux siècles, ou même avant, quand l'humanité pratiquera la civilisation parachevée, quand la science et la philosophie l'auront convaincue que procréer est monstrueux et stupide, quand l'amour aura été justement décrété ridicule par la littérature? car c'est une question de mode que la beauté de l'amour. Si quinze mille poètes et trois ou quatre fois autant de prosateurs ne s'étaient point avisés, depuis l'origine des sociétés, de glorifier les bêlements sentimentaux et les soubresauts de l'arrière-train, l'espèce humaine n'aurait jamais eu l'idée d'établir en dogme la magnificence de l'amour. Les animaux, sous ce rapport, nous sont bien supérieurs: ils ne paraissent pas tirer vanité de leurs copulations. Dans quelques générations peut-être, il ne sera pas plus malséant d'assister aux ébats des couples qu'il ne l'est, à l'heure actuelle, d'assister aux ébats du Corps de ballet. Bien des choses, de ce seul fait, seront remises à leur place; la *transmutation des valeurs*, dont parle Nietzsche, sera réalisée pour le meilleur profit de la morale, et le petit spasme n'aura pas plus d'importance dans la vie des hommes, que l'acte de nutrition ou d'évacuation. Ce pôle majeur de la Sottise qui s'appelle l'amour, n'attirera donc plus sur lui, pour la stupéfier, la plus grande partie de l'intelligence en pouvoir de comprendre désormais qu'il y a autre chose que l'ébriété épidermique dans l'existence.

Madame Truphot, conclut le gendelettre, a trop gigoté par elle-même et, se sentant sans doute quelque embarras dans les jointures, elle s'amuse à faire et à voir gigoter les autres. Cela lui continuera l'illusion qu'elle œuvre et besogne pour son propre compte. Elle s'affinait présentement, voilà tout. Agir en n'importe quel sens est grossier. Manœuvrer pour déterminer autrui et n'être que le spectateur est, en toutes choses, d'un artiste. Elle avait compris cela peut-être, bien que ce fût extraordinaire d'une pareille cervelle. Surajouter la joie du dilettantisme au bénéfice de la contorsion personnelle, la classait parmi les cérébraux. Mais elle y perdait tout de même quelque chose: la possibilité de se dire un beau mécanisme humain dont le dynamo sexuel fonctionnerait jusque dans l'ultime vieillesse. Pourquoi prosaïquement ne pas rester ce qu'elle avait été? Une pauvre chair tourmentée et pitoyable, qu'Eros traquait et pourchassait, de retraite en retraite, comme une bête aux abois, une esclave passionnelle, que le rut fustigeait de ses lanières de feu, ébouillantait toute vive, sans trêve ni repos, qui, sans jamais reprendre haleine, et sans connaître la moindre halte miséricordieuse, devait gravir, une à une, jusqu'à la mort, sur ses paumes saigneuses et ses genoux à vif, les âpres cîmes de l'escarpement sensuel. Qui sait? Il est possible qu'elle demandât grâce, parfois, dans ses nuits abjectes, devant l'homme infâme qu'elle payait; peut-être tendait-elle les bras vers une impossible clémence. Marche! marche! hurlait la voix du Sexe, pendant que des fers rouges tisonnaient ses reins fumants, pour lui faire précipiter sa course sénile vers un invisible sommet d'immondices charnelles. Elle répudiait tout cela, ce côté épique en somme, pour les rôles d'entremetteuse et de voyeuse bourgeoise! C'était décourageant.

Maintenant le raté se reportait à la promesse de Madame Truphot. Il allait être l'élève, le *cadet*, le sujet brillant dont on paye les frais d'étude et qu'on subventionne dans l'espoir d'un profitable avenir. Si sa matérielle, comme il était permis de l'entrevoir, ne devait plus rien coûter à sa mère, ne fût-ce que pendant quelques mois, un profitable virement de fonds en ferait de l'argent de poche. Trois jours par semaine, il pourrait stupéfier les amis et le *Napolitain* d'un luxe inattendu. Ah! il ne serait pas si bête que ce crétin de Foinoir qui avait déraillé par suite de pudeur incongrue. Certes, il ne s'avèrerait pas imbécile à ce point. Les trous de la cloison, il s'en moquait un peu, lui, à peu près autant que de son premier solécisme. D'autre part, circonstance seconde, Madame Honved n'était point sans agrément. Mais comme il tirait gloire, à l'ordinaire, de son chic anglais qui lui enjoignait de ne pas être un impulsif et de ne pas se prononcer sur le champ, il répondit par des paroles vagues qui ne l'engageaient guère:

—La petite Honved. Ah! oui, je vois, dit-il.

II

Il n'y a rien d'odieux dans la satire
qu'on exerce contre les méchants: elle
mérite, au contraire, les éloges de tout
homme de bien qui sait juger sainement.

ARISTOPHANE.

La chère fut excellente et le potage bisque, la barbue *Jean Bart* et même
le cœur de filet *Rossini* se trouvèrent déglutis au milieu des banalités, des
calembours ou des plaisanteries qui avaient déjà fait leur temps à l'âge de
pierre, mais qui servent de liant invariable aux convives les plus spirituels.
Puis les propos s'égaillèrent et, dès l'apparition du faisan rôti qui valut à
Madame Truphot des exclamations laudatives, la chasse étant fermée depuis
quatre mois, plusieurs convives dûment assouvis, se mirent en devoir de
besogner ferme pour faire briller leur génie.

A la place d'honneur, à la droite de la veuve, dont il avait jadis fréquenté
le mari, trônait Truculor, le Tribun socialiste. Verbe incontesté des plèbes, sa
phraséologie graissée au meilleur cambouis de l'École normale devait
introduire le Pecus dans la Jérusalem nouvelle, dans la Terre promissiale de
Fraternité et de Justice, à moins qu'auparavant notre système solaire ne
devînt tout à fait caduc et que la planète, intempestivement ne trépassât de
vieillesse. C'était un gros homme, à la face halitueuse et patinée d'une teinte
de grès roussâtre, qui ressemblait assez exactement à un contremaître potier
dont le visage aurait été vernissé par le feu de son four. Trapu et d'encolure
massive, le thorax redondant de cet orateur était une sorte de buffet d'orgue
où s'alignaient les tuyaux, les cuivres et les pipeaux de fer-blanc, le cor et
l'alto, le hautbois et le basson d'une éloquence polyphonique qui se passait à
l'ordinaire du stimulant de l'Idée ou de la plus menue conviction, tout comme
un piano mécanique se passe du secours d'un vil doigté. La spécialité de
Truculor était le déchaînement dans la forme classique: ce qui faisait
percevoir aux moins compréhensifs le puffisme du procédé, car dans
chacune de ses gloses l'humanité et l'enthousiasme véritable avaient été
expulsés par huissier pour que la rhétorique pompeuse pût, tout à son aise,
se mettre dans ses meubles, s'installer dans le faux acajou des tirades. Bien
qu'il prît soin, couramment, dans ses parlottes, de ne point ravaler ses
collègues du Parlement de toute la vastitude de son érudition, on pressentait
néanmoins, grâce à lui, ce que les Grecs eussent pensé de la conjoncture et
combien il eût fallu d'épithètes aux Romains pour évaluer l'événement. Aux
jours d'inspiration, aux minutes vaticinatoires, quand le rhéteur brandissait
au-dessus du verre d'eau et des sténographes un facies congestionné et
prophétique, quand il menaçait l'assemblée rétrograde de convoquer devant

elle un avenir gros de menaces, quand il proposait d'éclairer les ténèbres du futur avec les fulgurations de son génie, ce cracheur de feu, dont les lèvres, à son dire, avaient été touchées par le charbon ardent d'Élie, n'arrivait que très péniblement à déflagrer une lamentable flammèche oratoire, un feu follet neurasthénique, une théorie de fumeuses étincelles totalement incapables d'embraser quoi que ce soit de l'ordre établi ou d'incendier le moindre fétu. Avec ce révolutionnaire, la Révolution, en effet, s'était muée en bonne fille et il convenait de faire son deuil de la véhémence de cyclone, de la lame de fond des grands Conventionnels qui, comme des éléments déchaînés, chavirèrent l'ancien Régime. Ce n'était plus la houle, le coup de bélier sur les portes d'airain de Danton, la froide logique, les théorèmes acérés de Robespierre qui eurent raison du vieux monde, qui désossèrent l'inique société, ou quoi que ce fût d'approximatif. Non, c'était une voix de bugle qui finissait toujours en soupirs de serinette; l'élan magistral partait pour emporter d'assaut l'Ilios bourgeoise et s'arrêtait pas bien loin, dans les bosquets anacréontiques, sentimenteux ou élégiaques de l'ancien Romainville... *sur la petite chanson*. N'en doutez pas, si Truculor au lieu de siéger sur les bancs socialistes de la troisième République avait siégé sur les bancs de l'ancienne Montagne, au soir du 10 août, il se fût transporté incontinent dans la loge du logographe pour consoler Louis XVI et l'aurait emmené avec les camarades boire du *Samos*, avant de lui faire récupérer ses Tuileries. Puis, le lendemain, trente-deux colonnes de son journal eussent expliqué à Samson déconvenu et au peuple fumisté tout le lumineux de cette détermination.

Dans ses discours protéiformes, tous les genres du poncif prétentieux se coudoyaient. Tantôt, il endossait les paillons du sublime, se goudronnait d'un empois pisseux, n'usageait que le mot noble, tels les évêques fameux et bavards de Louis XIV; tantôt, il apparaissait constipé et solennel, comme les cuistres qu'on appela jadis les *grands parlementaires*, ou bien il brandissait des pistolets d'enfant, des foudres en aluminium, lorsqu'il s'avérait utile de terroriser l'adversaire, fluant aussitôt par toutes les ouvertures en un attendrissement diluvien, quand survenait la nécessité d'appliquer un émollient sur le cœur de bronze des majorités. Et cet instrumentiste vacarmait comme un orphéon, devenait à lui seul plus imposant, plus tumultuaire et tout aussi artiste que l'harmonie de Dufayel qui désoblige les moineaux du dimanche dans les squares parisiens. Pathétique, oh combien! l'emphase scoliaste gonflait ses tirades comme un coup de pompe un pneu de bicyclette, et il régnait sans conteste sur la foule des porteurs d'églantines extraordinés et ravis d'avoir enfin un orateur ayant victorieusement passé son bachot.

Truculor avait été proclamé jadis le premier orateur de l'époque, parce qu'il s'était mis en devoir de recouvrir, à chaque ouverture de session, à chaque automne, le vieux parapluie quarantehuitard de l'éloquence parlementaire d'une silésienne de métaphores fuligineuses, d'affligeantes banalités ou d'incorrections dans le genre de celles-ci: «*Jamais dans le chaos des peuples et des races, dans la forêt des passions et des haines humaines, jamais une aussi large clairière de paix n'avait été pratiquée.*»—C'est de la poésie, lui criait alors Monsieur de Dion, athlète justement réputé pour la bêtise incoercible de ses propos, et qui, impressionné par la *forêt des passions*, prenait ce pathos pour la langue de Pindare. D'ailleurs, dans tous les discours de Truculor, il y avait une forêt, comme dans les démonstrations théologiques des trois derniers siècles, il y avait le mécanisme de la montre et l'argument final: Qui donc, si ce n'est Dieu, est l'horloger? Il ne sortait pas de là, c'était son trope le plus fabuleux, sa tautologie préférée. «Je gravissais un *soir*, la rue, avec l'émotion religieuse d'un néophyte. Sous un *soleil mêlé* d'azur triste et de blanches nuées, *je sentais une haute espérance* grandir en moi, *assez forte pour remonter* le flot de misère et d'inquiétude qui dévalait le long de la voie assombrie[1].» Il gravissait, un soir, sous un soleil et il sentait une haute espérance, assez forte pour remonter!!! Non, Paul Bourget, lui-même, répugnerait à conculquer un pareil tapioca, à battre en mayonnaise un pareil vomis. «Comme l'aigle qui monte vers le soleil.» «Ce discours *dont les vagues poussées par le vent du large*», continuait le tribun jaloux de colliger toutes les images qui le feraient refuser au certificat d'études de la laïque, anxieux de ne résilier aucun pompiérisme et de surpasser, si possible, Georges Ohnet, d'infamante mémoire, tout cela afin de faire la preuve, sous les bravos frénétiques des trois quarts de la Chambre, qu'un homme de réel talent ayant le sens du ridicule, le souci de la forme et l'exécration de la solennelle niaiserie, un *orateur* enfin, qui serait tout le contraire de lui, ne pourra jamais prospérer dans une assemblée délibérante. Quel magnifique langage! disait-on à chacune de ses gloses, dans le Parlement non moins que dans la Presse, et «d'Aigle», la «Forêt», «de vent du large», toute cette éloquence ravagée par un herpès de propos éculés passait aux yeux de ses collègues et des *matulus* des gazettes, pour la suprême manifestation du Verbe humain.

Cependant, malgré l'opinion acharnée à le magnifier, Truculor, avec ses éternelles palinodies, la nécessité où il se trouvait de se déjuger sans cesse, l'obligation où il était de renier à la Tribune toutes les campagnes menées par lui dans son journal, Truculor, le Logomaque, commençait à lasser les honnêtes gens et les intelligences de son parti et pour beaucoup il n'était plus déjà qu'un Béotien ayant fait ses humanités. Ce Cacique du Socialisme voyait autour de lui déserter les Incas. Il faisait, du reste, tout ce qui est indiqué pour cela. Lui, hier encore révolutionnaire, ne venait-il pas d'être amené à confesser, en pleine séance que l'accointance avec l'autocrate du Nord était utile et louangeable, après lui avoir, vingt fois auparavant, jeté l'anathème. Et il avait suffi d'une mise en demeure d'un leader du centre pour lui faire approuver, en l'alliance russe, les horreurs de la Sibérie, les massacres de paysans dans les provinces, le vol de la Mandchourie, la persécution de

Tolstoï, tous les crimes enfin du Tsarisme scélérat, dont la France porte sa part, puisque c'est avec son argent qu'ils ont pu être perpétrés.

Le triomphe de Truculor était la réunion publique. Hissé sur les tréteaux, il s'employait—avec le meilleur de son accent languedocien—à faire résonner de suite le fer-blanc de ses périodes, le chaudron mal étamé de ses prosopopées, besognant de son mieux pour griser son public, d'un seul coup, avec le trois-six de ses tirades, se démenant en des gestes de mangeur d'étoupe enflammée, les bras giratoires et la tête renversée en arrière, menaçant chaque fois d'éteindre le lustre sous une averse de postillons issue des profondeurs de son larynx tempétueux. En Aïssaouah de la Révolution, il y dévorait tout vivant le *lapin* du bonheur futur. Sans rémission, il chevrotait les incidentes, abusait du trémolo, la voix jouant de l'accordéon sur les finales, à la chute des phrases, ce qui faisait déferler les applaudissements. Pendant deux heures, inexorablement, on le voyait d'abord s'appuyer au soutènement de l'érudition, évoquer tour à tour Locke et Buchner, Proudhon et Auguste Comte, Karl Marx et Bernstein; puis il s'autorisait ensuite, pour son propre compte, à faire jouer les grandes eaux du Truisme, submergeant ses ouailles sous une Mer Egée de lieux communs dont sa Sociologie maritornesque et puérile était l'Amphitrite dépenaillée.

On aura touché du droit la belle spontanéité de cette nature quand on saura que, pendant quatre années consécutives, il avait servi aux étudiants de l'Université de Toulouse, où il professait, sa fameuse phrase sur la misère humaine bercée par la vieille chanson: phrase qui était alors un anathème spiritualiste jeté au matérialisme vainqueur. C'est tout ce que son génie devait enfanter jamais comme suprême offrande à la mentalité moderne. Il n'était pas un postulant de la licence qui n'eût bénéficié, là-bas, de cette formule avant qu'elle ne s'envolât pour faire le tour du monde en toute célébrité. Élu député, il avait placé son unique effet, sa trouvaille estomirante dans sa malle, sous une pile de gilets de flanelle ou un lot de chaussettes, et il était accouru à la Chambre pour lui faire un sort immédiatement.

Le bagage de Victor Cousin devant la postérité se réduit à deux définitions heureuses du mysticisme et du scepticisme; le bagage de Truculor, plus mince, se réduira vraisemblablement à cette sentimentale ineptie. Cependant l'amour que nourrissent les foules contemporaines pour les *mirlitonades* est poussé à un point tel que celle-ci suffit, d'un coup, à lui faire conquérir la perdurable gloire.

Et «*le grand tribun*» apostat de l'opportunisme, Coriolan du centre gauche qui, en 1894, avait accusé les anarchistes d'être subventionnés par l'Église, poursuivait un but qui n'était autre, que celui-ci: corser d'un peu de machiavélisme et de politique *vaticane*, la défense jusque-là maladroite du Capital et de la Propriété en danger imminent, les sauver, pour tout dire, en allant, lui, s'offrir au peuple, pour le mieux abuser. La caste possédante sait très bien que les masses populaires ne peuvent point, impunément, être toujours heurtées de front. Il convient de temps en temps d'employer la cautèle. Ce que dit l'esclave Démosthènes au charcutier, dans *les Chevaliers* d'Aristophane, s'appliquait, se juxtaposait merveilleusement à Truculor et définissait son cas:—Il faut attirer le peuple par des caresses de cuisine et le duper. Tu as d'excellentes qualités pour agir sur lui: la voix forte, l'éloquence impudente, le naturel pervers et la charlatanerie du marché.

Aussi en moins de six années, grâce à l'influence qu'il exerçait sur les masses passives et abêties, il venait de réussir à passer un anneau, une fibule dans les naseaux de l'ours socialiste dont les bras, en se refermant, auraient pu, d'une étreinte, étouffer la vieille société, et, en l'heure présente, il le faisait danser en rond devant la classe au pouvoir, en bon plantigrade qui ne sait plus qu'exécuter des courbettes et lécher éperdument les pieds de ses maîtres. Et dans la partie de bonneteau que la Bourgeoisie, depuis plus d'un siècle, avait engagée avec le vieillard Démos, pendant qu'elle faisait miroiter à ses yeux les cartes biseautées d'un hypocrite apitoiement ou d'un profit illusoire, Truculor s'était promu à l'emploi *d'allumeur*, de compère, de *comtois*, incitant le Pecus à tenir l'enjeu de moitié avec lui, protestant avec de grands coups de poing sur la table volante, qu'on allait enfin gagner la partie, exhortant, en un mot, le malheureux à choisir le néfaste expédient, à tourner la mauvaise carte.

—C'est celle-ci qui gagne, tourne la rouge, vieux, tourne la rouge, et tu vas empocher....

Le vieillard Démos, dédaignant la *noire*, tournait la *rouge* sur ses conseils et n'encaissait qu'un surcroît de famine et un supplément de coups de fusil...

Crainquebille des lieux communs, Truculor se remettait alors à pousser devant lui la petite voiture du marchand des quatre-saisons de la rhétorique électorale, dans laquelle se trouvaient entassés pêle-mêle les choux-fleurs, les carottes et les navets, tous les légumes flétris de l'art oratoire. Et à côté de lui, attelé à la même bricole, barrant la chaussée du tangage de ses épaules, la poitrine adornée d'une médaille de la préfecture, déambulait, pour défendre sa marchandise contre les coups de main des mauvais garçons, une sorte de fort de la Halle, de coltineur endimanché. Cet individu, ancien peintre en bâtiment, avait débuté, lui aussi, en la Sociologie, comme rufian dans les bouges de Montmartre. Il y sollicitait naguère des consommateurs, avec une profusion de coups de casquette, la permission de vider le fond des bocks, de ramasser les mégots ou de chanter la romance et, maintenant, le collectivisme du *Larbinat* ministériel l'avait promu à une des dignités les plus en vue de la *Soutenance* politique. A chaque nouvelle aurore dans son journal, il préconisait la servilité et la castration à la multitude prolétarienne et emportait comme salaire le billon négligeable des fonds secrets, la menue monnaie périmée qui traînait dans les tiroirs de la place Bauvau. Puant l'alcool et sans qu'il fût possible de l'exonérer de l'odeur indélébile des mauvais lieux, son patron lui avait donné un maître d'armes et lui avait fait remplacer le coup de tête dans l'estomac, des fortifs de sa jeunesse, par le coupé-dégagé des bretteurs les plus en vue. C'était le *Saltabadil*, le *Cloutier* de la bande. Mais il fallait le surveiller encore et le rétribuer toutes les fois avec munificence pour l'empêcher de *sonner* l'adversaire sur le pavé au lieu de le découdre, à Villebon, devant les quatre malfaisants imbéciles et les médecins odieux qui se prêtent encore aux grotesques gesticulations des affaires d'honneur. Il finissait les vieilles chaussettes et les pantalons hors d'usage des premiers ministres et, comme il parlait nègre par don congénital, on en avait fait— juste vengeance—un député de la Pointe-à-*Pitre*.

Jadis, pourtant, Truculor avait épouvanté la classe au pouvoir. Le fait est à peine croyable, mais il fut. Depuis la commune—cette secousse qui n'est pas encore éteinte dans ses moelles—la Caste exactrice vit dans la teneur de voir, un jour, incinérer le Grand-Livre. C'est ce qui la décida à embaucher Truculor. Le capital et lui ne pouvaient-ils pas vivre en bons frères siamois, réunis par la même membrane d'imposture? Truculor qui promenait dans la vie une sensualité ingénue de paysan mal façonné et un besoin irrésistible d'être, par tous, consacré grand homme était facile à allécher. Aussi, la Bourgeoisie, avec la plus extrême facilité, l'avait-elle pipé au trébuchet de ces deux travers. On avait laissé traîner à sa portée quelques rogatons dont les enrichis ne voulaient plus, quelques jouissances putrides du luxe et de la somptuosité, tant désirés jadis, du fond de sa province; on l'avait fait vice-président de la Chambre, on l'avait admis officieusement dans les conseils du Gouvernement, et il s'était précipité sur ces détritus avec des voracités d'otarie affamée, cependant que les journaux respectables recevaient le mot d'ordre de lui attribuer chaque jour, une somme incommensurable de génie—dilapidé, par lui, hélas! dans la mauvaise cause, disaient-ils.

Immédiatement, Truculor avait donné des gages.

Pendant les dix années qui précédaient, il avait, en effet, déclaré la guerre au catholicisme, le dénonçant comme le pire ennemi de la civilisation, mettant en batterie, chaque soir, les balistes ou les mangonneaux de sa dialectique pour sabouler le Concordat, effondrer l'Église et ravager les dogmes, et, un beau matin, le monde stupéfié avait vu Truculor conduire sa fillette à la sainte table pour lui faire ingérer la plus notoire et la mieux famée des trois hypostases. C'était pour avoir la paix chez lui, avait-il excipé ingénument, en un débordement de copie qui n'était point encore réfréné. Et, le bon public, le bon public simpliste qui n'a point pris à l'École normale le goût des arguties byzantines se demandait vainement depuis ce jour, comment il se faisait qu'un homme, nourrissant pour la paix un goût si immodéré, vînt s'offrir comme stratège de la plus effroyable bataille que les histoires auront à enregistrer. Car, il n'y a pas à dire, il conviendrait pourtant de choisir entre le personnage de Déménète, de Plaute, ou celui de Spartacus. Truculor pourrait peut-être se rappeler qu'il est incongru de déclarer sur les tréteaux que la révolte est *esthétique* pour, rentré chez soi, se laisser rosser par sa femme. Les foules, en mal de soulèvement, feraient preuve de quelque intelligence en refusant de s'encombrer plus longtemps d'un chef, à ce point audacieux, qu'un coup de torchon de la conjointe le fait rentrer à la cuisine, pour éplucher les légumes, lorsqu'il se permet d'en sortir afin de prendre la parole chez lui et d'avoir une opinion.

Le plus beau titre de gloire de ce rhéteur était d'avoir tronçonné en deux, déshonoré pour toujours peut-être le socialisme en le faisant verser dans une ribote de trois années dont il sortait à peine, avec un mal aux cheveux terrible, la bouche gougloutante de hoquets, ayant barboté à pleins grouins dans l'auge bourgeoise. Et maintenant, quelques-uns parmi les plus notoires des amis politiques de Truculor, à qui l'aventure avait permis de devenir ministre comme Millerand *l'Iscariote*, de se paver de joyaux, d'acquérir des terres historiques et de s'étouper de billets de banque, faisaient la roue devant le prolétariat toujours jugulé, criaient, avec leur bonisseur, aux quatre coins du pays:—Ayez confiance, citoyens, vous avez vu? Nous nous sommes ivrognés à d'augustes tables, nous avons été tolérés dans les parlottes de l'État; même nos femmes ont dîné avec le Tsar. C'est ce qu'on appelle le socialisme réformiste, la conquête des pouvoirs publics et la Révolution en marche...

Oui, le forfait irrémissible de cet homme—qui s'était offert en 1885 à la liste réactionnaire de sa circonscription—l'inexpiable crime de ce politicien, accouru du lointain de sa sous-préfecture pour faire un sort à sa sonorité et à sa truculence, dans un parti quel qu'il fût, était d'avoir naufragé à jamais l'ultime chance de salut des multitudes spoliées, l'inamnistiable scélératesse de ce collectiviste devenu sous-ministre était d'avoir flibusté le Pauvre de sa dernière espérance et de l'avoir jeté à l'eau, par un croc-en-jambes sournois, devant la Bourgeoisie exultante, alors qu'à grands coups de pavés et avec des sourires mielleux, il renfonçait pour toujours dans le gouffre de mort et de ténèbre la Face douloureuse, tordue par les spasmes de la faim, la Face sainte et tragique, qui employait son dernier souffle à réclamer encore la Justice et la Pitié!

Mais ce négociant en truismes et malfaçons oratoires ne connaissait pas le remords, rien ne pouvait décrocher la satisfaction béate qu'il arborait sur son visage. La destinée du compère, ministre, baron et multi-millionnaire, l'avait émotionné au point de lui faire perdre toute retenue dans l'impudeur et il totalisait les différentes sortes d'apostasies, de mensonges, de compromissions et de traîtrises à la Cause qui ont pu, jusqu'ici, être cataloguées. A l'instar de Dieu qui, d'après son témoignage, était une *Somme*, car il avait jadis publié un livre chez Alcan: 800 pages intitulées: *De l'irréalité du monde matériel,* dans quoi il avait entassé toutes les balayures philosophiques de la rue d'Ulm, à l'instar de l'entité chère à M. de Mun et à Paul Bourget, Truculor était la *Somme* des impostures possibles pour parler son jargon. Il y a dix ans, à Carmaux, il chantait la *Carmagnole* sur la nappe des banquets, et la classe dirigeante, dès qu'elle le jugea utile, le fit retourner d'un coup de botte au cantique de sa jeunesse à l'«Esprit saint descendez en nous» et au *benedicite* de la table conjugale. Un homme d'État, dont la stratégie politique digne de l'auteur du *Prince* suscitait la joie des intelligences amoureuses de belles manœuvres et que sa connaissance parfaite de la saleté humaine non moins que son mépris superbe de l'humanité vile faisaient l'égal des plus grands dans l'antique et le moderne, un premier ministre dont le savoir-faire réduisait par comparaison ses confrères du passé: les Dubois, les Barras, les Talleyrand à la condition d'obscurs manœuvres, avait pu réaliser, grâce à Truculor et à ses acolytes, un coup de génie surprenant, qui assurait pour toujours le triomphe de la Bourgeoisie un instant en péril. Lorsque la Révolution, à la suite d'une affaire célèbre, paraissait avoir reconquis enfin quelque lucidité et quelque énergie, lorsqu'elle vint déferler de ses premières lames contre les balises du Capital, en menaçant cette fois de le submerger, ce tacticien eut une inspiration merveilleuse. Il se rappela à temps le procédé employé jadis, au XVIIIᵉ siècle, dans les colonies anglaises pour étouffer les insurrections de nègres.

Quand les noirs révoltés, ayant coupé quelques têtes et s'étant conditionné des pennons rouges avec les intestins fumants de deux ou trois colons, dévalaient en horde rugissante parmi les fracas des tam-tams et derrière leurs tabous ou leurs sorciers, on sait que les soldats des trois royaumes n'avaient cure de verser dans les inutiles fusillades. Ils se retiraient simplement à l'arrière de la ville, après avoir roulé au milieu de la rue principale quelques barils de tafia. Alors, ils attendaient, placides, en chantant le *God save the king* ou en jouant au bezigue. Au bout de deux heures, ils revenaient, la pipe aux dents, car il n'y avait plus d'insurrection.

Tous les nègres, ivres-morts pour avoir défoncé les barils de *raki*, se vautraient à l'entrée des paillottes, exactement à point pour être jetés à la mer. Ce fut la tactique du Secrétaire d'État chargé de sauver les exacteurs. Il avait fait rouler en travers de la route quelques menues voluptés bourgeoises, des provendes bien immondes, des honneurs qui contaminent, des sacs de piastres, des décorations, du vin de Samos, des prostituées, des pelisses de fourrures, des coupons de loges d'Opéra, des abonnements au Chabanais, un portefeuille de ministre, sans oublier des caisses de savon à l'opoponax, du linge de corps, des corsets de la *Samaritaine,* de l'astrakan de conducteur d'omnibus, des bijoux de la rue Rambuteau et quelques marlous des grands bars pour les femmes et, au bout de quelques minutes, tout l'État-major socialiste était ivre-mort, poussait des cris de chimpanzés hystériques, s'étouffait de mangeries, se battait pour se filouter réciproquement les nourritures au fond de la gorge, bâfrait à même la fange, forniquait dans le ruisseau, éructait à faire trembler les vitres voisines, s'enfonçait les doigts dans la bouche, afin de se libérer l'estomac et de manger encore, toujours, dans le geste itératif et le vomissement éperdu de Vitellius[2].

Alors, il les avait incorporés à sa domesticité et leur avait fait vider ses crachoirs.

Juste en face de Truculor, s'embusquait un profil inquiétant, une tête de marchand d'esclaves, d'écumeur de naufrages ou de pirate barbaresque. C'était Jacques Paraclet, le pamphlétaire catholique, héritier du *gueuloir* de Veuillot qui, moyennant cent sous ou un dîner, tenait, dans les journaux ou les cénacles, l'emploi de la Colère céleste et pulvérisait l'assistance, au dessert, en précipitant sur elle le courroux des trois Personnes de la Trinité qui, pourtant, n'en font qu'une et tiennent dans la même à la suite d'on ne sait quelle pénétration sodomique; Jacques Paraclet, qui, avant le vestiaire, incendiait ponctuellement les lieux maudits où il venait néanmoins de fréquenter, en laissant choir sur les convives la pluie d'étoiles en fromage mou d'une Apocalypse redevable à l'alcool de son meilleur ordonnancement. Ce chrétien maniait, à l'ordinaire, une prose *à faire tourner les mayonnaises*, mais dont il tirait parfois un effet surprenant. Coprologue et stercoraire, il était à proprement parler, le Ruggieri de l'excrément, le Liberty de la fécalité et, sous le prétexte de glorifier son Dieu, il n'avait point son pareil pour bâtir des Alhambras en guano et des Parthénons en poudrette. Ce fut lui qui, jadis, on s'en souvient, qualifia Zola de *Triton de la fosse d'aisances naturaliste* sans prendre la peine de considérer qu'il pouvait être à son tour le Parsifal d'un Niebelung étronnifère qui, brandissant un fanion ponctué de naïves virgules, se serait lancé à l'escalade d'un Mont Salvat au sulfhydrate d'ammoniaque.

Ancien communard, d'après son propre aveu, enragé de n'avoir pu prélever dans l'insurrection du 18 Mars, ni dans les années qui suivirent, une notoriété quelconque, tenu à l'écart par les premiers rôles et confiné au rang de vague doublure, il avait été, un jour, offrir sa marchandise dans la boutique adverse, changeant soudain de paroxysme et transmuant en catholicisme d'inquisition sa frénésie révolutionnaire. Il s'était présenté chez l'auteur des *Diaboliques* pour demander aide et réconfort. Barbey d'Aurévilly, ce nomenclateur enamouré des plus ridicules attitudes, que les vieilles cagotes et les sang-bleu de Valognes prennent encore pour le dernier aristocrate du Logos, pour le Connétable des Lettres, l'avait gratifié du meilleur accueil en s'engageant à le présenter au comte de Chambord à la première occasion et dès qu'il aurait du linge. Tout en se rengorgeant sous ses jabots achetés aux ventes du Mont-de-piété et ses dentelles d'Antony sexagénaire, qui avait acquis l'impérissable amour du pourpoint et du panache, pour avoir sans doute dans sa jeunesse, entendu chanter Saint-Bris au fond de sa province ataxique, il interrompit net la réfection de ses cravates qu'il reprisait lui-même et il lui conseilla—par goût du paradoxe hugonien et de l'anachronisme romantique—de revêtir le harnais de combat et de se confectionner l'âme chrétienne d'un Joseph de Maistre, qui aurait, cette fois, réquisitionné le meilleur de sa polémique et de sa langue dans les conflagrations du Marché de la volaille et du Pavillon de la marée.

Le soir même de ce jour d'il y a vingt ans, Jacques Paraclet, muni d'une apostille du Maître, s'était, à défaut d'autre débouché, mobilisé chez Rodolphe Salis, le propriétaire du *Chat-Noir* qui régnait alors comme conservateur sur ce musée Dupuytren de l'Histrionat.

Après la deuxième absinthe, le libelliste boulimique, désireux d'affirmer son savoir-faire, s'étant mis soudain à pousser des glapissements de chacal à qui on extirpe un ongle incarné, le gentilhomme cabaretier l'avait engagé sur l'heure pour rehausser de quelque inattendu sa troupe de bateleurs édentés. Il avait été chargé d'abord d'enlever les pardessus, de distribuer les petits bancs aux dames et de jeter du sable jaune sur les crachats, dans les couloirs, puis permission lui fut octroyée, par la suite, de collaborer au boniment et d'invectiver le public afin de le porter au point culminant de l'enthousiasme. Comme son bagoût avait permis de hausser de quinze centimes le prix des bocks, Salis donna des ordres pour que deux colonnes du journal de l'endroit, dirigé par Emile Goudeau, fussent mises à sa disposition, avec toute licence d'étriper les pontifes. C'est ainsi que s'amorça son destin. Rue de Laval, Jacques Paraclet était déjà le Marseille, le Bamboula d'une boutique de tombeurs littéraires et, caleçonné d'une peau de tigre eczémateuse, chaussé des bottes à gland doré du bestiaire suburbain, poitrinant sous le dolman et les brandebourgs cramoisis d'un Bidel cagneux, il offrait le gant aux adversaires, pratiquait avec brio la «ceinture devant» et le «tour de tête», alors que pleuvaient les décimes dans la sébille de fer étamé et qu'il criait:—Encore dix-neuf sous et j'vas vous crever Renan.

Depuis, il avait persévéré, ne s'attaquant jamais du reste qu'à la Civilisation, se battant en Tétanique contre la Science et la Pensée, braquant sans relâche, en homme-canon, contre Hugo, Michelet, Zola, contre tous ceux dont s'honore la culture moderne, un obusier forain bourré de phrases au picrate irascible, une vieille caronade de corsaire chargée d'explosives épithètes à triple percussion, pendant que faisait rage, alentour, il faut le dire, une formidable mousqueterie de tropes empoisonnés, de démentielles métaphores.

Je suis un gigantesque et divin Sodomiste, car, seul j'ai couché avec le Verbe et, seul, je l'ai fécondé, semblaient, dans leur superbe, hurler tous ses livres. Ce serpent python s'était donc dressé devant la société libre-penseuse pour l'avaler d'un seul coup, ainsi qu'il le prétendait, mais comme celui du Jardin des Plantes, il n'avait avalé qu'une couverture et encore était-ce celle des livres de Veuillot, ce dont il avait failli mourir empoisonné et ne guérirait jamais. Rongé vivant par un lupus d'orgueil, hypertrophié par un éléphantiasis de vanité, il exerçait dans la périphérie parisienne le métier de prophète et prélevait sa nourriture sur les sacerdotes, les soutaniers et les confrères que terrorisait sa copie. Il avait pris aux livres qualifiés saints, aux livres des Vaticinateurs ou des grands hystériques juifs, tout l'anachronisme, toute la mécanique de sa prose laborieusement composée, toute l'architectonie de son style qui, pour moderniser les aboyeurs d'Israël, avait spolié à peu près tous les siècles: Juvénal, le vieil Agrippa, Chateaubriand, Baudelaire et même, tout arrive, son conseil d'antan: Barbey d'Aurévilly, mais dans lequel il éclusait seul un inéluctable gulf-stream de scatologies. Ce courant intérieur avait ses grandes marées, son flux et son reflux et roulait implacablement sous des aurores boréales et des arcs-en-ciel fécaloïdes que l'auteur pourléchait avec amour. Cependant, par une virtuosité qui lui était personnelle, il arrivait souvent à rebondir de la tinette à l'étoile. On le croyait parfois enlizé dans la fiente: il était dans la voie lactée. C'était sa façon à lui de manier l'antithèse et d'infliger la sensation du prodigieux au lecteur, pareillement démuni d'analyse et d'entendement, qui se précipite tête baissée dans tous les traquenards du livre à trois francs cinquante. Un effroyable gongorisme était d'ailleurs l'art préféré de ce dernier adepte du romantisme transformé par lui en orchestre de monstres, en tératologie malmenée par le tétanos.

Et cet homme n'était pas moins fier de sa *beauté* que de sa prose. Dans sa dernière œuvre: Je *m'obsècre*, la vénusté de son profil était dévolue à l'admiration des multitudes sous la protection de ce titre: «*Promesse d'un beau visage*—mon portrait à 18 ans, peint par moi-même à l'huile de requin.» La prunelle de l'innocent lecteur pouvait s'y délecter d'un facies impubescent de garçon marchand de vin, d'une tête de calicot congestionné qui vient de rater «une guelte», de bonneton ou de bobinard qui voit un client faire «un rendu».

Carapacé, tel le *Tancrède des Stercoraires*, d'une armure de bran durci à l'usage de la balle, il était néanmoins d'une intaille singulière, et cet échantillon d'un autre âge réclamant pour lui-même l'honneur de tenir le couteau à dépecer l'humanité dans les grands abattoirs catholiques, ce spécimen inattendu, ne se pouvait cataloguer dans la platitude accoutumée, dépassait la pelade contemporaine de toute la hauteur d'une lèpre effroyable et surprenante. Comme Truculor, il avait en poche la solution de la question sociale et cette solution était très simple, elle consistait:

1° A traîner le cadavre de Renan jusqu'au plus prochain dépotoir;

2º A ériger au sommet du Panthéon une croix d'or *du poids* (?) de plusieurs millions;

3º A astreindre tous les Français à communier au moins une fois par semaine, sous peine de mort!

Oui, ce n'était pas plus difficile que cela, et on se demandait vainement, à la suite de cette écriture, comment l'époque, qui n'avait pu offrir à Jacques Paraclet l'Escurial d'un nouveau Philippe II, ne lui avait pas ouvert, sur l'heure, la cage de fer des aliénés de Bicêtre.

Il est juste de dire, cependant, qu'on avait de lui, dans son livre, *l'Imprécateur*, un chapitre sur la bondieuserie, la coprolâtrie de Saint-Sulpice, qui était une manière de chef-d'œuvre définitif, avec deux ou trois rugissements adventices assez bien expectorés.

C'était Boutorgne qui avait conseillé à la Truphot d'inviter Jacques Paraclet, d'elle ignoré, dans l'espoir d'incidents peu ordinaires. Jusque-là, cependant, il avait été déçu, Truculor, ravalant le meilleur des Baedekers, s'était lancé en une description pointilleuse de son pays natal, des gorges du Tarn, et le squale catholique s'était contenté de déglutir ferme et de considérer en silence la beauté svelte, les yeux d'écaille blonde, la lourde et érugineuse chevelure de Madame Honved dont les pesantes torsades la casquaient de rouille sanglante et chaude. Il ne s'était même pas enquis, au préalable, par une de ces interpellations foudroyantes dont il était coutumier, si cette dernière avait fait congrûment ses Pâques, car Jacques Paraclet, au café, dans les bureaux d'omnibus, les rédactions et les mangeries bourgeoises faisait la place pour Dieu le père, informait les gens de Ses volontés les plus récentes et répercutait Iaveh avec une bien autre infaillibilité que le déguisé du Vatican. Malgré que ce soir-là, il se tînt coi et parût avoir été passé au chloral, il agaçait Honved qui, sans la présence de sa femme et dès le second service n'aurait point su résister, sans doute, au plaisir de lancer, contre le fulminate désormais mouillé de cette torpille de sacristie, quelque perforant brocard destiné à la faire exploser, si toutefois elle en était encore capable. Le pugilat verbal avec Jacques Paraclet, étant donné tout ce qu'il comportait d'obscénités littéraires, lui répugnait devant sa compagne. Cela eût été drôle, tout de même, d'inciter le catholique à un combat singulier, de l'attirer en rase campagne, après qu'il eût d'avance bourré sa faconde de ses invectives habituelles dont la moindre aurait été capable de donner des hauts-le-cœur à une pompe nocturne. Oui, c'eût été amusant de le suivre sur son terrain, pour, tout à coup, faire pleuvoir sur lui le feu grégeois d'une série d'anathèmes trempés dans les laves du meilleur Juvénal.

Par trois fois, Honved remisa le cartel, rengaina la brette terrible de ses mots qu'il dissimulait, à l'ordinaire, sous les rubans, les velours et les fleurs d'une excessive politesse venant encore ajouter à l'acuité de l'ironie. Honved, auteur dramatique jusque-là très discuté, était arrivé enfin à la grande notoriété avec ses trois derniers actes de l'Odéon: *L'âme païenne*. La grâce antique oblitérée par dix-huit siècles de catholicisme, enterrée sous les mucus et les excrétions de tous les exégètes, avait enfin été exhumée victorieusement, comme un bronze intact quoique deux fois millénaire, dont la jeune lumière à nouveau vient caresser amoureusement le svelte contour et la chaude patine.

Les initiés et les érudits avaient crié au miracle devant ce sens aigu du génie latin, et son art, sa technique, son dialogue, toute la grâce sereine et fauve, le culte ardent de la vie, immortelle et redoutable, acceptée avec ferveur en toutes ses joies, ses faiblesses et ses hontes, uniquement parce qu'elle est la minute fugitive qui permet de prendre conscience de l'univers imparfait et vain comme l'homme, disait-il; les amants effeuillant des tubéreuses sous les térébinthes et les portiques de marbre noir, avec du sang aux doigts, du sang d'esclave rebelle ou de tyran abattu, les chants d'agonie des patriciens venant de se *procurer la mort ainsi qu'une débauche*, selon le mot de Flaubert, et s'interrompant de mourir pour donner un conseil aux couples enlacés, réciter un vers d'Horace ou fixer un point de philosophie *Rerum pulcherrima Roma*; tout cela revivait comme aux jours de Tibulle et de Properce, et semblait avoir été signé par un de ceux qui, les premiers, scandèrent le Verbe et le Génie humain en une forme définitive. *L'âme païenne*, est-il besoin de le notifier? avait eu exactement dix-sept représentations, et la plus belle recette qu'elle atteignît jamais s'éleva à 833 francs: le directeur de l'Odéon, secondé par d'inénarrables grimaciers, ayant fait tout le possible pour que le public parisien ne prît goût à un art qui se permettait d'entrer en si parfaite hétérodoxie avec celui du *Quo Vadis* ou de *l'Aphrodite* de M. Pierre Louys. Et ce fonctionnaire doit être remercié, car placé à la tête d'un département de l'esthétique moderne, il doit avant tout veiller à la conservation des choses existantes, éviter les révolutions intellectuelles, les brusques changements d'optique et toutes autres perturbations aux gens bénévoles qui, ayant le loisir d'acquérir, sous les galeries, moyennant trente-cinq sous, Plaute, Molière, Racine ou Lucien versent à son comptoir des sommes beaucoup plus importantes et viennent ouïr MM. Cornaglia ou Albert Lambert, ancêtre, qui vagissent tous les soirs ce qu'il y a de mieux dans l'œuvre d'Émile Augier, Paul Bourget, Alexandre Bisson ou André Theuriet.

Médéric Boutorgne, placé à côté de Madame Honved, venait d'épuiser le lot de ses comparaisons favorables et de ses épithètes avantageuses. Présentement, il n'avait plus à sa disposition un seul vocable littéraire pour exprimer l'extraordinaire couleur des prunelles de sa voisine. Après l'avoir successivement confrontée à Bethsabée, à Cléopâtre, à la reine de Saba, elle-même, après s'être porté garant qu'elle ravalait, par simple comparaison, les fées Mélusine, Viviane ou Urgande, après avoir affirmé qu'elle détenait des yeux comme il devait en brasiller jadis, dans les coins d'ombre de l'Alhambra, palais des rois Maures, il restait coi, effroyablement muet, et, de la prunelle, faisait le tour de la table comme pour implorer quelque improbable et mystérieux secours. Déjà, en deux ou trois circonstances antérieures, cette chose lui était arrivée. Quand quelqu'un, un fait inattendu, ou plus simplement la vue d'un objet banal, totalement incapable de dispenser l'émoi au restant de ses semblables, l'impressionnaient, un trou noir se faisait dans son esprit, des mouches diaprées et des lucioles bizarres dansaient devant ses yeux et il était investi d'une subite et irréductible aphasie. A cela même, il devait d'avoir raté le secrétariat d'un mandarin désireux de se lancer dans la politique et qui avait besoin d'un scribe amoureux de la faute de syntaxe, pour pouvoir se faire comprendre de ses électeurs et de ses collègues du Parlement. Boutorgne, convoqué par lui, un matin à dix heures, était resté invraisemblablement aphone et, malgré les encouragements et la bienveillance du Maître, n'avait réussi qu'à s'extirper des plaintes et des gémissements qui l'avaient fait passer pour un aliéné en circulation indue. Et voilà, maintenant, que cela recommençait, juste à la minute où il avait besoin de tout son talent pour affrioler Madame Honved et l'induire dans la nécessité d'entreprendre, sans retard, l'adultère avec lui. Effaré, il violenta sa volonté, se râcla désespérément le palais avec sa langue et n'accoucha d'aucun son qui pût, à la rigueur, passer pour une parole et, encore moins, pour une pétarade de mots brillants. Alors, avec le rictus d'un homme qui se noie, il recommença à promener autour de lui un regard affolé. Hélas! les autres ne se souciaient guère de le repêcher, ne s'apercevaient même pas de sa détresse, et nul ne s'occupait de lui pour l'interpeller directement, rompre ainsi le charme maléfique, ce qui lui aurait permis sans doute de reprendre souffle ou d'abandonner décemment le dialogue avec Madame Honved. Effroi. Il n'entendait, dans son entour, qu'un bruit confus de conversations dont il n'arrivait même pas à saisir le sens: chaque convive parlant à son voisin, mais aucun d'eux ne pérorant encore dans le silence de tous, en potentat indiscuté de la parole, du savoir ou de l'esprit.

—Monsieur, je vous en prie, lui dit la femme de l'auteur dramatique, amusée de son désarroi et trop parisienne pour le laisser barboter en paix dans les marécages de sa maladive sottise; il vous reste encore les évocations stellaires, les étoiles et les météores, les soleils et les comètes. Ne me jugez-vous pas digne de ces dernières? Il y en a justement une au zénith en ce moment.

Cette pointe éberlua encore un peu plus le malheureux Boutorgne, qui disparut cette fois dans l'hébétude comme si un boulet de 80 l'eût tiré par les pieds. Pour toute réponse, il ouvrit et ferma convulsivement les yeux, se démena frénétiquement sur son siège, avec la grâce d'un jeune pingouin qui se serait laissé choir sur quelque hypocrite harpon. Madame Honved, renversée au dossier de sa chaise, riait maintenant d'un rire cristallin et cruel dont les fusées railleuses perforaient le lamentable gendelettre qui, les paupières closes et la bouche pincée, s'enfonçait les ongles dans les cuisses pour se punir, sans doute, d'être à ce point idiot. Certes, il aurait dû prévoir la chose: cette femme l'impressionnait trop pour qu'il pût jamais la conquérir. Et, un cataplasme de ténèbres sur les orbites, il vivait dans la terreur de revoir au moindre dessillement des paupières les deux redoutables prunelles sablées d'or, et couleur de feuille morte qui le médusaient, le restituaient à sa véritable nature et le faisaient redevenir crétin, indiciblement. Enfin, il se ressaisit d'une parcelle d'entendement: ce fut pour se précipiter à la recherche d'un quelconque des deux ou trois mots de dîner dont il avait spolié certains auteurs et qui pouvaient se placer toujours, en n'importe quelle occasion. Mais dans le désarroi de son esprit, au moment précis où il allait faire crépiter l'étincelle, il crut l'avoir placée déjà, et il se retint, exsudant de terreur, pour ne pas récidiver et faire apparaître, dans son entier, l'indigence de son esprit inscrit à l'Assistance publique du plagiat.

Un moment, il perçut sous la table un concert de pieds froissés. Évidemment, cette ironique Mme Honved, qui lui avait tendu la chausse-trappe d'un sourire pour mieux le faire marcher, qui douchait ses emballements et ses meilleurs effets des cascades réfrigérantes de son rire, prévenait son mari d'une accolade de cheville, afin qu'il ne perdît rien de sa déconfiture. Déjà, Honved se penchait par dessus l'épaule de sa femme, considérait un moment le grotesque du personnage dont la poitrine de poulet bombait plus fort, d'angoisse rentrée, dont le cou s'enfonçait davantage dans les épaules, et il eût un susurrement, que Médéric Boutorgne perçut néanmoins:

—Dépêche-toi de le regarder une fois encore; tout à l'heure, il ne sera plus visible: son thorax est en train d'avaler sa tête...

Le *Prosifère* sentit des flammes terribles brasiller sur sa face jusque-là verte. Il chercha vainement une riposte, ne la trouva point, s'entêta, s'acharna, et n'aboutit qu'à prolonger presque sur le dehors quatre ou cinq lamentations profondes et intérieures. Alors il serra frénétiquement les lèvres pour réfréner la tentation qu'il avait de vagir quoi que ce soit d'informe. Voyons, personne ne lui adresserait donc la parole? Et, tout à coup son cœur se fondit de reconnaissance; il délira de gratitude éperdue; il eut même envie d'embrasser Siemans, quand celui-ci, qui n'avait pas encore proféré un mot, lui dit de sa voix lente et épaisse:

—Vous savez, c'est beaucoup plus dur que mon beau-frère ne me l'avait fait entrevoir: le sol dièze est très difficile à attraper; il faut boucher le dernier trou aux trois quarts comme ça... avec le petit doigt...

—Vrai? ah! pas possible, répondit Médéric Boutorgne du timbre altéré d'un monsieur qui se voit tout à coup nanti d'une confidence et d'une révélation dont l'extraordinaire intérêt est capable de le culbuter dans l'embolie. Et, libéré enfin de sa mutité par l'inconsciente intervention du Belge, il se passionna, devint avide de renseignements, s'intéressa au jeu de l'ocarina, tout heureux de filer par la tangente dans une conversation exempte, cette fois, de périls, dans une conversation où les yeux de Madame Honved ne lui verseraient plus, comme tout à l'heure, le maléfique inébriant.

Mais Madame Truphot avait vu la scène et avait assisté à l'effondrement du malheureux. Elle haussa les épaules, eut une lippe de pitié. Un homme qui, en une heure, n'était pas capable de se faire agréer d'une femme n'était qu'un imbécile ou un castrat pour elle. Elle décida que, désormais, Boutorgne serait réservé pour ses bonnes, puisqu'il n'était bon qu'à cela.

Et elle se frotta avec plus d'insistance à son voisin de gauche, à Sarigue, un grand garçon sec et blond, au nonchaloir affecté, qui s'efforçait de maintenir son masque au point voulu de mélancolie et de byronisme, comme il sied à un mortel sur qui pesa le *Fatum*, selon une expression de lui favorisée.

Ah! celui-là fleurait bon l'amour au moins; il exhalait une senteur ravageante de passion tragique même, car il odorait le cadavre, ayant tué sa maîtresse en un drame fameux, qui jadis, occupa toute l'Europe. Un matin du printemps de 1890, on l'avait trouvé dans la chambre à coucher d'une villa du littoral algérien, la joue éraflée d'une égratignure, faisant de son mieux pour répandre des hémorrhagies apitoyantes et copieuses, et simulant des râles d'agonie près du cadavre de la femme d'un protestant notable de l'endroit, réputée jusque-là pour son rigorisme et son horreur des illégitimes fornications. L'épouse du momier, d'une beauté péremptoire quoique déjà aoûtée, avantagée par surcroît d'une fortune impressionnante, avait le front fracassé d'une balle et, préalablement à la minute où elle fut décervelée par Andoche Sarigue, elle avait répudié ses derniers linges: ce qui est un sacrifice conséquent, comme on sait, pour les personnes conseillées par Calvin. De ce dernier fait, l'assassin argua la passion, la frénésie sentimentale et charnelle qui peuvent, à la rigueur, précipiter dans ce que le bourgeois appelle l'*inconduite*, les mères de famille jusque là placides et que la quarantaine semble avoir mises hors l'amour. L'accusation rétorqua, en objectant les viles manœuvres, la suggestion, l'hypnotisme, et même le viol. Sarigue, avec des mots choisis, en une véritable page de littérature, s'était efforcé de faire au Jury la psychologie du drame. Il avait expliqué que les voluptés cardiaques ou génésiques n'étaient pas suffisantes pour le couple sublime qu'ils formaient tous deux; qu'ils avaient décidé d'y surajouter celle de la mort, que la conjonction dans le néant avait été résolue d'une commune entente, mais qu'après avoir tué froidement la malheureuse, la Fatalité avait voulu qu'il se manquât, à la minute suprême.

Ah! il ne s'était pas fait grand mal; il ne s'était pas dangereusement blessé, lui. Non, le revolver s'était senti sans entrain pour saccager une peau d'amant aussi reluisante, et, c'est à peine, si au lieu de cervelle—en admettant qu'il en possédât une—il s'était fait sauter quelques poils de la moustache. Il avait fait cinq ans de bagne sur les huit qui lui furent octroyés et, maintenant, il cuvait son désespoir et promenait son âme inconsolablement endeuillée dans tous les bouges, les bouis bouis et les bals de Montmartre. Il couchait chez toutes les filles qui voulaient bien marcher à l'œil et racontait infatigablement ses aventures avec des gestes affaissés ou des tirades à la Mélingue, devant des piles de soucoupes, dans tous les gynécées publics de la butte,—ce goitre de sottise appendu à la gorge de Paris. Très couru d'ailleurs, il était l'amant inquiétant et trouble, le survivant tragique d'une épopée de traversin, et il procurait le frisson romantique dans le XVIIIe arrondissement et les alcoves mieux famées où l'épiderme sans imprévu des agents de change est devenu insupportable. Un grand journal du matin s'était même attaché sa collaboration et, plusieurs fois par semaine, ce cabot de l'assassinat passionnel, plus vil et plus lâche, certes, que le dernier des chourineurs, car il avait histrionné dans le suicide et dupé sa maîtresse avec les contorsions d'un Hernani de sous-préfecture, ce grimacier algérien notifiait la Beauté et l'Amour à deux cent mille individus. Il discourait aussi sur *l'honneur*, depuis qu'il avait échappé à sa chiourme et s'était récemment offert comme témoin pour assister, dans un duel, un ami journaleux. En sa petite garçonnière de la rue des Martyrs, se réunissaient de doctes conciles. Des *tartiniers* notables, ses protecteurs, accréditaient le logis où l'on fabriquait de menus actes pour les théâtres à côté. Son crime n'était plus retenu que comme un chapitre littéraire, un chapitre vécu, écrit avec du sang, qui lui assurait pour le restant de ses jours une place enviable, en librairie. Et l'impudeur de cette époque qui s'en va pourléchant avec passion les drôles les plus nidoreux, la terrifiante inconscience de cette Société qui a déjà fait périr de famine ou de désespoir tant de gens de cœur, pour décerner toute la considération, tout le lustre ou tout l'amour dont elle dispose, aux plus atroces bandits, est à ce point confondante, qu'une pièce vengeresse dont il était le premier rôle immonde et flagellé n'avait pas réussi à le faire vomir, dans une nausée, comme un tronçon de ténia empoisonné, par le Paris des Lettres.

—Voyons, Sarigue, prenez-vous mon bras pour une... enseigne... de vaisseau... glapissait, en lui passant la salière, un petit homme, à figure chafouine et olivâtre de Maltais dont la chevelure en boucles de karakul frisottait au-dessus de deux yeux d'un noir indécis et louche. C'était le sieur de Fourcamadan, comte indiscutable à son dire et irréfragablement apparenté, nous devons le croire, aux plus augustes familles et même à un duc de l'Académie, qui trouvait le moyen de notifier à la société son lustre indéniable d'ancien lieutenant de vaisseau. Chaque mortel, en effet, après deux minutes de conversation avec ce fils des croisés, ne pouvait plus ignorer que, sorti du *Borda*, il avait été promu, au bout de quelques années, à la dignité d'aide de camp de l'amiral Aube, mais qu'il lui avait fallu briser sa carrière et quitter la marine à la suite d'un duel retentissant avec le prince Murat. Sans un décime d'avoir personnel, d'ailleurs, après une vie affreuse de bohème, après avoir été courtier au service d'un marchand de papiers peints, après avoir vendu dans Paris aux mercières désassorties des boîtes de carton pour leurs rubans ou leurs collections de boutons de culotte, il avait fini par épouser, à Béziers, la dernière descendante d'une lignée de négociants en graines oléagineuses, qu'avait esbrouffée le titre de comte dont il se réclamait.

—J'ai épousé ma cousine, disait-il à tous venants. Ma cousine qui est par les Montlignon et les Boisrobert.... une brave fille et qui ne crache pas dessus.... achevait-il, avec un sourire égrillard et une claque sur l'épaule de l'interlocuteur, car M. de Fourcamadan, désireux de rénover les meilleures traditions aristocratiques, estimait congru d'initier le prochain au tempérament de sa conjointe.

Avantagé d'une belle-mère grippe-sou, d'une avarice sans seconde, qui ne le lâchait pas d'une semelle, l'accompagnait de par la ville, par crainte de dépenses outrancières, et obscurcissait son blason par le côte à côte d'affligeants corsages et de cottes reprisées à peine dignes d'une marchande de lacets ambulante, ce gentilhomme vivait dans la plus complète servitude domestique, sans un liard d'argent de poche, ne trouvant chez lui que la matérielle chichement dispensée. Réduit aux expédients, il s'astreignait à rapter les monnaies des amis par toutes sortes de basses manœuvres, acculé qu'il était à la nécessité de râfler les pièces ayant cours traînant sur les meubles, pour pouvoir, de-ci, de-là, satisfaire ses fringales de juponnier et combler les acteuses des quartiers excentriques de bonbons sébacés ou de bouquets fossiles.

La nature n'ayant point permis qu'il fût Saint-Simon, Vauvenargues ou la Rochefoucauld, il écrivait, lui aussi, pour le théâtre, élaborait de préférence des vaudevilles à thèse, et les personnages en caleçon qu'il faisait circuler sur le *plateau*, au lieu de perdre leur temps à se reculotter ou à rajuster leur suspensoir après l'adultère, préféraient s'employer à dire leur fait à la société et à vaticiner des avenirs meilleurs et prochains sous le nez ébaubi des commissaires de police dont l'arrivée, selon les règles de l'art, clôturait immanquablement la dernière scène. Ce patricien avait l'opérette révolutionnaire et les malformations plastiques des marcheuses au rabais dont son génie réglait les ébats sur les planches, toute la *fessarade* de ses petites pièces montmartroises étaient à intention de chambardement. L'ordre de choses actuel, selon lui, devait être combattu à l'aide des quiproquos, de la conjuration dans les placards, des justiciers en pan de chemise, et de la Croupe installée à poste fixe devant le trou du souffleur. Avec ce marchand de coq-à-l'âne, ce n'était plus le cheval de bois qui devait permettre aux combattants de s'emparer de la cité d'exaction, mais bien le petit meuble en forme de violon pattu.

Dans quelque lieu qu'il fréquentât, M. de Fourcamadan se préposait au calembour et, dès lors, les assistants pouvaient perdre l'espoir d'arriver à jamais placer un mot. C'était une logodiarrhée intarissable, une menstrue d'anas et de calembredaines, un effroyable boniment de camelot marseillais. Aussitôt que cet aristocrate, qui détenait, du reste, un appétit de chemineau, avait en partie apaisé sa boulimie, il se saisissait de la parole et réduisait l'assistance à merci en lui propulsant au visage les plus fines essences de son esprit, tout comme cet étrange coléoptère, dit coléoptère *pétard* ou *bombardier*, qui sort victorieux de toute mêlée, rien qu'en déflagrant, devant l'olfactif de ses voisins, le contenu des vésicules gazeuses de son arrière-train.

Il joignait, d'ailleurs, la manie du parler solennel et le besoin de commenter sa généalogie à la passion du calembour—cet esprit des gens qui n'en ont pas. Et il n'attendait point que la conversation lui permît de placer ses traits avec à-propos. Il intervenait au hasard sans se soucier jamais de l'opportunité. Pour le moment, dans le registre aigu de sa voix acidulée, et d'un ton condescendant pour la vile roture qui s'ébrouait à ses côtés, il informait toute la tablée d'un incident de sa prime jeunesse.

—Oui, Messieurs, la scène se passait au château, devant la comtesse, ma mère, et mon oncle, le marquis, président à la Cour. On finissait de dîner dans la salle à manger de l'aile centrale. Soudain, le vieux Baptiste—le plus ancien des valets de chambre qui était né chez nous, du reste—entra, la figure bouleversée, ruisselante de larmes et si ému qu'il s'appuyait aux meubles pour pouvoir marcher. Avec des précautions infinies et les mains tremblantes comme s'il touchait une précieuse relique, il portait un plateau d'argent blasonné aux armes des Montmorency, nos parents, dont ces derniers avaient fait cadeau au feu comte mon père, et, sur ce plateau, une épée était posée en travers, toute petite, à fourreau de maroquin rouge et à poignée de nacre.

—L'épée de Son Excellence l'Amiral, prince de Fourcamadan, dit Baptiste d'une voix qui, d'émotion, succomba dans la finale.

Nous ne comprenions rien à la scène.

—Quelle épée? quel amiral? questionnâmes-nous.

Alors Baptiste expliqua: Son Excellence le prince de Fourcamadan, bisaïeul de défunt M. le comte, était le propre père du commandeur de Malte, de la branche aînée, cousin lui-même du Légat du pape et arrière-petit-neveu du Connétable qui, le premier, entra dans Byzance à la tête de l'armée du Christ, et voilà l'épée qu'il portait sur le pont du vaisseau le *Grand-Dauphin*, à la bataille de Stromboli.

Et Baptiste nous conta ensuite, par le menu, comment il avait retrouvé la sainte chose, en pratiquant des recherches dans les oubliettes de la tour de l'ouest, avec la prescience qu'il devait y avoir là d'augustes vestiges du passé. Le marquis, mon oncle, fut si ému qu'il embrassa Baptiste en l'appelant: noble serviteur, et que la comtesse, ma mère, décida qu'il cesserait de faire partie de la livrée et mangerait dorénavant avec nous sur une petite table voisine de la nôtre. Puis la comtesse, ma mère, et le marquis, mon oncle, me firent jurer sur l'épée de l'amiral et devant le portrait de feu le comte, mon père, qui était le quatorzième à gauche dans la galerie du Nord que je serais marin à mon tour. Six ans plus tard j'entrai au *Borda*.

Il convient d'ajouter qu'un ami sceptique, ayant eu l'idée, un jour, d'écrire au commandant du *Borda* et de requérir de son obligeance quelques renseignements, reçut la communication suivante:

ÉCOLE NAVALE

———

VAISSEAU LE BORDA

———

Le Capitaine de vaisseau
commandant.

Monsieur,

En réponse à votre lettre du 15 avril courant, j'ai l'honneur de vous faire connaître qu'aucun élève du nom de Fourcamadan n'a figuré sur les matricules de l'École Navale.

Un silence tomba: tout le couvert digérait la chose. Mais le comte n'était point homme à abandonner pour si peu la tribune aux harangues. Cet esprit primesautier et saugrenu était habile au décousu et aux plus déroutantes variations. Le buste incliné sur la nappe, rasant de la tête les plats du service, à nouveau il conquérait la parole.

—Ah! messieurs, je ne peux pas résister au désir de vous faire savoir à tous ce que j'ai répondu il n'y a pas un quart d'heure à mon voisin qui me demandait mon opinion sur le remarquable discours de M. Deschanel et qui voulait savoir dans quel parti je rangeais l'orateur. Vous me direz si j'ai tort. M. Deschanel, lui ai-je répliqué, n'appartient à aucun groupe, il est *lui-même* et c'est assez, car s'il y a dans la Chambre des anti-ministériels, des antimilitaristes, des anti-cléricaux et des anti-sémites, lui, tout simplement, est Anti... *noüs*...

Un murmure flatteur et des rires de la meilleure spontanéité furent le salaire de ce trait d'esprit. Truculor sortit même un *très-bien* aussi sonore que ceux dont il avait coutume d'appuyer les discours des ministres, sur les bancs de la majorité.

—Fourcamadan, contez-nous donc l'histoire du crabe et du matelot, dit Boutorgne, qui venait de récupérer dans son plein l'usage de l'entendement.

Mais le comte se défendait.

—Un peu osée... trop spéciale... je n'ose vraiment pas... Cependant, comme cela flattait sa manie de fin diseur, il ne prit point plus longtemps la peine de consulter l'assistance de l'œil. Comme s'il y fut autorisé, il ajouta, dans le malaise de tous.

—Enfin, puisque vous le voulez... Vous savez que je la mets dans la bouche d'un pair de France, à la table de Louis XVIII, le roi spirituel, dans le petit acte que je termine en ce moment pour le Grand Guignol. Et, sans aucune retenue, avec la plus belle inconscience, il se lança, une demi-heure durant, dans un monologue fécal, détaillant les aventures d'un gabier marseillais qui, sur le sable d'une grève, luttait d'ingéniosité contre un crustacé sournois, pour empêcher ce dernier de profiter de l'excédent de ses digestions.

—Té, mon bon, maintenant que cela déliquesce... tu n'es plus à la hauteur avec tes pinces, si tu veux y goûter, tu prendras une cuillère... paracheva le comte qui avait un peu bu.

Les deux tiers de l'assistance éclataient. Truculor devenu hilare et dont la chose chatouillait agréablement l'inéliminable substrat de rusticité qui faisait le fond de sa nature, Truculor riait aux larmes et complimentait le patricien. Siemans, épanoui d'une grosse joie, donnait des coups de coude dans les flancs de Boutorgne qui avait définitivement abandonné la conquête de Madame Honved. Seuls l'auteur dramatique et le convive extraordinaire, M. Eliphas de Beothus, signalé par Madame Truphot au gendelettre, ne disaient rien, non plus que Jacques Paraclet, qui paraissait surtout occupé à ne pas laisser disparaître la bonne avec les reliefs du faisan. Il lui faisait de gros yeux, lui enjoignait, d'un froncement de sourcils, d'avoir à remplir son assiette, et requérait le maître d'hôtel qui versait les vins, d'un geste de l'épaule remontée très haut, lorsqu'il venait à passer près de lui.

Le comte de Fourcamadan, ivre de succès, abreuvé à nouveau et en proie au vertige du génie, ne s'arrêtait plus. Debout, dressé sur la plante des pieds, il pointait au-dessus des convives sa petite tête ratatinée, déjà gaufrée de rides, et ses boucles de karakul tout humides des abondantes et faciles transsudations méridionales.

—J'en ai encore de plus drôles... La cantharide, la cantharide? voulez-vous, disait-il, déchaîné.

Cela menaçait de devenir scabreux. Bien que Madame Honved fût tout le contraire d'une bégueule, elle imprimait un sursaut à sa chaise. Mais cela n'arrêtait point le sire.

Comme on le voit, ce salon littéraire n'avait qu'une parité et une relation très vagues avec ceux du xviiie siècle, ceux de Madame Dupin ou de Madame d'Épinay ou bien encore le parloir qui eut en primeur la lecture de la *Pluralité des Mondes*, de Fontenelle. Après tout, ceux-là étaient peut-être pareils. Mais telle est généralement l'attitude des bourgeois beaux-esprits à l'heure de la fermentation des estomacs. Les stupidités sanieuses qui ne dérideraient plus aucun corps de garde ont l'heureux don de déclencher leur plus déferlante hilarité et de mettre à jour le meilleur de leur âme. La grossièreté congénitale et la bassesse de leurs coutumières attirances ne demandent pas de caresse autrement savante pour venir s'ébrouer à la surface. Dans leurs festins les plus gourmés, on démêle toujours un peu de la noce à Coupeau.

—Voilà, commençait déjà le comte de Fourcamadan, en s'essuyant le coin des babines de sa serviette roulée en tampon, comme un zingueur qui s'apprête à en dégoiser une,—un soir, la cantharide aux élytres bruissantes...

Mais il ne put pas continuer. Un cri perçant, un cri aigu tel le sifflement d'une locomotive hystérique ou le coup de sirène d'un paquebot déchira l'air. Parmi un éboulis de vaisselles et un effondrement de verres et de bouteilles, un individu d'une quarantaine d'années, maquillé et rechampi, qui s'efforçait, grâce aux fards et aux cosmétiques, de persévérer, aux yeux de tous, dans la jouvence et l'extérieur d'un éphèbe, venait de disparaître sous la table. Jusque-là, cet Eliacin en simili s'était tenu tranquille, se contentant de lustrer sa chevelure digne de Clodoald et de faire pleuvoir des averses de pellicules, d'une main satisfaite baguée d'art nouveau. Même il avait répondu aux menues questions de ses voisins d'une voix timide de pucelette qui fait sa première sortie. Maintenant ses yeux chaviraient dans l'orbite et ses deux mains crispées à la nappe la secouaient furieusement au milieu de la danse éperdue de tout le service. Les carafes, les fourchettes, les plats et les bouteilles d'un Corton 1889 qu'on venait d'apporter entraient en saltation bruyante, tout comme si Papus ou l'ombre de feu Madame Blavatsky eussent surgi à l'improviste. Et l'éphèbe quadragénaire hululait, se tordait, se tendait et se détendait en des secousses d'épilepsie pareilles à celles qu'eussent pu lui procurer le contact d'un plot, d'un électrode saturé. En quelques instants, il fut couvert de nourritures, de sauces et de vins, cependant que le trémolo de ses hurlements se faisait plus impitoyable.

—C'est Boromée Pharamond Venceslas Robomir, du *Pégase*, expliquait Madame Truphot alarmée, mon Dieu, il a sa crise!

—C'est la grande hystérie, opina Sarigue, qui s'y connaissait.

—Appuyez-lui sur les ovaires, alors, conseilla Honved, ironiquement.

Transporté dans le salon voisin, l'homme du *Pégase*, ne tarda pas à reprendre ses sens sous les affusions de vinaigre et les vigoureuses tapes dans les mains dont le gratifiait le Belge, qui faisait tournoyer ses bras, comme s'il eût voulu marteler un boulon sur le fer d'une enclume. Ses yeux s'étaient ouverts et, bientôt, après deux ou trois tentatives infructueuses encore, il bégaya par à coups, d'une voix blanche et ténue comme un fil.

—Pardonnez-moi! J'ai ça de commun avec le grand Flaubert, je suis épileptique... C'est le surmenage... la fin de mon poème me coûte bien du mal... je ne peux pas arriver à mettre debout le dernier chant... Quand la Princesse Rupéronde, fille du roi Nabuchodonosor, vient de consommer l'inceste avec son père changé en bête... Vous comprenez cette complication de l'inceste par la bestialité, la zoophilie, est très difficile à rendre.

Il fit une pause; puis se dressant tout d'un coup, désormais ressuscité, il claironna d'une voix terrible.

Pendant que flosculait la brume argyrescente,
Tu mordis par trois fois ma gorge intumescente
Animal-Roi! Mon père! O toi l'Amphicéphale!

Devant la menace de postérieurs alexandrins et d'un dolosif poème tout entier en rimes féminines, la société, du coup, opérait, en désordre apeuré, son transfert sur des lieux moins redoutables.

—Ce gaillard-là a fait exprès de se trouver mal pour nous placer ses vers, dit, de sa voix de cuivre, Truculor, qui pour la première fois de sa vie, peut-être, énonçait une vérité.

Et de peur qu'il ne continuât, on décida de le laisser quelque temps encore aux soins de la femme de chambre.

—Surtout, ne l'embrassez pas, notifia Madame Truphot à cette dernière; vous savez *qu'il est pour homme*: il vous arracherait les yeux ma fille.

Mais le comte de Fourcamadan, enragé que cet incident lui eût coupé son effet, s'accrochait à la manche du Tribun socialiste.

—Écoutez, tout à l'heure j'en ai trouvé une bien bonne; vous en aurez la primeur: Sarigue me demandait à moi, qui suis marié, mon opinion sur le mariage. Je lui ai répondu que ce qu'on devait en penser était formulé par les termes mêmes dont on désigne les époux. Ne dit-on pas d'eux qu'ils sont des *conjoints?*..

Alors tous deux, éboulés sur un canapé, se roulèrent.

⁂

Au bout d'un quart d'heure de papotages dans le grand salon, la table se trouva remise au point et l'on reprit le cours du dîner.

Monsieur Eliphas de Béothus, le type prétendu extraordinaire, annoncé par Madame Truphot et de qui, selon ses prières préalables réitérées à chaque convive, on devait tout endurer, les pires paradoxes, comme les fantaisies les plus insolites, s'était tu jusqu'à ce moment. C'était un homme très grand, exagérément maigre, à la face bossuée de méplats, au teint couleur d'urine, à la tête aplatie comme celle du basilic, aux yeux noirs machurés qui, sous le coup de quelque émotion, lui saillaient parfois de l'orbite, et qu'il semblait porter, alors, à la façon de certains insectes qui les brandissent au bout de leurs antennes. Une bouche tourmentée et grimaçante, en forme de balafre de yatagan, complétait cette laideur irritante non moins qu'hoffmanesque.

—Vous considérez ma hideur avec étonnement, dit-il à Honved, qui, depuis longtemps déjà, le dévisageait stupéfié. Je suis très laid, en effet, Monsieur, et cependant, comme la plupart des autres hommes, mon être intime est de beaucoup plus affreux encore que mon relief apparent. Mais, ainsi que vous le voyez, je me suis débarrassé au moins, moi, du préjugé commun à mon espèce animale, qui consiste à se rattraper sur les splendeurs cachées, à vouloir être expertisé favorablement au point de vue moral quand l'extérieur est sans avantage et que la nature vous a joué de vilains tours du côté plastique. Je ne suis pas soucieux de cette compensation. Vous trouvez en moi un individu pour qui l'opinion de ses congénères, leur blâme, leurs suffrages ou leurs louanges n'ont pas plus d'importance que ce qui peut se passer dans une autre planète. J'existe dans la plus belle liberté intérieure et les paroles ou les jugements qu'on peut prononcer sur moi ont tout juste à mon sens la valeur d'un son qui contrarie bien inutilement la sérénité du silence. Si quelqu'un prenait jamais le souci de vouloir m'analyser—chose bien vaine, car qui peut analyser un être?—soyez assuré que je répugnerais à la règle d'éducation civilisée qui commande d'apparaître «en Beauté» et de parquer immédiatement dans les écuries invisibles, dans les porcheries profondes de la Psyché ou du cœur les sentiments qui prennent la peine de s'agiter *intra-muros*. J'ai coutume, moi, de les laisser barboter aux yeux de tous et même à ceux du psychologue dans leurs auges préférées. L'Humanité, n'est-ce pas? ne vaut pas qu'on lui mente.

Toutefois, je n'ai pas toujours été aussi laid que présentement. Il paraît même que je fus beau, très beau sur mes vingt ans et, si j'en crois mes souvenirs, je n'avais pas alors assez de mes jours ni de mes nuits pour déférer à la requête de toutes les femmes qui désiraient frotter leurs muqueuses aux miennes. Mon profil aquilin était tout à fait dissemblable de celui que je fais circuler à l'heure actuelle, mon œil était bleu, ineffablement céruléen au lieu d'être comme aujourd'hui d'un noir bizarre qui fait penser à la suie des vieux poëles, et il n'était pas jusqu'à ma bouche, désormais vulvoïde et indécente, qui ne fût, en ce temps-là, menue à point et dessinée comme l'arc d'Eros. Bref, j'étais élaboré pour susciter l'amour autour de moi et retirer aux femmes, à l'aide de ce sentiment, le peu de lucidité que la Nature leur a toléré. Même il m'était possible d'escompter la passion des mâles, et si j'avais vécu à Rome, il n'aurait pas été malséant, pour moi, de songer à me faire épouser par un César tant j'étais un Jouvenceau cupidoné.

—Alors, comment diable êtes-vous devenu si laid? interrogea Honved qui riait franchement.

—En me penchant sur la réalité de la vie, monsieur. Jusque-là, *ante pilos* je n'avais rien vu, et lorsque la hideur, l'infamie et la scélératesse du Monde me sont apparues subitement, mon âme a soubresauté d'épouvante et le choc a été tel que mon facies, par contre-coup, éclatait, pour ainsi dire, brisant son noble contour et détruisant pour jamais l'harmonie et la pureté de ses lignes. L'ovale de mon visage a été rompu, le nez s'est mis à plonger d'effroi, la couleur de mes prunelles s'est insurgée, et la bouche s'est tordue dans une grimace de perpétuelle horreur. Un médecin en Amérique a voulu redresser mon masque par l'électricité, il paraît que c'est possible là-bas.

—Allons bon, vous êtes allé en Amérique, vous aussi, comme les autres, comme tout le monde, et vous vouliez reconquérir votre vénusté première dans l'intention de vous marier avec une milliardaire sans doute, interrompit Honved que le personnage amusait.

—Je vous remercie, Monsieur, de m'interrompre, ce qui m'évite de discourir d'un seul tenant, chose toujours fâcheuse au point de vue de l'art; mais pour en venir à votre question, je vous répondrai: Bien que mon nom se décline au génitif, ce qui est très demandé dans les alcoves de Chicago, je n'avais pas l'intention de négocier ma particule. Je suis un nihiliste et un homme laid, par conséquent débarrassé de toutes les tares, de toutes les hontes, de toutes les prostitutions et de tous les sales attouchements que vous imposent l'ambition et la beauté. J'étais allé outre-océan pour y faire tout simplement un judicieux emploi de ma fortune, pour y créer une institution comme on n'en avait jamais vue encore sous le soleil.

—Eh quoi, vint lui dire à l'oreille le comte de Fourcamadan, tout à fait aviné, qui s'était levé de sa chaise, espériez-vous donc réaliser le trust des maisons chaudes et du calomel? Être maître ainsi du prix des coucheries honteuses et de leurs néfastes incidences, sur les marchés du monde?

—Mieux que cela, mieux que cela, Monsieur, quoique ce fût d'un autre ordre. Je suis un philosophe avisé et non le parent d'Eva la Tomate et de Félix Faure. Mon but était de fonder, là-bas, comment dirai-je? un gymnase préparatoire, un collège professionnel, une école d'application, en un mot, pour régicides... Rien que ça... une sorte de Saint-Cyr ou de Polytechnique, pour tueurs de Rois.

—Ah, bah, l'idée, au moins, était originale, fit Truculor.

—Je n'ai que des idées originales, moi. Monsieur, je ne suis pas socialiste... et comme tout le couvert était devenu attentif, Eliphas de Béothus éleva la voix pour mieux conquérir son auditoire.

—Oui, j'avais remarqué que la plupart des attentats contre les dynastes échouaient par insuffisance d'entraînement des révoltés. Riche à dix millions, je résolus de pallier à cet inconvénient qui faisait rater les meilleures tentatives. Si vous me demandez pourquoi je me déterminai ainsi, je vous répondrai que la Société me dégoûte, que les bourgeois, mes frères, parmi lesquels j'ai trop longtemps vécu, ayant trouvé le multiplicateur suprême de la bêtise et de la putréfaction et s'étant empressés de porter leur sanie et leur squalidité à cet effroyable *cosinus*, je résolus, un beau matin, de leur déclarer la guerre à eux, ainsi qu'aux potentats et aux différentes autorités auxquelles ils se raccrochent comme la roupie au... nez du singe.

Je pouvais, n'est-ce pas? employer ma fortune à faire du sport, des femmes, à monter des chevaux, des yachts, des automobiles, à palabrer dans les cercles fermés et à ajouter ainsi quelques versets au Koran de la sottise, mais le crétinisme de ces différents comportements s'étant présenté à moi, je me suis décidé à utiliser, de façon autre, mon intelligence, mon argent et mes loisirs. Pourquoi, oui pourquoi, ne me serais-je pas assimilé l'état d'âme des grands aristocrates du XVIIIe siècle, qui applaudissaient des deux mains aux coups portés à leur caste, à la condition que le coup fût dirigé avec art, et le trait bien empenné? Pourquoi ne pas être le bourgeois qui sort de sa classe et le premier combat sa classe? Les révolutions ne peuvent être faites que par des patriciens ou des privilégiés qui s'acharnent contre le privilège du Patriciat. Tibérius Gracchus et Mirabeau sont là pour le démontrer. Et la Bourgeoisie se verra perdue quand se dresseront devant elle, pour la combattre, sans quartier ni miséricorde, seulement quelques bourgeois ne postulant d'autre récompense que celle de voir enfin s'écrouler par leurs soins l'édifice abominable, l'innommable pyramide d'exaction qui porte à sa pointe, comme la fumerole d'un caca pyriforme et triomphant, la divinité bicéphale de l'Argent et de la Force.

J'achetai donc des terrains très loin de New-York, là-bas, dans le Colorado. J'y fis édifier des bâtiments, circonscrire un champ de tir avec des buttes, des remblais, des cibles à toute distance. J'engageai d'avance des professeurs d'escrime et de balistique, d'anciens officiers pour la plupart et des maîtres du genre, dans le civil. J'eus un laboratoire de chimie où un pontife de Faculté, ignominié par ses semblables et qui entrait en belligérance avec la Société, lui aussi, devait venir donner des leçons, trois fois par semaine, clandestinement. Je m'assurai le concours d'un grand toxicologue, qui chez moi, enseignerait les simples et les alcaloïdes en tout point inexorables. Tout fut prévu. Je nolisai deux professeurs de belles manières et de civilités afin qu'il fût possible à mes élèves de se présenter dans les Cours, et d'y tenir des emplois variés dont la gamme devait aller de la fonction de marmiton à la charge de chambellan. Il fallait, vous le comprenez, que mes *Magnicides* pussent, le cas échéant, se tirer des griffes d'un mouchard en l'impressionnant grâce à leur savoir-vivre, à leur élégance ou à leurs imparfaits du subjonctif. Je n'oubliai pas, vous vous en doutez, de m'adjoindre un Espagnol de la Catalogne qui pratiquait supérieurement la *navaja*, non plus que quatre polyglottes parlant toutes les langues du monde. Je louai des ingénieurs qui, sur mes indications, construisirent une voie ferrée et l'approvisionnèrent de matériel roulant: cela pour répéter l'explosion de dynamite à l'usage des Tsars.

Quand ma petite caserne où des appartements munis de tout le confort moderne, empreints cependant d'une note de sévérité nihiliste, avaient été ménagés pour mes futurs élèves se trouva au point; quand le laboratoire, le polygone, le champ d'essai des bombes furent prêts à être utilisés, quand me furent parvenus des meilleures armureries d'Europe des merveilles de carabines, des bijoux de revolver et des poignards d'une trempe indéfectible; quand mes clapiers regorgèrent de cobayes pour l'essai des poisons; quand mon professeur de maintien et mon *archididascalus* d'éloquence m'eurent assuré, qu'en moins de six mois, ils pouvaient dégrossir le rustre le plus inculte et en faire un gentleman capable d'éclipser dans les salons et les belles-lettres, Monsieur Deschanel lui-même, je gagnai alors la capitale des États de l'Union. Vous me comprenez bien? Je voulais faire des régicides aptes non seulement à tuer vulgairement dans la rue, mais habiles encore à s'insinuer dans le monde fermé des Cours, dans les milieux les plus défendus, et à tuer en habit noir comme en bourgeron souillé. Grâce à moi, les tyrans et les grands de la terre, autocrates, rois constitutionnels ou bourgeois retentissants, ne devaient plus connaître un seul instant de quiétude ou de repos. Il me fallait élaborer des Chœreas et des Louvel, des Brutus, des Alibaud et des Aristogiton en nombre indéfini. Je voulais que, dans le vieux monde et le nouveau, l'attentat devînt endémique et qu'une pluie de sang bleu fécondât le sol rajeuni, ainsi que les gouttelettes chaudes d'une ondée de printemps; je voulais qu'une série de meurtres prestigieux déchirassent la sérénité de la civilisation scélérate et crevassent enfin le phlegmon social, tel l'orage à la chevelure d'éclairs qui débride le ciel d'août congestionné comme un abcès.. Oui... oui... je voulais que dans le cocher qui conduit le coupé, l'huissier qui soulève la portière de soie, le cuisinier qui conditionne les plats, le familier rencontré par la ville, le passant quelconque ou la maîtresse conquise depuis peu, le Dynaste médusé, le satisfait hagard, pussent, tout à coup, découvrir le justicier fomenté par l'Invisible et qu'ils s'abattissent enfin, devant la valetaille en déroute, sous le couteau empoisonné de ptomaïnes ou la balle explosible trempée dans le curare!...

Un froid subit circulait parmi l'assemblée, des frissons de malaise secouaient les nerfs de la plupart des convives. Truculor, Sarigue et le comte de Fourcamadan jetaient sur la porte des regards apeurés comme s'ils craignaient la subite intrusion de la police.

L'auriculaire planté au milieu du front, une flamme verte tirebouchonnant en dehors de ses yeux étranges, Monsieur Éliphas de Béothus continuait.

—Installé dans un petit logement de la XIXme avenue, dès le lendemain de mon arrivée, je fis circuler, parmi les journaux à grand tirage, une annonce ainsi libellée:

«Les désespérés qui se sentent prêts à se retirer de la vie, et qui se sont, d'ores et déjà, condamnés à mort, sont priés de s'adresser au Révérend S.A.W. Murchill qui offrira consolations et combinaisons pratiques.»

En moins de quatre jours, je reçus vingt-sept visites. Pour faire un tri parmi elles, j'avais revêtu l'habit de clergyman et je m'étais enduit d'une vaseline papelarde, d'un opiat d'hypocrite apitoiement, comme il sied à un ministre de Dieu. Ah! Messieurs, il y eut bien du déchet. Il me fallait, vous le saisissez, négliger tous ceux que la misère avait déterminés au suicide. Évidemment, après avoir mangé, après s'être requinqués un peu, ces individus-là ne voudraient plus entendre parler de la guillotine ou de la pendaison magnifiantes et me glisseraient dans les doigts. De même je devais négliger les crétins, les confondants imbéciles qu'un désespoir d'amour pousse à abolir leur falote personne.

La tourte moustachue qui, dans la vie, n'a découvert que l'amour, qui ne peut pas se consoler d'avoir été répudié, ou à qui le souvenir d'un nez établi de telle façon, d'une prunelle douée, pour lui, de quelque agrément, d'une chevelure colorée selon son goût, la tourte moustachue, à qui la perte de tout cela fait croire qu'il ne pourra plus jamais frétiller aussi voluptueusement avec d'autres femmes, est un bipède qui mésuse de la lumière solaire et, quand il se replonge dans le néant, la chose ne doit lui demander aucun effort, car il ne paraît pas en être jamais sorti. Ce fut surtout ceux-là qui abondèrent. Pauvre de moi! En ai-je entendu de ces confessions! Il aurait fallu être M. Hugues Leroux, lui-même, pour les écouter sans faiblir et leur donner des conseils par surcroît, dans le *Journal*. Un moment, j'eus l'envie de lui écrire, ainsi qu'à M. Paul Bourget qui, grâce à eux, aurait pu diversifier un peu les thèmes de ses affabulations. Mais je me décidai pour le geste beaucoup plus rapide qui consista à les jeter dehors, et je leur demandai s'ils me prenaient pour un vicaire catholique en s'autorisant ainsi à me raconter toutes leurs saletés. De cette fournée de vingt-sept désespérés, je n'en retins qu'un seul qui me déclara, lui, qu'il voulait se donner la mort parce que la vie le dégoûtait tout simplement, pas plus. Lorsqu'on a une âme tant soit peu affinée, au bout de trois ou quatre années, à partir de l'âge de raison, n'est-ce pas? me confia-t-il, on est définitivement écœuré par tous les plaisirs que l'existence tient en réserve. La gloire, l'argent, l'ambition, c'est un identique guano qui se recommence et se diversifie à peine. L'indigence d'imagination de la Nature apparaît alors manifeste et on se demande vainement pourquoi elle nous a convoqués avec tant d'âpreté, ici-bas. Il reste bien l'amour, ajouta encore cet homme, mais il faut être un collégien indécrottable pour jouer encore, passé vingt-cinq ans, à cet éternel et fadasse saute-mouton. Je cherche depuis déjà six mois, sans pouvoir le trouver, le moyen de faire une sortie décente, acheva-t-il, en s'emparant d'une de mes manchettes pour me secouer le bras. Connaîtriez-vous un mode *d'évasion* un peu moins niais que celui employé couramment par mes frères en désespoir. Je faillis l'embrasser.—Si j'en connais, lui dis-je; je vous emmène, je vous emmène, nous partirons demain... Ah... oui. Je vais vous l'indiquer, moi, le seul moyen de partir en beauté!...

—Ah! ça vous ne respectez donc rien, pas même l'amour? flûta Madame Truphot, en coulant vers son convive un regard où elle avait insinué tout ce qui lui restait d'ondes magnétiques et d'effluves langoureux.

—Vous l'avez dit, Madame... Et ceux qui croient à la beauté de l'amour, à la nécessité de procréer, à la gloire, en Dieu et autres obscénités, sont avisés que, dans mes propos, ils ne trouveront pas une seule parole pour ensemencer leur... entendement...

J'avais un élève vous disais-je; je n'avais donc pas perdu mon voyage et de suite je l'installai dans l'École des Régicides en le priant de patienter un peu. Pendant un an, tous les mois, je revins à New-York et je réussis à découvrir encore sept désespérés du même ordre, ou d'acabit à peu près similaire... Douze mois après, j'en avais vingt. Où sont-ils donc les philosophes asinaires qui prétendent que l'optimisme et sa fille, la volonté, sont occupés, présentement, à régénérer le monde? Je pourrais leur faire toucher du doigt le noir filon de pessimisme que j'ai mis à jour, moi, avec mes seuls moyens... Ah! les affaires du vieux monde vont mal, et s'il se rencontre comme cela, aussi facilement, une telle proportion de jeunes hommes qui ont déclaré la guerre à la vie, uniquement parce qu'elle est immonde et faite pour saoûler d'effroi les cœurs de sereine fierté; si du jour au lendemain peut se recruter ainsi une telle phalange de nobles êtres se réclamant du Nihilisme non pas parce qu'ils sont pieds bots comme Byron ou bossus comme Léopardi, mais bien parce qu'ils ont éventé le piège grossier de la Nature, on va assister à des spectacles intéressants sur cet excrément sphéroïdal, que l'emphase humaine a appelé la Terre!

En même temps que le judicieux entraînement de mes pupilles commençait, j'entrai en correspondance avec tous les cercles anarchistes du monde. Et ceux-ci prirent l'engagement solennel de me fournir ma *remonte*, par voie de tirage au sort, afin de remplacer ainsi ce que l'échafaud aurait décimé. Les moyens, les dons physiques ou moraux, de mes pensionnaires ayant été sagacement analysés, je les sériai en diverses catégories, je procédai à leur répartition dans les classes de bombe, de revolver, de couteau, de carabine ou de poison.

Qui eût pu prévoir l'entrain et le réconfortant enthousiasme de mes *cadets*? Ces hommes jusque-là sombres, sarcastiques et d'une misanthropie redoutable se prêtèrent tout à coup avec la plus grande souplesse, la plus merveilleuse docilité, à ce que j'étais en droit d'exiger d'eux. Leur front crispé se détendait; dans leurs yeux s'allumait une flamme juvénile, lorsqu'il m'arrivait de leur fixer la date approximative où tout permettait de croire qu'ils seraient prêts enfin. Les chrétiens qu'on destinait au Cirque ne témoignèrent pas jadis d'une pareille ardeur au martyre... Je dois dire, cependant, que ce qui me coûta le plus à obtenir de la plupart d'entre eux, ce fut le silence de trappiste, l'absolu mépris de la parole. La certitude qu'ils allaient mourir en héros avaient déchaîné en eux une extrême loquacité: ils se racontaient par avance et préparaient déjà, avec des gestes appropriés, leurs réponses aux juges ou aux jurés. Or, un régicide ne doit pas parler, ni *avant*, ni *après*. Il convient qu'il méprise l'inutile parole humaine, qu'il s'embusque dans une mutité farouche et obsècre le langage articulé qui aide les hommes à se pénétrer de la réconfortante certitude qu'ils sont identiquement idiots les uns les autres...

Mais il fallait les voir, dans les exercices préparatoires, travaillant à miner la voie ferrée ou transperçant d'un coutelas inspiré, au passage de la voiture lancée au triple galop, le mannequin chamarré qui tenait l'emploi du potentat...

Et puis les prouesses réalisées au tir à la cible! En moins de trois mois, quatre de nos futurs tyrannicides mettaient les sept balles de leur revolver dans un pain à cacheter, à quarante pas, bien que leurs camarades, jouant le rôle de policiers, les assommassent à demi de coups de canne, s'accrochassent à leur bras qui, malgré les bourrades, ne tremblait pas plus que..... celui du

Destin, comme disent les poncifs. Au bout de l'année, j'eus deux artistes qui, à cinq cents mètres, avec la carabine, vous plaçaient une balle dum-dum dans le fond d'un chapeau, impeccablement. De plus, comme mon chimiste m'avait fabriqué une poudre *qui ne détonait plus* et ne dégageait pas la moindre fumée, vous voyez cela d'ici: dans une ville encombrée de foule, au passage d'un souverain ou d'une puissance sociale, la mort qui, au loin, part tout à coup, fulgurante, se déchaîne d'une fenêtre invisible, et tombe du ciel, sans qu'on puisse arriver jamais à trouver le point initial de son envol...

Autre merveille. L'Europe avait inventé les rayons Rœntgen, les rayons X, qui perforaient l'opacité de la matière et permettaient d'explorer l'organisme. L'Amérique, elle, inventa les rayons Z qui rendirent ténébreuse toute chose éclairée par la lumière et conférèrent au corps humain, à l'homme, la propriété de se rendre invisible à volonté, aux yeux de ses semblables. Un élève, un lieutenant d'Edison me vendit deux cent mille dollars la découverte miraculeuse qui permettait à tout être de s'abstraire, de se soustraire du monde ambiant et cela à son gré, au regard des foules aveuglées, comme s'il s'était sur le champ transmué en effluences insaisissables. Cela tenait du sortilège, de l'hypnose; cela faisait penser à certaines expériences des brahmanes indous. Le régicide, une fois l'acte consommé, n'avait qu'à toucher un commutateur placé au creux de sa poitrine pour s'effacer subitement, pour obnubiler son relief, pour disparaître de l'espace et se fondre pour ainsi dire, à tout jamais... hors d'atteinte, dans la lumière ou la nuit éparse. Je dois dire qu'il ne s'en trouva que deux ou trois parmi mes justiciers qui voulurent se servir des rayons Z et se dérober ainsi aux responsabilités de leur geste sublime. Les autres donnèrent sang pour sang, vie pour vie. C'était plus noble mais moins pratique.

Et je les galvanisai moralement mes cadets, car il fallait, vous pensez bien, que l'âme fût trempée comme le corps. Des lectures leur étaient faites de tous ceux, classiques anciens et modernes, qui exaltèrent le régicide. Je ne veux point vous les énumérer, le pédantisme étant le seul recours des crétins. Je leur détaillai par le menu les plus récents forfaits des têtes couronnées, le satyriasis d'assassinat du sultan rouge, la cruauté du Petit-Père, les horreurs de la Sibérie, les proscriptions en masse, le Knout qui torture et avilit et la dernière invention du Romanoff: le croiseur destiné au transport des condamnés politiques, où, tout près des cages de fer de l'entrepont, une *machine à ébouillanter* amorçait à la chaudière d'eau brûlante deux lances horrifiques braquées, à toute heure du jour et de la nuit, sur les révolutionnaires jugulés, sur les doukhobors enchaînés, sur les plus nobles cœurs de l'empire moscovite. Je leur citai le mot de Mallarmé interviewé sur les anarchistes: *Je ne suis pas assez pur pour parler de ces saints.....*

Ici Médéric Boutorgne crut de son devoir d'intervenir, en entendant Monsieur Eliphas de Béothus approuver Mallarmé.

—Oh! Mallarmé, dit-il, quel raseur! Il faut avoir le courage de le dire. Qu'est-ce qui a bien pu comprendre quelque chose à l'œuvre de ce galfâtre...

Tourné vers lui, d'un geste d'automate qui vire lentement sur son pivot, l'étrange personnage, dressa vers le plafond un index vertical, et prononça d'un ton calme.

—Jeune homme, n'avez-vous jamais entendu parler de ces pures étoiles dont la lumière répugne à mettre moins de deux mille ans pour parvenir à la racaille d'ici-bas?

Un éclat de rire général accueillit cette boutade, sans aménité et, trop lâche pour se fâcher, l'infortuné gendelettre, qui s'était dressé à demi, pour mieux donner l'essor à sa géniale interruption, dut ramener au niveau des sauces de son assiette un front désormais chargé d'opprobre.

M. Eliphas de Béothus, placidement persévérait.

—Le culte malencontreux que je nourris pour la vérité m'oblige à vous confier que je ne fus pas sans éprouver quelques désillusions au début. Deux régicides, dépêchés par moi en Europe, et munis d'une assez forte somme, se dérobèrent, devant la mort en beauté, l'un préféra s'établir marchand de reconnaissances du Mont-de-Piété rue de Clichy, et l'autre se fit bookmaker à Bruxelles. Mais le troisième qui mit le pied au Havre, tua son souverain en moins de huit jours. D'ailleurs, vous pensez bien: je me vengeai des deux parjures. Le bookmaker fut égorgé, sans phrases, un soir d'octobre, au retour de l'hippodrome de Grœnendal et l'autre, le marchand de reconnaissances, eut les deux poignets coupés et les yeux crevés, un matin dans son lit, par un de mes justiciers dépêché à cet effet. Une de ses mains, préalablement momifiée, servit même pendant deux ans de gland de sonnette à la porte de mon cabinet. Et, dès lors, après ces exemples salutaires, tout marcha à souhait.

Chaque semestre, un transatlantique quittait New-York emportant deux tyrannicides et, comme vous avez pu le constater, Messieurs, les attentats se succédèrent avec une régularité d'échéance. Le premier en date fut celui du restaurant Véry, en avril 1892, et déjà c'était un chef-d'œuvre. Vous vous le rappelez tous, n'est-ce pas? Un mètre cube de panclastite fut déposé là par un être invisible, sous le nez de la police, malgré le chapelet de mouchards protégeant l'infâme bistrot. Nous avions répété la scène pendant plus de deux mois. La catastrophe avait une telle allure biblique qu'il parût à beaucoup qu'une puissance occulte, une émanation de l'Inexplicable avait pris soin de placer l'engin et d'en déterminer l'explosion. Puis d'autres suivirent, qu'il serait oiseux de vous citer mais qui furent toutes perpétrées par des anarchistes frais débarqués d'Amérique ou qui y avaient été entraînés: Angiolillo, Bresci, Luccheni, Czogolsk! Et il y en eut beaucoup aussi dont on ne parla point par raison d'État ou de famille. Des ministres, des grands, de mirifiques bourgeois empoisonnés dans les cours, ou *suicidés* chez eux. Ah! j'ose dire que j'ai lancé sur le monde quelques assassins qui ont fait leur chemin...

Et cela dura neuf ans, reprit Monsieur Eliphas de Béothus, après avoir trempé ses lèvres dans une coupe de champagne, neuf années pendant lesquelles j'engloutis dans cette entreprise la moitié de ma fortune. Cela revenait cher, vous vous en doutez: mes frais étaient innombrables et à l'heure actuelle je subviens encore aux besoins de quelques vieux parents de mes régicides. Bresci me coûta même cent mille francs après sa condamnation à la détention perpétuelle. Supplicié dans sa cellule, il put réussir, grâce à l'entremise d'un guichetier gagné par lui à l'anarchie, à m'adresser un billet où il m'exhortait à le faire assassiner pour mettre fin à sa torture. Je dus débourser cinq mille louis d'argent français pour le faire étrangler par un de ses gardiens, qui en reçut l'ordre du directeur de la prison. Vous voyez que j'étais un véritable père pour mes élèves.

Mais un soir de février mon professeur de chimie vint me trouver dans mon Cabinet directorial. Monsieur, me dit cet homme plein de génie, votre œuvre est admirable autant que sans seconde parmi les œuvres des hommes, mais elle est imparfaite encore, souffrez que je vous le dise. Pourquoi diable vous astreindre à enseigner le meurtre et l'assassinat ou plutôt l'exécution des Puissants, par les vieilles méthodes? Pourquoi ne pas employer les nouveaux procédés beaucoup plus pratiques, beaucoup plus propres et tout aussi expéditifs? Croyez-moi. Voici le moment où grâce à la science, l'humanité va pouvoir devenir presque aussi scélérate que la Nature. Celle-ci qui après avoir inventé l'amour a gratifié les hommes de la syphilis, celle-ci qui fait mourir en couches les femelles assez stupides pour enfanter et déférer ainsi à l'instinct qu'elle a glissé en leur chair, celle-ci, dis-je, qui après avoir suscité l'oxygène délectable aux poumons, l'oxygène imprégné de l'arome des halliers humides, l'air vivifié des senteurs marines, a conditionné la tuberculose, se trouve sur le point d'être égalée en tant que bourrelle et gouine infernale. A l'aide de nos bouillons de culture, ne détenons nous pas, nous savants, le pouvoir de répandre sur le monde ou d'insinuer en quelques individus à son exemple, la syphilis, la phtisie, le typhus et le tétanos? Répudions le couteau, la bombe ou le revolver et usons des toxines animales. Une cuillerée de cette solution sans aucun goût ni couleur—et mon chimiste frappait de l'ongle sur un bocal étiqueté,—une cuillerée de cette culture dans le potage du Tzar, de l'empereur d'Allemagne, de M. W. milliardaire américain ou Y., usinier français et vous allez voir le sujet, *faire* immédiatement du cancer, cela sans appel, sans remède possible. Il suffira de changer de fiole pour diversifier la maladie à conférer. Alors, entendez-moi bien, plus de scandale, plus de cris: A bas l'Anarchie! dans les populations abruties, plus de procès, plus d'échafauds. La justice est désarmée cette fois et l'assassin insaisissable, car l'acte est impossible à prouver. Levé, dressé d'une détente, j'étais dans les bras de mon professeur. Nous commençons à organiser la chose de suite, lui dis-je. Vous ne sortirez de mon cabinet que lorsque le plan de l'œuvre à réaliser sera là, tracé dans ses grandes lignes sur mon bureau. Et pendant deux jours, en tête à tête, ne prenant presque aucune nourriture, nous travaillâmes ensemble.

Sept mois après, un Institut bactériologique faisant corps avec mon Académie des Régicides fonctionnait parallèlement. Et dès lors, nous abandonnâmes le meurtre retentissant, le meurtre théâtral, pour l'œuvre beaucoup plus sûre de la mort naturelle obtenue à l'aide des bouillons de culture. Une besogne philanthropique s'imposait avant toutes les autres: supprimer, détruire le militarisme, dégoûter les masses du service militaire. Des justiciers, des missionnaires envoyés par moi dans toutes les garnisons d'Europe et surtout en France répandirent à profusion la typhoïde dans les casernes, débondèrent des dames-jeannes, des outres de microbes, dans les quartiers de cavalerie et d'infanterie où l'on parque les fils de la démocratie. Vous avez remarqué que depuis de longues années, le typhus y sévit à l'état endémique, il y opère encore, y opérera toujours depuis notre intervention. Ainsi nous espérions que les mères terrifiées ne laisseraient plus partir leur géniture pour le régiment. Des centaines, des milliers de soldats périrent et les ministres de la guerre, interpellés chaque trimestre, furent bientôt sur les dents. Hélas! nous avions compté sans la passivité, le besoin de servage et la lâcheté du peuple! Que faire à cela? Rien, sinon frapper encore à la tête, continuer à décimer les Rois, les Augures, les Pontifes, les Magistrats, les Prêtres, les Tribuns de tous ordres et de toutes nuances pour les dégoûter de leur métier de chefs et les forcer peut être un jour à licencier d'eux-mêmes leurs esclaves. Et en avant la tuberculose, la syphilis, le tétanos, la variole noire, le choléra morbus. Ah! Messieurs! Il en est peu parmi ceux que les foules révèrent, qu'elles envient de loin, qui, dans ces dernières années, moururent sans notre intervention. Rappelez-vous ces trépas imprévus qui stupéfièrent, ces êtres pleins de santé dont deux nuits seulement et quelquefois moins faisaient des cadavres au regard du monde étonné. Pour ne vous en citer qu'un, faut-il vous parler de Félix-Faure à qui nous conditionnâmes un décès en conformité absolue avec sa norme de vieux roquentin? Celui-là nous l'avons travaillé en artistes que nous étions. Il n'était pas digne du tétanos ou du choléra. Une pincée de cantharides nocives dans son thé du matin l'astreignit à se faire éclater les artérioles, le jour même, sur l'abdomen d'une cabote du boulevard. Alors une atmosphère, une chape, un plafond de terreur, pesèrent sur la Société. Le bruit courut dans Paris qu'une secte maudite pratiquait l'empoisonnement avec les bacilles des maladies contagieuses. Comme les microbes de la tuberculose couraient les rues, qu'il n'y avait qu'à se baisser pour en recueillir dans les expectorations, les crachats de pulmoniques, on vit des bourgeois terrifiés licencier leur domesticité. On vit des duchesses, jusqu'à des reines en exercice, préparer, de leurs mains, leur cuisine, triturer leurs aliments pour être sûres que des vibrions assassins n'y avaient pas été introduits sciemment. Les puissants, les riches, se servirent eux-mêmes. Ce fut le commencement de la justice, car nul n'a le droit de se faire servir ici-bas. Et pour rassurer les classes dirigeantes, le Comité d'hygiène se rassembla, délibéra et fit placarder dans la ville d'innombrables affiches qui invitaient les tuberculeux à ne pas cracher par terre, qui les exhortaient, eux les condamnés à mort, les damnés, à se montrer soucieux de la vie de leurs congénères bien portants!

Cependant après neuf années de parfait fonctionnement de mon École des Régicides et trente-six mois de labeur de mon Institut bactériologique, après tant d'attentats, après tant de rois ou de puissants mis à mort, je me rendis compte, un jour, qu'il n'y avait pas une douleur, pas une honte, pas un forfait, pas un mensonge, pas un sanglot de moins dans la société policée. Et l'affreux doute prit alors possession de mon esprit.

A quoi bon tous ces meurtres? Ce n'étaient pas les tyrans, mais bien le besoin de servitude qu'il faudrait pouvoir supprimer. J'avais été victime d'une épouvantable erreur. Quel était le monstre qui avait inventé cette doctrine néronienne et absurde: *Tuer pour régénérer?* Oui, l'anarchie comme toutes choses ici-bas mentait... L'anarchie était fausse dans son principe, et puérile dans ses moyens. Elle énonçait que les hommes étaient *nés bons* et que la Société seule les rendait mauvais. C'était la théorie de Rousseau, cet homme à la vessie percée qui, comme il le conte lui-même, défaillait d'attendrissement sur une touffe de pervenches, au souvenir de sa vieille maîtresse, et qui empoisonna tout un siècle de ses mucilages sentimenteux. Eh bien! cela, c'était une effroyable imposture, les hommes sont *nés mauvais* parce que la Nature a intérêt à les élaborer ainsi et que, s'ils étaient bons, ils se déroberaient à l'œuvre qu'elle leur impose; c'est-à-dire qu'ayant vu la plupart d'entre eux souffrir et connaissant que *la douleur ne peut être vaincue*, ils refuseraient d'assurer la continuité de l'espèce. Il n'y aura donc jamais aucun moyen de les rendre bons, de constituer avec eux la Cité promise, l'Eden de l'avenir, la Civilisation harmonique en un mot, où le fort ne dévorera pas le faible, où l'égoïsme ne sera pas le moteur suprême. On aura beau faire tomber toutes les lois, détruire tous les pouvoirs, supprimer tous les maîtres, massacrer, couper des têtes, comme l'enseigne l'Anarchie, l'homme sera toujours l'être de boue et de sang occupé à spolier, à imbéciliser ou à martyriser son semblable. Il n'y avait rien à espérer, *parce qu'on se heurtait à la Nature*, force plus grande que tous les vouloirs humains. L'Anarchie, qui imposait de croire à quelque chose, qui spéculait sur cet *a priori*, sur le dogme de la bonté innée de l'homme était donc aussi ridicule et aussi malfaisante que toutes les théories religieuses ou sociologiques qui l'avaient précédée.

Croire était la stupidité dernière en même temps que *l'erreur suprême d'où découlaient tous les autres crimes.* Si l'on voulait rêver de Justice, de Vérité, d'Harmonie et d'Absolu, il fallait être en mesure, un jour, d'étrangler la *Nature naturante*, ou d'arracher d'un seul coup tous les génitoires à l'Humanité, pour l'empêcher de se continuer. Mais où étaient-ils les doigts de fer, où se cachait-il le nouveau Prométhée, capables de cette œuvre sublime autant qu'impossible?

Dès que j'eus évoqué ces choses que nul, entendez-vous, parmi les philosophes ou les logiciens, n'a pu controverser que par des objections de sentiment, donc irrecevables, dès que le refus d'espérer eût prépopenté en moi, je résolus de licencier mon École de Régicides. Et à nos cadets et à mes professeurs, désormais sans emploi, je distribuai une notable partie de l'avoir qui me restait. J'allai m'embarquer pour l'Europe quand je fus cueilli au bord du ponton d'embarquement par deux gentlemen qui me prièrent de vouloir bien les suivre. J'avais été dénoncé. Arrêté, je fus incarcéré pendant huit jours. Mais la justice recula devant l'énormité du scandale où allait sombrer peut-être l'honneur des États confédérés, car les nations ont, elles aussi, un honneur aussi mal placé que celui des femmes. Et puis la Magistrature américaine avait peur; elle s'affola évidemment à la pensée que mon acte, dans la notoriété qui allait lui être donnée, fût imité par d'autres, par quelques hommes d'esprit désireux d'employer leur argent, de façon originale. Elle s'étonna seulement que mon Académie eût pu fonctionner si longtemps, sans attirer les soupçons. Je dus lui faire remarquer qu'elle était installée à cent lieues de tout centre habité, au milieu des savanes de terre rouge du Colorado. Je rappelai également au gouvernement américain que j'avais demandé l'autorisation d'ouvrir un collège libre préparatoire aux écoles militaires de l'Europe, et que j'avais même offert, en ces dernières années, de fournir des volontaires tout entraînés pour Cuba,—ce qu'il avait accepté, du reste.

Nostalgiquement, je regagnai le vieux continent, mais sans abandonner toutefois mes études et mes travaux, pour faire coûte que coûte et malgré eux le bonheur des hommes. Je m'étais convaincu que la Douleur et le Mal ne seraient enfin exterminés ici-bas, que le jour où l'on pourrait saisir le gouvernail de la planète pour l'aiguiller en dehors de sa route et l'aller fracasser contre une autre, dans un rejaillissement d'immondices qui éteindrait le soleil. Puisque les hommes s'acharnent à proliférer, l'esprit du Sage, qui ne peut pas vivre sans idéal ni sans absolu, est bien forcé de rêver quelque chose de semblable à défaut du bénéfique *onguent gris* en possession de supprimer, du coup, les quelques milliards d'*acarus* enragés qui, sous le nom d'humanité, circulent sur le testicule terraqué. Si l'on arrive à tout saboler, si l'on réussit à faire triompher enfin le *Nihil* consolateur, le Bien, le Calme et le Silence prendront alors possession du monde apaisé. Et la souffrance sera définitivement abolie, puisque l'on aura détruit l'homme, qui malgré vos demi-mesures de Socialisme ou d'Anarchie en sera toujours le réceptacle. Donc, Messieurs, orientant mon intelligence et mon labeur de ce côté, j'ai résolu de faire tout le possible pour supprimer ladite humanité. Et je crois que si celle-ci avait connaissance de mon but, et se penchait sur mes travaux, elle pourrait, dès maintenant, couvrir la terre de cathédrales vouées à ma personne, engraisser des prêtres et me décerner des cultes comme elle l'a fait pour son supposé Créateur—entité responsable de tous ses maux— sans parvenir à acquitter jamais la dette de reconnaissance qu'elle contracte envers moi qui vais la faire disparaître.

—Ah! bah, vous avez comme ça à votre disposition l'*onguent gris* nécessaire à nous effacer tous, nous les *acarus*! interrogea Truculor.

—Certainement, répondit le phénomène, dont les yeux s'enflammèrent. Ce moyen est simple, comme vous allez vous en convaincre. Il y a deux ans à peine, l'Académie des Sciences fut informée qu'un chimiste, dans une expérience, avait réussi à enflammer l'azote de l'atmosphère, sans que la combustion ait lieu au préjudice de l'oxygène ambiant. Eh bien, Messieurs, cette expérience a dépassé maintenant le champ étroit du laboratoire pour devenir enfin pratique. L'homme de génie dont je vous parle, qui ne fait partie d'aucun Institut, se déclare en mesure de pouvoir, en moins d'un an, enflammer *sur lui-même* tout l'azote contenu dans la calotte atmosphérique recouvrant la terre. Donc, avant qu'il se soit écoulé douze mois, à partir de l'instant où je vous parle, et après un préalable anathème jeté à ce monde effroyable où seuls peuvent germer le crime, le vol et le mensonge, après une dernière malédiction lancée à cette sphère obscène, une effroyable langue de feu se précipitera d'un pôle à l'autre, un mascaret d'incendie, attisé par les vents, se déchaînera, vengeur et implacable, pour assécher d'un coup les fleuves, les mers et les océans, calciner, effacer sans retour possible la vie végétale et animale, en faisant flamber la planète maudite comme un gigantesque bol de punch. Après l'incinération de cette ordure, tout, tout, vous entendez bien, les êtres et les choses, se plongera dans le coma délicieux du Néant, pour n'en plus sortir jamais, malgré l'acharnement désespéré de l'abominable Nature, frappée à mort, elle aussi, et hurlant d'épouvante dans le vide frissonnant, pendant que la Ténèbre pacifiante digérera lentement le monde scélérat. Et puisque la Justice et le Bonheur n'étaient pas possibles sur cet habitacle, nous aurons accompli la seule œuvre dont puisse s'enthousiasmer encore l'esprit humain! Nous aurons détruit la Terre et supprimé pour toujours l'effroyable Génitrice de Douleur et d'Iniquité!

Monsieur Eliphas de Béothus, ayant ainsi parlé, se tamponna la bouche du coin de son mouchoir armorié d'une devise favorite: *l'espoir suprême est dans le non-être et* se leva de table, en ajoutant négligemment, comme survenait un *flanqué de mauviettes.*

—Je vois que la ripaille se corse; or je ne puis approuver plus longtemps, par ma présence, les mangeries qui abêtissent et ont toujours pour immédiate résultante les coïts qui repeuplent...

Il gagna la porte sans autre débordement de politesse à l'adresse des convives. Pourtant, sur le point de sortir, il se retourna de trois quarts. Du coin de sa bouche tordue dans sa face citrine et comme vert-de-grisée par endroits, il laissa tomber encore:

—Au revoirs, messieurs, au revoir, jusqu'au jour où vous apprendrez peut-être mon véritable nom... qui vous expliquera alors bien des choses.

Et il disparut.

—Folie, folie, des phrases, des phrases! que tout cela, pontifia Truculor que la bonne chère, en ce moment, semblait sur le point d'apoplectier. Le Socialisme, Messieurs, dans une vingtaine de générations au plus, fera la paix et la justice parmi les hommes réconciliés. Et tout ce nihilisme n'a qu'une valeur de paradoxe...

Déjà le Tribun se préparait à conférencier. Il avait repoussé sa chaise et, les deux mains appuyées sur la nappe, il adressait à tous les commensaux le large sourire de bienvenue qui est l'amorce de tous ses épanchements oratoires. Honved, qui ne pouvait souffrir le grand homme, prévit la chose et, pour sauver l'assistance, n'hésita pas à commettre le crime de lèse-génie. Il coupa net et fut très dur, car le logomaque l'exaspérait.

—Eh! eh! il ne faut pas médire des phrases en général, Monsieur, car il est des phrases dont la construction a exigé plus de science que celle des cathédrales et quand les basiliques ne seront plus que poussière, ces phrases chanteront encore dans la pensée des hommes. Le Socialisme ne vit que de cela du reste! Vos collègues, je ne parle pas de vous, ont réalisé ce miracle d'apaiser la faim des malheureux en leur faisant brouter des adjectifs et des substantifs nouveaux. Je ne veux point savoir si c'est un progrès sur les âges précédents où l'on voyait, de temps en temps, César distribuer la sportule au peuple et les grands consentir largesses. Il ne tient qu'à vous, sans doute, je le sais bien, de faire prononcer par l'Académie de médecine que l'épithète est un aliment, tout comme l'alcool, et vous aurez résolu le problème social. Quant à l'expédient désespéré de Monsieur Eliphas de Béothus, je ne le trouve point si déraisonnable. La science sera à la hauteur, un jour, de réaliser ce dont il parle. Il y a déjà quelques milliers d'années que, par la parole, fut dénoncée l'infamie de l'univers et que les hommes se sont efforcés d'y remédier. Comme l'a dit Monsieur de Béothus, si la Pitié et l'Équité ne peuvent pas régner sur la terre il faudra bien détruire la terre. *Le philosophe qui, le premier, formula les notions de Justice et de Vérité, décréta, sans le savoir, l'abolition du monde ou tout au moins de la vie, car jamais l'absolu de ces deux principes ne pourra être réalisé par une société civilisée.* Or l'esprit humain, revenu de l'erreur Dieu, ne peut se contenter d'une approximation, d'une relativité, et fatalement il sera amené à désirer, à hâter de tout son pouvoir, l'extinction de l'espèce, dans le besoin irréfrenable qui est en lui de supprimer le Mal et la Douleur. Convaincre les hommes qu'ils n'ont point le droit de se continuer est, au dire de quelques penseurs, la seule détermination pratique pour pacifier la terre et renverser du même coup l'œuvre de la Nature qui a promulgué le crime, le carnage, la souffrance et l'asservissement des faibles de façon pérennelle. J'aime la vie, moi, pour la beauté qu'elle tolère par accident; je l'aime pour son lyrisme éperdu, pour tout ce qu'elle enfante: monstres ou héros; je l'aime parce qu'elle est une représentation, parce qu'elle permet souvent à l'intelligence de conquérir sur les forces mauvaises, et qu'elle dresse en face du monde un pouvoir parfois équivalent, c'est-à-dire la volonté des hommes; je l'aime parce qu'elle permet de flageller avec des mots l'Univers abominable qui ne veut point de la justice; je l'aime aussi parce qu'il n'est pas tout à fait prouvé à mon sens qu'elle soit haïssable, puisqu'elle suscite de temps en temps le génie, condamné à souffrir, il est vrai, un peu plus encore que le troupeau. Mais, si pour moi l'expérience n'est pas probante encore, si tout n'a pas été tenté et si la conclusion qui consiste à l'annihiler me paraît prématurée, je ne la repousse pas *a priori*...

Je concède même ceci: C'est que le malthusisme est le seul moyen de faire, pratiquement, la Révolution sociale qui vous tient au cœur sans cataclysmes et sans massacres.. C'est l'arme suprême terrible, inexorable du prolétariat. Que celui-ci refuse de se continuer, organise, non pas les grèves des bras d'où il sort toujours vaincu, mais bien la *grève des ventres* et il est assuré de la victoire. Que le peuple ne procrée plus d'esclaves et puisqu'il est impuissant à sortir de son enfer, qu'il s'obstine, lui, à ne pas se reproduire, à ne pas créer d'enfants pour les faire entrer à leur tour dans sa noire géhenne. Et la Bourgeoisie sera par terre. Ce n'est pas elle, vous vous en doutez, qui consentira jamais à peupler de ses fils ses casernes et ses bagnes industriels. Alors quoi, que fera-t-elle? Des Lois? Allons donc, le Peuple, cette fois, se trouve en possession du moyen de salut. Une législation, quelle qu'elle soit, ne peut astreindre les asservis à proliférer s'ils se dérobent à cette fonction. Si vous avez les fusillades, pour assurer la continuité et le respect du monstrueux état de choses présent, vous ne pouvez employer les lebels pour obtenir de la chair à exploitation. Que les travailleurs adoptent seulement le malthusisme dans la mesure où la classe nantie le pratique et vous allez vous trouver avant une génération, avant vingt-cinq ans, devant une véritable disette de travail salarié. Or vous-même, Monsieur Truculor, n'osez assigner une échéance aussi rapprochée à la Révolution. Le suicide progressif du peuple, c'est le bouleversement général de la Société. C'est le capital désarmé et impuissant devant ses richesses accumulées, devant ses tas d'or, qui auront tout juste désormais la valeur de gravats amoncelés. Le rôle de l'or étant de fomenter de la main-d'œuvre, pour exonérer les enrichis de tout labeur, qu'allez-vous en faire quand les bras vont commencer à manquer, quand il n'y en aura plus assez pour les besognes serviles, quand, dans cinquante ans, même, il n'y en aura plus du tout peut-être? Si la caste possédante veut manger, il lui faudra travailler à son tour, œuvrer dans les effroyables besognes qu'elle impose au prolétariat de par la toute puissance de son Code et de son Argent. Si elle veut du pain et du luxe il lui faudra participer à l'activité humaine. Si elle veut jouir toujours, il lui faudra, cette fois, jouir sur elle-même, être le propre artisan de ses innomables voluptés. Si elle veut des armées permanentes, elle enrôlera ses ploutocrates, et si elle veut de la prostitution encore, elle devra jeter ses filles à ses mâles en rut.

Tout croulera par la base, les institutions et les hiérarchies, les gouvernements démocratiques et les dynasties, les cultes et les dieux, sans qu'il soit nécessaire de verser une seule goutte de sang. Jamais plus terrifiante catastrophe n'a menacé, par avance, l'Egoïsme pontifiant. Contre elle, nulle défense n'est possible, sachez-le bien, car, comprenant que c'est le seul procédé de libération pratique, le salariat étranger, auquel les classes dirigeantes pourraient faire appel, l'adoptera spontanément lui aussi. Et par dessus les frontières, s'échangera alors la première étreinte fraternelle entre les déshérités du monde, résolus à disparaître dans le refus magnifique de prolonger leur détresse, leur misère et leur servage...

Il est temps peut-être que quelques hommes aillent dire cela aux masses spoliées, qui imposent la domestication et l'endémique famine à toute la descendance issue de leurs entrailles éternellement douloureuses. Il est temps qu'on aborde franchement le débat et que, méprisant par avance toutes les persécutions, deux ou trois penseurs s'offrent d'eux-mêmes pour affranchir le peuple en lui énonçant, malgré la gouaille et les quolibets du début, les moyens infaillibles de ne plus faire d'enfants. Il est nécessaire de ne point le prendre, tout d'abord, à la thèse philosophique, mais bien au terre à terre du profit immédiat. Qu'on lui donne en exemple la Bourgeoisie qui, pour ne pas morceler sa fortune, s'est déterminée à la quasi-stérilité. Qu'on lui dise dans les réunions publiques, dans les meetings des centres ouvriers, à l'aide de millions de brochures répandues à profusion dans les usines ou à la porte des mairies, envoyées même à chaque nouveau couple, qu'on lui dise et lui rabâche à l'aide de l'écrit et de la parole, enfin, qu'il est ridicule de ne pas imiter la classe moyenne, qu'il est stupide d'employer son infime salaire à nourrir des petits, quand il peut s'abstenir d'en avoir. Définissons-lui, nous, littérateurs, le malthusisme rationnel et sournois des satisfaits, et faisons-lui comprendre que le bourgeois n'a pas supprimé le plaisir de l'acte génésique, mais seulement la résultante: la fécondation, et il ne tardera guère à en faire autant. Au bout de quelques années, dès les premières statistiques des Leroy-Beaulieu ou autres annonçant le péril, le Capitalisme, terrifié à la vue du mal qui va l'exterminer à son tour, accourra suant de peur pour offrir, de lui-même, la justice, et promettre une répartition plus équitable des biens d'ici-bas. Il ne sera plus temps. La caste assouvie, par sa volonté d'iniquité, aura tué ce qu'elle appelle la Patrie et la Race.

Et, qui peut nier la sereine et magique beauté de l'acte? La Démocratie, qui a donné son sang pour toutes les grandes œuvres sociales, la Démocratie, qui par son courage, son labeur, a permis en somme d'édifier la civilisation moderne, la Démocratie, éternelle Parturiante d'Idéal et de Bonté, comprenant qu'elle a tendu le cou à une cangue plus lourde que les chaînes féodales, la Démocratie, consciente enfin que sur sa nuque pèse la pantoufle du bourgeois, ou les cothurnes éculés des histrions de la politique, plus implacables que la botte à éperons d'or des patriciens d'ancien régime, la Démocratie, désireuse de ne point s'avilir, de ne pas se courber plus longtemps dans l'esclavage, se frappe à mort, étouffe la vie dans ses lombes, et entraîne dans le gouffre ceux qui lui refusent l'Équité...

La minute est décisive, sachons-le, et la haine publique, ou la mise hors la loi ne pourront, j'en ai l'assurance, étouffer désormais la parole courageuse des protagonistes de l'Idée salvatrice en actuelle germination. J'aime la vie, certes, moi, mais je me résigne car j'aime encore plus la justice, qui doit en être la condition première, et si c'est le seul moyen de l'arracher aux exacteurs oisifs que de brandir une telle menace au-dessus de leurs fronts implacables dans la férocité, je l'acclame de toutes les forces de mon cœur et de ma pensée. Peut-être serai-je un de ces ouvriers d'émancipation, sans jamais, par la suite, réclamer ni honneur ni mandat. Je m'affligerai, toutefois que les socialistes ou les libertaires ne m'aient point devancé. Mais sans doute, les chefs n'ont-ils cure de voir le Peuple faire sa Révolution tout seul et tout de suite, car il leur faudrait rester sans emploi et résilier leur rôle profitable de pasteurs de bétail...

Truculor ne ramena point l'adversaire.

—La question, dit-il, est d'une telle vastitude et d'une complexité si grande, Monsieur, que je préfère vous répondre demain, dans un *Premier-Paris*. Karl Marx et Bernstein, démontrent péremptoirement, à l'opposé de Max Stirner... Mais devant les grimaces des commensaux menacés d'un éboulis d'érudition sociologique et d'un laïus pompeux, il rengaina son Larousse et tourna bride tout à coup, en ajoutant néanmoins, d'un ton emphatique: Ces thèses malthusiennes ne gagnent pas à être commentées à table...

Depuis quelque temps déjà, le front du comte de Fourcamadan se ravinait sous l'effort des cérébrations intenses. Son esprit en gésine devait connaître les affres de l'enfantement.

—Béothus n'est qu'un dément qui m'a donné des déman.... geaisons.... ses acarus n'avaient rien à faire avec le *non-être*, mais bien avec le *pyr...êthre...* Et, satisfait, exhilarant, le dos en arc de cercle, il pinça, entre le pouce et l'index, l'assiette de Jacques Paraclet.

—C'est l'aboutissant prévu, l'homme définitif que peut élaborer une race qui a répudié Dieu, opina le pamphlétaire, dédaigneux de cette stupidité. Ceux qui, depuis tant d'âges déjà, obscurcissent chaque jour le Front du Crucifié d'un nuage de crachats, ceux qui ont fait chavirer l'Espérance dans le dépotoir du Positivisme, ceux qui depuis Voltaire et Diderot dansent sur le corps du Fils de l'homme la bamboula frénétique des vidangeurs de l'athéisme, devaient nécessairement se trouver acculés à ces théories de négation et de désespoir paroxystes. D'ailleurs je ne suis pas loin, moi aussi, de leur concéder une part de magnificence. Puisque la puanteur de ce monde est telle que les bienheureux, qui gravitent dans le séjour des Justes et des Purs, se trouvent sur le point d'en être asphyxiés d'horreur, il est bon que la création disparaisse, car Dieu, lui-même, a dû reconnaître que sa toute puissance et sa volonté seraient impuissantes à la racheter. Qu'il vienne donc l'ange exterminateur armé de son flamboiement de tonnerres! Qu'il accoure le justicier escorté d'une pyrotechnie de soleils en conflagration, et qu'il détruise pour toujours la purulence et l'immondicité de notre relief planétaire!

—Messieurs, messieurs, avec tous vos goûts de massacre et de destruction universelle, vous ne touchez pas à ce *chaud-froid*. Je vous prie, maître d'hôtel, faites passer, dit la Truphot, qui prévoyait qu'elle allait vivre plusieurs nuits à rêver de cataclysme général.

Après quelques oscillations réglées par un métronome d'infaillible sottise, qui servit à mettre en mesure et à balancer rythmiquememt les dires de Sarigue, de Madame Truphot, de Boutorgne et du comte de Fourcamadan dont l'intellect respectif, surexcité par la bonne chère, butinait avec acharnement le sens caché des faits du jour, la conversation vint se fixer sur la guerre de Chine, qui déroulait alors ses péripéties les plus corsées.

Cette fois Truculor s'était installé de lui-même dans le bien-penser et le bien-parler. Il se mit donc à réciter, sur les cordes basses de son violoncelle pectoral, un prochain article qu'il destinait à son journal, pour appuyer le ministère à qui quelques dissidents de la gauche reprochaient d'avoir engagé en Extrême-Orient une campagne suscitée par les brigandages des missionnaires.

—Messieurs, il faut avoir la loyauté de le reconnaître, les Chinois ne sont pas intéressants. Ce peuple abruti d'opium ignore le courage. Que penser, en effet, de trois cents millions d'individus qui se laissent mettre à la raison par un corps expéditionnaire d'à peine cinquante mille baïonnettes? Il suffirait, n'est ce pas? à ces inconcevables fourmilières humaines, de lever les bras, pour que l'air jusque-là placide, déchaîné tout à coup en ouragan par ce simple geste, balayât dans la mer les troupes que leur a dépêchées l'Europe dans un effort parcimonieux. Eh bien! Ils assistent à la chose indolents et apathiques, se contentant de geindre très fort, parce qu'on les pille et les extermine un peu. C'est un peuple figé, désormais incapable d'apporter sa contribution à l'effort et au travail du Monde en gestation de Progrès. Si on leur prend leurs ivoires, leurs soies, leur or et leurs fourrures rares, c'est, en somme, la revanche de la Civilisation sur la Barbarie, c'est la juste vengeance tirée par l'occident, après bien des siècles, des effroyables chevauchées de Tamerlan ou de Gengis. D'ailleurs, qu'ont fait des Chinois depuis douze cents ans? Où donc est leur science et de quelle culture moderne ont-ils témoigné en face de l'Europe en progression constante? Ce que les armées congrégées de cette dernière viennent d'accomplir, ce n'est, à bien y réfléchir, que ce que nous rêvons tous de voir se réaliser en faveur du prolétariat et au détriment de la Bourgeoisie régnante, c'est l'expropriation, la dépossession d'une race fainéante par une humanité laborieuse et féconde...

Ici il prit un temps, debout comme s'il conférenciait, esquissa au-dessus des convives un geste large de sa main arrondie en forme de conque, puis il acheva, se rasseyant et légitimant dans son inconscience la férocité de la classe capitaliste actuelle désireuse de triompher malgré tout.

—Nul ne mérite de vivre, au surplus, qui n'a le courage de se défendre.

Une stupeur régna; des pommettes rubescentes pâlirent d'étonnement, car cette thèse dans la bouche de Truculor déroutait toute la tablée. Mais la Truplot, respectueuse du lustre de son ténor, applaudissait et, du coup, s'y croyant autorisée par une aussi illustre obédience, elle lâchait, en phrases ineptes, et en éructant à demi, sous la poussée des vins, tout ce que sa langue pâteuse lui permettait de débonder d'un nationalisme longtemps réfréné.

—Oui oui! on devrait les égorger jusqu'au dernier. La cause de l'Église est toujours juste, et il faut que le colonel Marchand revienne de là-bas empereur.. D'abord, ce sont des païens, et puis ces misérables méprisent les femmes et crachent sur les crucifix....

—Envoyons-leur Gallifet, avec pleins pouvoirs, appuya son amant.

—La *fêlure*! se dit Honved, en se rappelant la thèse de la pièce qu'il chérissait, en pensée, depuis longtemps déjà. Oui, Truculor vérifiait le caractère, s'identifiait même, de surprenante façon, à un des personnages qu'il avait déjà configuré mentalement. L'auteur dramatique, dans ces trois actes projetés, voulait offrir une explication aux désolantes attitudes, aux comportements imbéciles dont sont coutumiers les gens notoires de cette époque, réputés, cependant, pour être doués de quelque phosphorescence d'entendement. Quand une race en est à la sénilité, quand le bétail humain qui a trop vécu s'agite, sans pouvoir brouter autre chose que les chardons de la sottise, la Nature suscite alors quelques individus dont la fonction est d'éliminer la dernière réserve de vaillantise morale, la dernière parcelle d'intelligence qui peuvent lui rester. Il n'est pas besoin, pour adopter ce postulat, de croire à une prédestination, ni de concéder à la Fatalité; le monde n'étant qu'une Volonté, comme les philosophes matérialistes l'ont démontré. Or la Nature se sert de ces hommes pour précipiter la déliquescence, pour aider à la désagrégation finale de l'esprit de cette race: elle leur fait à proprement parler tenir le rôle de ptomaïnes de décadence, tels ces ferments qui se mettent dans les corps déjà putréfiés. Par ailleurs, pour qu'ils aient pouvoir sur la masse, elle a fait d'eux des niveaux d'eau parfaits, destinés à déterminer exactement la ligne d'horizon, la parallèle basse nécessaire à l'optique du restant de leurs semblables. Or, elle les a frêtés d'une eau opaque de bêtise cynique, en laquelle, seulement, elle a glissé, pour la réalisation de ses mystérieux desseins, la petite bulle d'air, la petite spiritualité d'un discutable talent. Remuez le niveau d'eau: la molécule gazeuse va chavirer et se démener ensuite, sans pouvoir se fixer de façon stable. Et il faudra des circonstances particulières, une précision de manœuvre infinie, que le moindre heurt vient infirmer, pour que la bulle d'air se maintienne au centre parfait, bien en vue. Ne les faites pas agir sans précautions, sans préméditation, alors qu'ils ne sont pas en *représentation voulue et concertée*, car le petit globule s'affolera et se perdra alors dans la masse liquide. Seuls les doigts de géomètre du Destin auront le pouvoir de le replacer de ci, de là, par à coups, au point voulu, après cinq ou six mille oscillations fausses. L'avare Nature, sans doute, en paraissant les favoriser d'un quelconque côté, s'était acharnée sur eux, avait fait payer cher à ces cervelles pseudo-reluisantes tout le faux lustre dont elles se réclamaient. Elle semblait avoir rageusement fissuré la calotte cranienne qui servait de récipient à ces méninges glorieuses, laissant, par la fêlure, fuir le meilleur de l'intelligence. Et, en vertu de cette loi d'équilibre qui est sa règle primordiale, elle les avait dotés d'extravagants travers, leur rendant toute pondération impossible—pour balancer ce qu'elle croyait leur avoir donné.

Honved rabrouait vivement le personnage.

—Monsieur Truculor, je ne sache pas que le courage militaire puisse jamais être tenu pour le véritable criterium de la valeur d'un peuple. Les nègres du Dahomey, fusillés et mitraillés à distance par les effroyables engins modernes, sont venus mourir, dans plusieurs combats, emportés par une furia magnifique, sous les pieds mêmes de nos soldats; témoignant ainsi d'une des plus belles ardeurs guerrières qu'on ait jamais vues. Oseriez-vous en inférer que cette race était supérieure? A l'encontre de ce que vous venez de nous dire, le degré de civilisation et d'affinement d'un peuple se mesure à la haine qu'il nourrit des choses de la guerre. N'importe quelle brute militaire, un reitre de l'infanterie allemande, un lansquenet de Wallenstein, par exemple, avec une balle mâchée dans son mousquet, aurait toujours eu raison d'un Spinoza qui répugnait à se défendre ou ne savait pas combattre. Or, quelle que soit votre mésestime pour les maîtres que vous enseignâtes jadis... continua Honved en faisant allusion à l'ancien professorat de Truculor, vous ne sauriez soutenir décemment que le reitre est d'une humanité plus avantageuse que celle du Juif sublime qui écrivit l'Ethique...

Truculor mal en point et congestionné, la face vultueuse, désignait du doigt une ampoule électrique incluse en un surtout de fausse argenterie garni de lilas, d'œillets et de roses pâles, à qui la chaleur de la salle infusait une dolente chlorose. Il persévérait.

—Les Chinois n'ont cependant pas inventé cela.

—Non, comme vous le dites, ils n'ont point découvert la flamme électrique. Mais, faut-il le rappeler à un ancien professeur de la Sagesse? la première méthode de raisonnement rigoureux et scientifique était dans l'Inde avec Kapila, et par conséquent en Chine, dix siècles avant que la Grèce, elle même, possédât une philosophie. Il est plus que probable que cette dernière a pris aux hommes de race jaune, le raisonnement par deux propositions, l'enthymème dont je vous parle, qui plus tard, à son tour, mit au monde le Syllogisme, véritable conquistador de toute réalité abstraite. C'est un peu, croyez moi, cette méthode d'induction et de démonstration—la plus haute que les hommes puissent connaître—qui a enfanté les procédés de recherche scientifique moderne et acheminé l'Occident à la découverte de ce que vous invoquez. D'un autre côté, la civilisation chinoise qui, après une durée ininterrompue de quatre mille ans subsiste toujours—fait sans précédent dans le Monde—la civilisation chinoise, qui n'a pas subi un arrêt de quinze siècles dans des ténèbres médiévales, fait preuve d'une force bien supérieure à la nôtre, puisqu'elle lui a résisté et ne s'est point laissé entamer. Elle vivra encore quand nous ne serons plus. Il ne faut pas oublier, d'ailleurs, que les Chinois s'habillaient de soies précieuses, vivaient parmi un idéal réalisé d'art et de beauté, avaient calculé la marche des astres, la rotation de la Terre, et vraisemblablement trouvé la boussole, alors que nous allions tout nus, que nous hurlions d'épouvante à l'apparition du moindre météore, et nous débattions enlizés jusqu'au cou dans la fange chrétienne.

Mais Truculor, qui opérait sa retraite et espérait s'en tirer par une plaisanterie, ripostait dans un rire gras.

—Ne dites donc pas de mal de Jésus, Monsieur Honved. En instituant le repos dominical, la fête du dimanche, le Christianisme n'a-t-il pas forcé une notable partie de l'humanité à changer de chemise au moins une fois par semaine? C'est toujours ça...

Ici, une sorte de barrissement digne d'un animal antédiluvien fit se dresser toutes les têtes et suspendit les haleines. C'était Jacques Paraclet qui se déchaînait, prenait vent et, le poing tendu, dominait tous les convives d'un visage exsudant de négrier dont on déprise ou vilipende la cargaison. La soute aux invectives explosait.

—La redoutable Face de Celui qui nous jugera tous, un prochain jour, m'est témoin, vociféra-t-il, que j'étais venu ici surchargé d'une insolite aménité, et que je m'étais juré, à moi-même, quelles que fussent la culminance de votre impudeur ou l'altitude de votre scurrilité, de ne jamais vider les arçons de la plus sereine indifférence. Par sept fois, sur les saints Évangiles, j'avais fait le serment d'assister, d'un œil invraisemblablement détaché, au cours sinueux, nonchalant ou frénétique de l'Orénoque, du *Meschacébé* de sottise et d'infamie, dont vous avez, un à un et tour à tour, fendu les flots en hippopotames diligents. Les îles flottantes de votre niaiserie, où se balancent, comme les fleurs d'or dans la description de l'auteur *d'Atala*, les anaphrodisiaques nénufars de votre studieuse ignorance, auraient pu, devant moi, passer et repasser vingt fois, sans que j'eusse été pris, une seule minute, du désir de les sabouler au passage à l'aide des crocs de fer d'une solide controverse. Monsieur de Fourcamadan aurait pu continuer, en tout loisir, à évacuer ses petites historiettes excrémentielles, et nous enchaîner tous avec les câbles de guano desséché qui lui sortent de la bouche, comme les chaînes d'or au dieu de l'Éloquence, que je me serais bien gardé de déranger l'eurythmie de son discours. Un remords cuisant se fût même, sur l'heure, insinué en moi, ainsi qu'un bourreau tenace, si j'avais prié l'Africain, égorgeur de femmes, que je vois là-bas, d'aller restituer son derrière aux gardes-chiourmes invertis, qui prirent soin de sa personne, durant un lustre tout entier. Je n'ai même pas, vous me rendrez cette justice, favorisé d'une épithète l'épilepsie de monsieur Pharamond Robomir, collaborateur dichogame du *Pégase*, et qui paraît avoir permuté de sexe avec madame Dieulafoy. Oui, j'aurais opposé à vos dires une anesthésie d'indifférence semblable en tous points à celle qu'un individu saturé de chloroforme peut opposer au couteau des tortionnaires, oui, j'aurais tout enduré, même l'ocarina de mon voisin, si Monsieur Truculor ne s'était mis soudain à insulter le christianisme jugulé...

Je ne veux pas connaître le degré d'apathie des Chinois et leur indigence d'ardeur belliqueuse me trouve sans indignation. Il suffit, pour me les rendre sympathiques, qu'ils aient été choisis par Dieu pour bien prouver au Monde que Son supplice et Sa crucifixion continuaient; il suffit qu'ils aient été élus par Sa volonté afin de Lui permettre, une fois de plus et au regard des hommes, de Se soûlerde douleur et d'effroi.

Certes, ils font éclater aux yeux des plus incrédules la Divinité péremptoire, ceux-là, puisqu'ils ont permis à une torture toute fraîche et à une honte nouvelle, infligées à Jésus, par les monstrueux missionnaires de là-bas, de venir s'ajouter à celles qui n'avaient pas été prévues au Mont des Oliviers. Que les hommes jaunes incinèrent tout vifs, dilacèrent avec un art de tourmenteurs poussé jusqu'au génie, les innomables carcasses des soutaniers qui, chargés de répandre la Parole dans l'Empire du Milieu, ont pratiqué le vol et le banditisme, cambriolé les métaux précieux et les fourrures inestimables dans une maëstria dont les juifs eux-mêmes n'ont pas donné d'exemple à travers l'histoire, j'y applaudis des deux mains. Qu'ils aient intercis, en plusieurs quartiers et tronçons salés vifs, les rufians infâmes estampillés d'une croix; qu'ils aient donné des lavements d'huile bouillante aux brigands immondes qui créaient des comptoirs d'usure, faisaient escompter leurs chèques par les sœurs de Saint-Vincent-de-Paul, ouvraient, à l'usage de l'armée, des lupanars, des prostibules, à la caisse desquels l'évêque de Pékin, en chasuble, rendait la monnaie, je n'y saurais contredire, car ces Mongoloïdes de la rue du Bac transformaient le Fils de l'Homme en Dieu des assassins, et surchargeaient ses épaules d'un tel opprobre, qu'il se demande, peut-être, à l'heure actuelle, le Lamentable, si Sa Divinité sera suffisante pour Lui faire supporter le faix d'un pareil Himalaya de déréliction!

Mais tant que l'inanition coutumière que m'ont impartie les multitudes contemporaines, par moi bafouées, n'aura pas à tout jamais congelé le sang de mes veines, nul ne se pourra vanter d'avoir, impunément devant moi, acclamé la force scélérate et vilipendé le Christ momentanément vaincu. Jamais je ne tolérerai, Monsieur le subversif, qu'on vienne excréter sur Lui des plaisanteries d'arrière-département.

Qui êtes-vous donc vous autres, qui osez blasphémer la sublime parthénogénèse de l'Église chrétienne et la suite de confondants miracles poursuivie de façon ininterrompue à travers dix-neuf siècles? Oui qui êtes-vous? Que faites-vous? Pendant que les foules, crétinisées par vos théories, se lamentent au milieu des clameurs de leurs entrailles vides, alors que la détresse des asservis, qui n'espèrent plus en Dieu, semble avoir atteint, comme en ce moment, l'indépassable Solstice de la Famine, on vous voit rouler sous la table des plus sales ribotes bourgeoises et gravir, un à un, les différents échelons poissés de vomissures de l'échelle dite des Honneurs. Alors que le Golgotha n'a pu faire la justice sur la Terre, vous incitez les malheureux à escompter l'attendrissement des Assemblées délibérantes. En Officiant, en Sacerdote rétribué du Mensonge, vous maniez même la sonnette sous-présidentielle, qui vous sert à annoncer l'imminence du solécisme, comme elle sert à l'humble prêtre à annoncer l'imminence de la divine Transsubstantiation. Dès que l'un de vous a soutiré une parcelle de pouvoir, est devenu ministre, comme Millerand pour avoir vendu son parti à 30 deniers, vous accourez tous, tel un essaim de mâchebrans sur une *chose* diffamée. La bouche pleine, avec le jus des viandes, l'or ou le sang des vins généreux, qui ruissellent à vos commissures, vous bâfrez alors, en des voracités de cynopithèques, tout en flatulant devant le Peuple, une fois de plus trompé, qui sanglote de désespoir à vos pieds vaporants. Et quand les lebels, comme à la Martinique et à Chalon, partent sur la Foule, vous rotez si fort, dans votre indigestion, Messieurs de la Postiche socialiste, que vous en arrivez à couvrir le bruit des fusillades!...

Semblables en tous points aux requins qui, dans les mers chaudes suivent le bateau, le steam-boat, et avalent au passage les bouteilles vides, les boîtes de fer-blanc et les vieilles bottes qu'on leur jette par dessus bord, on vous a vu suivre, avec les socialistes de votre bande, le galion bourgeois et engouffrer à la volée tous les détritus, toutes les déjections de pouvoir et d'argent, que la ripaille sociale voulait bien vous décerner.

C'est vous, les repus du Collectivisme, vous, les victimaires adipeux de vos propres fidèles, qui martelez sournoisement du talon les faces vertes des damnés de l'enfer social, quand ceux-ci, mutilés dans leur énergie et les poignets coupés, s'efforcent de faire sauter les barreaux de leur ergastule, en s'y accrochant avec leurs gencives décharnées et saigneuses dont les convulsions du désespoir et de la faim ont au préalable fait sauter toutes les dents..... Vous êtes les Belphégors de l'abjection, et si vous aviez une âme, il conviendrait de se précipiter sur elle et de l'exterminer avec des pelles à m.... e!.....

Oui, les fulgurances jaillies de la conjonction de deux soleils ne réussiraient pas à éclairer, à purifier l'opacité pestilente de votre intellect, où s'entasse chaque jour le guano de vos pensées et de vos innomables concupiscences!

Vous avez tous les vices des satisfaits sans en avoir la souplesse cynique. Pour ce que vos mères ont été cuisinières au fond des provinces, il n'est pas un infâme poëlon, où mitonne le plus sordide ragoût, la plus nidoreuse des nourritures bourgeoises, que vous ne rêviez de torcher de vos langues frénétiques, de vos langues de révolutionnaires, *que vous avez transformées en suppositoires* à l'usage des puissants et des rois. Et par dessus tout vous nourrissez la haine implacable de l'art dont la seule vue vous plonge dans les exaspérations forcenées. Pas un artiste, pas un écrivain capable de sauver par la magie de la forme l'exécration du fond ne collabore à vos journaux. Avec plus d'acharnement que les assouvis qu'on a vus parfois aimer la littérature et tolérer les hommes libres, vous enfoncez, de vos propres mains, le bâillon et la poire d'angoisse à quiconque refuse de s'asservir sous la discipline de caporal poméranien qui est celle de votre parti. Les sept Géhennes de la Misère, les *in pace* de la faim attendent le malheureux, qui ayant donné un moment dans vos insanes théories, et précipité dans une syncope d'épouvante pour vous avoir approché, s'est, par la suite, enfui au loin, en hurlant de terreur dans la nuit pitoyable, dans la ténèbre impuissante à calmer les hoquets de son âme en la tamponnant de lénifiant silence ou en lui dérobant votre squalidité!.....

Tueurs de Dieu! disait le moyen-âge pour exprimer l'horreur ultime du crime humain, tueurs d'artistes! pourrions-nous vous crier à la face pour formuler à notre tour le suprême coefficient des vindictes humaines. Oui, tueurs d'artistes que vous êtes, vous vous mettez à dix mille pour exterminer un pauvre être brûlé par le feu sacré. Des multitudes, qui n'ont jamais connu d'autre prurit que le délirium, le satyriasis de l'ordure, surgissent, suscitées par vous, afin de se précipiter au pourchas du Prédestiné, du Douloureux, dont le cœur tordu de spasmes acclame, comme le mien, une Beauté et une Justice que vous ne connaîtrez jamais. Et il faudra vingt siècles, peut-être, avant que la petite flamme que vous avez éteinte se rallume à nouveau dans un cœur d'homme!

Mais ne vous hâtez pas trop d'incliner à l'optimisme et d'entonner dans vos lutrins le cantique d'allégresse. L'opprobre de votre socialisme d'esclaves et de loups-cerviers jouisseurs n'est pas près de supplanter encore l'opprobre bourgeois qui lui dispute la scélératesse. La patine d'infamie dont vous prétendez revêtir le monde, comme l'émail d'un grès flammé, n'est pas cuite encore dans le four clandestin où vous rêvez de l'élaborer.....

Recevez-moi, ajouta le pamphlétaire après une courte pause qui lui permit de renouveler son souffle et de dérailler en partie selon sa coutume, recevez de moi cette surprenante révélation. Quand, à la suite du trépas du Christ, les assises du Monde se soulevèrent d'effroi; quand les cieux craquèrent dans une épilepsie d'innomable terreur, Dieu dit à sa Création: Je rachèterai à nouveau la Terre, dès qu'entassés les uns sur les autres, les cadavres des Justes et des Purs, iniquement suppliciés par les hommes, formeront une pyramide d'une altitude égale à trente-trois fois celle du Golgotha: autant de fois le Golgotha que la chair de ma Chair et la Substance de mon Esprit avait d'années au moment de mourir. C'est pour cela que vous avez vu tant de saints courir au martyre, dans le moyen âge. C'est pour sauver à nouveau leurs semblables que tant de Bienheureux dans les premiers siècles, ont donné leur vie. Eh bien, le saviez-vous? Il ne manque plus qu'un cadavre à l'épouvantable et rédimante pyramide, un Cadavre que l'on attend vainement depuis cent années, pendant lesquelles aucun cœur n'a eu le courage de s'immoler. Et ce cadavre c'est le mien; oui, j'ai décrété que je serais celui-là et Dieu que j'avais invoqué m'a répondu: je t'en donnerai le courage.

Voilà pourquoi mon époque m'a fait panteler dans les plus inconvenables tourments, voilà pourquoi pas une heure de ma vie ne s'est écoulée sans que je fusse écartelé à vingt chevaux, voilà pourquoi le pal effroyable de l'injustice et de la faim a déchiré mes lombes emplies au préalable de plomb fondu. Car, vous entendez bien, je suis Celui qui couronnera enfin de son corps l'Alpe vertigineuse des glorieux suppliciés, je suis Celui dont l'Agonie sauvera l'Univers derechef. Je suis Celui dont la mort fera régner enfin la justice sur la terre apaisée. SI LE CHRIST ETAIT LE COMMENCEMENT, MOI JE SUIS LA FIN ET LE BUT.

Et cela me donne le droit de vous dire que vous me trouverez toujours quand il s'agira de précipiter à l'égout, à la *cloaca maxima*, le portique boîteux, le fût de colonne vermoulu des Rostres d'où vous haranguez les plèbes à qui vous rêvez d'infuser les manies ergoteuses des *Petdeloups* parvenus et le pus de vos propres veines. Je vous hais; je vous exècre si tragiquement que je sens des nervures d'acier s'enfoncer dans mon âme à votre seule apparition, et que je voudrais acquérir la frénésie dynamique des tremblements de terre pour vous balayer tous...

Expirantem transfixo pectore flammas... comme Ajax dont la poitrine transpercée par la foudre vomissait la flamme; fussé-je moribond, j'étoufferai, sous une suprême clameur, vos coassements de batraciens imbriqués de pustules; je domestiquerai des tonnerres pour servir au plain chant de mes fureurs; je remmancherai au bout de ma plume le cyclone familier avec lequel, depuis vingt ans, j'ai pris coutume d'écrire!...

Et quand vous m'aurez assassiné, entendez-moi bien, vous n'aurez point conquis la tranquillité. Vous en trouverez d'autres pour vous faire hurler à leur tour, pour vous tisonner avec le fer rougi de leurs malédictions. Car, ainsi que dans cet extraordinaire épisode de la guerre des Gaules, conté par Jules César, où un soldat du Brennus, embusqué dans un redan d'Avaricum, tenait tête tout seul à l'armée assiégeante, en lançant à découvert la tragule et la poix bouillante et qui, percé d'un trait parti d'un scorpion, fut remplacé par un second combattant, puis par un troisième... par un quatrième... et par d'autres toujours, se disputant jusqu'au soir le poste mortel; comme dans cet extraordinaire épisode où se révèle tout entière la sublime héroïcité de notre race, il se trouvera bien quelques fiers artistes, énergiquement décidés, eux aussi, à se repasser la javeline et le feu médique destinés à embêter la crapule jusqu'à la fin des temps...

Jacques Paraclet, la face embuée de vapeur, reposa alors sur la table, comme il eût fait d'une lame régicide magnifiée pour avoir percé un tyran, l'inoffensif couteau de dessert qui lui avait servi à scander ses fracassantes périodes. Puis il promena une dernière fois le regard issu de son œil vairon sur Truculor qui, depuis dix minutes au moins, gisait écroulé sous cette lame de fond. La Truphot accablée qui, à deux ou trois reprises, s'était vainement efforcée de l'interrompre, se lamentait en des mots sans suite, et pleurait même en sourdine, rien qu'à penser au scandale dans lequel sombrait la fortune littéraire de son salon.

Truculor, maintenant, se déterminait vers la porte.

—Quand on invite des hyènes enragées, Madame, on prévient l'assistance, au préalable, laissait-il tomber d'une voix blanche dont la colère avait assourdi le métal. Et il disparut, cueillant son chapeau et son pardessus, au passage, dans l'antichambre, sans que la veuve de l'officier municipal ait eu le temps de le rejoindre pour lui offrir le tribut de son affliction.

Honved riait aux larmes, amusé de l'événement, parfaitement assuré, d'ailleurs, de ce qui allait suivre. Boutorgne, l'homuncule, se disculpait hypocritement auprès de l'hôtesse.

—Ah! si j'avais su, je ne vous aurais point prié de l'inviter... Le scélérat m'avait donné parole de se tenir tranquille... Quel misérable!... Voulez-vous que je le soufflette, ajoutait-il, après un temps, son torse court redressé en une pose bravache, et tremblant intérieurement qu'on lui donnât licence des voies de fait.

Mais la veuve se tamponnait les orbites.

—Non... non... pas ici... dehors... c'est assez d'esclandre pour ce soir, demain, si vous voulez.....

Et Boutorgne concluait.

—Je ne peux pourtant pas lui envoyer des témoins; on connaît ses idées là-dessus: il ne se bat jamais.

—Mon cher, disait le comte de Fourcamadan à Siemans, c'est un rude goujat, mais il n'y a pas à dire, il a *chichité* en beauté. Comme c'est dommage qu'il soit sans esprit, car vous l'avez entendu: il n'a pas fait un seul calembour. Il faudra que je lui en passe quelques-uns...

Cependant, d'un geste impérieux, Jacques Paraclet avait fait signe à Madame Truphot, lui enjoignant de le suivre dans l'antichambre.

—La malheureuse, ça va lui coûter cher, prophétisa Honved, tourné vers sa femme, en voyant la maîtresse de maison rengainer son navrement ainsi que ses mouchoirs, et suivre l'Emphatique comme fascinée.

—Est-ce qu'ils vont mijoter une coucherie ensemble, questionna Sarigue, se décidant seulement à émerger de dessous la table où depuis le coup de boutoir du phénomène, coup de boutoir à lui décoché, qui avait dispersé sa bravoure et son esprit de répartie, il s'était mis en sûreté pour laisser passer le typhon.

Tous les convives debout, en désordre, au milieu du salon dressèrent l'oreille, car après une accalmie de quelques minutes la voix de Jacques Paraclet s'enflait progressivement, dans le vestibule, pour de nouveau tonitruer.

—Madame, ce matin même, quand m'est parvenue votre invitation, je me trouvais sans moyen d'y répondre. Un huissier, exempt de miséricorde, venait de saisir le dernier pantalon avouable que je ménageais depuis de longs mois déjà pour m'offrir au regard des personnes qui me veulent du bien. Cet homme impavide, qui aurait saisi avec la même ardeur l'unique vêtement du Crucifié, s'il avait vécu dans ces temps fabuleux et si le Procurateur, plus humain que nos magistrats pour les actuels délinquants, n'avait exonéré par avance le fils de Dieu des frais de son supplice; cet homme à panonceaux emporta donc, avec le haut-de-chausses susdit, un veston longanime qui ayant, par un miracle que je ne m'explique pas, conservé ses deux manches, un présumable col et le nombre de boutons exigibles, me permettait de me faire agréer encore, dans quelques maisons exemptes de décorum. Plus démuni de l'absolu nécessaire que Barrès, Hanotaux ou Saint-Georges de Bouhélier ne le sont de syntaxe ou de pudeur, je n'attendais plus qu'un miracle et, dans une prière, je me remis à Dieu du soin de l'accomplir pour ne pas décéder le jour même, faute d'aliments, puisque je ne pouvais songer à venir manger votre dîner. Mon Dieu, implorai-je, accréditez, une fois de plus encore et à mes propres yeux, la providentielle mission que vous me forcez d'accomplir ici-bas. L'inspiration ne tarda point, une langue de feu descendit sur moi: j'eus instantanément l'idée de me rendre aux Bains Deligny, dont le patron jadis fit de la mystique chrétienne avec Ernest Hello, et de solliciter, de son aide fraternelle, une immersion gratuite. Après m'être documenté pendant plus d'une heure sur la cagnosité et l'escafignon de mes congénères, la grâce divine opéra. J'arrêtai, au sortir de sa cabine, un fringant personnage de qui le lustre vétural et le plat visage—où la sottise était mitoyenne de la prétention—ne me permettaient pas de douter, une seule minute, que je ne me trouvasse devant un mortel dont l'unique fonction sur la terre consiste à culbuter des femmes, à jouer aux courses, et à lire les livres de Paul Bourget.

—Monsieur, lui dis-je, à vous envisager, la conjecture s'impose: vous possédez évidemment deux cents pantalons, comme le comte Boni de Castellane, et pour le moins douze douzaines de jaquettes, comme M. Deschanel. Je vois même que vous portez monocle comme feu Félix Faure, l'académicien Costa de Beauregard, et que vous devez être plus bête encore, si la chose est possible, que ces bipèdes précités. Or, moi, je suis Jacques Paraclet dont il serait ridicule de penser que vous eussiez jamais entendu parler, Jacques Paraclet à qui Dieu a délégué le soin de préparer ses créatures, oublieuses de son Verbe, à l'acceptation sereine des plus imminentes catastrophes. Je suis à l'heure actuelle affligé, comme vous pouvez le voir, d'un complet que répudierait le moins snob des chemineaux et investi surérogatoirement par la plus douloureuse disette de numéraire. Comment osez-vous circuler aussi somptueusement alors que mon dénûment à moi, le Promulgateur du Très-Haut, tirerait des larmes à Job lui-même sur son fumier? Voudriez-vous, après m'avoir rencontré, après que je me fusse adressé à vous, voudriez-vous charger vos nuits sereines du remords de ne m'avoir point secouru, alors que Dieu vous a choisi parmi tous vos semblables afin de me prêter assistance, et qu'il m'envoie vers vous à la seconde d'inexprimable angoisse où je suis prêt de défaillir et d'abandonner la tâche qu'il m'a confiée? Pensez que vous pouvez mourir sur l'heure ou demain et comparaître devant Lui, pendant que du Trône de Justice tombera sur vous l'écrasante Parole: Pourquoi n'as-tu pas tendu à Jacques Paraclet une main fraternelle, pourquoi lui as-tu rendu désormais impossible l'Œuvre dont je l'avais chargé?

Cet homme tremblait en m'écoutant, Madame.—Entrez là, me dit-il, en désignant sa cabine, je suis rédacteur au *Sillon*. J'ai lu votre *Imprécateur*. Et il troqua son caparaçon impressionnant contre ma défroque de trimardeur. Dois-je vous dire que, sous mes haillons, il partit transfiguré, la sottise de son faciès obnubilée pour toujours sous le rayonnement magique de l'archange vainqueur que Dieu, dont il venait de servir les desseins, avait fait de lui, immédiatement?

Eh bien! Je viens de requérir de vous un service semblable poursuivait le Catholique dont la voix se haussait maintenant à un tumulte d'orage; je vous *somme* d'accomplir à votre tour quelque chose d'équivalent à ce que ce scolopendre de sacristie a fait pour moi afin de me permettre de venir, ce soir, exterminer l'adipeux Mazeppa dont dix Ukraines de bêtise et d'impudeur n'auraient point ralenti le galop effréné. Demain, Madame, je serai jeté à la rue sur l'ordre du propriétaire du taudis qui me sert d'Alhambra. Demain, si toutefois auparavant le soleil, de dégoût, ne résilie pas son emploi, Jacques Paraclet sera sans asile et sans pain et la Parole de Dieu, se trouvera, de ce fait, abolie pour toujours. Pensez que vous seule pouvez présentement empêcher cette chose dont les anges pâlissent déjà d'épouvante, tout au fond des étoiles. Pensez que, vous seule, pouvez empêcher les cieux d'éclater d'indignation, et de s'émietter sur la terre pour étouffer tant de scélératesse. Quel compte aurez-vous à rendre un jour, si vous vous dérobez? Songez que si je demande à l'Inexorable Juge de vous faire trépasser sur l'heure, il m'exaucera incontinent en ce vœu dont vous reconnaîtrez vous-même la justesse et la légitimité. *J'ai le droit de considérer, moi, toute personne possédant cent sous comme me devant deux francs cinquante.* Madame, j'ai besoin de vingt-cinq louis...

En entendant ces dernières paroles, Siemans jusque-là placide n'y put tenir. Il se précipita, fonça sans même prendre le temps, au passage, de soulever entièrement la portière qui, s'enroulant autour de lui, s'arracha et l'accompagna dans sa course, traînant à l'arrière de ses talons comme un manteau de théâtre. Quand il rejoignit la Truphot, il était trop tard: Jacques Paraclet était déjà sur le paillasson de la porte d'entrée, occupé à enfouir des billets de banque dans la poche de son veston et à les y tasser à grands coups de poing vainqueurs.

Le Belge alors secoua furieusement sa maîtresse en lui jetant à la face d'épouvantables injures.

—Pardonne-moi, Adolphe, implorait-elle, c'est un médium; certainement il m'aurait envoûtée... Déjà cela commençait à me chatouiller à l'occiput... tu sais bien les prodromes... il m'aurait fait mourir comme il m'en menaçait le misérable... Puisque depuis plus de dix ans nous faisons de l'occultisme ensemble, tu n'ignores pas qu'on ne plaisante point avec ces choses-là...

Elle ne devait pas avouer le motif véritable qui l'avait fait déférer au tapage. Siemans la regarda bien en face, dans le blanc des yeux, haussa les épaules et revint vers les autres, toujours hors de lui.

Il s'accrocha aux omoplates du comte de Fourcamadan avec qui il se sentait en pleine confiance; et dit, la bouche tordue, congestionné de colère.

—Non, le croiriez-vous? elle a marché de quinze louis... ils ont dû prendre rendez-vous, sûrement elle a des *intentions* sur lui...

Le comte planta son annulaire aux trois bagues armoriées dans le creux stomacal de son interlocuteur, se dressa sur les pointes et répondit:

—Quinze louis pour ce catholique, le Nonce ne lui prendrait pas plus cher.

III

Histrio!... cinœdus!...

Le surlendemain, la plaie de ses quinze louis à peu près cicatrisée, la Truphot décida d'aller passer la soirée au *Cabaret des Nyctalopes*, rue Champollion, où Modeste Glaviot, un de ses invités ordinaires, devait venir débiter, sur les onze heures, un monologue inédit. La ruelle, qui n'aurait déparé aucun Ghetto, s'ouvrait étroite et noire entre la rue de la Sorbonne et celle des Écoles, marinant dans une pénombre digne du moyen-âge, et donnant asile à une dizaine de bouges où s'embusquaient des théories de souillasses contrôlées par le Dispensaire. Cela s'emplissait, dès la nuit tombée, de cris de ribaudes, de querelles d'étudiants ivres, s'engorgeait à chaque minute de groupes vociférants scholars, rapins ou ronds de cuir déchaînés, en quête des maléfices de Vénus, et que déversaient, à larges coulées, les quatre ou cinq portes d'un grand café-prostibule, incendiant la rue voisine de ses quinze mètres de façade. A gauche du boulevard Saint-Michel, tout un lacis de ruelles végètent ainsi, uniquement dévolues à la prostitution, s'embellissant, tous les matins, d'une extraordinaire floraison de démêlures tombées des taudions haut perchés. Le sol s'y trouve recouvert d'un macadam persistant, d'une asphalte tenace de feuilles de choux, de pelures d'oignons ou de pommes de terre, ponctué par plus, au plein des trottoirs, du cramoisi des vomissures expectorées par les prochains pontifes de la Toge ou du Scalpel qui, venus des départements pour s'emparer de la Licence ou du Doctorat, guérir ou juger leurs semblables, adoucissent, du mieux qu'ils peuvent, les affres de l'étude par de tumultueuses soulographies. Des murs lépreux filent droit vers le ciel, interminables, implacables et purulents, troués de lucarnes chassieuses, où, de temps en temps, un bras retroussé de fille brandit une cuvette. Les façades, ascensionnées par les tuyaux et les rigoles des conduites douteuses, qui canalisent les liquides de la vaisselle et de l'amour, exsudent des humidités roussâtres et bleuies, sous la teigne tenace des moisissures, et la rue s'encombre de filles se soulageant, troussées au ras des ruisseaux, cependant que du pavé monte un tumulte de cris, de propos obscènes, d'appels infâmes et d'immondes refrains, par quoi la Magistrature, le Corps médical, la Politique et le Barreau de l'avenir affirment la délicatesse de leur âme encore juvénile et de leur savoir-vivre bien parisien.

Le *Cabaret des Nyctalopes* était situé au commencement de la rue et faisait concurrence à deux ou trois autres qualifiés comme lui *artistiques*, et dont les devantures, placardées d'affiches polychromes, affriolaient le passant. C'était une salle étroite et longue, garnie de tables claudicantes et de chaises d'osier, aux murs revêtus d'andrinople, que magnifiaient, au-dessus de la cimaise, les profils pleins de gloire des poètes et chansonniers ayant avantagé l'endroit.

Quand la Truphot et ses deux chevaliers-gardes, Siemans et Médéric Boutorgne, entrèrent, l'endroit était comble. Une épaisse fumée imprécisait les individus élaborés, pour la plupart, dans l'arrière-fond des provinces par les convulsions et les pénétrations légitimes des conjoints de la Bourgeoisie pondérée, et l'atmosphère fuligineuse faisait faloter, comme des ombres dansantes, les silhouettes des deux garçons occupés à décerner les glorias et les bocks. Le public féminin se composait uniquement de filles émanées des cafés voisins, venues là dans l'espoir d'une retape plus abondante et qui, vêtues de couleurs ophtalmiantes, s'interpellaient à chaque accalmie, fumaillant des cigarettes, tout en pratiquant le raccrochage oculaire avec un brio digne de louanges. Dès que l'histrion, debout près du piano, condescendait enfin au profitable silence, des jeunes hommes traversaient les rangées de chaises, venaient prendre la taille des prostituées, et d'une voix glorieuse faisaient renouveler les consommations. Le couple alors s'embrassait, les mains aux genoux, débattait le prix de la coucherie; puis l'étudiant gonflé de l'orgueil si légitime d'un pareil succès auprès des femmes, paonnait devant l'assistance, se promettant, sans doute, de s'exercer ferme, durant la nuit qui allait suivre, en la science difficile d'amour dont profiterait plus tard, dans la petite ville, l'épouse à forte dot.

Trois sièges restaient vacants près du piano et se trouvèrent dévolus à la Truphot et à ses compagnons. Un ténor vaguement gibbeux, debout sur la petite estrade, détaillait alors, d'une voix toulousaine, les émotions que faisait toujours naître en lui la vue d'une nommée *Juanita l'Andalouse*. L'auteur de la chose avait, de toute évidence, fait le possible pour ne pas laisser tomber en désuétude le romantisme que Victor Hugo avait prélevé sur l'Ibérie. Mais tout ce qu'on pouvait démêler de la romance permettait de croire que les sensations intenses, que le héros déclarait éprouver, paraissaient avoir leur siège non pas tant dans sa région cardiaque que dans ses rognons. Comme le chanteur avait longuement conjoui son public, il déserta, en saluant, après avoir été, sur l'injonction de l'introducteur des pîtres, gratifié d'un triple ban:

—Un ban, pour notre ami Ventajoux, une, deux, trois...

Le déchaînement des battoirs du public, une fois éteint, le bonisseur annonçait:

—Cette fois, nous allons entendre notre camarade, mademoiselle Botzy, la sage-femme du Vatican...

Une bordée de rires sanctionna l'esprit du régisseur, qui regagna son *demi* avec un sourire modeste d'homme supérieur pour qui les suffrages de la foule sont sans importance et, depuis longtemps, ne comptent plus.

Mademoiselle Botzy, une jeune personne strabite, coiffée en saule pleureur, au chanfrein de jument mélancolique, attaquait bravement l'air d'*Hérodiade*. Son organe, en se colletant avec les notes élevées, donna en moins de deux minutes à tout l'auditoire, la prescience de ce que peuvent être les derniers sons émis, là-bas, dans les Espagnes, par le malheureux qui subit le délicieux supplice du garrot. Cela ressemblait à des cris de vieille épicière qu'on étrangle, ou à des plaintes de belette en couches.

Longtemps elle persévéra, remerciant chaque fois après les bravos d'une inclinaison de tête, qui exagérait encore le vagabondage de ses mèches rousses en irréductible sédition.

Quand elle se fut résignée à l'exode, un pianiste, visiblement atteint de lumbago, se mit à molester le clavier de son instrument monocorde et lui extirpa des sons en belligérance vis-à-vis les uns des autres, que la plus conciliante harmonie s'était énergiquement refusée à bluter, et qu'il intitula pompeusement: *Marche hongroise*. Ce fut l'intermède.

La chaleur de la salle se faisait plus intense, la fumée des pipes, que quelques éphèbes s'étaient décidés à sortir pour affirmer la solidité de leur estomac, semblait décourager le labeur obstiné des becs Auer luttant désespérément contre la demi-ténèbre envahissante. Des filles, surexcitées par les chatouilles et l'abus des *fines*, s'invectivaient en sourdine. Une grande maigre, efflanquée, à faciès de carlin, en interpellait une autre, énorme, aux indénombrables mentons, et lui criait:—Va donc, hé! avec ton *miché* à dix-neuf sous! A quoi celle-ci répliquait:—Tais-toi, la môme sans ovaires! Oh! la, la, ta bouche, viande d'amphithéâtre! Le garçon réclamait l'argent des consommations.—Encore une demi-heure avant Modeste Glaviot, dit Médéric Boutorgne à la Truphot. Voulez-vous que nous sortions un peu? Mais celle-ci préféra rester; Ventajoux, le ténor toulousain, assis maintenant à côté d'une femme aux joues violettes et aux yeux éraillés malgré le maquillage, l'intéressait.

A la reprise, un jouvenceau, vêtu de velours gris côtelé, le thorax prisonnier d'un gilet à la Robespierre en soie rouge coruscante, copieusement bijouté, au linge festonné et douteux, dont la science spéciale devait être très appréciée des muqueuses des dames présentes, à en juger par le murmure flatteur qui l'accueillit, se tourna vers le pupitre, fourragea un instant dans les partitions, ce qui lui permit de croupionner devant l'auditoire, et, de ses lèvres, où adhéraient encore des brindilles de tabac, laissa fluer une chanson exagérément absconse.

Le triple ban auquel il avait droit, selon la coutume de la maison, ne s'était pas encore apaisé qu'il cédait la place à un autre aède, hirsute, d'allure plutôt paupérique celui-là, qui exhiba sans modestie une extériorité de photographe avignonnais ou de pédicure forain.

—Le fils naturel de l'archevêque de Paris et de l'Impératrice Eugénie, messieurs, proférait le Crozier de l'endroit.

Phon-Phlug, tel était le nom de guerre de ce fils des muses, que sa redingote vétuste, passée par l'usage à l'encaustique irradiant, devait faire prendre dans les asiles de nuit où il fréquentait pour un professeur de danse ou de polonais sans clientèle, et que la seule apparition du peigne, ou l'imminence d'une saponification quelconque auraient précipité sans doute dans les fuites les plus vertigineuses ou l'anévrisme sans rémission. Il odorait l'alcool, d'ailleurs, avec autant d'ingénuité qu'un chèvrefeuille ses plus suaves parfums. Et, tout de suite, il conquit son public avec deux chansons où l'acte de la défécation, ses prodromes et sa finale, était envisagé sous toutes ses formes et avait avantageusement pris la place de la copulation, de ses prémisses et de sa résultante, centres obligatoires autour desquels évoluait avant lui toute chanson contemporaine digne d'attendrissement, de vogue et de respect. Plusieurs fois il fut rappelé, au milieu d'un fol enthousiasme.

Avec Phon-Phlug on venait d'épuiser les numéros vulgaires, le lot des comparses. Maintenant le devant du piano appartenait à Abel Letriste. Ah! par exemple, pour raconter celui-là, pour évoquer ce grimacier sexagénaire, il y a pénurie d'adjectifs. Tout à coup, en effet, c'est sur le bas tréteau l'envol d'une redingote mesurée au kilomètre, une mimique de derviche-tourneur coiffé d'un décalitre à bords plats, dont les girations diffusent le vertigo dans l'entour immédiat. Une voix, montée de suite au fracas des trains express en collision, chante alors les joies bucoliques, met à jour l'âme du pastour languedocien rappelant ses bœufs dans la langue d'un Paul Dupont bruxellois! Ohé, mes bœufs! ohé, mes bœufs! et finalement affirme—allusion patriotique—«Qu'au bout du champ, le coq a chassé le corbeau!» Puis, de son larynx spasmodique surgit une haleine alliacée, qui ventile la salle et suffirait à elle seule à éteindre, d'un coup, tous les phares de la côte atlantique.

On escaladait présentement les paliers successifs de la Beauté.

Un petit homme châtain, Pierre Volet, à la voix fluette et à la coiffure fignolée, qui lui succéda, débagoulinait une vaseline sentimentale, une pommade à la rose suiffeuse et rancie dans laquelle paradait, de ci, de là, le cheveu errant du solécisme:

Vous êtes si jolie,
O mon bel ange blond,
Que ma lèvre ravie
En touchant votre front
Semble perdre la vie...i...i...i...ie...

Il flûtait la chose d'un timbre inspiré, graissé de fadeur niaise, la bouche arrondie en orifice de volaille et cela détraquait, saccageait la Truphot non moins que les femmes de l'endroit qui, en sortant de là, allaient évidemment, dans l'hiatus du sexe, devenir mégalomanes... *submittat asello*... comme dit le satirique.

Toute l'assistance reprenait la finale, les filles accrochées au cou des hommes, la veuve accolant de son genou la rotule de Boutorgne, cependant que Siemans acquérait la chanson des mains du bonisseur pour l'interpréter, le lendemain, sur l'ocarina. Et il fallut que Pierre Volet mirlitonnât encore trois inepties du même ordre, notamment: *Un poète m'a dit qu'il était une étoile*, pour que la salle consentît à le laisser s'expédier vers le fiacre qui devait le convoyer à Montmartre où il chantait à onze heures, car il était très couru. Enfin, avec Xavier Largentière, un athlète timide à la face rosissante de bon géant, qui vint chanter *Le Coucher de Soleil*, de beaux alexandrins, propulsés par le buccin en émoi d'une voix puissante faisant fracasser la mitraille des rimes, s'envolèrent, consolateurs de toute la bêtise précédente.

C'est le dernier éclat d'un somptueux génie....
C'est l'angoisse d'un dieu, que le trépas atteint.....

—Cinq minutes d'entr'acte et nous entendrons Modeste Glaviot, le célèbre auteur des *Merdiloques du déshérité*, cria le directeur de la scène.

On ouvrait les portes pour aérer un peu la salle et ne pas laisser détériorer les précieuses bronches de Modeste Glaviot par un air où, positivement, la puanteur devenait pondérable. Désormais Médéric Boutorgne était décidé; il coucherait avec la Truphot au premier soir. Ah! certes, ce n'était pas par débordement libidineux qu'il consentait à la chose; on ne pouvait pas espérer de la veuve des nuits dignes de l'antique Babylone, mais enfin, cela serait toujours plus rémunérateur que la littérature. Ainsi, il gagnerait loyalement la pension qu'elle lui avait fait entrevoir et qu'il ne pouvait plus espérer, puisqu'il avait raté Madame Honved. D'ailleurs, s'il parvenait à supplanter Siemans, sa situation serait assise pour toujours, car il irait jusqu'à épouser la veuve s'il le fallait. Alors, avant peu, grâce à l'argent qui permettrait de traiter somptueusement quelques confrères choisis ou de lancer un journal, il deviendrait lui aussi un auteur notoire et coté. La fortune seule rend possible la réclame, et la réclame bien entendu, c'est la gloire; le public étant trop bête pour, lorsqu'on lui répète sans lassitude qu'un écrivain a du talent, se rendre compte par lui-même du contraire. Abrutie par tous les *navets* qu'on lui a appris à respecter, hystériée chaque matin par une centaine de scribomanes, comment voulez-vous que la foule soit en possession d'un procédé d'analyse quelconque? Cucufort a du génie, Nétronchin est un nouveau Balzac, Pilivert est le premier styliste de l'heure actuelle, clament les tartiniers des journaux d'affaires, et l'imbécile qui pour rien au monde ne manquerait de faire débuter sa journée par la palpitante lecture du *Premier-Paris*, du *Bulletin politique* ou des *Faits-divers*, tombe immédiatement en syncope admirative lorsqu'il lui arrive d'accoster la signature de ces *prosifères* fameux.

—J'ai du talent, certes, mais quand bien même je n'en aurais pas plus que Monsieur de Montesquiou, rien ne peut m'empêcher de devenir glorieux et d'esbrouffer mon époque comme lui, si j'ai enfin de l'argent, se disait Médéric Boutorgne qui avait trop fréquenté le *Napolitain* pour ignorer que le retentissement d'un individu n'a rien à voir, dans la plupart des cas, avec la luminosité de son cerveau.

Il savait, d'ailleurs, que pour réussir très jeune dans la Littérature, trois choses sont nécessaires: posséder un *suit* de chez Masclet, un divan «profond comme un tombeau» et besogner ferme les femmes de cinquante ans. Il était en bonne voie: une partie de ces conditions était déjà acquise pour lui.

Un susurrement flatteur accueillit Modeste Glaviot à son entrée. Les femmes présentes, avachies sur leurs chaises, se redressèrent, abandonnant à peu près toutes la conversation désormais négligeable de leurs *michés*. Incontinent, elles minaudèrent, en des poses avantageuses, dans l'espoir d'être chacune remarquées par le pître sensationnel. La femme, en général, de quelque milieu qu'on la prélève, garde au plus profond de son viscère affectif le culte d'une Trinité sainte pour elle, l'impérissable inclination pour le *Soutanier*, le *Grimacier* et l'*Officier*. La seule haine qu'elle nourrisse de façon définitive, une haine capable de la porter aux pires excès est celle de l'Intelligence. Modeste Glaviot était donc au mieux avec ces dames. Et il leur adressa, avant de palabrer, un sourire circulaire et insistant, clignant de l'œil au profit de quelques-unes d'entre elles: ce dont celles-ci se montrèrent très fières et prirent prétexte pour mépriser, de l'attitude, celles qui n'avaient pas été pareillement favorisées.

Modeste Glaviot était grand, très grand, avec un teint de panari pas mûr et une tête élégiaque de Pranzini sans ouvrage. Les épaules étroites chutant en pente de toit, il se composait parfois, pour varier son personnage, un air abstrait et dolent de barde de mauvais lieu, un extérieur de satanique de petite ville, aux cheveux partagés d'une raie, à la viande émaciée, qui affole, à l'ordinaire, les sous-préfètes en ménopause, et précipite à la faillite les supérieures de maisons-chaudes qu'ont épargnées jusque-là les charmes transcendants des sous-officiers rengagés.

Ce sordide *grimacier* des plus basses farces atellanes avait vécu longtemps dans les milieux réfractaires, et, un beau jour, la tentation lui était venue de jaculer, lui aussi, une déjection nouvelle sur la face du Pauvre, du Grelottant et de l'Affamé, sur lequel il est de mode aujourd'hui, pour les pires requins, d'essuyer avec attendrissement les mucilages de leur nageoire caudale. La chose a été inventée, jadis, par Jean Richepin, qui chanta «les Gueux» et qui riche depuis, pourvu de tout ce que l'aise bourgeoise peut conférer d'abjection à l'artiste parvenu, fit condamner, il n'y a pas deux ans, un malheureux chemineau qui s'était hasardé à éprouver la sincérité du Maître en cambriolant son poulailler. Six mois de prison enseignèrent à ce pauvre diable qu'on peut chanter, en alexandrins monnayables, la liberté farouche, la flibuste pittoresque et les menues rapines *des outlaws* et trouver intolérables ces sortes de comportements lorsqu'il leur arrive d'attenter à une personnelle propriété acquise à force de génie. Il faut avoir, en effet, l'âme ingénue d'un trimardeur pour s'imaginer une seule minute que la largeur d'esprit d'un écrivain comme l'auteur *des Blasphèmes*, s'amusera de cette facétie et trouvera spirituel le chapardage, qui se conforme à un de ses hexamètres, et le prive indûment d'un couple de pintades. De Jean Richepin le «truc» passa à Bruant, qui le condimenta d'un piment adventice et s'en enrichit de même. Celui-là insultait, vilipendait les bourgeois, leur envoyant, pour ainsi dire, des coups de soulier dans les naseaux, à leur entrée dans son bouge; souillant leurs femelles d'épouvantables injures. Et les bourgeois béats en redemandaient, ne trouvant jamais les bocks assez chers ni l'injure assez excrémentielle. Ils avaient donc une personnalité quelconque puisqu'on se donnait la peine de les injurier! Jusque-là ils ne se croyaient pas en pouvoir d'attirer ou de détourner l'attention de qui que ce fût. Et voilà qu'on prenait la peine de les obsécrer individuellement. Avant l'histrion aux bottes de terrassier, ils n'étaient assurés que d'une chose: leur propre néant, et il se trouvait quelqu'un maintenant pour leur concéder la réalité de l'état humain. On m'abomine, on me couvre d'immondices; *donc je suis!* répétaient-ils orgueilleux et consolés. Les salons, les grands cercles se vidaient, les théâtres, les music-halls, les lupanars ne faisaient plus d'argent, le Tout Paris, reluisant et sensationnel, s'engouffrait, le soir, dans la salle du boulevard Rochechouart. Les hommes auraient donné jusqu'à leur dernier louis, les femmes auraient jeté leurs bijoux, pour être encore et toujours lubrifiés par ce jet cinglant d'ordures. Après cinq ou six ans d'exercice, après avoir chanté le souteneur et la fille, le purotin et la syphilis, le surin, le chancre et l'alcool, après avoir enfoncé de force jusqu'aux yeux la tête du bourgeois dans le jus du bubon social, le tenancier du beuglant s'était retiré dans la châtellenie qu'il avait acquise avec l'argent des satisfaits, venus chez lui pour se rouler dans l'odeur de sentine, dans le fumet de bagne ou de dépotoir, après lesquels soupirait leur âme nostalgique de gens comme il faut. Et, maintenant, il se vantait que pas un bourgeois n'était plus dur que lui pour les pauvres. L'année précédente, il avait fait condamner trente-deux paysans pour braconnage et, tel un seigneur de l'ancien régime ou un actuel baron juif, il venait de donner, à ses gardes-chasse, l'ordre de tirer impitoyablement sur ceux qui assassineraient ses lapins!

Parallèlement à celui-là, nous eûmes aussi Séverine, dite le Puits Artésien de l'attendrissement, le Geyser lacrymal, qui déversa dans le journalisme, pendant quinze ans, les fleurs blanches de ses paupières et submergea les gazettes de plus de liquide larmiteux que la catastrophe de Bouzey ne déversa d'ondes implacables sur un département tout entier. Séverine conjuguée par Poidebard, qui approvisionna les *gens de bien*, les salons pitoyables et le bazar de la Charité de phrases toutes faites sur le Pauvre. Séverine, boulangiste et théiste, qui, à détailler les affres du loqueteux nourricier, gagnait en un mois plus d'argent que Stendhal n'en gagna durant toute sa vie, et qui dégoûta du Socialisme encore plus que Truculor.

Modeste Glaviot avait pris la suite pour assurer la pérennité de la vogue et ne pas laisser choir dans le discrédit les *Chansonniers montmartrois*.

Chaque époque a eu son épilepsie de crétinisme ou son lot de catastrophes. Le moyen âge a eu l'an mil, la querelle des «Universaux», la peste noire et Jeanne d'Arc. Les temps modernes ont innové le mal que Ricord n'a pu réduire; ils ont eu les Jésuites, le Concile de Trente, Louis XIV et le Putanat légiférant de son successeur. L'Époque contemporaine se trouva embellie par l'égorgeur corse, le père Loriquet, le Romantisme, le Choléra morbus, Monsieur Thiers et le somnambule du 2 décembre. Le second Empire nous a conditionné Dupanloup et Gallifet, le Mexique et Morny, la Montijo, Cassagnac et 1870. La Troisième République vit prospérer Mac-Mahon, vaincu à Sedan mais vainqueur au Père-Lachaise; elle toléra Drumont, le Sâr Péladan et le Sacré-Cœur, fomenta la psychologie de Paul Bourget, le nationalisme et la cathédrale de Lourdes, mais ce qui appartient personnellement aux jours actuels et ravale à jamais ces successives horreurs, c'est, sans conteste possible, les cabarets montmartrois.

Cela, c'est, à proprement parler, les accidents tertiaires de la Sottise, les gommes syphilitiques dans les méninges de Paris, la nécrose dernière du cerveau national. La chanson du père Hugo *Castibelza, l'homme à la carabine*, le célèbre *Avez-vous vu dans Barcelone*, de Musset, Béranger et sa *Grand'Mère*, Thérésa et sa *Femme à barbe*, Amiati et ses flatulences patriotiques, Paulus, lui-même, pourléchant de sa langue d'histrion punais le farcin boulangiste, étaient endurables, à la rigueur, à côté des chansonniers dits de «la Butte». Ceux-ci donneraient immédiatement à l'homme le plus sociable et le plus placide l'irréfrénable envie de changer de planète et de se faire naturaliser, sur l'heure, citoyen de Mars ou de Saturne, encore que dans ce dernier sphéroïde, qui a sept satellites, le nombre des individus, des poètes qui chantent la lune doit être sept fois plus considérable qu'ici-bas et que la vie doit y être, par eux, rendue à peu près impossible.

Le long d'un kilomètre de boulevard, les façades de leurs cabarets brasillent dès la nuit tombée et s'occupent à raccrocher diligemment le crétin désœuvré. C'est là qu'on élabore le tégument d'imbécillité qui, comme une lèpre squameuse s'élance, sur Paris. Il y en a pour tous les goûts; il y en a qui besognent dans le sentimental ou l'élégie, comme Pierre Volet, Edmond Teulet, qui perpètrent *Son Amant, Vous êtes si jolie,* les *Stances à Manon,* fournissant ainsi aux faiseuses d'anges périphériques le meilleur de leur clientèle. Comment voulez-vous, en effet, que résiste un pauvre *modillon* ou une *petite main* ravagés au sortir de l'atelier par de telles harmonies? Un grand nombre d'entre eux se monopolisent dans l'esprit, à l'instar de Rivarol, et réhabilitent sans le savoir les macaques ou les cynécophales qui ne toléreraient pas une minute l'existence parmi eux d'individus d'aussi outrageante bêtise que par Monsieur Fursy par exemple. D'aucuns sont philosophiques à l'égal de Sully-Prudhomme dont la pensée prédomine, comme on sait, sur celle de Jamblique ou de Spinoza, et beaucoup découvrent la nature à l'imitation de Lucrèce ou de Monsieur de Bouhélier. Mais la totalité est patriote, antisémite et ultra-réactionnaire, vous le pensez bien. Le meilleur de leur profit consistant à pratiquer, moyennant rémunération, le fouissage des épouses délaissées ou des catins ayant du vague à l'âme, à force *de manger du blanc,* comme dit le peuple, ils sont devenus royalistes. Quand un vieillard bénévole a été abusé par les voyous de l'Œillet blanc, dont la mentalité et l'éducation seraient répudiées comme inférieures par les aborigènes de l'Oubanghi; quand le chef de l'État est tombé dans le traquenard à lui tendu par l'armorial qui, depuis que la Nation refuse de l'entretenir, ne vit plus que de baccara, de maquignonnage et de la prostitution de ses femmes ou de ses concubines, cela leur fournit un thème de plaisanteries que rien ne peut exterminer et que les vieux repasseront aux jeunes, sans découragement. Tant qu'on n'interdira pas à ces drôles de se servir des vocables français qu'ils transforment en un inénarrable brabançon, ils blagueront le nez des juifs, le chapeau de Monsieur Loubet, ou le chef hispide de Monsieur Pelletan sans jamais pouvoir trouver autre chose.

De même que vous ne pouvez pas vous arrêter en Bretagne devant un éventaire de papetier sans mettre le nez sur un excrément versifié de Théodore Botrel, ce Cadoudal de la syntaxe en insurrection, qui lance contre la République les bataillons épais de ses barbarismes, il est impossible, à Paris, d'empêcher la contamination de vos oreilles par leurs insanités. Pourquoi n'édicte-t-on pas une loi spéciale, un règlement prophylactique? Oui, pourquoi ne ferait-on pas un délit du continuel *attentat à la mentalité publique?* Quiconque exhibe sa fesse sur le boulevard, et contrevient ainsi à la pudeur évidemment liliale et à la morale indéfectible de ses semblables, risque six mois de prison. Ces individus sont-ils donc moins coupables lorsqu'ils nous font voir, d'un bout de l'année à l'autre, les parties honteuses de leur entendement? En les tolérant avec une pareille bénignité, on forcera chaque citoyen, soucieux de propreté et d'antisepsie, à ne plus sortir qu'en traînant derrière soi un canon Maxim du dernier modèle, capable d'exterminer enfin cette engeance exécrable. Quelques-uns déjà, certes, se sont vus acculés à des extrémités pareilles. Et si Monsieur Cochefert, ex-chef de la Sûreté, avait eu pour un décime seulement de perspicacité, il n'aurait pas fait buisson creux dans l'affaire de l'homme coupé en morceaux, il y a deux ans: le cadavre intercis ne pouvant être, en effet, que celui d'un chansonnier montmartrois, qu'un malheureux, poussé à bout et plein d'une juste rage, s'était trouvé dans la nécessité de découper en rognures vengeresses, à peine plus grosses que des jonchets ou des «pommes paille».

Modeste Glaviot s'était fait ce soir-là une tête adéquate à son boniment, une tête de Christ blennorrhagique. Et la suppuration de la pièce majeure des *Merdiloques du Déshérité* fut en tous points louangeable. Cela sortit sans effort, fut évacué d'une voix pâle qui laissait écouler, comme une cholérine opiniâtre, les filaments séreux des octomètres réfractaires à toute prosodie.

M.... v'là l'hiver, j'ai plus d'ribouis
Nib de phalzar, mes arpions fument
Sous la pluie. L'naz piss du cambouis
M... j'suis à jeun d'puis la Commune.

Pendant deux cents vers, cela continuait ainsi, praliné à chaque seconde par le mot de Cambronne. M. Huysmans reprochait jadis à Virgile de heurter à chaque hexamètre un dactyle contre un spondée; avec Modeste Glaviot, cet inconvénient de la métrique latine n'était point à redouter. A la chute du vers, l'*ultime soupir* du dernier carré venait conjoindre le mot d'Ubu qui ouvrait le vers précédent. Car si Modeste Glaviot était un imparfait latiniste, il était, en revanche, un remarquable *latriniste*. Au siècle précédent, sa langue eût été capable de faire accourir tous les porte-cotons inoccupés de l'ancienne monarchie, désireux de ne pas perdre leur savoir-faire. Et après l'avoir ouï seulement trois minutes, un geste s'imposait: la main cherchait machinalement la ficelle du tout à l'égout, pour déterminer le déclanchement de la chasse d'eau. A force de prononcer le mot infâme sa bouche, d'ailleurs, en avait pris des hémorrhoïdes.

Lui aussi disait son fait à la Société, travaillait pour la Révolution sainte. Il déversait tout cela sur le Pauvre qu'il enfouissait vivant dans cette poudrette verbale. Après avoir subi les affres de la faim qui, comme un épieu rougi, perfore les entrailles; après avoir enduré, depuis l'origine du monde, le gel qui, pareil à un bistouri, fouille les muscles ou rugine les os par les nuits des interminables hivers; après avoir cru à la pitié des Riches, au dévouement et à la sincérité des bateleurs ou des charlatans qui s'offraient pour le sauver, après avoir toléré la Charité, ce louche anesthésique de la Misère grâce à quoi, à travers les âges, on a pu pratiquer sur lui les plus douloureuses opérations sociales, le Pauvre devait endurer encore les lamentations de Modeste Glaviot.

Avec lui ce n'était plus l'argot corrosif de Bruant, la *trouvaille* qui fige les moelles, la goutte de stupeur et d'effroi qui tombe, avec le terme, sur les nerfs de l'auditoire; non, c'était je ne sais quelle excrémentation, quel flux anal de glaires, de brais argotiques, un dévoiement de langue liquoreuse, qui n'arrivait point à se solidifier autour du noyau de cerise que formait le mot de Waterloo, revenant inexorablement pour ponctuer la chose. Le vocable éclatait, crevait infâme dans la stéarine aqueuse de cette forme, comme ces bulles de gaz qui viennent crever au ventre ballonné des chiens roulés par le fleuve, durant les nuits d'été. Et ce banquiste prétendait chanter la Misère humaine! Ce queue-rouge s'emparait du Famineux, de l'éternel spolié qui s'en va hurlant sa détresse et dont les râles d'agonie ont pour mission, ici-bas, de porter à son apogée la jouissance de l'assouvi, et il le rendait paterne et bafouilleux; puis à grands coups de poing sur les côtes squelettiques, il soutirait, pour ensuite les prolonger dans son public de filles, de bourgeois amorphes et d'imbéciles diplômés, les sonorités effroyables. Le thorax résonnant et vide de ceux qui meurent d'inanition, où les viscères affamés *se sont dévorés eux-mêmes*, servait à ce bobèche vaseux de tympanon et de grosse caisse—si on peut ainsi parler. Toute sa clientèle en digestion riait, s'ébrouait d'aise. Personne ne se levait, ne se précipitait paroxyste et déchaîné devant l'effroyable blasphème, pour faire justice du grimacier soufflant la malepeste de son âme au visage du Pauvre qui, quoi qu'on fasse «sera roi un jour», comme dit le Poète, après avoir lubrifié ce monde souillé sous les incendies forcenés d'une Jacquerie vengeresse qui, au passage, arracheront des bravos aux planètes moins infâmes que la nôtre—si toutefois il en existe.

Naturellement, tous les trois vers, il évoquait Jésus, le fadasse bateleur dont les niaises dissertations, les blandices sentimentales et la morale de petit homme aimé des femmes ont pour toujours rivé les chaînes des malheureux. Et Jacques Paraclet n'avait pu résister récemment à l'envie de lui décerner le titre de *dernier poète catholique*. Cette sympathie se conçoit: après lui n'était-ce pas l'homme qui, le plus souvent, avait écrit le mot devant lequel se cabrent les typographes?

—Comme il a du talent, et puis quel bel homme! exclamait la Truphot admirative.

—C'est presque du génie, surenchérissait Boutorgne qui, bifurquant de suite, s'empressa d'ajouter, dans sa hâte de réussir: n'est-ce pas, dites, ce sera pour ce soir? Et, d'un air entendu, il clignait la paupière après s'être saisi des mains de la veuve, pendant que celle-ci, acquiesçante, lui tapotait les joues, d'une petite claque amicale, en disant:

—Non, mais voyez-vous, le petit polisson!

Siemans faisait semblant de ne rien entendre, ayant pour principe de ne jamais s'opposer aux frasques de la vieille qui devaient, pensait-il, hâter d'autant sa désagrégation finale. Il ne craignait nullement qu'elle lui échappât, rivée qu'elle était à lui par plusieurs années de coucheries et de sales juxtapositions d'épiderme. Il avait conservé, rue Pigalle, une petite chambre de 300 francs dont la Truphot payait le loyer, où il allait dormir quand elle s'offrait un extra. Toujours, il trouvait à point un prétexte pour se faire disparaître avec décence. Il est vrai que le lendemain il extorquait un ou deux louis en surplus de ses émoluments ordinaires: ce qui lui permettait, en ces sortes de circonstances, de *lever* une femme au *Rat mort* et de se décrasser un peu du contact de la vieille. Déjà, il était debout:

—Ah! fichtre, il est onze heures et demie, et mon oncle de Schaerbeck qui arrive par le train de minuit cinq. Vous savez bien le télégramme reçu ce matin; je ne veux pas vous traîner avec moi à la gare du Nord; je file. Modeste Glaviot vous reconduira. Et il se mobilisa lourdement sur le dehors après avoir serré la main de l'histrion qui attaquait alors son deuxième *merdiloque*.

Maintenant, Modeste Glaviot goûtait l'ovation triomphale, et affalé sur une chaise, devant la Truphot, il s'épongeait, exténué, paraissant succomber sous le poids fatal du génie.

—Trois soliloques, chaque soir, cela me tue; désormais, je n'en dirai plus que deux.

—Cher ami, vous avez été admirable, confondant, disait la veuve qui s'était emparée d'une de ses paumes.

—Vous êtes dantesque; bien que je sache par cœur tous vos *soliloques*, bien que je possède à fond votre merveilleux hymnaire, chaque fois que je vous entends, cela me plonge dans un véritable spasme intellectuel, bafouillait Médéric Boutorgne, redressé et sentencieux.

—Je vous quitte une minute... une seule minute, disait le bouffon, sans même remercier des boniments laudatifs.

Et il alla se placer près de la porte, côte à côte avec le bonisseur, car le piano attaquait la marche finale et le public sortait. Lorsqu'une fille venait à passer près de lui, convoyée par son *miché*, il lui serrait la main, en l'interpellant de son prénom. Il les connaissait toutes. Souvent, il lui fallut se pencher, appréhendé lui-même, à la manche, par l'une d'entre elles. Il devait prendre des rendez-vous, car il répondait:

—Non, pas demain, Fernande, je suis pris, je dis des vers en famille chez Claretie.

—La semaine prochaine, c'est entendu, Rachel, je t'écrirai...

—Eh! bien, Sarah, tu as plaqué ton Brésilien. On te trouve toujours entre quatre et sept, pas?

—Tu peux compter sur moi, pour mardi, ma biche; non, pas mardi, mercredi, ce jour-là je dîne chez Léon Bloy, je t'ai dédié une pièce, tu sais...

Il paraissait positivement ne rien ignorer de leur privé, ni de leurs amants. Et il griffonnait des notes, fiévreusement, sur un calepin, se défiant sans doute de sa mémoire. Mais, tout à coup, il secoua rudement une grande blonde qui le tenait par un bouton de sa redingote:

—La barbe!... laisse-moi, Angèle, finies les amours avec toi, tu sais... depuis le permanganate...

Puis il donna un coup de coude dans les flancs du nomenclateur.

—Celle-là, comment s'appelle-t-elle? questionna-t-il, en désignant une belle fille, peu détériorée encore, aux cheveux de sombre acajou, aux bandeaux crespelés, dont le lustre vestimentaire et les joyaux de mauvais goût affirmaient la surabondance de clientèle, qui arrivait à sa hauteur au bras d'un élève du Val-de-Grâce.

—Ah! mon vieux, c'est une nouvelle, je ne la connais pas.

—Fais-la suivre par le garçon; il me faut son adresse demain... quarante sous pour Charles s'il m'indique son hôtel...

Alors, satisfait, ayant ainsi rempli avec minutie les différentes charges de sa profession, il revint prendre la Truphot et Médéric Boutorgne, tout en nouant autour de son cou un foulard de soie noire destiné à préserver son inestimable larynx contre la fraîcheur sournoise de la nuit. On sortit et, dans le fiacre qui les véhiculait tous trois, Boutorgne surexcité par la pensée que cette soirée allait enfin marquer pour lui le premier effort, le premier raid vers la fortune, puisqu'il allait œuvrer sur la Truphot, Boutorgne commentait infatigablement le talent du *grimacier* qui, trop loin du commun, insensible à ces basses louanges, remerciait à peine d'un léger signe de tête. La veuve, assise aux côtés de Glaviot, lui parlait à l'oreille et tous deux riaient de temps en temps, sur un mode discret, pendant que le gendelettre disert, accroché au strapontin, maintenait, avec difficulté, à chaque cahot de la voiture, l'équilibre de son discours et de son individu.

Dix minutes plus tard, le pître et Madame Truphot cynique s'engouffraient de compagnie dans l'appartement de la rue d'Assas, après avoir refermé la porte au nez de Médéric Boutorgne, non sans l'avoir gratifié, au préalable, de deux vigoureuses poignées de main et d'effusions congédiales.

—Au revoir, cher, et à demain. Merci encore de nous avoir accompagnés; avez-vous des allumettes pour redescendre?

Et resté coi, sa poitrine de poulet menaçant d'éclater dans une hypertrophie de stupéfaction, Boutorgne adhérait au paillasson sans même pouvoir exprimer sa juste indignation en termes littéraires.

—Ah! mince! Ah! mince!... répétait-il, sans se lasser, incapable de trouver autre chose.

IV

Si le duel dure encore de nos jours, c'est qu'il est en somme le seul moyen, pour la Société, de restituer l'honneur aux flibustiers, escrocs, parjures, faussaires, entretenus, proxénètes qui font son plus bel ornement.

Huit jours après, exactement, La Truphot se donna à Médéric Boutorgne. Il avait bien pensé au lendemain de l'avanie et de l'affront qui lui avait été fait, à déserter pour toujours le petit cénacle et sa tenancière, mais il fallait vivre, songer enfin à se faire une situation, et il n'avait pas les moyens, lui, le raté, d'avoir de la rancune. La rancœur qui se traduit par des actes de vengeance, c'était bon pour les arrivés. Du reste il serait toujours temps, plus tard, de faire payer cher à la veuve, lorsqu'il l'aurait épousée, lorsqu'elle serait bien à lui et à lui seul, la bile noire, l'amertume qu'avait extravasées en lui ce comportement. Et puis, il n'en était pas à ses premières rebuffades; il n'avait même connu que cela dans la vie, le pauvre! On verrait, quand il serait riche à son tour, le genre humain paierait cela, sûrement. Mais quand elle lui eût avoué enfin son amour, cette révélation heureuse lui coula une douce chaleur dans les moëlles. Il lui parut que son âme s'irradiait, s'illuminait *a giorno*. Positivement, il avait des girandoles de lumière à l'intérieur de son individu.

Pour le quart d'heure, il s'ébrouait sur le trottoir, l'estomac soulevé comme par un virulent ipéca, aux souvenirs de la nuit. Ah! ce n'avait pas été drôle, mimer tous les gestes du plus fol amour, de la plus déréglée passion, sur cette carcasse vétuste. Besogner cette larve; gigoter profitablement sur cette lémure, sans laisser percer une ombre de répulsion qui pouvait le perdre à jamais; embrasser frénétiquement ces lèvres qui semblaient s'écraser sous les siennes comme la peau d'une vieille nèfle juteuse; se sentir à chaque étreinte la face balayée des mèches grises poissées par l'effort et la sueur d'un ahan sénile, non, il y avait de quoi donner la nausée à un fossoyeur habitué à triturer des cadavres. Certes, les deux vers de Juvénal s'imposaient. *Servus erit minus ille miser, qui foderit agrum...* etc... Et, voilà pourtant où l'avait acheminé la littérature! Pourquoi n'avait-il pas embrassé la profession de son père? oui, pourquoi ne s'était-il pas fait rond-de-cuir lui aussi? Il aurait stagné quelques heures par jour dans un croupissoir quelconque, et moyennant cela, libre, vers cinq heures exempt de tout souci, il aurait pu faire des femmes dans le Luxembourg, des femmes qui ne lui auraient pas, au milieu de la danse de Saint-Guy passionnelle, soufflé au visage, à travers la carie de leur dernière molaire, une haleine caséeuse de vieille érotomane, une senteur d'évier ou de mollusque corrompu.

Mais peut-être s'accoutumerait-il à cela, puisqu'on s'accoutume à tout. La Nature, une bonne mère, qui a créé les hommes pour un tas de sales besognes, n'a-t-elle pas décrété l'annihilation lente mais certaine du primordial dégoût qu'éprouvent ses créatures pour différentes choses. A l'aide du temps, elle modifie l'opinion première et défavorable; l'accoutumance se fait progressivement, et les êtres accomplissent alors presque sans répugnance ce qu'elle leur avait ordonné de faire et devant quoi ils s'étaient préalablement cabrés. On *s'habitue à tout* est un cliché révéré par la Civilisation. La Nature, qui a prévu l'universalité des cas, se serait trouvée prise en défaut, risquant par surcroît de voir s'écrouler son œuvre entière si elle n'avait pris soin d'effacer, peu à peu, dans le cœur des hommes, la répulsion spontanée pour une multitude de faits, et si elle ne les avait acheminés, par une progression savante, à la tolérance et même à l'amour final du caca. Sans cela est-ce qu'on pourrait mentir, flibuster son semblable, faire l'amour et se reproduire, accomplir en un mot les saletés qui constituent la vie et que réprouve le cœur ou l'intelligence. Je m'y ferai, tout naturellement; l'initiation seule, sans doute, sera douloureuse, songea Médéric Boutorgne. D'ailleurs la fois prochaine, puisque la vieille ne déteste pas licher, je me collerai un peu d'alcool dans la peau, et alors j'imposerai à mon imagination—car tout est affaire d'imagination—de me faire travailler, non plus sur la Truphot, mais sur Cléopâtre ou Aspasie. Pourquoi n'achèterai-je pas une photographie de Cléo de Mérode? poursuivit-il; je la placerai subrepticement au chevet du lit, au-dessus de l'oreiller, pendant les minutes néfastes, et comme cela l'illusion sera parfaite. Il n'y aura qu'à s'abstraire, en pensée, ce qui n'est pas très difficile, en somme.

Puis, comme quelques louis qu'il avait soutirés à la veuve, en avancement d'honoraires, tintinnabulaient au fond de ses grègues, il décida de s'offrir une journée pleine de délices. Il irait d'abord au bain, pour propulser en dehors de son épiderme le ferment tenace et malodorant que la plastique de la Truphot y avait implanté, après il irait déjeuner dans un restaurant de journalistes, près du boulevard, et ne mettrait pas moins de dix francs à son repas pour sidérer ses confrères en déroute devant un tel luxe. Ensuite, l'après-midi, il se rendrait à Longchamps, placer un louis, à cheval, sur *Bajazet* dans le handicap final: un désir tenace qu'il avait depuis longtemps, et à six heures, au *Napolitain*, il combattrait, plein d'audace et à voix assurée cette fois, les idées de M. Lajeunesse qui abusait un peu trop de la tribune aux harangues. Oui, le jaspin de M. Lajeunesse commençait à l'horripiler. Et il était d'accord en cela avec presque toute la ménagerie à gens de lettres. S'expliquait-on un pareil succès avec une prose catarrheuse de jeune homme poussif? une phrase qui toussait, crachait, hoquetait, ahannait, hachée d'incidentes se traînant dans la phrase comme des culs-de-patte, une prose où quinze épithètes étaient nécessaires pour formuler le trait balourd.

Il réalisa exactement ce programme, mais il fut tapé de cent sous, à l'issue du déjeuner; Bajazet se trouva battu outrageusement et le soir, au *Napolitain*, M. Lajeunesse, outré de sa controverse et mal embouché, comme à l'ordinaire, le traita de fœtus de singe et de bâtard d'hamadryas, ce qui fit rire la docte assemblée aux dépens de Boutorgne qui, comme toujours, n'arriva point à la réplique.

Sur les huit heures, il se décida mélancoliquement à rejoindre, pour dîner, un restaurant à trente-deux sous de la rue Montmartre, où le patron, un homme de plus de soixante-dix ans, affirmait que Wagner, le grand Wagner, avait dîné sous l'Empire, dans les heures noires qui précédèrent l'appareillage pour la fortune et la gloire. Même on y montrait sa table. Il frôla sur le trottoir un vieillard sans doute affamé, vêtu d'innomables haillons, aux gestes tremblotants de quasi-paralytique, dont les paupières sanguinolentes semblaient avoir été rongées par des myriades de mouches ou par un demi-siècle de larmes, qui vendait un illustré, exclamant par à coups d'une voix cassée et suppliante:

—Demandez la *Vie en rose!*... la *Vie en rose!*...

Comme Médéric retraversait le boulevard, deux bras énormes, surgis d'un fiacre, les bras de Siemans, s'agitèrent à sa vue en geste de télégraphe Chappe, pendant qu'une voix aiguë de castrat le hêlait itérativement.

—Cher, très cher, vous tombez bien, lui dit le comte de Fourcamadan, assis en face de l'amant en titre de la Truphot. Comme cela se trouve! nous courions justement après vous. Et le descendant des croisés expliqua: Voilà, on avait besoin de lui, parce que, Molaert, un Belge et un ami commun se battait en duel. Ce Molaert, qui se réclamait d'un hellénisme transcendantal, qui parlait le cophte et le sanscrit, par surcroît, disait-il, était venu à Paris, il n'y avait pas un an dans l'intention de prêter ses lumières à la renaissance triomphale du catholicisme, pour laquelle pendant vingt ans avait lutté Jacques Paraclet. Il avait même vécu quelques mois, hébergé par ce dernier avec sa femme grosse et son enfant, conquérant le pamphlétaire par la glorification opiniâtre de son génie. Mais Jacques Paraclet, envahi par la famine, et finalement blasé par ces louanges à domicile qui ne rayonnaient pas profitablement sur le dehors, avait dû le mettre à la porte, à la suite d'un colletage digne de portefaix, sans avoir même pu vérifier au préalable si l'helléniste, pour qui la langue d'Aristophane n'avait plus de secrets, était seulement au courant de la prononciation du thêta. Molaert sur le pavé s'était intelligemment débrouillé. La largeur de ses épaules qui ravalaient celles de Siemans et le tonnage invraisemblable de ses flancs avaient réduit à merci, en peu de minutes, la Gougnol, directrice à Montmartre d'une boîte dénommée le *Théâtre Fontaine*. L'épouse engrossée, ainsi que l'enfant âgé de deux ans, avaient été diligemment jetés sur le pavé par le Belge, qui s'était hâté de prendre possession de la vieille cabote et de trôner dans un intérieur où il était loisible de boire du bordeaux fameux, de manger des entrecôtes larges comme le Champ de Mars, et de répudier toute fonction autre que celle du maquerellat.

Ce catholique, qui à quelqu'un lui faisant observer que procréer, à reins que veux-tu, des enfants voués d'avance, par son absence de tout pécule et son horreur du travail, à une existence d'esclaves ou de deshérités, n'était ni humain, ni charitable, ni même paternel, répondit un jour:—Le christianisme! Mossieur, ordonne d'engendrer; ce christilâtre qui déclarait d'autre part que s'il avait écrit *la prière sur l'Acropole*, il n'aurait plus d'autre ressource ni d'autre expiation que le suicide ou se faire chartreux, vécut donc chez la Gougnol des jours consolateurs de toutes les disettes et de tous les déboires passés. Malheureusement l'amant sérieux qui entretenait encore la catin quadragénaire finit par trouver la chose sans agrément. Il coupa les subsides, renversant la huche. Et c'est pourquoi—le théâtre ayant fait faillite—Molaert présentement lui envoyait des témoins, afin de le sommer d'avoir à servir à nouveau la mensualité nourricière ou à trembler devant son épée.

L'Exégète belge n'avait pas cru pouvoir mieux choisir qu'en désignant comme témoins, Siemans, un compatriote, et le noble comte dont le nom jetterait sur cette affaire un lustre indéniable.

—L'adversaire de Molaert est un lâche, disait Fourcamadan; le voilà qui se dérobe piteusement. Il excipe que notre client n'est plus qualifié pour faire tenir un cartel à qui que ce soit. Alors, mon cher, nous allons porter la chose devant un jury d'honneur. Et nous vous avons choisi comme arbitre.

Enchanté de la chose, Médéric Boutorgne, faisait néanmoins le dégoûté.—Oh! vous savez, moi, je ne suis pas très calé sur Châteauvillard.— Il ne s'agit pas de cela, mon vieux, intervenait Siemans qui défendait la corporation, si le bonhomme de Madame Gougnol, ne marche pas, Molaert va lui casser la g..... et il sera dans son droit. Donc, rendez-vous, demain six heures avec son arbitre, au café Napolitain, la table à gauche de celle de Mendès...

Le lendemain, l'amant sérieux n'ayant dépêché aucun juge d'honneur et s'étant contenté d'adresser, sur les huit heures, au comte de Fourcamadan, un bleu que le garçon apporta et dans lequel il disait que toute constitution de témoins ou de tribunal, pour une rencontre avec Molaert lui semblait superflue, «puisque la pêche étant fermée, il ne pouvait choisir la ligne de fond et que, retenu par des affaires pressantes, il redoutait d'arriver en retard et d'être obligé ainsi de se passer son épée au travers du corps, comme Vatel pour avoir manqué *la marée*», la société se mit en devoir de rédiger, de suite, un procès-verbal de carence. Après avoir pris l'avis de notables escrimeurs présents, après avoir requis les lumières de deux ou trois fleurets célèbres du Cercle de l'Escrime ou de la salle Tabadil, la conduite de celui qui se refusait à affréter désormais l'helléniste et sa maîtresse sur le retour fut définie comme il convenait, avec des adjectifs sans bienséance et de flagellantes épithètes. Puis Siemans et Fourcamadan portèrent la chose aux journaux avec des «prière d'insérer» contresignées par quelques-uns de leurs amis des rédactions.

Est-il utile de spécifier qu'une bonne moitié des affaires d'honneur du boulevard ont pour motif des conflits d'ordre similaire?

V

Les infusoires du croupissement...

Trois jours après, Médéric Bourtogne trouva dans son maigre courrier une lettre de la Truphot le conviant à venir dîner à Suresnes, dans la villa où elle passait une partie du printemps et qu'elle avait rejointe depuis l'avant-veille. Venu par la gare du haut, le gendelettre devait se rabattre à droite pour gagner la maison de campagne sise à une portée de fusil de la Seine roulant le chocolat irréductible de ses eaux entre les frangées de peupliers du bois et le chemin de halage strié géométriquement, les soirs dominicaux, par les corps des pochards endormis dont le sort venait de favoriser les entreprises sur le turf voisin. Après avoir doublé la place de l'église et dépassé la vieille carcasse de chapelle encore debout au milieu d'un éboulis tenace de moëllons compissés, qui semble avoir été malmenée avec tout ce qui l'entourait par le sac implacable d'une horde victorieuse acharnée à ne laisser après elle que des décombres et des excréments, Boutorgne pénétra dans le vieux Suresnes. Il se trouva soudain prisonnier d'un extraordinaire écheveau de ruelles tortueuses et puantes qui dispersaient une pestilence de souterrain mal famé, venelles serpentines bordées de maisons dont les murailles découragées, enduites de la saumure des fumées d'usines et des urines tenaces, se trouvaient écorcées d'affiches bariolées, de couleurs à faire éclater la rétine, de placards commerciaux clamant la gloire des amers, des apéritifs les plus saugrenus, des poudrettes les mieux péremptoires et des bicyclettes à tout jamais hémiphlégiques. D'invraisemblables négoces s'abritaient en ces endroits. En nombre incalculable, des marchands de vin, aux vitres boueuses, au sol de terre battue constellé de crachats, dispensaient les litharges, les furfurols et les trois-six aussi redoutables que le venin du trigonocéphale ou les prussiates sans appel. Des pâtisseries sanieuses élaboraient des tartes aux mouches, des flans à la stéarine, des chaussons aux pommes fourrés d'une gélatine couleur de beurre d'oreille, des éclairs au cambouis et des babas spongieux dont les gamins rôdeurs, aux morves verdâtres, arrêtés un instant devant la boutique, suçaient le simili-rhum, insidieusement. Plus loin, des charcuteries s'ouvraient en contre-bas de la chaussée, la devanture vert-sombre embellie par des chapelets de boudins artificiels en bois noir durci, pareils à des poids de coucous, et d'innomables viandes, de terrifiantes salaisons suppuraient sur des papiers de dentelle bleuâtre, autour de terrines de foie gras fabriquées sans doute avec les viscères des chiens crevés roulés par la Seine voisine; le tout circonscrit par une profusion de rillettes dont les pellicules de graisse se recouvraient sous l'atteinte du soleil d'un eczéma rosissant. Des triperies défilaient avec toute leur affreuse boyauderie appendue aux crocs de fer de l'étal où le cœur, le foie, le mou des bestiaux scrofuleux laissaient suinter en filaments jaunâtres le suif déliquescent des viandes séreuses. Des papeteries venaient ensuite rayonnant sur le dehors, par la porte entr'ouverte, la tiédeur ammoniacale de l'urine de chat, et dans lesquelles de vieilles dames en bigoudis et en lunettes régnaient sur des parallélipipèdes de pains à cacheter, des feuilles de soldats coloriés ou sur les volumes visqueux des œuvres de Dumas père, tout en sortant de-ci, de-là, sur la devanture, pour fixer à nouveau, sous l'épingle de bois, le dernier numéro du *Petit Scélérat* illustré ou de la *Lune du dimanche* représentant, pour l'éducation artistique des masses, «Tolstoï excommunié par le Saint-Synode» ou bien «le Roi de Portugal au tir aux pigeons»: un colosse en redingote, frisé et abêti, non moins qu'adipeux, armé d'un fusil devant des dames en toilette rouge, qui semblaient issues d'un prospectus de la Samaritaine. Et puis, c'était encore des laboratoires de gaufres faites avec de la sciure de bois, travaillées par de redoutables géants au torse velu, aux bras retroussés, au capillaire erratique, des athlètes à la carrure de titans, qu'on se fût représentés volontiers occupés à forger, sur l'enclume de Vulcain, les sagettes cyclopéennes et qui *pudlaient* une pâte déroutante avec des gestes mous, pendant que la sueur dégoulinante de leur front accablé, en tombant sur le fer noirâtre du moule emmanché de longues tiges, rejaillissait en petites bulles tôt vaporisées.

Deux ou trois marchands de frites maniaient la boîte à sel au-dessus de leur cuvette de fer blanc, où chantait une graisse évidemment prélevée—à en juger par sa mofette—sur les laissés-pour-compte d'équarrisseurs. Et pendant des kilomètres, sur le pignon des maisons défaillantes, le *Petit Scélérat*, 6 pages, affirmait qu'il imbécillisait par jour une moyenne de cinq millions d'individus, Dufayel qu'il détenait la plus grande maison de publicité connue, qu'on trouvait chez lui cent mille mobiliers garantis sans punaises, durables huit jours, et absolument pour rien, et les moteurs... de Masboul-Mâchefesse—pour motocyclettes et quadricycles—qu'ils étaient les premiers du monde.

Arrêté devant un index surmontant une inscription drôle: *Allez tous chez Jolicœur, marchand pêcheur, rue du Puits-d'Amour,* Boutorgne fut subitement refoulé en arrière. Des théories compactes de gens arrivaient comme un raz-de-marée, menaient l'assaut de l'etroite chaussée, envahissaient la rue et s'essaimaient aux étalages pour y prélever sans doute le réconfort de leur estomac conciliant. On eût dit d'une invasion subite d'individus que la faim ou la soif a rendus forcenés. Immédiatement, les marchands parurent sur le pas des portes, jaillirent des antres obscurs, et se mirent, avec force sourires, à faire la retape pour leurs affreuses spécialités. Déjà des groupes chahuteurs d'ouvriers parisiens endimanchés gouaillaient devant eux.

La sortie des courses de Longchamps commençait et Médéric Boutorgne, dans la rue principale, tenaillé par l'envie de s'offrir l'apéritif avant les agapes de la Truphot, stationna amusé de cette foule suscitée comme par miracle. Le pont était noir, le bois par toutes ses allées vomissait des multitudes en marche; les ombrelles claires, les toilettes polychromes des femmes, les dos sombres des hommes roulaient sous la poussière dense, les cris d'appel, la galopade des voitures déferlant comme une déroute, les cornes beuglantes des autos laissant derrière eux un sillage empesté. Et subitement les trois cents mètres de chaises des limonadiers voisins du pont furent emportés d'assaut parmi un hourvari prolongé. Chaque dimanche d'été et même souvent le jeudi, la petite localité suburbaine voyait ainsi la foule agitée des parieurs s'abattre, lasse d'émotions, à la terrasse de ses cafés. C'était toutes les fois une cohue trouble, composée de tout ce que la Bourgeoisie ou le peuple comptent d'éléments divers et préalablement abrutis qui, sur la pelouse, quatre heures durant, avait répondu par de longues clameurs et des palpitations prolongées aux successifs affichages du Mutuel. Ouvriers, employés, petits bourgeois, rôdeurs, guenilleux inscrits à l'assistance publique à en juger par la navrance de leurs vêtures, composaient la clientèle ordinaire du Totalisateur, ce nouveau minotaure des menues épargnes, qui n'a pas son pareil pour abolir définitivement l'encéphale déjà fugace des petites gens du bas négoce parisien.

Toutes les variétés de faces humaines et toutes les tares civilisées étaient représentées là. Des figures crétinisées par la persistance de l'idée fixe, des mufles de boutiquiers obturés à jamais, des faciès dignes de Callot ou de Ribeira, des têtes sinistres de cours d'assises se mêlaient en un indescriptible grouillement, et tous palabraient en un argot spécial, se contaient réciproquement leurs déboires et comme quoi ils avaient encore ce jour-là raté la fortune, pendant que d'impossibles stropiats, d'inénarrables camelots surgissant on ne sait d'où, des bonneteaux à l'œil torve et cauteleux truffaient la foule et nouaient ses anneaux d'engorgements propices aux pick pockets dont le savoir-faire se traduisait tout à coup par de longs remous, des imprécations et des poursuites éperdues.

Parmi les élégances des filles de music-hall et des bookmakers endiamantés qui, dédaigneux des viles promiscuités, se hâtaient vers la gare voisine, passaient des spirales continues de bicyclistes échauffés, venus de Versailles ou du bois. Ceux-ci ne s'arrêtaient un moment devant la stimulante absinthe que pour transsuder à l'aise sous le maillot et exhiber, en des dialogues semés de mots techniques, le paupérisme de leur entendement. Et des terrasses dont les cafés obstruaient la rue jusqu'à la chaussée, montait une rumeur sourde coupée de strideurs et de vociférations, car des gens discutaient avec passion, en brandissant des journaux de couleur, sur l'issue du prochain handicap, ou sur le brio d'un jockey célèbre qui n'avait pas son pareil pour rafler, chaque réunion, à la pelouse par un beau coup, deux ou trois mille louis de ses paris. Puis un relent d'alcool mêlé à une odeur chaude de peau humaine que la moindre brise rabattait s'éployait sur ces troupeaux frais-tondus. Des individus s'invectivaient, des femmes que la fièvre des paris avait rendues particulièrement épileptiques s'agrippaient à la tignasse en se réclamant des sommes, pendant que les garçons de café, placides, veillaient seulement à ce que la verrerie ne fût point mise à mal. Du côté du vieux Suresnes ronronnait le grésillement des fritures, appuyée au bord de l'eau par la cacophonie des orgues de barbarie et le piaulement des crins-crins déchaînant des mélodies éperdues. Des tramways vacarmeux passaient saturés de voyageurs agglutinés les uns aux autres, durant que le flot des turfistes attardés dégorgés par le bois coulait impitoyablement. De temps en temps un sergent de ville ou un mouchard en civil cueillait quelqu'un au bord de la rangée de chaises et des cris, des menaces s'élevaient de la foule! oui! oui enlevez-le, c'est un voleur, à l'eau... à l'eau... à mort... Souvent aussi une noce irréductible, une noce du dimanche, qui se repayait le lendemain de l'hyménée un tour de bois, une noce que véhiculait une tapissière à rideaux de calicot rayé s'empêtrait dans les groupes. Les messiers de la suite de la mariée, les pommettes turgescentes, et s'évertuant à tirer sur des cigares éteints empouacrés de salive grasse, répondaient aux quolibets de la rue en riant très fort et en se tapant sur les cuisses. Et l'épousée dont des phalanges audacieuses trituraient les hanches, à chaque cahot de la voiture, tressautait sur son banc, tout en manifestant sa joie d'aimer selon la loi, par de larges sourires adressés à la cantonade. Entre cette foule de parieurs et cette voiturée de gens trop gais, c'était l'éternel antagonisme, la profonde mésestime de l'amour et du jeu, qui s'avèrent ridicules l'un et l'autre, et que ne peut cependant pas réconcilier dans un grotesque identique, la profitable et commune sanction légale.

Une liesse véhémente, une frairie surexcitée prenait possession de la petite localité. Des cohortes de couples copieusement absinthés, qui venaient de requérir l'enthousiasme et l'effervescence des apéritifs, se déroulaient à la queue leu leu, zigzaguant, s'arrêtant, se parlant dans le nez, se tirant par les coudes; des coulées de parieurs aux joues allumées, se traînaient par les deux routes de la gare, envahissant les raidillons escarpés comme les tentacules projetés par cette foule aux squames diaprées d'oripeaux et de frusques disparates. Des guinguettes aux tonnelles crayeuses, sur la porte desquelles venaient raccrocher des servantes à l'anatomie facilement explorable, pompaient et engloutissaient le plus gros de ces cohues enragées de mangeries et d'abondants lichages. On entendait alors les patrons et leurs aides annoncer pompeusement les commandes,—une gibelotte au deux— trois litres à seize et une friture à l'as—Et, chaud pour quatre! pendant que le choc des verres, les rires ferrailleux, le heurt des assiettes, les cris d'aise, le bruit des embrassades, et le gloussement aigu des chatouilles, conquéraient l'atmosphère apaisée du soir. Très avant dans la nuit, la litronnerie et le bâfrage duraient ainsi, se répétant chaque beau dimanche de courses, sous le relent des vins populaires, et le fumet des basses nourritures, prolongés en crises attendries de soupirs et d'éructations, dès la survenue des violonistes ambulants qui accouraient pour satisfaire au besoin de sentimentalité consécutif à toute heureuse déglutition.

Et dans le calme du bois proche et de la Seine endormie, que pointillaient d'or, de chrome ou de vert, les lucioles des bateaux amarrés, jusqu'au dernier train, les vociférations des poivrots, les chansons ordurières, les appels aigus des femmes, les paquets de clameurs des «sociétés» qui en étaient venues aux mains, perforaient le silence impuissant à triompher. Des quarterons d'individus, qui s'étaient cassés le nez à la gare close, passaient même la nuit, éboulés au fond des fossés, au milieu de débris de nourriture, de reliefs de dessert, de bouteilles à moitié vides qu'ils avaient emportés pour manger et boire encore, éperdument, toujours, pendant l'heure du trajet sur Paris.

L'antique Suresnes du bord de l'eau, frais et feuillu, au dire des vieux conteurs, n'existait plus. Le coteau déboisé et morcelé avait été décortiqué de ses frondaisons; des rails, des fils télégraphiques, des poteaux noircis et des cheminées d'usines y prospéraient, sans inquiétude, assurés désormais de l'estime et de la protection des successives édilités. Sur les hanches de la colline, s'érigeaient maintenant, à l'exclusion de tout accessoire bucolique, de nombreuses propriétés où d'anciens mercantis retirés des affaires avaient introduit leurs digestions pour y vivre en paix dans la haine de toute esthétique. Des gens profitaient et mouraient là qui, de leur vie, n'avaient fait une bonne action, ni un bon mot. La profusion de «Mon Castelet», de «Mon Nid», de «Mon Ermitage», de «Cottage des Glycines», de «Kiosque des Glaïeuls» était extraordinaire. Même chaque jour, plusieurs fois, un couple, la femme tonnelesque et le mari tel un double quintal de viande suiffeuse, menaçant tous deux de défoncer le ballast de la rue, s'introduisait dans la «Villa des Mésanges». L'architecture, l'ordonnancement des briques et des moellons sans pudeur qui consentaient à abriter ces anciennes gloires du comptoir ou du bureau, suffisait à elle seule pour que l'individu le moins soucieux de goût ou de beauté, se désespérât incontinent de n'être point venu au monde atteint de la plus irrémédiable cécité. Il y avait là des maisons *normandes*, des terrasses *à l'italienne*, des isbas russes et des castels gothiques, qui expliqueraient à la rigueur les tremblements de terre et les convulsions d'une planète qui se voit souillée de pareilles ignominies. Toutes les banlieues immédiates ou les centres suburbains bien desservis se trouvent, du reste, contaminés de la sorte par l'irréductible et agressive sottise des enrichis. Mais de cette horreur, les époques précédentes furent exonérées, semble-t-il, car, nulle part, on ne retrouve trace de monuments ou de constructions pouvant subir la comparaison avec un aussi fabuleux délire du gravat et de la truelle. C'est la rapide accession du petit bourgeois indécrottable et épateur à l'aisance et à la fortune qui nous a valu cela et qui ulcère les terroirs avoisinant la grande ville de cette roséole implacable, de ces syphilides de crépis flambant neufs, de ces gentilhommières d'ex-bandagistes, de ces wigwams d'épiciers honoraires ou d'huissiers impénitents.

—Fichtre, déjà six heures et demie; je vais me faire enlever, se dit Médéric Boutorgne en consultant sa montre de nickel, et il hâta le pas après avoir accosté un parieur flanqué d'une femme encolérée, au chignon de travers, et de trois gosses pleurnicheurs occupés à lécher avec insistance des tickets multicolores, tout ce qui restait sans doute de l'argent du père.

—Est-ce que Bajazet est arrivé, Monsieur, questionna-t-il...

—En pétant avec 77 kilos, et il rapporte 143 cinquante pour cent sous, c'était mon idée... Je voulais le jouer en partant, mais je vais vous dire... j'ai rencontré Mâchiavin qui m'a dit... Écoute... ne te presse pas. Picksilver, le lad de l'écurie d'Haugias, m'a donné Mocassin...

—Ma veine! voilà bien ma veine! lamenta Boutorgne en échappant au quidam qui, pareil à tous ces hallucinés, se préparait à lui faire entrevoir tous les facteurs de sa malchance et à lui expliquer vingt fois encore que, hormis telle ou telle surprenante conjoncture, il aurait ce jour-là violenté victorieusement la fortune.

—Ah! oui! la voilà bien ma veine! je joue Bajazet juste quand il se fait battre pour faire monter la cote et il arrive la réunion suivante...

Dans la villa de Truphot dont le père Saça, le jardinier, un vieil homme courbé qui marchait ployé en deux pour avoir, sans doute, pendant quarante ans, biné des salades et repiqué du céleris, vint lui ouvrir la porte, le gendelettre fut étonné de l'inaccoutumé silence. A l'ordinaire, la maison d'été de la vieille s'emplissait continuellement d'un bruit de vie surexcité car il lui fallait toujours deux ou trois couples, de préférence hilares, énamourés et jacasseurs.

—Chez moi, disait-elle, on décamérone et l'on ne s'ennuie jamais.

Cette fois, tout semblait dormir; nul bruit ne s'élevait de l'intérieur et le *prosifère* eut un instant de crainte à l'idée que la Truphot pouvait ne pas l'avoir attendu. Lui, qui apportait à la veuve l'offre d'une collaboration à la *Revue Héliotrope* où elle ferait la critique d'art, les Salons et les Expositions! Même, il lui avait trouvé un joli pseudonyme littéraire; elle épaulerait ses articles de cette charmante signature: Camille de Louveciennes. Certes la vieille allait être enchantée, ayant toujours désiré exhiber des écritures dans les petits fascicules à côté. Cela lui rappellerait l'heureux temps où Péladan et Moréas voulaient bien la magnifier de leur amitié, l'heureux temps où ils parlaient de créer avec elle une Revue artistique et ésotérique. Médéric Boutorgne apportait encore autre chose. Ah! cela, par exemple, c'était du nanan, il venait lui offrir de signer avec lui son prochain livre, *Eros et Azraël* dont la charpente était déjà debout. Ainsi, certes, Siemans serait ravalé à jamais, et la Truphot, emballée par cette carrière littéraire s'ouvrant subitement à nouveau devant elle, marcherait jusqu'à la mairie. Il n'y avait pas de raisons d'en douter. Après, Médéric Boutorgne l'emmènerait dans le Midi et en Italie, pour un an au moins, afin de laisser passer l'esclandre d'un pareil mariage non sans avoir, au préalable, procédé à l'éviction du Belge et des autres. Il propagerait le bruit dans Paris qu'il n'y avait dans leur hyménée que l'union de deux purs esprits épris d'art; qu'ils n'avaient fait que se mettre en ménage... intellectuellement, en somme, pour mieux apparier leurs rêves de pure beauté, désintéressés de toute vile contingence, ce qui était le mariage des vrais esthètes après tout. Diable, pourvu qu'elle fût là! Il se sentait, présentement, en un état de profitable excitation; le lendemain, à coup sûr, il ne ferait point miroiter les choses avec autant d'éloquence qu'en cette minute. Mais le sort l'avait toujours desservi. Certainement, le destin allait encore lui jouer quelque mauvais tour de sa façon!

Après avoir longé l'étroite courette resserrée entre la façade de la villa et le petit pavillon délabré servant de logement au concierge jardinier, courette qui aboutissait à un jardin en contre-bas de plusieurs mètres, Médéric Boutorgne se désespérait.—Ça y est, se disait-il, la Truphot a filé sur Paris.. Enfin il poussa une porte ouvrant de plain-pied sur le pavé capricieux et moussu de la petite cour, et il se trouva nez à nez avec la veuve..—Ah! le malheureux! le malheureux! il a ses bottines, clama-t-elle, à sa vue, les bras dressés, et ses mèches grises encore plus envolées qu'à l'ordinaire devant le saugrenu que présentait, pour elle, l'équipage de Boutorgne en ce moment. Celui-ci, en désarroi, considérait ses pieds, ses escarpins à 12,50; même, il n'était pas loin de leur concéder un air avantageux.—Mais oui, Amélie, répondait-il d'un air tendre, mes bottines... qu'est-ce qu'elles ont donc?... La Truphot, appelait la bonne.—Justine, vite, déchaussez-le; ah! le pauvre, c'est vrai, il ne sait pas!... Et elle poussa le gendelettre sur une chaise pendant que la femme de chambre s'acharnait après les boutons. Atterré, Médéric Boutorgne se laissait faire, non sans mauvaise grâce car il n'était pas très sûr de l'impeccabilité de ses chaussettes. Dieu fasse qu'un orteil indiscipliné et malicieux ne se soit pas avisé de tenter une randonnée au travers d'une des nombreuses reprises conditionnées par sa mère en ses heures de loisir.— C'est sûrement une épreuve, pensait-il,... les vieilles femmes ont souvent de ces idées baroques.. celle-ci avant de m'épouser veut m'évaluer à sa manière... Mais déjà la Truphot l'entraînait, le tirant par le bras au travers de l'escalier.— Surtout, pas de bruit, mon petit, disait-elle, montez le plus doucement possible... le moindre craquement ferait tout rater... Et elle poussa à demi une porte feutrée d'une épaisse tenture...

Dans la pénombre de la pièce aux rideaux tirés, donnant sur le jardin, Médéric Boutorgne aperçut un lit défait dont les draps en désordre tordus comme des linges mouillés, traînaient sur le tapis, et, dans ce lit, rougeoyait, congestionnée, la face barbue de brun d'un homme d'une trentaine d'années, aux joues caves, aux yeux cerclés d'un croissant violet, qui paraissait délirer en une fièvre violente car il agitait les bras convulsivement et proférait des phrases sans suite.

—Ah! la sacrée chauve-souris, hurlait-il... la v'là qui vient sur moi..., pan... Et la cuisinière qui fait bouillir son thé dans mon orbite... tenez il sort par mes narines... pas besoin de filtre... j'ai avalé les feuilles au passage... allez... y sucrez-vous... Mais... Nom de Dieu... pourquoi a-t-on allumé une lampe à alcool sous mon crâne... Et puis bon sang de bon sang... le soleil qui se décroche maintenant... il va tomber sur nous... Ah! malheur comme nous allons rôtir...—Sauvez-vous, vous autres... Oh là! là! c'qu'on grille...

Et le malheureux s'était retourné, la face dans l'oreiller, avec des mousses roses aux lèvres, mordant la toile, et envoyant tout à coup rouler les draps et les couvertures d'une détente de ses jambes affolées. Dans la chambre allait et venait un individu embelli d'une redingote oléagineuse de pion départemental, assez grand, à la membrure épaisse, d'un extérieur de gratte-papier saumâtre, avantagé des palmes académiques, qui, le haut-de-forme sur la tête, décrivait de grands gestes avec les bras, imposait les mains sur la tête du patient, marmottait des paroles extraordinaires tout en dessinant des signes cabalistiques et en paraissant implorer des forces inconnues, des divinités insoupçonnées...

—Les abascantes de l'investi sont visibles... le primissime Esprit est là-dessus formel... Il faut décharmer le canterme et par le périapte vaincre le Démiurge... Les Médioximes seuls pourront lui transmigrer l'Euthymie... Que les Psychopompes qui prétendent induire son astral en la transanimation, soient par moi, le Conjurateur, repoussés dans les dix-neuf modes de l'Inétendu où ils rayonneront dans Séphiroth...

Il reprit haleine et se précipita sur la Truphot et Médéric Boutorgne totalement médusé qu'il venait d'apercevoir:—Aidez-moi, cria-t-il, il faut placer son lit dans l'axe magnétique de la terre ou sans cela, il va se dissocier dans le Devenir... Ce qui voulait dire, sans doute, que, sans cette précaution, le malheureux allait trépasser... Maintenant la veuve et son compagnon s'arc-boutaient à la couche ravagée...

—Pas comme cela, reprenait l'homme... l'axe magnétique de la terre est dans la direction Nord-Sud... Comment, êtres inconsistants et sans fluidité, n'avez-vous pas encore reçu ce primordial Savoir?... Et il les chassa tous deux avec des gestes exorcisateurs pendant que, tout seul, il s'agrippait aux matelas sur lesquels le fiévreux continuait à trépider et à panteler sans arrêt...

Dans le corridor, Médéric Boutorgne était vert; il fallut que la Truphot le menât dans la salle à manger et lui fit avaler coup sur coup deux verres de raspail pour qu'il reconquît la salive et l'usage de ses cinq sens. Alors, elle expliqua: le pauvre diable qu'il avait vu dans le lit était un sculpteur, un ancien ami du temps de M. Truphot, perdu de vue depuis cinq années environ. Le vendredi de la précédente semaine, il y avait par conséquent neuf jours, un fiacre était venu le déposer à sa porte, grelottant déjà la fièvre. Un camarade qui l'accompagnait l'avait informée que, se sentant malade et désargenté, le manieur de glaise avait demandé à être conduit chez elle, sachant combien elle était bonne et assuré d'avance qu'elle ne le laisserait point aller à l'hôpital. Elle avait déféré et fait conduire le malade dans sa villa de Suresnes en déléguant pleins pouvoirs à une de ses bonnes pour faire le nécessaire. Quand elle était arrivée, ce matin même, elle le croyait hors d'affaire, car la servante n'avait point écrit, mais il allait, au contraire, de mal en pis, ayant perdu toute connaissance. Deux médecins requis s'étaient disputés à son chevet, devant elle. L'un diagnostiquait la typhoïde et parlait de plonger le malheureux dans des bains glacés, oui, dans des bains glacés, pour le tuer sûrement; l'autre, un petit maigre, au teint bilieux, aux cheveux roux, se portait garant qu'on se trouvait en présence d'une appendicite de la meilleure qualité et qu'il fallait faire l'opération à chaud, tout de suite, pour se concilier encore quelques chances de salut. Comme ils commençaient déjà à se traiter d'imbéciles, elle les avait mis d'accord en les jetant à la porte et mandé Morbus, le docteur ès ésotérisme, qui seul pouvait le sauver, non pas avec de la vulgaire thérapeutique mais avec des passes et des incantations.

Le gendelettre, en effet, ne devait pas l'ignorer, toutes les maladies étaient de sales tours que vous jouaient les esprits qui se ribotaient dans l'organisme conquis par eux comme de mauvais drôles dans une maison cambriolée par surprise. Il suffisait de les chasser à l'aide des pratiques d'occultisme, ou bien encore en se servant d'une goétie appropriée et on s'en tirait toujours quand le médium était assez puissant. Avec Morbus, il n'y avait rien à redouter; le malin, Astaroth, Baphomet ou les autres n'étaient pas de taille à lui résister. Dans quarante-huit heures le sculpteur serait debout, car la radiation magnétique de Morbus était péremptoire. A son entrée dans la villa, toutes les casseroles de la cuisine étaient entrées en effervescence et s'étaient mises à s'entrechoquer rageusement. Il avait fallu les arrimer avec des fils de fer pendant que le piano glapissait en des lamentations prolongées, au milieu de la déroute des servantes.

Médéric Boutorgne, à l'audition de cette glose, se sentit sur le point d'évacuer à nouveau son entendement. Eh bien! la vieille lui promettait une jolie existence quand ils seraient mariés. N'importe, il n'avait pas le choix. Il redemanda un troisième verre de raspail et, une minute après, sous le regard de la veuve qui guettait son impression, il approuva:

—Amélie avait eu raison de chasser les médicastres. Partout, la science humaine fait éclater son impuissance. Seuls l'Invisible, l'Extra-Monde sont secourables et délèguent, ici-bas, leurs pouvoirs aux initiés, aux médiums, leurs Vicaires!

Enchantée, la Truphot, d'une bourrade amicale, le remettait sur pied... A la bonne heure!

—Venez encore que je vous montre quelque chose. Avec moi, il faut toujours s'attendre à l'imprévu.. Vous n'avez pas froid, n'est-ce pas? Vous pouvez marcher encore un peu sur vos chaussettes?

Et, le faisant grimper devant elle jusqu'au second étage, elle s'engagea dans un étroit couloir de service; puis posant le doigt sur les lèvres pour lui recommander le silence, elle écarta une tapisserie masquant à l'intérieur une porte dérobée, tout en collant sa main à plat sur la bouche de Boutorgne pour étouffer d'avance un probable cri d'étonnement.

Dans la chambre meublée de pichtpin et tendue de cretonne rose, dans le lit de milieu, ce n'était plus un moribond qui s'agitait dans les bonds d'agonie. Non, cette fois, c'était un couple, sans doute apaisé par les préalables conflagrations épidermiques, qui dormait placidement enlacé. Médéric Boutorgne roulait de stupéfaction en stupéfaction. Un moment, il eut l'envie de mettre cette hallucination—car ce ne pouvait être qu'un phantasme—sur le compte du raspail. Etait-ce possible?—Parfaitement, répondit d'un plissement du front la Truphot interrogée d'un cillement d'œil. Oui, il ne se trompait pas. La comtesse de Fourcamadan dormait avec Sarigue, car le fils des croisés ayant eu l'imprudence d'amener ce dernier dîner deux fois chez lui, la comtesse, à la vue d'un amant si fatal, s'était mise à fermenter à un tel point qu'il avait fallu l'écumer au couteau de chaleur comme une pouliche de sang. Et, connaissant que rien n'était plus agréable à la veuve que ces sortes d'aventures, les deux amants étaient venus requérir l'hospitalité pendant un déplacement de l'époux. Présentement, la femme du patricien se vautrait couchée en travers de la poitrine osseuse de Sarigue. Replète et courtaude, sa tête aux cheveux parcimonieux, aux petits yeux en virgule tapis dans un emmêlement de frisettes en chèvre de Mongolie, exprimait, dans le sommeil, tout l'infini des béatitudes. Ses joues de pâleur maladive, en paraffine scrofuleuse, étaient ocellées de taches rouges, de petites plaques d'herpès que l'excès du plaisir avait poussées au cramoisi véhément. Depuis quelques mois, elle suivait un traitement de son cru pour guérir son acné. Comme elle attribuait une vertu curative à la viande de veau, chaque soir, au logis conjugal, elle ne manquait pas de s'en appliquer sur le faciès une livre et demie pour le moins. Quelquefois, dans les effusions nocturnes, il arrivait que le comte, pris de tendresse et croyant accoler son épouse, embrassait l'escalope. Et ce n'était pas le moindre sujet de leurs dissentissements. Mais ce jour-là ses joues étaient libres de tout emplâtre charnu.

De nombreuses serviettes, roulées en tampon sur la table-toilette, témoignaient du bon-vouloir de leur passion. Une odeur pointue, une touffeur alcaline, l'odeur même des accouplements, traînassait parmi la pièce. A la percevoir, les narines de la Truphot s'insurgèrent, frémirent relevées, montrèrent en palpitant le rouge douteux de leurs muqueuses où profitaient quelques poils gris. Ses yeux se fermèrent à demi et elle fut obligée de s'appuyer d'une main à la cloison, comme si elle allait défaillir, spasmée.

—Hein! mon petit, dit-elle, remise, en désignant du pouce ramené en arrière la chambre de l'adultère et de l'index tendu la pièce où se débattait le moribond, ici la Vie; là-bas, la Mort! l'éternelle antithèse! et chez moi, dans la même minute... Est-ce assez décadence et XVIIIᵉ siècle?... On ne dira plus maintenant que je ne suis pas une artiste, bien que je ne sois plus de l'école romane et que j'aie répudié l'allure inspirée apte à vous faire sacrer telle par les imbéciles...

Alors entraînant la veuve dans le jardin où l'effort désespéré de quelques lilas atteints d'étysie avait abouti à de maigres thyrses dont les folioles, flétries et dispersées par la brise tiède, tachaient la terre d'un rose évanescent, sous un petit tilleul ceinturé d'une frange sanglante de géraniums, Boutorgne, rechaussé, se mit en devoir de lui placer son boniment. La tête penchée, en une pose d'amoureux élégiaque, il flûta la chose d'une voix attendrie...

—Ah! si sa chère Amélie voulait! Comme on serait heureux... pas plus tard, non, tout de suite... Quelle place on se taillerait à deux dans la littérature! Déjà... elle pouvait se faire connaître dans la *Revue héliothrope*... La signature Camille de Louveciennes deviendrait avec un peu d'effort... une signature bientôt prépondérante parmi celles de son sexe qui ont conquis leur public... Et puis son livre, *Eros et Azraël*, qu'ils allaient écrire à deux, quel triomphal succès, on en pouvait escompter déjà sans trop d'optimisme. Lui y mettrait son sentiment du paganisme, sa passion, sa fougue, l'humour qui le spécialisaient au *Napolitain*; elle sa conception originale de la vie, son alacrité souveraine et sa facilité d'émotion...

Ils allaient perpétrer un chef-d'œuvre, certainement, le chef-d'œuvre attendu des foules lasses enfin d'apaiser leur fringale dans le restaurant à vingt-deux sous de l'esthétique contemporaine... La Truphot l'avait pris au cou, nouant autour de son faux-col, dans un bel élan d'enthousiasme, ses deux vieilles mains parcheminées que boursouflaient les ficelles violâtres de ses veines engorgées...

—Ah! merci, Médéric, je n'attendais pas moins de votre noble cœur...
On a plaisir à vous aimer... Vous êtes reconnaissant au moins... Oui... Oui...
C'est entendu, mais allons faire de grandes choses... Si je pouvais être
Desbordes-Valmore ou qui sait? une George Sand tardive, toi alors peut-être
serais-tu Musset à ton tour, dis? On a vu des choses plus inattendues, et entre
nous il n'y aurait point de Pagello, va... Et elle se mit à l'embrasser à pleine
bouche en des baisers qui rendaient un bruit d'ossements, mais dont l'horreur
n'arriva point cependant à tempérer le délire intime de Boutorgne, en lequel
une voix profonde clamait intérieurement: tu touches à la Fortune, ô favori
des dieux!

Cependant la vieille semblait ne pouvoir encore tenir en place. Elle
rajustait à grand renfort de tapes et de tractions sa jupe et son corsage, à
l'ordinaire pleins d'hostilité et de mésestime l'un pour l'autre, qui ne
pouvaient consentir à la stabilité, et dont la course à travers les escaliers avait
encore outrecuidé la répulsion chronique qu'ils éprouvaient à se conjoindre.
Et voilà qu'à nouveau elle tirait Boutorgne derrière elle, en le tenant par le
bout des doigts.—Venez... j'ai quelque chose encore à vous montrer...

Parvenus ainsi à l'extrémité de l'allée principale qui ondoyait, bordée par
des tentatives de végétation avortée, ourlée de maigres et impubères arbustes,
tordus et recroquevillés, n'ayant pas cru devoir mieux faire, évidemment, que
de copier la convexité dorsale de leur habituel éducateur, le père Saça, le
prosifère et la veuve débouchèrent à quelques mètres d'une tonnelle faite d'un
lattis de bois peint en vert, adossée elle-même à une tente de toile bise. Et de
cette tonnelle, une envolée de rire frais et moqueur montait, emperlant le
silence de ce jardin râpé d'une ondée de notes cristallines...

—Savez-vous ce qui se passe là? disait la veuve. Eh bien, Modeste
Glaviot est en train de réussir ce que vous avez raté tout simplement... petit
maladroit... Ce soir Madame Honved sera sa maîtresse... J'ai déjà préparé leur
chambre à côté de celle de Sarigue... Hein? les nuits de Suresnes, quand nous
écrirons cela dans mes mémoires!

Sans doute, les choses ne devaient pas aller aussi facilement que le pensait
la vieille car, tout à coup, des intonations cassantes, remplaçant les rires,
parvinrent jusqu'à elle et à son actuel gigolo.

Dans la tente de toile où ils s'étaient glissés à pas feutrés, le couple
savoura nettement ce tronçon de dialogue. Modeste Glaviot grasseyait de sa
voix molle et madame Honved lui donnait la réplique.

—Je vous assure que je suis un amant très discret, chère madame. Je n'ai
jamais aimé que vous! Avec moi ce serait la sécurité parfaite. Lorsqu'on a le
bonheur d'être remarqué par une femme du monde, la discrétion, n'est-ce
pas? devient une règle morale. Quand bien même, sachez-le, toute la

littérature affirmerait que vous êtes ma maîtresse; par la plume, par la parole et par les actes, je mettrai la littérature à la raison. J'irai même plus loin, quand bien même vous crieriez partout que je suis votre amant, je vous démentirai sans trève ni repos...

Et l'on entendit son poing qui heurtait le bois de la charmille en un geste de matassin.

Un rire arpégé s'éleva.

—Eh bien! c'est entendu. Dès que ma nature pervertie m'enjoindra de goûter à un nègre, vous pouvez être assuré que je vous choisirai la veille, pour que la transition ne soit pas trop brusque...

La Truphot et Boutorgne virent alors madame Honved sortir, le torse redressé, son érugineuse chevelure flambant dans un rais de soleil comme une coulée d'or roux, la pointe de l'ombrelle dardée en une défense répulsive vers Modeste Glaviot, contre la poitrine de l'histrion pâle de colère qui renonça cependant à la poursuivre..

Une heure durant le pître avait mis en œuvre toute sa politique et toute sa stratégie pour circonvenir la femme de l'auteur dramatique. Il avait peint son amour avec les meilleurs vers de son répertoire, allant même jusqu'à lui décerner, debout devant elle, deux ou trois de ses plus déterminants *Merdiloques*. Il lui avait fait entrevoir que son mari était fini, et que, jolie comme elle l'était, il ne lui fallait pas s'attarder davantage avec un homme dont l'art était inacceptable. Madame Honved l'avait laissé s'exténuer dans son discours, paraissant même l'encourager par des silences ou des rires qu'il avait escomptés favorablement; puis, selon qu'elle en avait coutume avec tous les crétins qui l'assaillaient, elle l'avait finalement exécuté sans retour possible. Maintenant, l'ombrelle rouge sur l'épaule, elle rejoignait la maison d'une allure lente et placide.

La Truphot rageait à froid. Médéric Boutorgne, réhabilité par l'échec de l'autre, se pavanait dans un sourire béat. Hé, hé! il n'y avait pas que lui qui ratait Madame Honved. Mais comment diable, était elle venue, seule, à Suresnes?

Ce que le gendelettre ignorait, c'était la machination de la vieille pour obtenir ce résultat. Elle avait joué gros jeu, très gros jeu, dans la certitude que Modeste Glaviot l'emporterait sans difficulté. Honved s'étant trouvé dans la nécessité d'aller passer deux jours à Bruxelles pour diriger la mise à la scène d'une de ses pièces, la Truphot, au courant de la chose, avait fait expédier de cette ville à sa femme une dépêche fausse—signée de lui Honved—et lui conseillant de se rendre à Suresnes où elle était invitée et d'y attendre son retour. Le truc devait bien se dévoiler tout seul, plus tard, mais cela n'aurait plus la moindre importance puisque Madame Honved serait alors la maîtresse de Glaviot et que le mari, à la rigueur, ne pouvait rien contre une vieille femme. Certainement il crierait, mais il lui serait impossible de se venger d'une façon efficace. Adresser une plainte au Parquet pour faux? c'était faire éclater son cocuage et ce n'était du reste pas dans les mœurs de l'auteur dramatique de se plaindre à la police. Même s'il s'avisait de conter la chose dans Paris, on ne le croirait pas. Pourquoi la Truphot lui aurait-elle joué des tours aussi noirs puisqu'elle n'y avait en somme aucun intérêt visible, aucun mobile discernable? Donc si quelques petits ennuis étaient présumables, ils ne balanceraient pas sa joie d'avoir enfin détruit la quiétude de Honved et d'avoir ourdi un collage de plus. Et puis n'était-elle pas belle joueuse? Si la chose avait été exempte de tout aléa elle n'aurait point éprouvé, en s'y risquant, la forte émotion de celui qui s'en remet à la chance du soin de décider.

Installé maintenant dans un rocking d'osier, les jambes étendues, Médéric Boutorgne tirait de larges bouffées d'un cigare bagué de rouge prélevé dans la provision de la vieille et il promenait sur la villa, le jardin, et tout ce qui l'entourait le sourire protecteur du Monsieur qui en sera bientôt le propriétaire légitime. On devait dîner dans la salle à manger ouvrant de plain-pied avec ses trois baies sur la petite cour, d'où l'on découvrait le bois de Boulogne, les cubes blanchâtres, le hérissement de la masse imprécise de Paris. Le jour agonisait, les frondaisons du bois, la masse des taillis qui dentelaient l'horizon par delà la Seine, se violaçaient, enlevés en crudités sombres par le ciel frotté de cendre rose, des nuages mauves s'étiraient, indolents et paresseux, ouatant l'ithyphallique tour Eiffel d'écharpes couleur d'améthyste, et le soleil sombrait en une hémorrhagie d'or et de rubis, pendant que la ferveur sereine du soir conquérait lentement les êtres et les choses. Par la fenêtre de la chambre du typhique des bouffées de paroles arrivaient.

—Que ton incorporel résiste à l'attirance du Super-Monde... Les nitidités astrales ne doivent pas encore aspirer ton entéléchie... Que l'influx de mon rayonnement diffuse dans ta dolence la luminosité du pollen cosmique et curateur...

C'était Morbus qui continuait ses passes et ses exorcismes. La cloche du dîner sonna comme il descendait enfin, très rouge, remettant en hâte la redingote qu'il avait enlevée pour gigoter bien à l'aise. Il ne pouvait pas rester, non, la Truphot lui faisait beaucoup d'honneur en l'invitant, mais après ces séances, outre qu'il était exténué, il devait se maintenir à jeun, sous peine de perdre son pouvoir de médium: car l'émanation occulte qu'il hébergeait ne pouvait entrer en contact avec de viles nourritures. Un autre jour, il se ferait un plaisir de revenir. D'ailleurs on pouvait être sans inquiétude, le malade était sauvé. Et il demanda seulement à la veuve si elle ne possédait pas, par hasard, un bout de ruban violet, un cordonnet quelconque, car il avait perdu là haut ses palmes académiques. Un mauvais tour, sans doute, de quelque esprit plaisantin. La veuve donna un vieux ruban de corset, et il partit, après avoir refait le nœud de sa rosette, en serrant les mains de Boutorgne et de Modeste Glaviot qui, venant du jardin, rapatriait à pas lents sa déconfiture.

On ne pouvait pas se mettre à table, car la comtesse et Sarigue ne s'étaient pas encore fait paraître. Puis la cloche du dîner n'avait pas ramené non plus Siemans qui était allé faire un tour durant l'après-midi. Il sonna enfin, accompagné de Molaert lui-même, qu'il amenait dîner, tous deux les bras encombrés d'articles d'escrime, fleurets, masques, plastrons, gants à crispin, sandales. Ils avaient même une boîte de pistolets de combat.

—Demain, dès la première heure, dit Siemans à Boutorgne, nous allons faire des armes; il faut que Molaert s'entraîne dur et puis quand il sera sûr de son coup, il giflera en plein café le bonhomme de la Gougnol qui est cause de tout; alors celui-ci sera bien forcé de marcher.

Ce dont il ne se vanta point, c'était d'une scène affreuse dont ils avaient été victimes près des cafés du pont. Ils s'étaient heurtés subitement à la femme de Molaert qui avait dû, pour ne pas périr de faim, utiliser sa maternité en se plaçant comme nourrice dans une famille bourgeoise. A la vue de son mari elle avait laissé là l'enfantelet qu'elle poussait dans une petite voiture et s'était jetée les ongles en avant à la face du Belge. Tout en prenant les consommateurs des terrasses à témoins, elle l'avait traité de sale entretenu, de marlou, etc.

—Si ce n'est pas une indignité, hurlait-elle, moi qui suis d'une bonne famille, dont le père est commandant de la garde civique à Molenbeck, je suis obligée de vendre mon lait, pendant que ce cochon, mon mari, vit aux crochets d'une gaupe...

Les deux hommes avaient dû fuir sous une averse de huées et devant l'approche des torgnoles, car la foule avait pris parti pour la femme. Siemans et Molaert en étaient blêmes encore.

Comme le couple Sarigue ne descendait toujours pas, la Truphot monta frapper à leur porte en les traitant de paresseux. Au bout d'un quart d'heure, on les vit venir, les yeux battus, les joues vernissées par la salive et les succions d'amour, mais très dignes l'un et l'autre. Alors une scène inénarrable eut lieu. A leur vue, la veuve entra en ébullition; une flambée de pourpre irradia sa face parcheminée, cependant que des frissons secouaient son buste maigre. La tête penchée en avant, elle avançait et dérobait le cou, cherchant sans doute à ramener du fond de sa gorge une salive que l'émotion avait fait disparaître. Et tout à coup, elle se précipita, se rua sur eux, les flairant, les frôlant avec des délices visibles, leur prenant les mains, les approchant pour les réunir, après avoir dessiné dans l'air un geste qui commandait le silence.

Alors, debout devant eux elle se mit à détailler d'une voix volubile quoique chevrotante tous les défauts du comte de Fourcamadan. Leur sort l'attendrissait, elle, qui voulait voir tout le monde heureux; elle qui ne pouvait souffrir, près de soi, le marasme sentimental des gens ayant mal convolé. Et son émoi était tel que ses phrases s'entrecoupaient d'une abondante larmitation. Oui, le mari était joueur, coureur et quelque peu aigrefin. Par surcroît, il avait des maîtresses, toutes les souillons des petits théâtres montmartrois qu'il entretenait avec l'argent soutiré à sa belle-mère. Certes, la comtesse qui était jeune ne pouvait consentir à lier pour toujours sa vie à celle d'un si triste monsieur. Par miracle, elle avait rencontré Sarigue, un cœur généreux et chevaleresque qui avait beaucoup souffert, mais que le malheur avait ennobli. Dignes, ils étaient l'un de l'autre. Et, elle, la Truphot, aurait la consolation d'avoir coopéré à réparer une monstrueuse iniquité du sort, de leur avoir donné le bonheur. Oui, leur mère leur avait octroyé la vie sans savoir; elle les gratifiait du bonheur, ce qui était bien davantage... Désormais, s'ils n'étaient point des ingrats, ils n'oublieraient pas sa maison...

Elle fit une pause, pendant laquelle elle étancha son ruissellement, puis brusquement questionna:

—Voulez vous être fiancés par moi? Voulez-vous, devant nous tous, prendre l'engagement définitif d'être l'un à l'autre jusqu'à la mort, en attendant que j'aide de tout mon pouvoir au divorce que nous sommes assurés d'obtenir?...

La comtesse et Andoche Sarigue, enchantés de leur essai préalable, se regardèrent. *L'oariste* entre ces deux futurs époux fut très court. Un sourire marqua la bonne opinion qu'ils avaient l'un de l'autre et la haute estime en laquelle ils tenaient leur savoir et leur entraînement réciproques. Spontanément, lui, d'une voix chaude, et elle, la fiancée, d'une voix timide, répondirent oui.

La paranymphe, alors, se dressa sur les pointes, se recueillit un moment et fit sur leur tête circuler ses bras osseux, en un geste de bénédiction digne de l'antique. Puis elle leur donna la double accolade, durant que Boutorgne, Siemans, Modeste Glaviot et Molaert venaient, à tour de rôle, féliciter les deux amants, que la Truphot avait promis l'un à l'autre avec non moins de dignité que son mari pouvait en avoir mis jadis à distribuer l'hyménée légal.

En ce moment, Justine, la bonne, dépêchée près du malade revint dire qu'il était très tranquille, apaisé désormais, les paupières closes et les doigts roulant les draps de son lit, d'un geste machinal et continuel.

Le dîner auquel Madame Honved, qui préparait son départ, n'assista pas, fut morne bien qu'un peloton de bouteilles de crus notoires constituassent un abreuvoir stimulant. Siemans, seul, était à nouveau placé devant sa fiole de lait cacheté, car il ne buvait que du lait pour ne pas abîmer son teint ni la roseur de ses branchies. La veuve et Modeste Glaviot paraissaient maintenant accablés. Aussi, dans l'espoir d'écarter l'idée qui pourrait leur venir à l'un et à l'autre d'atténuer l'amertume de leurs pensées en s'appariant et en couchant ensemble, Boutorgne déclencha une faconde inaccoutumée. Il donna la réplique à la comtesse de Fourcamadan que ses dislocations passionnelles avaient mise en veine, à l'encontre de Sarigue, et qui citait des calembours de son mari,—la seule chose qu'elle regretterait de lui, affirmait-elle. Tous deux réhabilitaient le vaudeville que l'Odéon, du reste, venait de rénover. Mais ils tombèrent d'accord pour honnir le drame ibsénien. La comtesse énonça qu'elle n'avait jamais pu supporter la pièce de Bjornston, où «je vous le demande un peu, sept jeunes femmes viennent affirmer à la queue leu leu qu'elles ont perdu la foi» et le gendelettre lui donna raison. Il voua «le génie fuligineux du Nord» à la réprobation des artistes et des gens de goût. Puis tous deux, par ricochet, se mirent à esquinter Verlaine et à exalter Rostand et Alfred Capus, deux talents bien français au moins ceux-là, et qui avaient réalisé ce tour de force de conquérir le public, de lui nouer les entrailles d'une émotion de bon aloi, en répudiant la langue française et tout esprit inventif. Boutorgne, aussi, avait trouvé un solécisme dans Baudelaire et un autre dans Mallarmé. Glorioleux il les signala. L'auteur des *Fleurs du mal* avait écrit dans sa préface: «Quoi qu'il ne *pousse* ni grands gestes ni grands cris.» Mallarmé dans les *Fenêtres* parlait «d'azur bleu». Molaert fut, lui aussi, très verbeux. Il expliqua que le sort l'ayant uni à une femme sans culture, à un être fruste, à un «tas quasi informe de vile matière», qui ne comprenait point l'ascèse des pures intelligences vers les sublimités mystiques, il avait dû s'en séparer. La Providence, alors, l'avait fait entrer en conjonction avec Madame Gougnol, un noble esprit, qu'il avait ramené à Dieu, après lui avoir ouvert les yeux sur les splendeurs chrétiennes.

Tous les deux désormais voulaient vivre d'une existence liliale, dans la contemplation sereine des mystères catholiques, purifiant, rédimant leurs corps souillés, par la flamme ravageante et délicieuse que coulerait en leur être la continuelle lecture, la patiente méditation des textes inspirés. Certes, leurs corps étaient toujours peccables; ils n'étaient point arrivés à conquérir d'un coup l'abstraction des basses attirances, mais avant peu, ils n'auraient plus d'autre contact que les effusions purement spirituelles. Déjà, Madame Gougnol avait chassé la volupté des rapprochements sexuels: elle n'éprouvait plus d'autre joie que d'apaiser son ami encore tenaillé, lui, par l'esprit du mal et les affres de la concupiscence charnelle. Si l'un d'entre eux avait pu sortir ainsi du cycle scélérat où le Malin tient l'humanité prisonnière, c'était une preuve manifeste que Dieu veillait et leur avait conféré la Grâce. Sa guérison à lui n'était qu'une affaire de temps, et ils entreraient sûrement dans la gloire sereine des prédestinés. Ce ne serait plus alors que l'embrassement de deux esprits victorieux, le coït immarcescible des âmes.... Et il citait Ruysbroëke l'admirable, évoquait sainte Thérèse, Marie d'Agréda, saint Alphonse de Liguori, Angèle de Foligno. Mais, comme il finissait d'élucider son ichtyomorphie à l'aide de saint Thomas d'Aquin, la femme de chambre survint, terrifiée.

—Madame! madame! il est mort! cria-t-elle, effondrée tout à coup sur une chaise, dans une crise nerveuse, pendant que des pleurs convulsifs glouglouatient sur sa grosse face ridée. On courut voir. En effet, le pauvre diable de typhique était trépassé, et, maintenant, la bouche crispée, ses paupières ouvertes montrant la sclérotique jaunâtre des yeux révulsés, il s'agrippait aux draps qu'avait roulés en boudins, pendant une heure, son tic acharné de moribond.

Cela jeta un froid. Modeste Glaviot, Sarigue et la comtesse parlaient de s'en aller et complotaient même leur départ à l'anglaise, d'autant plus que l'endroit était contaminé et que le coli-bacille devait pérégriner bien à l'aise dans cette maison sans antisepsie. Cependant la Truphot fut à la hauteur des circonstances. Elle exigea qu'on la laissât seule après qu'on eût apporté deux bougies, le rameau de buis et le grand crucifix de sa chambre. Alors, elle tomba à genoux et pria longuement, puis quand elle se fut relevée, sanglotante et toute émérillonnée par les larmes, elle manda Siemans et lui enjoignit de courir à l'église, de s'adresser à l'abbé Pétrevent, son confesseur, de le prier de venir et de lui rapporter de l'eau bénite. Elle voulait que le défunt reçût le sacrement pour n'avoir rien à se reprocher. Car Dieu est une Entité très formaliste, il exige que les nouveau-nés, pour être rachetés, soient saupoudrés de sel et traités telle une entrecôte, et il n'accueille les morts, dans les dortoirs de l'au-delà, que si ces derniers ont été préalablement assaisonnés d'huile et accommodés ainsi qu'une escarole. Mais Siemans préféra charger Boutorgne de la commission, dans la crainte de rencontrer la femme de Molaert qui avait déclaré «qu'elle saurait bien les retrouver», lorsqu'ils galopaient tous les deux. Justement, comme le *prosifère* ouvrait la porte, une femme exagérément mamelue, coiffée d'un bonnet tuyauté auquel pendait un grand ruban outre-mer, en tablier blanc à poches que gonflait l'hypertrophie de deux énormes mouchoirs ayant dû servir dans la journée à torcher l'enfançon, surgit à l'improviste et irrupta dans la maison. Elle vociférait avec un fort accent belge.—Où est-il ce sale maq.... cette ordure qui m'a jetée dehors pour se faire entretenir par une guenuche... Je veux l'étrangler... *sayes-tu*... Il fallut que la Truphot, dont la maigre natte grise s'était dénouée dans son émotion et coulait derrière son dos, à peine plus grosse qu'un lacet de soulier, lui expliquât qu'il y avait un mort dans la maison, lui promît de s'occuper d'elle et lui donnât vingt francs pour qu'elle consentît à s'expédier dans les lointains.

Toute la maisonnée finit par se réfugier dans le salon, après avoir décidé que les deux bonnes passeraient la nuit près du mort et le veilleraient à tour de rôle. La cuisinière devait leur préparer du café véhément; de plus une demi-bouteille de rhum Saint-James et un paquet de cigarettes leur seraient attribués, car les bonnes, chez Madame Truphot, qui n'était pas une bourgeoise selon qu'elle aimait à le déclarer souvent, avaient le loisir de fumer le pétun comme leur maîtresse après chacun de ses repas. Mais elles furent en partie exonérées de cette corvée. Au chevet du décédé elles trouvèrent Madame Honved qui veillait silencieuse. Malgré tout son désir de quitter cette sentine, elle n'avait pas cru devoir se dérober devant cet hommage à la douleur humaine et à la majesté de la mort.

Le salon, qui attenait à la salle à manger et ouvrait aussi sur le jardin, était, comme toutes les autres pièces, meublé de vieilleries et de rogatons d'un bric-à-brac sans discernement. Des guéridons Louis XVI, pieds-bots et vermiculés, faisaient face à des consoles Louis Philippe, d'un acajou semé de dartres; des fauteuils pompadour en faux aubusson alignaient leurs marquises en casaquins, que les mouches et les mites avaient variolées; un canapé hargneux s'embossait dans un angle pour mieux travailler la croupe du visiteur de ses pointes sournoises dissimulées sous une soie enduite de tous les sédiments humains. Une vieille tapisserie, acquise pour cinq louis à l'Hôtel des Ventes, devant laquelle, sans doute, des générations et des générations de hobereaux et de bourgeois avaient flatulé et mis à jour, à la fin des repas, toute l'imbécillité congénitale dont ils étaient détenteurs, pendait lamentable, et évacuait sa *scène flamande*, par la multitude polychrome de ses ficelles désagrégées. Puis c'était un invraisemblable fouillis d'abat-jour en dentelles huileuses, de lampes dignes de la préhistoire, un chaos de terres cuites atteintes de maladies de peau, dont la plastique avait succombé dans les successifs déménagements, qui se poussaient partout, haut-dressées sur des selles. Et derrière tout cela, les chiens de Madame Truphot, Moka, Sapho, Spot et Nénette, qui couchaient dans la pièce, circulaient hypocritement, flairant le pied des meubles et levant la patte sur les étoffes suppurentes et dans les coins d'ombre propice.

On avait fait apporter des liqueurs et des cigares. Ce n'était pas une raison parce qu'il y avait un mort dans la villa pour faire chacun une mine qui ne le ressusciterait pas, bien sûr. D'ailleurs, après une pareille émotion il fallait du montant, un peu d'alcool et le cordial d'un papotage en commun. Quand la camarde a passé quelque part, les hommes éprouvent à l'ordinaire un besoin de se rassembler comme pour mieux se défendre contre l'ennemi commun. Il leur semble qu'ainsi réunis et surtout en disant des choses profitables sur son compte, la Mort hésitera de longtemps à choisir l'un d'entre eux. Pourquoi viendrait-elle les prendre puisque—affirment-ils—ils ne la craignent pas, au contraire? Ce serait pour elle une piètre victoire d'emporter une victime que la chose comblerait de joie. En lui décernant des aménités, ils espèrent confusément la désarmer, car l'infatigable Raccrocheuse ne peut vraiment pas, sans indiscrétion, se montrer démunie de toute urbanité avec des êtres qui ont d'elle une opinion si favorable. Le premier, Molaert, qui avait ouvert dans Paris un cours spécial où il enseignait à quelques grandes bourgeoises et à cinq ou six femmes de hauts fonctionnaires de la République le symbolisme des gestes du prêtre à l'autel, le premier, Molaert fut en mesure d'obéir à ce sentiment. Il parla d'un ton de voix cafard, qui avérait de façon formelle qu'il avait dû passer le meilleur de sa jeunesse à surveiller la blennorrhagie des cierges dans quelque sacristie du Brabant, ou à se faire épouser dans les jésuitières par les professeurs de chattemites du pays marollien. La mort, dit-il, est la récompense du croyant, l'acte le plus probant, par lequel Dieu manifeste sa bonté. Tout a été dit sur elle par les pères de l'Église et il serait ridicule de vouloir y ajouter. Cependant son caractère n'est réellement compris que dans les couvents et les cloîtres où on la salue comme la glorieuse, la sublime Salvatrice qui libère la créature de ce monde effroyable et la précipite dans le giron de Dieu. Dans la vie laïque, dans la Société ouverte, même parmi les plus pieux, elle est encore honnie et redoutée parce qu'elle tranche les vaines attaches qui unissent les êtres entre eux. Lui, Molaert, ne craignait pas la mort, non; il la désirait même comme une récompense à lui dévolue pour avoir vécu dans la règle parfaite de Jésus. Il ne désirait qu'une chose: qu'elle attendît quelques mois encore, afin qu'il pût briser tout à fait la vile enveloppe de sa corporalité, qu'il pût se maintenir dans la pure extase spirituelle du chrétien, n'escomptant plus d'autre joie que le commerce perpétuel avec son Créateur. Oui, dans peu de temps il aurait éliminé pour toujours la basse sensualité que le limon de son origine avait fait perdurer jusque-là en lui... Cependant, il s'angoissait à la pensée que le malheureux défunt avait pu mourir en état de péché mortel... Ces sculpteurs, cela vit toujours avec d'affreux modèles; cela n'a pas de mœurs et ils ne connaissent Jésus que pour en faire de honteuses reproductions en plagiant l'académie des individus les plus déplorables. Au moyen-âge, au moins, la mort subite ou sans confesseur n'impliquait pas forcément la perte du salut, puisque tout le monde se confessait, communiait à peu près chaque matin et que les prêtres veillaient jalousement sur leur troupeau. Ce qu'on pouvait risquer de pire, c'était le purgatoire, tandis qu'en l'heure présente où l'Église se trouvait honnie pour vouloir, quand même, dans son abnégation admirable, sauver les hommes malgré eux; quand elle succombait sous les coups des Dioclétiens de sous-préfectures, la porte du paradis ne devait pas s'ouvrir souvent... Ah! non! C'était à frémir...

—J'étais athée à vingt ans, mais depuis que le bonheur m'a visité, je ne suis pas loin de croire, dit Médéric Boutorgne, en coulant vers la Truphot un regard mouillé. Je n'adopte pas tout entier certes, le *credo* de Monsieur Molaert, poursuivit-il après un léger arrêt et en cédant au besoin de faire un calembour avec un mot de Renan qu'il n'avait pu comprendre, pour moi, Dieu n'est pas, il se fait... comme le camembert et le livarot.....

Et il s'esclaffa, se laissant tomber sur une chaise, les paumes battant les rotules, rendu hilare jusqu'aux larmes par son propre esprit.

La veuve fronçait le sourcil.—Voyons, il ne serait jamais sérieux, même dans les minutes les plus graves. Elle n'aimait pas qu'on plaisantât sur un sujet aussi élevé.

Modeste Glaviot, debout, une main passée dans l'entournure du gilet, s'affirma panthéiste et déterministe en même temps.

—Dieu est dans tout: dans moi, dans vous, dans Madame Truphot, dans la terre du jardin, dans l'air du ciel et jusque dans l'âme de Nénette qui dort, là-bas, en jappant dans un rêve. Oui, il était partisan d'un panthéisme sans dualité, assez voisin du matérialisme, en somme, affirmait-il, mais qui avait conservé quand même un brin de spiritualisme, le rien de sentiment sans lequel on ne peut point vivre. Pour lui, la Conscience et la Force primordiales qui avaient ordonnancé l'Univers, s'étaient absorbées, résorbées dans leur œuvre. Attenter à quoi que ce soit qui existât, c'était faire souffrir cette Conscience, cette Déité si on voulait la nommer ainsi.

Donc, si Dieu était dans tout et si tout était en Dieu, on ne mourait pas. La formule actuelle de la personnalité s'effaçait pour faire place à une autre formule aussitôt suscitée après la disparition de la première. Ainsi quand je récite, ajoutait il, quand je dis mon œuvre, j'emploie, tour à tour, ces deux forces universelles qui sont la Pensée et le Verbe; j'utilise ces forces qui m'ont élaboré, moi, pour me déterminer ainsi, selon leur vouloir préconçu, et sans que j'aie la possibilité de me déterminer autrement. Je ne suis pas libre, en effet, de n'être point poète et d'agir dans un sens différent. Si je viens à disparaître, je ne meurs donc pas pour cela; je cesse d'user du monde dans le sens et le mode où vous m'avez constaté, voilà tout, mais le monde, l'œuvre universelle continuera à user de moi. Plongé dans l'immense creuset où se retrempent les Apparences et où bouillonnent les Causes, j'y puiserai une nouvelle Forme sous laquelle, derechef, je serai convoqué. Mais je devrai, encore et toujours, œuvrer pour la Pensée et pour le Verbe, puisque je fais partie du lot de créatures que ces deux Forces ont choisies et modelées pour arriver à leur but terminal, pour accomplir leur fin, ici-bas...

Ce n'était pas très clair, cependant toute l'assemblée approuvait de la tête.

—Il ne m'appartient pas de m'effacer, non... acheva-t-il, en envoyant sa main en l'air, comme pour marquer la grandeur en même temps que l'effrayante fatalité d'un pareil destin.

Sarigue, qui devait opiner à son tour, s'exhiba sentimental quoique païen. La Mort, pour lui également, n'existait pas puisqu'un seul baiser suffisait à donner la Vie. Il n'y avait que l'agonie de douloureuse et l'agonie c'était de ne point être aimé. D'ailleurs, il regrettait l'Olympe favorable aux amours, les dieux du passé, bons enfants, en somme, que les franches lippées passionnelles mettaient en joie, les dieux de l'Hellas et de la latinité qui versaient dans les querelles du traversin, les chichis de l'adultère, les potins de l'alcove ou du privé, tout comme les hommes... Dans ces temps bénis, on honorait les amants; on les glorifiait en public; on leur permettait même de s'égorgiller un peu. La passion ne déférait à aucun code, ne s'endiguait d'aucune mesure. Le philosophe, sur l'Agora obstrué de foule, pouvait recouvrir de son manteau deux jeunes êtres accouplés, de sexe différent ou identique, sans encourir, de la part de l'Héliaste, le reproche de complicité immorale. Hier, même, il avait lu une fort jolie chose, qui résumait de façon parfaite l'antiquité amoureuse. Et il cita sa lecture: Dans la sylve profonde de Délos clamant les gloires de l'Été, souvent le promeneur, qui errait en se récitant les vers de Moschus ou de Bion, croyait entendre le pivert frapper plusieurs fois de son bec acéré l'écorce des bouleaux argentés. Erreur! C'était l'œgipan qui, avant d'étreindre l'hamadryade, sur le tronc des chênes, essayait sa jeune vigueur...

Il recula son siège au milieu d'un murmure flatteur et la comtesse de Fourcamadan, délirante à la pensée de posséder un tel amant, le ceintura de ses bras et culbuta sa tête sur son épaule en lui faisant embrasser tout ce qu'un érésipèle antérieur avait bien voulu lui laisser de cheveux.

La Truphot, ensuite, notifia qu'elle était chrétienne et spirite. A son avis, l'Esprit, décortiqué par la mort de son enveloppe matérielle, ne pouvait pas consentir à s'éloigner, immédiatement, des lieux et des êtres qui lui avaient été chers. Les vérités de l'occultisme s'appuyaient sur le péremptoire des vérités catholiques, pour former le Tout du Surnaturel. Morbus, en somme, ne faisait qu'apporter des réalités tangibles aux déductions des théologiens. Le Pape était mal inspiré qui refusait d'enregistrer le miracle des tables tournantes. Il y avait là une preuve manifeste de l'existence de Dieu et de la Sainte Famille, une preuve équivalente au miracle de Lourdes, puisque c'était une manifestation incontestable de l'Au-Delà. Dieu, qui voulait que les sceptiques fussent confondus, ne s'opposait pas à ce que l'*Astral* du trépassé continuât à séjourner encore quelque peu ici-bas et répondît à l'appel des initiés... Tout à coup elle se frappa le front d'une main inspirée. Ah! elle avait une idée. Pourquoi ne profiterait-on pas de la circonstance qui n'était point susceptible de se renouveler; oui, pourquoi n'évoquerait-on pas, de suite, l'âme à peine envolée du sculpteur, qui certes, devait rôder dans les environs?

Siemans, muet jusque-là, arriva à la rescousse. Il déclara qu'il possédait une médaille bénite, une médaille sanctifiée par Monseigneur Potron, lui-même, au triduum des missionnaires, une pièce au profil de la vierge. Si l'on venait à la jeter sur un guéridon en giration, comme il l'avait vu faire chez un ami, le dit guéridon se démenait, ruait, se cabrait aussitôt en un cake-walk désordonné, pour se débarrasser de l'effigie bénéfique qui horrifiait le Malin, lorsque celui-ci habitait sournoisement l'acajou ou le poirier noirci du meuble. C'était un moyen infaillible pour se rendre compte si l'on se trouvait ou non confronté avec une âme bienheureuse. Il confia aussi, qu'à l'exemple de l'assistance, la Mort ne lui faisait pas peur. Il l'accueillerait en brave, en honnête homme qui n'a rien à se reprocher. Il voulait seulement un grand nombre de cierges et beaucoup de chants à son enterrement, car la pompe chrétienne était ce qu'il y avait de plus beau sur la terre et il aimait follement la musique. Dans quelques années—il avait le temps encore—il commencerait à mettre de l'argent de côté afin de réaliser un projet caressé. Il voulait doter sa paroisse *du brassard gratuit* pour les premiers communiants pauvres. Un capital d'au moins vingt mille francs était nécessaire pour cette œuvre. Mais pour en revenir à son trépas, il désirait être enterré au Cimetière Montmartre, une nécropole bien famée, où il y avait beaucoup de grands hommes, et où l'on ne rencontrait que des morts *qui se respectent*. Il aurait bien aimé dormir près du général en bronze couché dans son manteau, près du général Godefroy Cavaignac qui se tenait dans la grande allée, à gauche, mais toutes les places étaient prises à ses côtés. Il avait toujours rêvé, comme monument funéraire, d'une dalle de granit gris cendré entourée de pensées et de myosotis au printemps, d'un petit portique grec en ruines où deux déesses éplorées, en drapé phrygien, soutiendraient un médaillon offert par ses amis, avec son prénom seul et cette simple inscription: *A Adolphe, tous ceux qui l'ont aimé.*

La Truphot menaça d'être emportée, derechef, par un Niagara lacrymal; elle se tamponna les yeux en gloussant, et cette manifestation d'attachement ravagea Médéric Boutorgne qui croyait désormais posséder victorieusement son esprit. Depuis une heure, il cherchait le moyen de mettre tout le monde dehors pour passer la nuit seul avec elle, ce qui parachèverait sa conquête. Mais son indigente imagination n'avait suscité nul expédient. La vieille que l'évocation funèbre de son amant avait remuée et reportait au mort, larmitait et se lamentait par saccades.

—C'est mon bon cœur qui m'a valu cela encore... On a beau dire, c'est trop stupide à la fin d'être pitoyable... Me voilà maintenant avec un mort sur les bras... Un cadavre qu'il va falloir faire enterrer.

Le prosifère dut la consoler pendant que Siemans montait quérir sa médaille et que l'on préparait la table.

—Il ne sert à rien de vous désoler, Amélie, lui disait-il. Ne sommes-nous pas là pour vous assister. Grâce à vous, la science psychique va faire un pas décisif. Cette mort aura donc eu, en somme, un côté profitable.

Les lampes baissées, on avait fait place nette autour de la table, pour qu'elle ne fût pas gênée dans les cabrioles et l'épilepsie que Modeste Glaviot transmué en médium allait lui conférer. La veuve, elle-même, avait désigné l'histrion en se portant garant de sa fluidité et de son ésotérisme. Molaert, avec une moue d'improbation, s'était fait disparaître. Il répugnait à l'occultisme qui, ainsi qu'il l'avait confié à Sarigue, lui apparaissait «comme les sentines, le goguenot de l'au-delà.» L'horloge de l'église proche égouttait lentement la dixième heure et, par delà les fenêtres ouvertes, les beuglements des pochards attardés et les sifflets des trains excoriaient le silence nocturne. Les lumières qui illuminaient les vitres, dans les maisons voisines, s'éteignaient une à une. C'était le moment où, ensuite de la bâfrerie du dimanche, les bourgeois se préparaient à barater leur épouse ou leur concubine, afin de parachever la liesse hebdomadaire. Justine avait tiré sur leurs tringles les anneaux grinçants des vieux rideaux de brocard encuirassés à la base par la poussière et le pissat des chiens. Tous étaient assis, encerclant le guéridon d'un pourtour de mines graves et solennelles. La comtesse poussait de petits cris effarés devant l'imminence des esprits d'outre-monde, et la Truphot avait reconquis un visage attentif et sapient de vieille sorcière, qui se pourlèche devant un sabbat attendu. Déjà ils s'étaient rapprochés, les paumes maintenant à plat sur le bord du guéridon et les yeux fixés au centre, avec, au fond d'eux-mêmes, comme venait de le commander Modeste Glaviot, *«l'énergique vouloir que la table tournât.»*

Mais, subitement, tous tressautèrent, et restèrent les mains suspendues, immobiles, et pleins d'une indicible terreur. Un à un et à intervalles réguliers des coups résonnaient dans la cloison. C'était distinct et net, précis et métallique. Aucun d'eux ne douta que ce fût l'esprit du mort qui, plein de déférence, manifestait son bon vouloir à sa façon, avant de venir se domicilier dans la table. Cet imprévu déroutant, qui n'avait pas été consigné au programme, les glaçait. Modeste Glaviot eut un redressement de son front penché qui signifiait nettement: *hein, vous voyez!* Mais Sarigue, compatriote d'Apulée, ne put se tenir d'aller le premier enregistrer le miracle. Il se leva et dans l'autre pièce constata la présence de Molaert qui, armé d'un fleuret, la figure zébrée de rides coléreuses, tirait au mur entre deux lampes placées par lui sur un meuble.—Coupé-dégagé; je lie en sixte... et je me fends... proférait-il, rageur... Et il boutonnait la cloison...

—Ah! fichtre, vous nous avez fait peur avec votre escrime, dit Sarigue, au moment même où Madame Honved, dont la valise attendait dans le corridor, survenait à la porte du salon, pour prendre sèchement congé de la veuve. Juste en cette minute, deux coups de sonnette, un spondée: deux appels longs et impératifs, retentirent à la porte d'entrée. La Truphot s'était dressée toute pâle sous la couperose ordinaire de son faciès, et le père Saça, le jardinier-concierge, accourait, en trottinant, prendre des ordres, son dos circonflexe sautillant dans le noir de la cour. Une inquiétude poignait la veuve. Si c'était le mari? Après une seconde d'indécision, elle se décida pourtant à accompagner le vieil homme pour parlementer à travers la porte et n'ouvrir qu'à bon escient. Les spondées et les dactyles de la sonnette avaient repris et, maintenant, c'était un carillon endiablé qui menaçait de ne point s'apaiser et déchaînait l'émoi de tous les chiens d'alentour. Seuls, ceux de la vieille, en bonne chiennerie scabreuse, s'étaient tapis sous les meubles pour y cacher leurs affres et y évacuer les liquides de l'effroi. Dans le salon, Médéric Boutorgne, le couple Sarigue, Siemans, qui venait de redescendre avec sa médaille, et Modeste Glaviot, la main en l'air, encore dans l'attitude injonctive propre à commander la sarabande du meuble possédé, se frottaient les uns contre les autres, travaillés eux aussi d'un malaise inexplicable. Enfin la veuve, accotée à l'huis, s'était mise à faire jouer le petit judas encastré dans le panneau et elle interrogeait.

—Qui est là, à pareille heure?

—Moi, Jacques Roumachol, que vous connaissez bien, Madame Truphot. Ouvrez-moi vite; je viens pour une affaire importante et j'avais peur que vous ne fussiez déjà couchée.

La vieille, en effet, connaissait ce Roumachol, un peintre qui avait dîné quelquefois chez elle, il y avait déjà plusieurs années, mais elle restait inquiète quand même, ne se hâtant pas de faire jouer la serrure.

—Êtes-vous seul, bien seul? ajouta-t-elle.

Un rire s'éleva derrière la lourde porte.

—Non, mais croyez-vous que je suis accompagné d'un escadron de cavalerie, comme le *Petit-Père* ou le Schah de Perse en vadrouille.

La vieille, rassurée par cette gouaille d'atelier, se décidait enfin à ouvrir. Elle tournait elle-même la clef. Alors, on vit une chose inattendue. Le père Saça fut soudain enlevé de terre comme s'il avait servi de projectile à quelque invisible catapulte, et son corps, qui se ployait aux reins, tournoya ainsi qu'un gigantesque *boomerang*, vira tel un de ces énormes morceaux de bois convexe qui servent aux aborigènes de l'Australie à chasser le Kanguroo. Il vint s'abattre avec un bruit crissant de feuillages écrasés au beau milieu d'une touffe de lilas, où il se mit à geindre éperdument.

—C'est lui! C'est lui, hurlait la Truphot, hispide, déchevelée, en se sauvant, les bras au ciel.

Comme elle le laissait entendre, c'était Honved qui, accompagné de Jacques Roumachol, son ami, emmené par lui dans le but unique de se faire ouvrir la porte, fonçait, tel un taureau échappé, et le revolver à la main par surcroît. Il paraissait exaspéré, hors de lui, vociférant d'effroyables choses, et son compagnon se pendait à son bras, s'efforçant de lui arracher l'arme qui, d'un instant à l'autre, pouvait produire un irréparable malheur.

—Ma femme! Ma femme! toute seule dans ce mauvais lieu.... Ma femme tombée dans un prostibule!...

Rentré à Paris, vingt-quatre heures plus tôt qu'il ne le pensait au départ, il avait trouvé au logis un mot de Madame Honved, épinglé à la dépêche apocryphe, et lui expliquant qu'elle se rendait à Suresnes selon ses conseils. Sans perdre une minute, devinant le traquenard, il était allé chercher Roumachol, pour forcer par subterfuge—car sans cela on l'aurait laissé dehors—la villa de la vieille et reconquérir sa femme, coûte que coûte. Près de la porte entr'ouverte du salon, il s'était enfin saisi de la Truphot, et il la secouait comme un prunier.

—Où est-elle? dites-le tout de suite si vous ne voulez pas que je vous étrangle. Et il lui fouaillait le visage de sauvages épithètes: Misérable, vous vouliez la donner à votre amant, à votre Belge saumoné pour mieux le river à vos sales jupons d'entremetteuse bourgeoise et de brehaigne frénétique...

Il se méprenait cependant sur les mobiles de la vieille, car si celle-ci faisait du proxénétisme par amour de l'art, elle était innocente du comportement trivial qu'il lui imputait et qui consiste à s'adjoindre des aides. Elle s'estimait, bien au contraire, et pour longtemps encore, apte à faire le nécessaire et même à distancer qui que ce fût sur les couettes d'amour.

Mais déjà, Madame Honved était dans ses bras et ils s'étreignaient farouchement, cette dernière l'apaisant d'un coup par cette seule protestation.

—Est-ce donc que tu n'avais plus foi en moi pour verser dans un émoi pareil?

Siemans, Boutorgne, Glaviot, Molaert et le couple Sarigue, tous les animalcules de la putréfaction, tous les protozoaires du croupissement, avaient disparu, s'étaient obnubilés comme par miracle. Un instant, sous la lumière fadasse de la lune qui s'était dégagée, on put voir l'auteur de *Julius Pelican* faire des efforts désespérés pour hisser *l'ichtyomorphe* de la Truphot pardessus le chaperon du mur. Un jupon rose traînait sur une plate-bande pelée, que la comtesse avait dû perdre dans sa fuite, puis un bruit de verre brisé et des jurons s'entendaient chez le maraîcher voisin, émanant du grimacier montmartrois, qui pataugeait et s'empêtrait, dans sa fuite, parmi les châssis de salades, les cloches à cucurbites, où il s'était imprudemment jeté en risquant les crocs du molosse ou les coups de fusil du propriétaire. Les chiens Moka, Spot, Nénette et Sapho, ayant enfin retrouvé l'usage de leur vaillantise, aboyaient à l'unisson, vitupéraient furieusement Honved qui avait attiré sa femme dans le salon et, près de la table, où l'esprit du mort, privé de l'adjuvant de Modeste Glaviot, n'avait pu s'insinuer, sanglotait de joie, laissant tomber sur ses mains les gouttes chaudes de ses larmes, rien qu'à les retrouver intacte parmi ce lupanar non autorisé. Cette scène eut même le don d'attendrir la veuve, car les spectacles de tendresse ou de passion vécue précipitaient toujours, jusqu'au déluge, l'activité de ses sécrétions intimes. Bien qu'elle eût tout intérêt à ne pas s'exhiber d'aussi près et à laisser le peintre, Honved et sa femme quitter en paix la maison, elle n'y put résister.

—Vous l'aimez donc? questionna-t-elle d'une voix passionnée, d'un timbre ravagé, où pantelait toute son âme de vieille amoureuse. Puis comme Honved ne lui répondait pas et se contentait de botter Nénette et Sapho qui s'étaient approchées trop près de ses chausses, elle pointa autour d'elle un coup d'œil circulaire, aperçut les deux bonnes qui avaient quitté la veillée du mort pour ne rien perdre de l'esclandre, la cuisinière accourue elle aussi tout en torchant une casserole, et elle se précipita sur leur sein, à tour de rôle, hululant contre leurs joues, faisant dodeliner sa tête caduque, dans l'envol des mèches grises, des épaules de l'une aux épaules de l'autre.

—Ah! mon Dieu, si j'avais su! Ce n'est pas ce qu'on croit! Je suis une honnête femme. On m'a diffamée, insultée!...

Roumachol lui-même ne put l'éviter: avant qu'il ne se fût mis en garde, elle était dans ses bras.

—Si on peut me traiter ainsi, mon seul tort est d'avoir voulu inviter Madame Honved, malgré tout. Je l'aime comme ma fille... Je l'aurais défendue comme mon enfant...

Quand le peintre fut hors de son étreinte, se secouant, luttant contre la nausée que lui avait value cette embrassade, la Truphot chercha des yeux quelqu'un encore sur le cou de qui elle pourrait tomber. Chacun, hélas! hormis l'auteur dramatique et sa femme, avait reçu son lot d'étreintes désolées, et en cette circonstance, les cinq cents poitrines d'un bataillon d'infanterie en front de bandière, sur lesquelles elle aurait ruisselé successivement, n'eussent point apaisé l'accablement attendri de la veuve. Les yeux obscurcis de larmes, n'y voyant plus très clair, elle se lança en avant, plongea des épaules, se préparant, dans son deuil effréné, à accoler une des colonnes de fonte soutenant, à la porte du salon, la plafonnée du vestibule et que la cécité de son affliction lui faisait prendre sans doute pour une personne humaine. La femme de chambre dut se précipiter et la retenir juste comme elle allait s'arracher les joues contre le métal sans aménité. Elle revint alors délirante vers Honved et sa femme qui, amusés tous deux de la scène, riaient maintenant.

—Je vous en prie, mes chers amis, ne nous quittons point en ennemis... Je vous adjure, je vous objurgue, ne me gardez pas rancune....

Certainement elle allait les investir quand Roumachol arrêta son élan en lui tendant une glace de poche, et en lui conseillant de s'expédier dans le jardin où elle pourrait se donner un coup de peigne au clair de lune... elle en avait besoin.

La sortie de Honved, de sa femme et du peintre s'effectua entre quatre gendarmes, muets et bien alignés, que Siemans et Boutorgne étaient allés quérir en leur conseillant de se placer à la porte d'entrée, et qui vinrent, comme il est décent, protéger la morale et la propriété représentées par la veuve et sa trôlée d'entretenus. Cependant ils ne se décidèrent pas à verbaliser ou à arrêter les envahisseurs, malgré toute l'éloquence et l'impeccable argumentation usagées par le gendelettre pour obtenir ce profitable résultat.

Siemans ayant fait son devoir et confié à la maréchaussée le soin de veiller sur la sécurité de la Truphot se sentit sans entrain pour rejoindre la villa. Il déclara que d'importantes affaires l'appelaient à Paris pour le lendemain; il lui fallait s'entendre avec l'architecte, donner des congés, signer des engagements de locations, car il gérait les immeubles de la veuve; d'autre part Honved et Roumachol pourraient revenir, et il était trop pacifique pour endurer deux fois la vue des armes à feu, bref il préférait rentrer à Paris par le dernier train. Et il prit délibérément le bras de Boutorgne, pour le mener lui aussi à la gare. Mais celui-ci se démena; il argua à son tour qu'il avait laissé son manuscrit dans la maison, le manuscrit d'*Eros et Azraël* pour lequel il devait signer un traité avec le plus gros éditeur de Paris. Il lui fallait, de toute force, reconquérir le précieux papier. Ils se retrouveraient sur les deux heures de l'après-midi au café de la Rotonde, car il ne voulait pas le faire attendre. Siemans eut un rire équivoque, tapa sur le ventre du camarade en l'appelant... sacré viveur.. et lui souhaita bonne nuit, de l'air bien tranquille d'un Monsieur dont la situation est inexpugnable et contre qui on se démène bien vainement. Puis il entra prendre son billet pendant que le prosifère dégringolait à toutes jambes la sente chantournée et rocailleuse qu'ils avaient ascensionnée pour arriver à la station du Haut-Suresnes.

Dix minutes après, il était de retour près de la veuve qu'il trouva rassérénée, assise devant une bouteille de fine et occupée à griller des cigarettes. La Prévôté était partie; la porte se trouvait libre de baudriers jaunes. Les bonnes avaient abandonné définitivement la chambre du mort et tenaient compagnie à Madame. Le père Saça, vautré sur le canapé, se faisait frictionner à l'arnica par la cuisinière, déclarait qu'il souffrait de lésions internes et qu'il était estropié pour le restant de ses jours, bien sûr. Il jura qu'il intenterait un procès à Honved et que Madame Truphot servirait de témoin, mais la vieille ayant protesté qu'elle ne voulait pas d'esclandre, il parla alors d'un viager qu'on devrait lui faire et, comme il finissait d'ingurgiter un grog, il poussa de grands cris ininterrompus, exigeant qu'on fît venir un prêtre, car ses douleurs augmentaient... Certainement il ne passerait pas la nuit... La cuisinière affirmait qu'elle avait vu rôder des fantômes dans le jardin, qu'un esprit depuis une heure s'acharnait à lui donner des coups de pied dans l'estomac, qu'elle avait les sangs tournés, et que le saisissement allait la rendre hydropique. Tous ses gages désormais devraient passer en médicaments, certes elle aimait bien Madame, mais le service de Madame était trop difficile avec des événements pareils. Elle entrerait le lendemain à l'hôpital, après avoir fait constater son état; son dévouement ne pouvait aller jusqu'à mourir de gaieté de cœur pour Madame. Boutorgne, que les incidents avaient servi, car il restait maître du champ de bataille dont la veuve était le trophée, Boutorgne victorieux de tous ses rivaux qui, pour la seconde fois, allait dormir avec la vieille et profiter de la récidive pour sceller, sans doute, leur union de définitifs serments, fut obligé de fuir avec elle devant les piaillements ancillaires servant de prélude à leurs félicités nocturnes.

—J'ai l'foie décroché, j'ai pour l'moins attrapé une bonne hernie étranglée... j'sens déjà mes boyaux couler sur mes cuisses! J'veux ma suffisance, ma goutte et mon tabac pour l'restant d'mes jours, lamentait le père Saça.

—Qu'est c'qui m'gagnera mon pain quand je vas me gonfler d'eau comme un cuvier à lessive, et que j'suis condamnée à tomber un beau jour en *cacalepsie*, sur mes fourneaux, à la suite des souleurs de c'soir... Faut qu'elle assure ma vieillesse, appuyait la cuisinière.

—C'est elle qu'a fait mourir l'beau jeune homme, ce pauvre sculpteur d'en haut pour en hériter, surajoutaient Justine et Rose, l'autre bonne, en coulant leurs menaces dans la cage de l'escalier.

Dans les bras de la vieille, pour qu'elle goûtât en toute béatitude les voluptés que propulsaient sa voltige amoureuse, le prosifère dut se porter garant qu'avec seulement deux billets de cinq louis, il apaiserait, le lendemain, la sédition de toute cette racaille.

VI

La couche de la Truphot et ses tumultueuses délices retinrent très tard le gendelettre à Suresnes. Comme il l'avait promis, il réfréna pour presque rien l'insurrection des bonnes fédérées en une intention commune de chantage. Le préposé au sécateur fut plus difficile à réduire, lui. Couché et circonscrit par une multitude de pots de tisanes, strapassé de sinapismes et constellé de ventouses, il ne répondait au *prosifère* que par des gémissements taraudants, des glapissements prolongés. Sa femme, pour lui, maniait l'éloquence émolliente: le vieux était déjà perclus de rhumatismes, une pareille secousse allait le confiner pour toujours sur le fauteuil des paralytiques... Avec des soins, surtout avec de l'argent pour faire une saison dans le Midi, peut-être, cependant, à la rigueur, s'en remettrait-il... Et puis, si on voulait bien lui donner une place de concierge dans un des immeubles de Madame Truphot, à Paris... Là il y avait les étrennes et il n'aurait plus besoin, tous les matins, dès cinq heures en été et sept heures en hiver, de vaguer dans la rosée. La nécessité d'un second matelas à son lit se faisait sentir aussi; d'un autre côté, il avait une *ardoise*, une dette de 65 francs, à l'*Espérance*: la déveine tenace de tout un hiver à la manille. Médéric Boutorgne promit qu'on examinerait sérieusement la situation du vieux, à condition pourtant qu'il se tînt coi et ne soufflât mot de ce qui s'était passé dans la maison.

Parti vers 4 heures et demie, le gendelettre rata Siemans au café de la Rotonde. Il s'était commandé un bock et, énervé, avait filé dès que l'orchestre de tsiganes, s'éveillant pour l'apéritif, avait *suppuré* sa première valse. Il savait où rejoindre son rival. Il n'avait qu'à se rendre sur les six heures rue des Écoles devant les boîtes à loyers; il était sûr d'y trouver le Brabançon qui, pour rien au monde, n'aurait manqué de faire là, par les après-midi conciliants, une heure de footing, inspectant les façades, le jambon rose de sa face tout épanoui à la certitude de posséder cela un jour. Médéric Boutorgne se croyait autorisé à penser, d'ores et déjà, que, peut-être, Siemans spéculait un peu à la légère. A qui reviendraient les maisons? En l'état actuel des choses, cela ne pouvait faire doute.

Siemans, le bien laité, aux nageoires sagaces,
Siemans, l'ichtyomorphe, jadis pauvre alevin,
De sa belge laitance accourue de Louvain,
Humectait la Truphot aux soixante ans salaces.

Comme avait écrit un confrère. Eh bien! Siemans humectait désormais sans profit, car l'ocarina du sire ne pouvait rivaliser avec sa prose, à lui Boutorgne, qui donnerait, un jour, lustre et notoriété à la veuve. Cet imbécile avait laissé investir sa vieille maîtresse et, quand elle serait défunte, il n'encombrerait guère les guichets du fisc pour y verser des droits de succession, bien sûr.

Il était six heures un quart quand le gendelettre arriva devant les maisons convoitées. L'ocariniste ne s'y trouvait point. Longtemps, à son tour, il se promena devant les façades odieusement rectilignes, devant les balcons soutenus par des cariatides aux gorges déplorables, dont la plastique consolerait celles des malheureuses qui, dans les maisons Tellier sous-préfecturales, dispensent la volupté coupable aux notaires anacréontiques; longtemps il croisa devant les porches béants, qui semblent être des entrées de tunnel, où des nymphes lampadophores, en drapé grec, s'épucent dans leur péplum en simili-antique. Plus longuement encore il savoura l'architecture néo-béotienne de ces immeubles impressionnants—les plus beaux de la rue—qui, un jour, seraient à lui.

—Voyons deux appartements au premier cela faisait huit mille; également 8.000 au second, puis 7.000 dans les deux autres étages: le cinquième et le sixième évalués pour autant ensemble cela faisait un total de 37.000, mettons 35 qui, multipliés par 3, fournissaient un total de plus de 100 mille livres de rentes, 85 mille net, au bas mot. La Truphot en détenait pour le moins l'équivalent en biens-meubles. Fichtre, c'était une jolie affaire! Et il sentit aussitôt une chaleur d'enthousiasme serpenter de ses talons à l'occiput. Il redressa sa petite taille, enfonça les mains dans les poches de son pantalon et, commisérateur, toisa les vagues passants. Cependant Siemans ne se montrait toujours point, et comme il guettait déjà le tramway qui, en désespoir de cause, devait le ramener à la gare Saint-Lazare, car il avait promis de retourner le soir à Suresnes, il vit enfin le Belge déboucher tout à coup de la voûte de la seconde bâtisse. Celui-ci, très animé, discutait avec la concierge et, les joues cramoisies, ponctuait son discours des saccades violentes de ses gros bras. Quand Boutorgne l'eût rejoint, il débonda sa colère.

—Cette bougresse de concierge ne refusait-elle pas de laisser marquer le gaz dont elle avait besoin pour son éclairage et sa cuisine au compteur de l'immeuble, de telle façon que lui, Siemans, pût, en lui faisant payer plus que sa consommation normale, se rattraper un peu sur les dépenses exorbitantes de luminaire que nécessitait la maison.—Une idée réellement *lumineuse* qu'il avait eue. Et puis, fichtre de fichtre! si des choses pareilles étaient permises dans une maison honnête! Ne venait-il pas d'apprendre que deux des plus anciens locataires, des locataires de sept années n'étaient pas mariés, vivaient en concubinage. Ah! il allait te les flanquer à la porte et rondement encore. Justement il les quittait, il sortait de leur parler, de leur demander comment ils avaient eu le culot de venir abriter chez lui leur dévergondage au risque de faire déménager tous les riches voisins, parmi lesquels il y avait un conseiller à la Cour, un professeur à Stanislas et un vicaire de Saint-Sulpice. Ceux-là payaient trois mille cinq de loyer, et ils étaient en droit, pour ce prix, d'exiger que l'immeuble fût convenablement habité et que les voisins menassent une vie régulière et moralisatrice. Comme cela tombait! Le conseiller à la Cour avait une grande fille qui allait prendre le voile. S'il venait à connaître la chose, il pourrait avec les autres lui faire un procès en résiliation. C'était son droit. Mais le plus drôle était qu'un des concubins—l'homme—n'avait pas voulu s'en aller à l'amiable, le menaçant de le jeter dehors, disant que cela ne le regardait pas, qu'il payait régulièrement son terme et qu'il était chez lui... Ah! oui, il était chez lui, mais pas pour longtemps. Il courait de ce pas jusqu'aux plus prochains panonceaux; il lui ferait donner congé par huissier. Eh! allez donc, ouste!

Médéric Boutorgne, comme toujours, approuva. Ce n'était pas une raison parce qu'on était au quartier latin pour vivre comme des pourceaux sans sacrement ni contrat. Et tous deux, alors, se dirigèrent vers l'huissier, vers l'usine à protêts, vers le fabricant de saisies qui assistait la Truphot, en ses habituelles procédures, et, en bonne hyène nécrophage, prenait le vent à son ordre sur le deuil et la misère.

Mais, auparavant, Siemans saisit le bras du gendelettre, lui fit traverser la chaussée, le planta sur le trottoir d'en face et d'un geste large embrassa les immeubles de sa vieille maîtresse. Son œil béat parcourut la ligne des trois façades, digéra voluptueusement la niaise prétention de ces garennes à bourgeois, pareilles à toutes celles, hélas! dont s'enlaidit la ville depuis dix ans.

—Hein! quelle fortune... Dire que si elle m'avait écouté, avec un peu d'économie, elle en posséderait le double à l'heure actuelle!

A se frotter ainsi à la richesse de la veuve, à négocier et à administrer pour elle, les deux drôles se trouvèrent investis d'une audace incroyable.

Chacun, in petto, pensait que de tout cet argent il serait le légataire en un avenir prochain et ils acquéraient la confiance en soi, le contentement épanoui du gros bourgeois qui se sent une puissance sociale avec laquelle il n'y a pas à barguigner.

En sortant du mouillage paludéen où, suscité par la Loi pour escorter et surveiller l'esquif des riches, avaler les plus pitoyables épaves et dépecer les moribonds et les cadavres qu'on lui jette en pâture, l'huissier, le squale sans entrailles, présidait aux ébats de ses clercs, sombres de moindre importance et très souvent affamés, qui, eux, évoluaient parmi les bancs de paperasses et la mer des Sargasses des dossiers calamiteux; en sortant de ce mouillage méphytique, Boutorgne et Siemans, après avoir un instant tenu conseil, se mobilisèrent vers la Préfecture de Police.

Il s'agissait de savoir si un individu quel qu'il fût, se réclamant de n'importe quel mobile, fût-il vingt fois péremptoire et autant de fois légitime, avait le droit de venir faire du chichi, la nuit, et les armes à la main, chez une personne de la notoriété, de la richesse et du reluisant de Madame Truphot, veuve d'un maire de la rive gauche par surcroît. Celle-ci avait beau ne point vouloir de scandale, il n'en allait pas moins, si l'on se résignait au silence, de la dignité de tous ses commensaux, qui se trouvaient du même coup déshonorés. En utilisant, la veille, la rapidité de translation du zèbre et la fugacité des étoiles filantes, ils avaient cru la mieux servir qu'en versant dans un déplorable pugilat avec l'envahisseur. Donc on allait voir. S'ils avaient peu de propension à affronter les calottes, ils étaient des gens avisés à qui le dernier mot devait rester, puisqu'ils avaient répudié le rôle de pourfendeur pour se réclamer judicieusement, le lendemain, à tête reposée, de l'indiscutable légalité. Deux juges d'instruction, à qui fut passé un carton leur notifiant qu'on venait de la part de Madame Truphot, rentière et femme de lettres, et qu'on se réclamait de la mémoire de défunt le mari, ex-maire, ex-conseiller général de la Seine, se montrèrent dubitatifs et expectants, quoique animés de la meilleure volonté à leur adresse. La violation de domicile n'était pas très caractérisée. Honved, après tout, avait seulement usé de ruse pour pénétrer dans une maison où il avait fréquenté précédemment.

Il y avait bien le délit de port d'arme prohibée, mais aucun procès-verbal—au dire de ces Messieurs—n'avait été dressé. Bref, le parquet, en tout cas, ne pouvait rien faire avant d'être saisi d'une plainte régulière et encore cela regardait il le procureur de Versailles. Déconfits, les deux compères squameux retraversaient déjà mélancoliquement la Cour de Mai, et s'apprêtaient à franchir la grille dorée, lorsque, tout à coup, Boutorgne se frappant le front eut une idée: si on allait dénoncer Honved au Préfet de Police, comme ayant, le revolver au poing, enlevé de force sa malheureuse femme qui, lasse d'être maltraitée par lui, l'avait précédemment abandonnée, et avait trouvé asile dans une maison amie où on l'entourait de soins et d'égards? Insidieusement, on ajouterait que l'auteur dramatique était bien capable de s'être porté sur sa conjointe aux pires déterminations, qu'il avait quitté Suresnes en proférant des menaces de mort à son encontre et qu'il n'y aurait rien d'extraordinaire, étant d'ailleurs anarchiste et avec un tempérament comme le sien, à ce qu'il l'eût tuée à l'heure présente. Ils affirmeraient que, depuis la veille, personne n'avait rencontré Madame Honved, que l'appartement était clos, les persiennes fermées, et, comme inquiets de l'issue de cette aventure, tous deux s'étaient présentés chez lui vers midi, ils n'avaient pas reçu de réponse: Honved, depuis qu'il était rentré n'ouvrant à personne, au dire de la concierge. Ils ajouteraient cauteleusement qu'un souci d'humanité les guidait seul dans cette démarche, et que leur plus vif désir était de voir éviter un malheur, un drame que la police pourrait prévenir, s'il en était temps encore, en surveillant ce triste individu. La chose n'aurait aucune suite, mais l'enquête de police embêterait toujours Honved. D'ailleurs après avoir reçu la visite des inspecteurs il lui faudrait déménager, car quiconque a été l'objet d'une enquête du Parquet est un homme capable de tout, d'après la mentalité contemporaine. Les voisins le lui feraient bien voir. Siemans, enthousiasmé par l'ingéniosité de son compagnon, ne crut pas pouvoir lui marquer son admiration de façon plus probante qu'en lui décochant, en toute aménité, un coup de poing qui faillit lui luxer la clavicule. D'ailleurs, toutes les portes s'ouvraient devant le Belge qui, dans l'endroit, paraissait jouir d'une considération spéciale. Beaucoup de messieurs à mine torve, assis sur les banquettes d'antichambre, se levaient à son passage et le saluaient avec courtoisie. C'est en paonnant qu'ils doublèrent la ligne redoutable des huissiers, pour eux pleins de condescendance, et qu'en moins de dix minutes ils furent autorisés à embellir de leur personne le Cabinet de Monsieur Lépine, *l'homme de la Bourse du Travail*, comme Monsieur Thiers est l'homme de la rue Transnonain.

Une heure après, ils s'éployaient à la terrasse du café du Palais. Médéric Boutorgne avait racolé dans le lieu deux jeunes avocats chargés par lui, à l'avance, de défendre les intérêts de la veuve. Ceux-ci, saturés de respect, l'écoutaient parler d'une violation de domicile commise, à main-armée, la nuit, par un anarchiste. Et ils ouvraient d'énormes serviettes desquelles ils extrayaient, pour les brandir sous le nez du *prosifère*, une invraisemblable quantité de lettres élogieuses, à eux adressées par des clients dont ils avaient fait triompher la cause, à ce qu'il en paraissait.

—Le frère Prépucien, de la doctrine chrétienne, était convaincu de dix-sept attentats à la pudeur, parfaitement caractérisés. Je plaide la cause à Lorient. Acquitté.....

—Bellencontre, l'administrateur du journal socialiste, *L'Eau du Jourdain*, était poursuivi pour avoir soustrait 3.000 francs à la souscription en faveur des grévistes de Monceau, alors affamés. L'imbécile avait avoué et restitué. Je prends le dossier en mains et sauve son honneur. Acquitté.....

—Métivier, l'ex Premier-Président, à la retraite, et Directeur des mines de nickel du Pôle antarctique, avait volé au moins trois cent mille au fonds de réserve. Il fallait le sauver. On invente un caissier malversateur et nous marchons contre lui en l'accusant de faux et de détournements. Le bougre fait une belle défense et allait s'en tirer quand, plaidant partie civile, je l'anéantis... Condamné... Cinq ans de réclusion, comme Loizemant.

—Je suis *collé* avec la femme divorcée d'un substitut. Nous tenons ce dernier par un tas de sales histoires. Si le Parquet ne veut pas suivre sur la violation de domicile, nous ferons condamner votre homme à l'aide des lois scélérates ou bien encore pour pornographie. Puisque c'est un folliculaire anarchiste il a certainement dû *exciter* à quelque chose dans sa vie ou écrire des inconvenances. Son affaire est sûre. Trois mois au moins, je vous promets trois mois.....

A la verbosité pontifiante de Boutorgne et surtout à l'entrain dont Siemans faisait preuve pour réitérer les apéritifs, les deux avocats, poursuivant la conversation, purent se convaincre aisément qu'ils avaient réussi sans grande peine à installer la confortante certitude du triomphe dans l'esprit de leurs interlocuteurs.

VII

Pour les pauvres, l'avortement n'est pas seulement un droit, mais un devoir.

Madame Truphot, le jour même où Boutorgne s'expédia sur Paris, s'était, sur les cinq heures de l'après-midi, désembastillée de sa villa désormais fortifiée. La peur, malgré toutes les précautions prises, la tenaillait fortement et elle pensa récupérer plus vite quelque sérénité en allant humer un peu l'oxygène du dehors. D'ailleurs, elle haïssait la solitude et il était sans exemple dans la vie qu'elle eût résisté une journée entière aux affres de l'esseulement. Puis elle projetait de faire certaine visite jusque-là différée. Rose, la bonne, grimpée sur une échelle, avait inspecté la rue, par dessus le mur, et avait assuré qu'elle était sans périls. Embellie d'un large chapeau bergère en paille maïs, où pendaient des grappes de cerises en celluloïd, vêtue d'une jupe et d'un corsage rouges, en toile d'Alsace imprimée, sur laquelle folâtraient d'hybrides oiseaux bleu-ciel, elle se dirigea vers le centre de la localité. Un face-à-main d'écaille la situait parmi les intellectuelles.

Au bout d'un quart d'heure de marche, elle se trouva dans le vieux Suresnes, dans le pâté des bâtisses lézardées en mal d'éboulement, devant les maisons découragées dont la plupart ne soutenaient leur vétusté qu'à l'aide des étançons, des béquilles, du cacochyme. Là, devant un lavoir qui se signalait par un drapeau de zinc, la puanteur chaude de ses lessives et un bruit continu de vociférations parvenant jusqu'au dehors, elle s'engagea dans une sorte de venelle coupée, de deux mètres en deux mètres, par les flaques huileuses d'une boue endémique. La porte charretière d'un loueur de voitures s'ouvrait vers le milieu de la sente, découvrant une cour trouée de menues fondrières, où des chars à bancs, des voitures à bras, cabrés sur l'arrière-train attestaient le ciel de leurs brancards éplorés. Un peu plus loin, dans un terrain vague sans clôture, c'était la décharge d'un entrepreneur de démolitions, qui paraissait entreposer également toutes les gadoues des environs. Des montagnes de gravats, des *sierras* de détritus, couraient parallèlement au chemin défoncé. Un gros chien borgne, à l'œil de gélatine bleuâtre, au collier hérissé de pointes rouillées, rôdait, qui vint flairer la Truphot et, après avoir savouré son relent, frétilla d'une queue rongée d'eczéma. Au bout de l'impasse, une porte vermoulue, mal close par une serrure aux vis en désarroi, s'interposait. Sur les planches, d'un lie-de-vin pisseux, une plaque ovale en cuivre énonçait: M. Marinot, docteur-médecin.

La veuve sonna. Une petite bonne, très jeune, en sabots, en tablier bleu maculé de sang et de fiente de poule, vint ouvrir en tenant à la main la volaille malingre qu'elle était occupée à plumer auparavant.

—Madame vient pour consulter?

Sur la réponse affirmative de la vieille femme, la bonne l'introduisit dans une antichambre longue et pénombrale, en ajoutant:

—Le docteur ne vas pas tarder à rentrer.

Les murs de la pièce, tendus d'un papier grisâtre, enguirlandés des fleurettes invraisemblables dont s'enchantent les lambris du pauvre, étaient parsemés de planches inattendues, d'insolites dessins anatomiques reproduisant, à peu près tous, les organes de génération de la femme. Sur un guéridon de bois rougi, imitant l'acajou, des monceaux de brochures s'étageaient. Fascicules spéciaux: *Comité de l'amélioration humaine.—Des moyens pratiques d'éviter l'enfant.—Le salarié n'a pas le droit de prolonger sa misère.—La Révolution sociale réalisée par le Malthusisme.—Imitez les bourgeois.—Ne procréez plus sans savoir et par instinct.—L'accession de l'ouvrier au bien-être: sa libération prochaine par la limitation du nombre des enfants,* etc...

Dans l'étroit cabinet d'attente: trois femmes. L'une, petite, assez jolie, une gamine presque, n'ayant certes pas dix-huit ans, pleurait, de temps en temps, par sursauts convulsés. Une jupe de cheviotte noire, verdie par l'usure et trop courte pour avoir été sans doute rognée de multiples fois, découvrait de pauvres souliers fatigués aux semelles exfoliées. Une chemisette de percale mauve bondissait par à coups sous les saccades d'une poitrine et d'une gorge dont on devinait sous l'étoffe le ferme modelé, et qui recélaient, présentement, une douleur trop véhémente pour concéder encore au respect humain. Un tour de cou en satin noir servait de rehaut à sa grâce blonde et souffreteuse qui rayonnait malgré la pauvreté de l'attifage. Un peigne de chrysocale mordait le casque de son abondante chevelure.

A côté d'elle, se tassait une femme du peuple dont les seins éboulés gonflaient un caraco de pilou. Celle-là pouvait avoir avoir quarante ans. Le corps dejeté, les yeux sans éclat, le cheveu raréfié, le regard terne de chien battu, les joues ravinées par le soc des famines ou des maternités successives, énonçaient le lamentable destin de la plébéienne, la vie qui se déroule, de l'enfance à la vieillesse, dans l'uniforme misère; la vie qui cahote de l'atelier, de l'usine au logis le plus souvent sans pain, du contremaître féroce ou paillard au mari plein d'alcool ou dont le salaire est trop infime pour nourrir la nichée sans cesse accrue. Un cabas en fibres de bois empli de croûtes de pain, de quelques oignons, et d'un cornet de papier contenant du saindoux, était posé sur ses cuisses.

A en juger par la jupe d'un cramoisi exaspéré, par le corsage d'un violet à faire éclater les molaires, par le boa en plumes blanches maculées, par le chapeau hurleur dont d'innombrables ondées avaient molesté les plumes, et par le parfum de bazar qu'elle dispersait, la troisième consultante devait être une fille d'amour, une de ces malheureuses qui font le soir les troisièmes classes des trains de banlieue, ou défèrent à la réquisition du joueur de manille qui, après avoir déclaré quatre heures durant, que «ça tombe comme à Gravelotte», qu'il «est bien de la maison», se trouve, avant de rejoindre l'épouse acariâtre, investi soudain par le désir d'affecter à des palpitations illégitimes les gains successifs que lui a valu la possession continue du «manillon bien gardé».

Toutes trois venaient postuler l'aide salvatrice du docteur Marinot. Celui-ci, en effet, avait de sa mission sociale une conception autrement belle, autrement grandiose que la plupart de ses confrères. Fils d'un pauvre ouvrier doreur sur bois qui éleva six enfants, il avait vécu sa prime jeunesse parmi les milieux de misère ouvrière, et une compassion secourable pour ses anciens frères de classe l'avait acheminé vers le seul, vers l'unique moyen de soulager efficacement la détresse du prolétariat. Instruit à l'École primaire, il était un des rares fils du peuple qui avait pu accéder jusqu'à renseignement secondaire. Le diplôme conquis grâce à d'inouïes privations, il n'avait pas été déterminé comme tant d'autres par le souci exclusif de s'enrichir et de faire oublier ses origines. Il n'était pas de la race des Burdeau, des Charles-Dupuy qui, fils de manœuvres, éduqués grâce à ce que la Démocratie a pu arracher de justice aux classes nanties, s'empressèrent ensuite de trahir le peuple et d'aller renforcer, en combattants implacables, le nombre des exacteurs bourgeois. Il avait compris aussi qu'on ne sauve pas le monde avec de la rhétorique et, répugnant à s'enrôler parmi les suiveurs de Truculor, parmi l'Eunuquat du collectivisme, il s'était, lui, l'isolé, courageusement mis à la tâche pour lutter à l'aide de son seul savoir, de sa seule conscience, contre la douleur humaine. L'origine du mal, la cause de la misère, résidait en ce que les pauvres, à l'encontre des riches, ne savaient pas éviter l'enfant. Lui, médecin, lui, fils d'asservi, rendrait à son milieu l'assistance que tout jeune il en avait reçu: il énoncerait aux humbles le moyen de se dérober à la procréation, mieux que cela: il libérerait les malheureuses qui viendraient à lui. C'était le *médecin-avorteur*, au rôle magnifique, que toute civilisation devrait opposer au médecin-accoucheur. Bellement, avec un mépris superbe des conventions, des préjugés, des opinions manufacturées d'avance, de la réprobation universelle, il s'était mis à l'œuvre, résiliant d'avance l'ambition de toute clientèle, l'espoir de tout bien-être et de tout lustre social. Car le bourgeois qui pratique hypocritement la chose ne saurait en concéder la légitimité au Pécus dans lequel toujours, il veut pouvoir puiser le salarié, la prostituée et le soldat.

Le docteur Marinot vivait maigrement des cinq mille francs dont l'appointait, comme médecin attitré, une pouponnière voisine. Éviter la vie à ceux qui devaient naître des déshérités; obvier si possible à la mort de ceux qui avaient été jetés dans le monde, tel était son labeur magnanime. Et la moitié au moins de sa maigre prébende était distraite par lui pour servir à l'achat d'instruments spéciaux, de sondes et d'aseptiques qu'il dispensait gratuitement, avec ses conseils et ses soins, aux femmes qui le venaient trouver. Il enseignait à toutes que, sans compter les différentes sortes d'obturateurs, l'irrigation, avec une solution de tannin ou de permanganate de potasse, suffisait la plupart du temps, après le petit acte, pour éviter la fécondation. En tout cas, si l'engrossement n'était pas, grâce à cela, rendu impossible, l'enfant n'était plus la norme, mais bien l'accident. Ainsi, aucune privation du seul plaisir que les pauvres peuvent goûter sans contrainte. D'ailleurs, l'injection intra-utérine, pratiquée à l'aide d'une canule spéciale, deux jours avant l'époque présumée des menstrues, exonérait de toute maternité débutante. Trois démonstrations théoriques et pratiques de cinq minutes chacune suffisaient pour que toute femme pût, sans aucun risque de se blesser, manier elle-même la sonde libératrice.

Et il accueillait toutes les victimes du sexe, sans inquisition préalable, ne leur demandant que deux choses: ne pas le payer et indiquer son nom et son adresse à toutes celles qu'elles pourraient connaître et pour qui la grossesse est le cataclysme. Il donnait ses soins indistinctement, aussi bien à l'amante bourgeoise, devant qui la société va se dresser, qu'elle va réprouver, parce qu'elle a été accidentellement féconde, qu'à la femme d'ouvrier, qu'à la fille publique fruitée par hasard—car la Nature haïssable se plaît plus souvent qu'on ne le croit à mettre des enfants au ventre des prostituées.

Des bruits sournois commençaient à circuler sur lui dans la localité, mais il n'en avait cure et continuait son sacerdoce admirable sans se soucier des ragots imbéciles ou des haines qui germaient sous ses pas. L'année précédente, il avait affranchi plus de douze cents douloureuses et il espérait bien que cette clientèle gratuite irait s'augmentant sans cesse. Sa science, d'ailleurs, le mettait à l'abri de toute catastrophe possible, puisqu'il n'intervenait jamais chirurgicalement, mais seulement à l'aide de l'hydraulique. Et, de toutes ses forces, il désirait un procès, prêt à s'offrir en première victime pour revendiquer le droit du médecin à l'avortement, le droit du médecin désintéressé, qui sauve, alors que la hideuse société, par son code monstrueux, favorise le trafic vénal de la faiseuse d'anges, qui tue.

Les peuples du Nord, Suédois, Allemands, Norwégiens, de mentalité scientifique, d'intelligence sociale supérieure à la nôtre ont du reste compris déjà la pitié sublime de ces théories. Dans toutes les grandes villes protestantes, des légions de jeunes docteurs, conquis à la lumière nouvelle, interviennent en praticiens afin d'éviter la fécondité à celles qui n'ont pas le droit de créer.

Et parmi ces races prolifiques, la natalité, qui s'élevait suivant une constante effroyable, vient déjà d'être enrayée; la poussée de la nature aveugle, l'effort de l'instinct stupide, a été en partie vaincu par l'intelligence humaine: la constante est tombée. La statistique des naissances accuse d'ores et déjà la consolante et quasi stagnation par rapport aux chiffres précédents. Ce qui est énorme.

Pour tous les esprits affranchis, pour tous les cœurs qui ne peuvent pas prendre leur parti de la misère et de la souffrance, pour tous les nobles cerveaux qui spéculent déjà sur un avenir meilleur, le docteur Marinot, humble artisan de l'Œuvre miraculeuse, était le *Surhumain* digne d'être offert en exemple d'apôtre aux générations futures et fraternelles. Les différentes religions qui se sont succédé sur la terre ont accordé aux dieux le pouvoir de créer la vie et partant la douleur; le docteur Marinot était donc plus qu'un dieu, puisqu'il détruisait des dieux le labeur scélérat, puisque toute sa volonté et tout son savoir réalisaient ce rêve: empêcher l'éclosion de la vie et partant de la douleur.

—Ma mère s'est aperçue que je n'avais plus mes règles; elle menace de me jeter à la porte et mon père veut me tuer..., se lamentait la petite blonde, répondant à une question de la Truphot, au milieu d'une explosion de nouveaux sanglots pendant que des larmes giclaient de ses yeux tamponnés du revers de sa main aux ongles filigranés de noir.

La vieille scélérate, insidieuse, assise à son côté, paraissait s'intéresser à son malheur. Elle était venue chez le docteur Marinot, attirée par une brochure intempestive trouvée en les mains d'une de ses bonnes; elle était accourue non pas dans le souci d'apporter son obole à l'œuvre de salut, ni de requérir un secours dont son âge n'avait plus besoin, mais dans le désir de frôler là des éplorées, de se conjouir aux récits douloureux, de flairer l'odeur des pauvres alcoves, de panteler aux détails des récits d'amour, de se volupter aux traits pittoresques ou lamentables qu'elle pourrait glaner. L'inextinguible ferment passionnel qui l'animait avait besoin de ces caresses, de ces chatouilles qui l'exaspéraient. Au lieu du livre scabreux, Madame Truphot préférait de beaucoup prélever dans la réalité ce qui fouaillait délicieusement son imagination. C'étaient ses excitants, sa cantharide, son satyrion à elle. Grâce à cela et aussi à sa merveilleuse nature, elle goûtait encore les délectables paroxysmes, malgré ses soixante ans bien sonnés.

—Il s'appelle Charles; c'est le premier de la bonneterie, au *Printemps*, continuait la petite ouvrière, bébête, dans ce besoin qu'elles ont toutes de débrider enfin leur réserve, de conter, au moindre signe de compassion, leurs amours trop longtemps dissimulées.

La vieille ne se tenait plus; ses maigres reins sautillaient sur son banc, sa gorge serrée rendait le passage des mots difficile. Elle continuait néanmoins d'interroger, paterne et maternelle.

—Je veux vous aider ma pauvre enfant: usez de moi. Et il vous aimait bien?

—Oh! oui, il était très doux, très caressant... et puis il savait des mots distingués...

—Vous vous rencontriez souvent?

—Chaque soir, à la descente du train, près de la gare des Moulineaux, et on filait dans le bois en traversant le pont... Oh! il était très passionné... il m'embrassait que c'était comme un songe... même qu'il allait trop loin...

La Truphot, les yeux clos d'émotion, une houle intérieure battant ses tempes, se préparait à requérir de plus grandes précisions dans la confidence, lorsque la porte du cabinet de consultation s'ouvrit, encadrant un homme de haute taille, à la barbe noire, au large front dénudé, aux grands yeux bleus de bonté calme, qui souriait en s'inclinant devant la misère, devant les clientes qu'il soignait gratuitement, comme aurait pu le faire un praticien saluant les consultantes millionnaires. Il était rentré, pénétrant dans son cabinet par une porte latérale. Et la petite ouvrière, renfournant son mouchoir, s'immisçait la première dans la chambre du salut.

Le même manège pratiqué près de la quadragénaire au cabas n'amena qu'une confession banale, sans détails affriolants. La pauvresse avait six enfants déjà, se trouvait enceinte d'un septième et le mari était homme d'équipe à la Compagnie de l'Ouest. Elle-même était garde-barrière. Quatre francs cinquante, au total, à eux deux, pour nourrir la nichée. Deux de ses garçons étaient malades: l'un atteint de coxalgie et alité depuis trois ans, l'autre tombant du haut mal. Le docteur Marinot les soignait bien gratis, mais il fallait payer le pharmacien. Sûrement on allait crever de faim s'il ne lui évitait pas sa présente grossesse, d'autant plus que le père était mal vu de ses chefs, parce que socialiste. Cependant, ils travaillaient, eux, du matin au soir, et avaient un emploi fixe. Que devait être la misère de ceux qui connaissaient la morte-saison? Tout à coup, elle fut prise du remords d'avoir parlé inconsidérément. Elle se saisit des mains de la Truphot, et supplia.

—Je suis trop bavarde, c'est mon défaut; mais Madame, qui, comme moi sans doute a ses ennuis, ne dira rien. La Compagnie nous renverrait si elle savait que je me suis fait avorter.

La veuve promit; alla jusqu'à glisser cent sous dans la paume de l'autre et s'autorisa à questionner derechef:

—Mais dites donc, vous aimez donc bien ça, que vous faites tant d'enfants?

La femme protestait:

—Non, non, c'est pas moi; mais qué qu'vous voulez, les hommes pour ces choses-là, ça n'se contient pas... Ça n'peut pas s'faire une raison...

Un quart d'heure s'était écoulé. La petite ouvrière, maintenant, sortait, la figure rassérénée, un sourire même sur ses lèvres chlorotiques. Elle serrait sous son bras un maigre paquet, des canules et des poudres ficelées sous du papier gris, sans doute.

La garde-barrière s'engouffrait à son tour dans la chambre de visites.

La fille d'amour travaillée comme les autres manifesta quelque défiance. Évidemment, elle redoutait l'intrusion de la police dans ses affaires privées et avait peur que Madame Truphot ne fût de la Tour Pointue. Pressée, avec des mots mielleux, des formules captieuses d'apitoiement, elle prononça néanmoins:

—Comment qu'j'ai attrapé ça? Est-ce que j'sais moi? Un miché d'ici ou d'ailleurs... On a beau se laver après, pas? Il y a des types plus *puissants* les uns qu'les autres. Mais j'ai qu'trois semaines de retard; faut qu'le médecin me l'décroche... Vous comprenez, j'ai pas besoin d'gosse... Pour si qu'c'est un garçon qu'les bourgeois l'envoient à Deibler, plus tard, et si c'qu'c'est une fille qu'a soit forcée d'faire le truc comme moi.. Non, non... j'ai connu trop d'misère... Au moins lui, il n'souffrira pas.

Elle fit une pose, saliva sur son pouce et son index et arrangea une de ses frisettes en l'étirant de l'autre main. Dans le besoin de convaincre la veuve de sa bonne foi, elle ajouta:

—Moi, vous m'entendez, si c'était pas pour le môme, ça m'serait égal d'être grosse; ça m'supprimerait mes époques et m'éviterait quatre jours de chômage par mois... Et puis quand on est enceinte, on fait beaucoup plus d'argent... Il y a un tas d'cochons qui raffolent de ça...

Mais, tout à coup, elle devint gouailleuse; transposant les rôles, elle interrogea dans un rire de verre cassé.

—Non, mais dites donc, pourquoi qu'vous êtes ici? A votre âge on peut rigoler sans danger.

La Truphot dut exposer impudemment qu'elle, une rentière philanthrope, dans un désir admirable de soulager la détresse des pauvres, subventionnait de son propre argent le docteur Marinot. En somme elle était quelque chose d'assez semblable à une dame patronesse de son œuvre.

—Ben vrai... v'la qu'est chouette... si toutes les bourgeoises en faisaient autant, y aurait bientôt plus d'exploités, approuva la fille.

Et, comme la porte s'était ouverte, comme la prostituée se levait pour succéder à la femme de l'homme d'équipe, Madame Truphot se hâta de disparaître pour n'avoir pas à placer ce boniment au médecin sublime. Il serait toujours temps de le lui servir une autre fois—quitte à se tirer quelque maigre somme pour la propagande—si elle n'avait pas d'autre expédient pour expliquer alors sa présence insolite dans l'antichambre malthusienne.

VIII

Le sculpteur que les bonnes, la nuit précédente, s'étaient refusées à veiller, et qui avait passé ses dernières heures à l'air libre, tout seul au milieu de quatre bougies et sous les plaintes et les crissements du sommier épileptique de la vieille, le décédé avait été enterré le lendemain qui était un mardi. Boutorgne avait chargé une agence de funérailles de faire toutes les démarches et de préparer les choses, de façon à ce qu'il fût acheminé au cimetière sur les onze heures du matin, au moment où les ronds de cuir et les négociants qui composent, en quasi totalité, la population mâle de Suresnes, se sont tous restitués à leurs pourrissoirs administratifs ou à leur flibuste commerciale. De cette façon, les rues seraient solitaires et il n'y aurait pas à redouter d'embêtements. Une messe basse avait été dite. Un soutanier atteint de la pelade, aux joues bleutées et suppurentes, au ventre pyriforme, qu'on déléguait sans doute aux viles besognes, avait surgi d'une chapelle latérale et, accostant le cortège, s'était mis, sans préambule, à donner l'essor aux barbarismes latins de son répertoire. Deux enfants de chœur l'accompagnaient, deux jeunes bardaches vêtus d'un surplis en dentelle de paquet de bougies sur une souquenille d'andrinople. L'eau bénite, accompagnée de quelques gouttes de pus stillées par les écrouelles du desservant était tombée sur la bière. Ensuite de quoi le sacerdote, sans fausse honte, avait requis de Boutorgne un supplément de tarif, et les deux gitons, ses assesseurs, des cigarettes, cela avec le sourire alliciant et les mains frôleuses de l'emploi.

Le cimetière était à peu près sans visiteurs. Le gardien, un vieux soldat médaillé, dont l'haleine encensait l'absinthe sur le dehors, vint s'aboucher avec le maigre convoi. Il le guida, faisant ranger sur l'accotement de l'allée unique deux ou trois vieilles femmes aux vêtements noirs élimés, qui cheminaient armées d'arrosoirs. C'étaient les veuves classiques des nécropoles, les veuves couperosées à qui le trois-six fut consolateur et qui aiment à se remémorer le cher défunt, combien il était rigolo, le soir, après le *gloria*, et comme il batifolait gentiment dans l'alcove embellie de punaises.

Après que le sculpteur fût inséré dans l'hypogée, que la Truphot munificente lui avait loué pour cinq ans, ce fut la nuée des croque-morts, circonscrivant la veuve et le gendelettre d'une dizaine de mains ouvertes, aux doigts énormes et spatulés, pendant que les bouches grimaçaient dans la concupiscence du billon. Ils connaissaient l'effroi, la répulsion que leur côte à côte inspire et ils en jouèrent en artistes, marchant derrière le couple, faisant, à ses trousses, sonner sur le pavé leurs gros souliers ferrés. Bien qu'on leur eût donné toute la monnaie disponible, ils ne consentaient pas à se faire disparaître, protestant d'une voix grasse qu'ils avaient eu beaucoup de mal, que le mort était très lourd.

Deux semaines alors se passèrent, pendant lesquelles, la Truphot cuisinée par Siemans, Boutorgne et tous les autres, se résigna—sans toutefois avoir l'audace de déposer une plainte formelle—à expédier, au Parquet et à la Préfecture, un long factum exposant ses griefs, dont les plus notables étaient «qu'un individu qu'elle ne connaissait nullement—un fou sans doute—avait fait un soir irruption chez elle, sous le prétexte d'y venir reprendre sa femme invitée à dîner, et avec qui elle était en relations depuis seulement deux jours; et que ce Monsieur l'ayant menacée d'un revolver, elle n'avait dû qu'à des circonstances fortuites de n'être point assassinée.»

Elle priait qu'on surveillât l'agresseur et «qu'on la défendît contre le retour de pareilles entreprises.» Le prosifère et le belge, eux, s'étaient rendus dans une agence Tricoche et Cacolet, une agence à 50 francs le faux témoignage, qui avait promis de leur livrer tout le passé de Honved, dans lequel—à moins d'être malchanceux au possible—on trouverait bien quelque chose pour l'embêter. Puis ils avaient commandé aussi dix agents *marrons* chargés de renforcer la filature du quai des Orfèvres. De la sorte, Honved, ni sa femme, ne pouvaient plus faire un pas sans traîner à leur suite une théorie d'individus rasés de l'avant-veille, vêtus de redingotes versicolores, coiffés de haut de forme excoriés par un psoriasis opiniâtre ou lustrés par les ondées et dont les mines redoutables permettaient de se documenter sur toutes les variétés du prognathisme ou du chafouinisme humain. Siemans et Boutorgne en surveillaient eux-mêmes les marches et les contremarches, se gaudissant de la chose qui poussait Honved aux dernières limites de l'exaspération. Ils étaient là-dedans comme dans leur élément, et leur rêve était que ce dernier, rendu enragé, se portât un jour à des voies de fait sur quelque mouchard trop acharné. Cela lui amènerait une sale affaire qui les vengerait tous car, dans notre époque, le mouchard est intangible. Et ils y travaillaient du meilleur de leur obstination. Une trouvaille de Boutorgne consistait à faire accompagner Madame Honved, dans toutes ses pérégrinations à travers la ville, par deux estafiers occultes, l'un déguisé en tondeur de chiens, l'autre en marchand d'habits. La malheureuse, obsédée, affolée, se réfugiait-elle chez une amie ou dans une boutique de pâtisserie, le tondeur de chiens survenait, offrant ses services pour couper le chat de la maison et le regrattier ambulant s'insinuait peu après pour s'enquérir si on n'avait pas des vieux chapeaux à vendre. Même, dans la rue, ils s'autorisaient à lui parler, lui demandaient de l'argent ou bien devenaient galants, lui faisaient des madrigaux en affirmant qu'elle n'avait pas besoin de se gêner avec eux et que «son sale mari se foutait bien d'elle.»

Puis une pétarade de petits échos à double entente, d'insinuations perfides, partit dans les journaux nationalistes et, en moins de trois jours,

Honved, sourcilleux, eut quatre duels sur les bras, sans pouvoir toutefois arriver à débusquer les deux porteurs d'ailerons: les directeurs de ces feuilles, dont on prend surtout connaissance par le côté anal, ayant préféré marcher que de découvrir ceux qui les subventionnaient. Ah! Oui, il saurait désormais ce que ça coûte de s'attaquer au maquerellat triomphant.

La chose n'avait pas de raison de cesser jamais, si un beau matin, la Truphot n'eût trouvé dans son courrier cette épistole, dont la lecture lui fit supplier peu après Siemans et Boutorgne, de ne plus s'acharner sur ce misérable Honved, car tout cela pourrait mal finir pour sa personnelle tranquillité et sa précieuse personne.

Paris, 3 juin 190...

Madame,

La persistance dans mon entour—ce matin encore—de deux individus dont la qualité n'est pas suffisamment définie ou l'est par trop, et qui n'ont d'autres moyens d'existence que vos bontés, m'oblige à vous avertir que je viens de dilapider, ces derniers jours, toutes les réserves de patience sur lesquelles je faisais fond pour continuer à déférer plus longtemps au respect des hommes entretenus.

Ces plénipotentiaires, à qui vous devez vos meilleures inspirations et que vous avez pris l'habitude d'interposer dans toutes vos négociations, se sont plu, il y a déjà deux semaines, à sortir de la *mutité* en laquelle se trouve confinée leur espèce animale, pour verser en des intrigues de police, enquêter sur ma vie, et servir actuellement de connétables à une bande de maltôtiers dans le marasme, qui adhèrent à mes talons, avec une opiniâtreté digne d'un meilleur usage.

Qu'à Suresnes, ils s'aplatissent contre les murailles, versent incontinent dans une irréfrénable *vésarde* et courrent se réclamer de la maréchaussée, au seul surgissement devant eux de deux personnes non *squamifères*, qu'ils prenaient sans doute pour des *mareyeurs*, il n'y a point là de quoi me surprendre. On est Belge, *écriturier* sans travail, nationaliste et autre chose et, conséquemment, on se doit à ces différentes sortes de beautés.

Mais qu'ils se livrent eux... eux!!!!! à des investigations sur mon passé, dans lequel la plus irréfrénable lumière, le soleil le mieux déchaîné, ne ferait pas surgir la plus petite tache, que par surcroît ils déclarent à tous venants et vous fasse écrire—dans un libelle dont communication m'a été donnée—*que vous ne m'aviez jamais vu* avant le soir de Suresnes et *que j'aurais l'intention de vous assassiner*, voilà, je l'avoue, ce qui totalement m'éberlue.

Hélas! Madame, les nécessités de gagner ma vie, en écrivant des choses pour divertir les gens, m'ont fait asseoir deux ou trois fois à votre table, car on se documente comme on peut, et il me fallut, en ces occurrences et sans enthousiasme, je le confesse, profiter visuellement de la silhouette que vous profilez avec tant d'harmonie. Je me vis astreint, également, à bénéficier de vos discours, où bien en vain, on chercherait l'esprit, les propos pertinents d'une Créquy, d'une Dupin, ou de toute autre titulaire d'un Bostock à gens de lettres des siècles précédents. Quant à vouloir vous assassiner, grands dieux! pourquoi me livrerais-je à un tel carnage de votre personne? Je n'épouse, en aucune façon, soyez-en assurée, les affaires de votre entourage, pour vouloir, à ce point, précipiter l'ouverture de votre succession. D'accord avec mon ami Roumachol qui me servit de truchement, après m'être rendu compte du guet-apens que vous tendîtes à ma femme, j'eus seulement le dessein de la retirer sur l'heure de votre lararium infâme.

Que j'y aie mis quelque hâte et plus encore de brutalité; que je me sois présenté sans gants et sans civilité, après avoir oublié de vous décerner ainsi qu'à vos invités les salams prescrits par notre civilisation, que je me sois en un mot exonéré de toute excessive urbanité, je le reconnais, mais, oserai-je vous faire entrevoir que lorsque quelqu'un court le risque d'être asphyxié en quelques minutes par un gaz mortel, l'acide sulfureux, l'oxyde de carbone, par exemple, ou d'être foudroyé par l'acide prussique, on se débarrasse pour voler à son secours des vaines contorsions de la politesse, et que le rudoiement des bipèdes présents à la chose est sans grande importance. Or, pour moi, tel était le péril couru par ma femme, les vapeurs dégagées par les messieurs qui vous entouraient pouvant être assez exactement comparées aux émanations délétères ou au toxique que je viens de vous citer.

Sachez bien, Madame, que tous vos comportements me furent contés. *Je n'ignore rien*, pas même la scène saturée de pittoresque et d'imprévu où, paranymphe déplorable, vous entonniez l'épithalame en faveur d'un couple que je ne veux point nommer. Pour des cérémonies postérieures, j'oserai vous recommander les vers que Catulle décerne à Julie et à Manlius. Sans doute, ma femme était-elle destinée, elle aussi, à l'honneur de vous voir tenir sur sa tête le voile et les myrtes de l'hymen et devait-elle s'attendre à recevoir de vos mains augustes l'anneau de fiançailles qui la devait consacrer à Modeste Glaviot. Vouloir ainsi, à toute force, unir les autres, s'éjouir de la vue des amours voisines en ce qu'elles ont de plus secret dans *leurs exhibitions*, est un rôle fort difficile à faire accepter, malgré que notre époque pour les *vésanies passionnelles* soit bien tolérante. Ce rôle, le monde et les tribunaux lui assignent, à l'ordinaire, une épithète suffisante pour assagir les maîtresses de maison qui, dans les salons où s'étalent leur munificence et leur bien-dire, auraient quelques velléités de régenter autre chose que l'estomac et l'intellect de leurs commensaux.

Certes, j'étais bien décidé à ne point sortir de l'humeur paisible, en laquelle, à l'issue de la soirée qui nous occupe, je fus me cantonner, mais s'il me faut combattre à l'*épuisette* ou à l'*épervier*, vous m'y trouvez déterminé. Voyez comme j'étais bon prince. J'avais répudié l'idée de tirer vengeance de l'imputation portée, boulevard du Palais, par M. Médéric Boutorgne confédéré à M. Siemans, ce dernier nous accusant, Roumachol et moi, de nous être présentés devant eux armés d'un *engin prohibé*. Je n'avais voulu y voir qu'une tentative maladroite pour surajouter, aux bénéfices de leurs emplois respectifs, le menu salaire réservé aux indicateurs. Je pensais que la profession de M. Siemans est fort encombrée en France, et j'augurais qu'il faisait ainsi des efforts louables afin de se procurer un petit pécule pour le cas où le Gouvernement de la République ne croirait pas devoir priver plus longtemps S. M. Léopold d'un sujet aussi avantageux, et se verrait forcé de solliciter son «*rapatriement.*»

J'étais même plein de condescendance pour Monsieur Boutorgne—le nouveau Shakespeare comme l'a expertisé Paul Adam, à ce qu'il appert d'un papier à moi exhibé—qui cherchait ainsi sa voie et dans l'impossibilité purement momentanée, où il se trouva, sans doute, de recommencer *Othello* se mit soudainement à jouer la *peur des coups*, de Courteline, au naturel, puis, comme Cromwell, changea, quinze jours durant, de domicile, à chaque vesprée, afin qu'il fût moins facile de trouver le chemin de ses oreilles.

Vous voilà donc, Madame, fort à propos avertie. Vous voudrez bien, je pense, canaliser sur d'autres occupations les loisirs de ces Messieurs. Sans quoi, je me verrais, peut-être, dans l'obligation de porter le deuil parmi les habitants des grands fonds, de détériorer deux ou trois paires de branchies, ou bien d'appliquer sur les insectes de votre entourage un pyrèthre de coups de bâton, au risque de nuire pour toujours au brillant de leurs élytres: ce qui priverait le cours serein de votre existence de quelque agrément. J'aurai, cependant, la magnanimité, pour que votre esprit ne soit pas enchifrené d'un remords d'ingratitude, d'oublier que M. Médéric Boutorgne vint me trouver, un certain jour, de votre part, afin d'empêcher que le journal, aux destinées duquel je présidais alors, n'ébruitât le suicide de Monsieur votre mari qui ne sut point opposer jadis, à vos dérèglements, une âme d'artiste ou de dilettante souverainement dédaigneuse des négligeables contingences.

Veuillez croire, Madame, à tous les sentiments de rigueur en pareilles circonstances.

HONVED.

P. S.—Les épîtres en langue brabançonne de M. Siemans seront, je dois vous en informer, fidèlement rendues au facteur et il me faudra, hélas! me priver aussi de vos autographes.

IX

Nil immundius hoc, nihiloque immundius illud...

La réplique à cette épistole ne se fit guère attendre. Bien que Boutorgne et Siemans eussent promis à la vieille de ne point user de représailles, Honved mesura, sans délai, l'étendue de leur crédit. Sa femme fut, dès le lendemain, arrêtée pour racolage par les deux agents des mœurs déguisés, l'un en tondeur de chiens, l'autre en marchand d'habits, qui la poursuivaient depuis l'histoire de Suresnes. La chose eut lieu comme la malheureuse se préparait à pénétrer dans la Bibliothèque Nationale, afin d'y faire quelques recherches et d'y draguer le document pour le compte de son mari. L'auteur dramatique, après une nuit d'indicibles angoisses et d'affres assassines passées à courir Paris à sa recherche, ne fut avisé qu'au matin, par un bref de la Préfecture. Il pensa devenir fou et ne put jamais s'expliquer par suite de quel inconcevable phénomène il n'avait pas, sur l'heure, étranglé le Commissaire divisionnaire chargé de lui présenter, pour cette gaffe déplorable, les excuses de M. le Préfet. Sans doute la chose fut imputable à sa prostration. Une campagne de presse fut amorcée qui demandait la révocation de M. Lépine, bien plus qualifié pour commander la garde Albanaise à Ildiz-Kiosk que la police à Paris, mais ce dernier, reprenant les aveux et les excuses de son sous-ordre, mentit avec son impudence coutumière, comme il devait le renouveler plus tard, du reste, pour l'affaire Forissier. Ce n'est qu'après quinze jours qu'il consentit enfin à avouer sa méprise. Mais il se vengea. A l'occasion de l'arrivée d'un roi à Paris, une perquisition fut pratiquée au domicile de Honved, *anarchiste malthusien* disait la cote de la préfecture. Ses papiers furent saisis et ses manuscrits à jamais raptés par les argousins du Boulevard du Palais. Il n'évita qu'à grand'peine les compas, les appareils photographiques et les immondes attouchements du kustchique Bertillon.

L'auteur dramatique, trop intelligent pour user ses forces à lutter ainsi sans espoir de réussite, dut se résigner. Il connut enfin qu'on ne s'attaque jamais impunément au mouchard et au souteneur, rois de la rue et rois de Paris.

Les jours qui suivirent furent sans agrément à Suresnes. La veuve, terrifiée par l'idée que Honved pouvait reprendre l'offensive, et consciente qu'il avait cette fois acquis le droit de la trucider, se barricadait dans sa villa transformée en citadelle. Des cadenas dignes de l'ancienne Bastille et une chaîne transversale, pour le moins aussi grosse que celle coupant jadis l'entrée des Dardanelles, rendaient maintenant sa porte inexpugnable. Boutorgne, muni de fonds à cet effet, avait râflé la moitié de la devanture de Gastinne Renette. Il veillait, mieux armé que le Klepte à l'œil noir. Une demi-douzaine de revolvers obstruant ses poches, un Hammerless toujours à la portée de sa main, le rendaient plus redoutable qu'une tourelle de cuirassé. Mais l'ennemi ne vint point. Et le *prosifère* dut renoncer à l'emploi des arquebuses et des proses laborieusement composées, des proses vitupérantes qu'il avait préparées pour le recevoir en beauté.

Le Belge s'était rendu invisible car le combat n'était décidément pas dans sa manière. Sans doute avait-il décidé de profiter de la chose pour s'offrir des vacances. Sa présence auprès de la Truphot n'était plus indispensable puisque le gendelettre s'était délégué lui-même à sa besogne accoutumée. Embossé à Montmartre, il ne sortait que le soir pour vaquer à ses besognes d'amour et à ses besognes d'affaires. Car Siemans avait le génie des entreprises. Il avait installé dans une arrière-cour un fond de revendeuse à la toilette qu'il administrait dans ses heures de loisir. Avec l'argent de sa maîtresse, il avait acquis à l'hôtel des Ventes, en s'affiliant à la bande noire, ce qu'il avait pu trouver de meubles fracassants et de mauvais goût, de dentelles chichiteuses, de fourrures affichantes et de bijoux pour Caraïbes, tout ce qui compose, en un mot, le luxe des filles galantes. Et, au fur et à mesure des besoins de ces dernières, gîtées dans son rayonnement, il les leur cédait au prix fort. Il tenait ses assises à la Nouvelle-Athènes.

C'est là que la chanteuse, la grue de Montmartre, allait le trouver quand le prurit du meuble venait à la travailler et lorsque l'amant sérieux, enfin déniché, lui permettait d'espérer le somptuaire et le harnais grâce auxquels elle pourrait hausser désormais le tarif de ses culbutes. Mais Siemans, homme d'ordre et d'économie, ne consentait à entrer en pourparlers qu'avec les femmes en qui il débusquait les mêmes qualités. A celles-ci, il faisait l'avance d'un mobilier complet et disparate, prêtait à la petite semaine. Sa prescience, sa sagacité étaient telles qu'il ne perdait jamais d'argent. Il faut dire qu'il avait soudoyé trois employés du contentieux, du service des renseignements de Dufayel, qui faisaient le quartier. Il possédait grâce à eux tout un jeu de fiches, soigneusement rangées dans deux grands classeurs, qui ne le laissaient prêter qu'à coup sûr. Les femmes du quartier Bréda, pour la plupart, s'adressaient au successeur de Crépin, achetaient chez lui à tempérament les indispensables frusques et quand les payements avaient été effectués régulièrement pendant plusieurs années, chaque mois, il n'y avait rien à craindre: on pouvait consentir le crédit. On avait alors affaire à des filles qui eussent été d'admirables ménagères, d'exemplaires épouses quant à la bonne administration du foyer. Lui, Siemans, leur fournissait le luxe hurleur, le mousseux, le clinquant, l'«objet d'art», tout ce qu'elles ne trouvaient point chez le Sardanapale du boulevard Barbès, chez le Poulpe qui suce le sang des pauvres, chez celui qui prit la main après le petit crétin réalisé par Madame du Gast en si peu de jours. Le Belge avait aussi mis des fonds dans un hôtel de passes merveilleusement situé près de quatre grands cafés de nuit et de deux petits théâtres. C'était une affaire hors ligne, ses capitaux lui rapportaient là, depuis vingt-quatre mois, plus de deux cent cinquante pour cent. Il fallait bien compenser de quelque manière que ce fût les manies de gaspillage de la Truphot. Et Siemans se gardait; il n'intervenait que dans les transactions de tout repos: jamais il n'avait consenti, à l'instar de tous ses collègues, à pratiquer le recel, comme on l'en avait sollicité maintes fois. Il tenait par dessus tout à rester un garçon propre.

Présentement il avait des ennuis. Une de ses clientes, une fille d'avenir qu'il avait meublée à crédit, venait d'être assassinée rue de la Rochefoucauld. Celle-là ne paraissait pas avoir été victime de l'assassin classique, de celui qui chourine l'hétaïre pour la voler. Elle ne faisait d'ordinaire ni les cafés, ni les music-halls, ni la rue, mais se contentait de passer deux fois par semaine, à la quatrième page du journal de M. Letellier, une annonce ainsi libellée: 19, rue de la Rochefoucauld, de 8 à 11, *gymnastique hygiénique pour vieillards*. Elle recevait beaucoup de monde: des officiers en bourgeois, des magistrats et, disait-on, jusqu'à des évêques en civil, de passage à Paris. Un matin on l'avait trouvée sur son lit dans une pose qui paraissait naturelle étant donné son métier: à genoux sur les courtines et la figure enfouie dans l'oreiller, sans aucune trace de sang. A y regarder de près, elle avait une balle de revolver de petit calibre à la base de la nuque, dans le cervelet. Rien n'avait été dérangé en la chambre; les bijoux et la recette de la journée, des réserves d'argent sous des piles de linge de l'armoire à glace, étaient intacts. Le meurtrier avait écarté soigneusement les cheveux—on voyait encore le sillon laissé par son doigt— pour trouver la profitable place où il devait appuyer le canon de l'arme à feu, et la femme avait dû croire à une caresse qui était dans le prix convenu. La malheureuse n'avait évidemment point souffert, avait dû seulement s'étonner, quand la mort pénétra dans son encéphale, de goûter une sensation aussi inédite, une secousse pareillement térébrante comme elle n'en éprouvait point d'ordinaire dans l'exercice de sa profession. Sans doute, c'était la première fois qu'elle ressentait quelque chose. La justice enquêtait sans pouvoir suivre aucune piste sérieuse. On se trouvait là devant l'œuvre d'un maître, devant le travail d'un artiste, d'un cérébral.

Le Belge était bien embêté. Depuis deux jours qu'il avait quitté Suresnes, il courait du Commissaire de Police au Parquet et rebondissait chez le propriétaire pour exhiber ses titres de propriété, des traites qui représentaient au moins dix fois la valeur de ce qu'il avait livré jadis à la fille galante. Il s'efforçait de récupérer les meubles le plus tôt possible, mais tout était sous scellés. Il n'était pas au bout de ses démarches et se répandait en anathèmes contre l'assassin. Cela le déroutait; il croyait avoir tout prévu pour éviter les désagréments. Et voilà qu'un scélérat anonyme compliquait ses affaires. C'était une leçon; désormais, à l'instar des négociants qui amortissent leur matériel en dix années, il majorerait ses prix du cinquième pour être garanti contre les risques d'assassinat encourus par ses clientes.

La Truphot inquiète sur le sort du Belge le réquisitionnait par dépêches mais il ne répondait point. Médéric Boutorgne, maintenant qu'il se croyait en droit de ne plus le redouter, puisqu'il avait mené si loin ses affaires, aurait eu bien besoin d'être relayé dans sa besogne, pourtant. Comme il pensait avoir interverti les rôles à jamais, il aurait volontiers, à son tour, accepté Siemans comme coadjuteur. Le camarade était vraiment mufle qui le laissait ainsi succomber à la tâche. Certes s'il avait été marié légitimement à la Truphot, il ne se serait pas fait faute de la servir à sa guise, dans la certitude de n'avoir plus rien à redouter. Mais il lui fallait présentement témoigner d'une continuelle effervescence amoureuse, conculquer des madrigaux et avoir toujours les lèvres en avant. Les dernières et récentes émotions de la vieille avaient fait lever en elle des appétits sans retenue. La prébende d'un ancien fermier-général n'eût pas rétribué la chose à sa valeur.

Un tempérament comme celui de la Truphot aurait été honoré dans la Grèce antique. Des foules en pèlerinage, des théories pérégrinantes d'artistes, seraient venues de loin pour accoster le miracle et s'ébaubir du phénomène. Bien que sa vénusté fût toujours relative et que ses grimaces de sexagénaire satyriaque eussent été pour décourager ceux qui placèrent l'éjouissement de la rétine au-dessus de tous les autres bienfaits de la vie, des poëtes sans nombre se seraient efforcés de trouver à la chose des explications ingénieuses. Eros et Cupido et Cotyto auraient été sommés sur l'heure de fournir le pourquoi d'une bienveillance et d'une protection si longanimes. Certes, les aèdes en gésine d'hexamètres n'auraient pas hésité à se porter garants, dans des odes infinies et en citant tout l'Olympe, que la Truphot, en sa jeunesse, avait été l'héroïne d'une aventure amoureuse ayant réussi à toucher les dieux. Et ceux-ci, par reconnaissance, lui continuaient le privilège de volupté bien après que la fonction eût été abolie. A Rome, sans doute, sa notoriété n'aurait pas été moindre, mais le changement des mœurs et la rareté de l'atticisme auraient bien pu l'y faire condamner, par un quelconque des derniers Césars, à gratifier le cirque de ses ébats, dans le ballet de Pasiphaë, dont parle Suétone. Il est vrai que, peut-être, le taureau n'aurait pas témoigné d'un bon vouloir équivalent à celui de Médéric Boutorgne.

Après tout, cette femme était enviable qui connaissait la pérennité du désir, et notre morale fausse incline seule à la blâmer. Le monde et la conscience abusive dont il se réclame valent-ils qu'on se prive d'une joie ou d'un agréable frisson? Un reste d'éducation imbécile, un substrat de préjugés tenaces et de niaises conventions nous font seuls blâmer ces choses. Si la Nature a décidé que certaines fibres, dans un individu en décrépitude, vibreraient jusqu'à l'anéantissement final, n'est-ce pas aller contre la Nature—le pire égarement d'après la Société—que de se soustraire aux dites vibrations? Et la Truphot n'eût-elle pas mis à jour une beauté héroïque si, au lieu de se cacher de son mieux, dédaignant à l'improviste l'hypocrisie bourgeoise, elle se fût tout à coup et sans contrainte offerte avec cynisme dans tout l'emportement de sa salacité déchaînée et splendissime? Elle était une force qui ne voulait point céder à la déchéance immuable des êtres, une révolte admirable de la Vie contre la Mort. Mais elle n'avait pas idée de cela, non plus que Siemans, Boutorgne et les autres qui, de leur mieux, sans l'assouvir jamais, lui notifiaient le plaisir d'amour. Ceux-là, après tout, étaient-ils excusables aussi. Il y a de si sales métiers dans la Société, qu'on ne peut pas dire que celui d'homme entretenu soit le plus abject. Ces derniers vivent de leur corps, mais donnent de la joie au moins à des individus de sexe contraire et parfois pareil. Parmi les hommes que révèrent leurs semblables, parmi ceux qui s'en vont munis de tous les profits ou de tous les honneurs civilisés, combien y en a-t-il dont la vie n'ait pas été vouée exclusivement à la pire malfaisance? Combien y en a-t-il qui exploitent autrui dans son corps ou dans son âme tout en lui faisant pleurer des larmes de sang, sans jamais lui valoir une consolation ou un apaisement quelconque? Oui combien sont-ils, parmi les enrichis, les parvenus, les glorioleux, les respectés, les puissants, ceux dont les comportements à l'arrière des décentes surfaces ne réhabiliteraient pas par comparaison les marlous de tout ordre? Avez-vous pensé déjà à ce que les façades muettes et sévères des maisons de Paris pouvaient recéler d'horrifiantes infamies, de crimes invisibles en une seule heure du jour ou de la nuit? Ah oui! si toute la ténèbre empoisonnée qui s'extravase, tous les pensers démoniaques, qui grouillent sous la calotte cranienne des meilleures bipèdes, des plus honnêtes gens, pouvaient être mis à jour, d'un seul coup, il y aurait de quoi suffoquer la Lumière et convaincre le Soleil de l'inanité de son effort, quand la Terre fait un pareil usage de la chaleur et de la vie qu'il lui dispense. Aussi lorsqu'on voit les Augures, les Oracles, les autocrates de tout acabit, les archevêques, les grands politiques, les «hommes du jour» et les *philanthropes* s'en aller les mains rouges de sang, ou la bouche poissée de purulents mensonges, astreints, pour conserver leur prestige, aux plus immondes turpitudes ou à la quotidienne prostitution, on n'a plus le courage d'en vouloir aux pauvres petits entretenus. Et nul, après avoir seulement un peu réfléchi, n'aurait le droit de haïr le Maquerellat, si celui-ci consentait à se tenir tranquille et n'estimait pas profitable à sa cause de promulguer une morale sous laquelle succombent les quelques gens de cœur qui s'obstinent bien inutilement à déambuler encore dans l'actuelle civilisation.

Maintenant, la veuve déclarait que toutes les avanies, tous les malheurs qu'elle venait d'endurer la rendaient lycanthrope. On n'était jamais rétribué que d'ingratitude ici-bas. Sa faiblesse, qu'elle payait cher, était de n'avoir pu traverser la vie toute seule. Mais était-ce une raison pour qu'on la fît souffrir ainsi? La méchanceté des hommes, leur bassesse d'âme lui avaient gâté tout son talent. D'abord son mari n'avait jamais consenti à ce qu'elle se livrât à la littérature. Et, désormais, alors qu'elle aurait pu profiter de ses dons, elle se sentait finie. Cependant, elle aurait pu écrire tout aussi bien qu'une autre, avoir du succès, si on n'avait pas empoisonné son âme. Ce n'était pas si difficile après tout de faire une œuvre intéressante. Elle était née pour chanter l'amour en des accents jusque-là inconnus. N'était-elle pas un Tibulle féminin, comme le lui avait assuré Péladan? Mais, présentement, elle commençait à apercevoir la misère et l'inutilité de tout effort. Ah! oui, elle avait bien besoin de consolations.

Boutorgne alors la remontait; il s'esclaffait, trouvait drôles et spirituelles les ordinaires pauvretés de sa conversation, se hâtant, du reste, de les noter. Puis, pour faire chorus, car il était dans sa nature de se mettre au diapason de tout le monde, il larmoyait sur son propre destin, pleurait dans le giron de la veuve. Il affirmait qu'il était à son tour poigné par une inexprimable mélancolie, une volonté de renoncement, un dégoût de tout; il se découvrait une âme à la *Manfred*. Oui, c'était çà une âme à la Manfred. Et il la pressait d'en finir, la suppliait de faire venir les actes pour la publication de leur prochain mariage. On s'en irait vivre à deux dans une Thébaïde, avec des fleurs, de vieux meubles qui disent les charmes désuets du passé, avec des livres, des poètes aimés; dans la douceur alanguie d'être ensemble on méditerait l'œuvre projetée, tout cela, sous un ciel gorgé d'azur, près de la mer amoureuse et lascive d'un golfe grec... non loin des fûts cannelés de rose d'un ancien temple hanté par les palombes, parmi l'harmonieux cantique, le prurit fervent de la terre d'Hellas exaltée par le Soleil et la Beauté. Une villa à Sunium! Pouvoir dater ses lettres de Sunium, y songeait-elle? Cela serait le noble exil de deux êtres qui réprouvent la laideur moderne, l'exode serein de deux cœurs trop délicats qui retournent enfin vers la glorieuse Consolatrice, vers la Grèce, toujours divine, vers la Mamelle sainte de Beauté et d'Harmonie. Mais la vieille hésitait, elle répondait par des phrases dilatoires. Rien ne pressait encore; dans un mois ou deux on verrait: à l'heure actuelle elle avait trop de soucis, trop d'affaires en suspens. Elle voulait pouvoir apporter à son cher Médéric une pensée libérée de toutes sollicitations secondaires. Et le gendelettre, afin de se consoler et de confirmer la veuve dans l'idée que jamais elle ne dénicherait un mari aussi bien doué que lui sous tous les rapports, témoignait d'une frénésie de jouvenceau que la vieille enfournait sans protester et, pour la *Revue héliotrope*, écrivait articles sur articles signés Camille de Louveciennes, imperturbablement. Dans le dernier, comme tous les crétins qui n'ont rien dans l'esprit, il avait dit la beauté de Venise, sur un mode à faire crever de jalousie Maurice Barrès lui-même et il projetait une exégèse des primitifs italiens à effacer Monsieur Huysmans.

D'un autre côté, la maison devenait à peu près intenable, car l'insurrection des bonnes n'avait été apaisée que pour un temps. Elles se levaient à onze heures, hurlaient dès qu'on leur commandait quelque chose, volaient comme des missionnaires, sans compter qu'il fallait leur donner la pièce à chaque instant devant leurs menaces éhontées. Elles s'autorisaient à des quolibets sur le gendelettre, ricanaient au nez de la vieille, et venaient même frapper à leur porte pendant la nuit en leur demandant, avec ironie, s'ils n'avaient besoin de rien. Le père Saça, lui, était toujours couché, le dos en forme d'hameçon, déclarant qu'il avait l'épine dorsale brisée en deux endroits, au moins. On devait le nourrir de poulet et de gelée de viande, car il n'acceptait plus d'autre aliment, l'abreuver de liqueurs et lui fournir de l'argent pour faire le piquet avec un vieil ami qui, tous les jours, venait le voir et partager les bons morceaux.

Aussi, un soir, désireux d'avoir enfin une journée de liberté, lui qui assumait tout seul la charge de la vieille et tenait tête au domestique, Boutorgne pria sa mère de lui dépêcher une lettre où elle l'informerait qu'elle était souffrante. Il reçut le télégramme libérateur, partit et vagua dans Montmartre, en quête d'un ami avec lequel on pourrait, le soir même, se livrer à une petite orgie. Siemans fut introuvable, rue Pigalle. Il avait des histoires avec les héritiers de la fille galante qui ne voulaient point reconnaître ses créances. Le gendelettre, alors, se décida à grimper la rue Lepic, encombrée à cette heure de la matinée par les marchandes au panier, harengères, vendeuses de lacets, négociants en cresson et petits camelots barrant les trottoirs pendant que les boutiques dégorgeaient, vomissaient des étalages de viandes, d'épiceries, de beurres, de volailles, aux tonalités et aux senteurs confondues. Les façades étroites des débitants crevaient de pléthore, semblaient éclater comme des ventres trop gonflés qui répandaient leurs intestins de légumes, leurs boyaux de charcuteries diverses, pendant que la rue tout entière clamait la gloire de la boustifaille. Des relents insidieux de fromages traînassaient, dominant la fadeur des quartiers de bœuf éventrés, d'un rouge brun, ou l'odeur pointue des éventaires de fruitiers. Une fourmilière humaine s'activait, flairant au travers de la voie déclive les denrées étalées, se ruant sur les mangeailles, grouillant, s'écartelant, se disloquant dans les rues voisines, toujours renforcée par des coulées adjacentes de ménagères ou d'hommes en pantoufles, porteurs de cabas.

Vue du terre-plein de la place Blanche, c'était une fresque extraordinaire, d'une vie énorme, un assaut gigantesque vers la joie de manger, une artère excessive, une aorte monstre, charroyant, le long de ses boutiques lie de vin, le sang et la nourriture de tout un coin de cité.

A l'angle de la rue de Maistre, un groupe de gens dessinait un cercle placide et amusé, d'où partaient des rires et des encouragements à une présumable bataille, car deux cannes s'enlevaient au-dessus des têtes, à l'intérieur du cercle, et retombaient rythmiquement. Le gendelettre s'approcha et, parvenu au premier rang des curieux, tout en jouant des coudes, sa stupéfaction fut profonde.

Sarigue et le comte de Fourcamadan se torgnolaient là, en tout loisir et toute sécurité, circonscrits d'une triple haie d'individus exhilarants et épanouis d'aise par ce spectacle toujours consolateur et très fréquent dans Montmartre.

—Le comte Gaspard de Fourcamadan est un escroc! vociférait Sarigue en présidant de son mieux à l'envolée et à la chute de son rotin sur les épaules armoriées.

—Cet homme sort du bagne, Andoche Sarigue est un assassin! piaillait le comte d'une voix de matou asexué.

Il avait la figure résillée de rouge, un œil déjà violet; les revers arrachés de son veston pendillaient lamentables, et il reculait, se sentant le moins fort, pendant que les boucles frisottantes de sa chevelure huilée de bardache napolitain lui coulaient sur le nez.

—Ah! ça personne ne viendra donc nous séparer, implora-t-il, en dardant sur l'entourage peu secourable des regards éperdus.

Le prosifère dut se précipiter entre eux. Mes chers amis, voyons? vous... un gentilhomme et un artiste se colleter ainsi comme des portefaix... Ah! non vous m'affligez..

Le comte de Fourcamadan s'était accroché à son bras tout heureux du secours imprévu.

—Vous m'emmenez, n'est-ce pas Boutorgne? Ah! oui vous m'emmenez, je vous conterai la chose...

Et il lui détailla toute l'affaire. Sarigue lui avait pris sa femme. Oh! cela n'était pas niable: il était cocu. Mais d'autres l'avaient été avant lui, et le seraient bien après. Puisque Molière, Napoléon et Hugo n'y avaient pas échappé il n'y avait aucun déshonneur à cela. Il s'en serait consolé facilement. Mais voilà, Sarigue l'avait fait jeter dehors par sa belle-mère laquelle trouvait enfin une aide et un point d'appui pour réussir cette combinaison qui lui souriait depuis longtemps déjà. Sarigue avait donc tenté cette randonnée non pas tant sur la personne de la comtesse que sur son avoir. Oui, ce qui l'avait séduit par dessus tout, c'étaient les 8.000 livres de rentes du ménage, la maigre provende dont on vivotait chichement. Lui, le comte n'avait que sa noblesse, son blason indéniable et son talent d'auteur dramatique qui, avant peu, bien sûr, finirait par conquérir les scènes du boulevard. On avait beau dire, trois de ses actes étaient reçus au Gymnase et il en avait quatre aussi d'acceptés au Vaudeville. Jadis les gentilshommes se faisaient verriers, lui avait préféré se faire écrivain dans l'espoir de reconstituer un jour, avec les droits d'auteur fabuleux, l'hoirie familiale dissipée par le feu comte, son père. Mais comme jusque-là, il n'avait pu apporter quoi que ce fût au ménage, sa belle-mère— qui n'était plus par les Boisrobert—sa belle-mère qui avait une âme de boutiquière sordide avait louché sur la rente mensuelle de deux cents francs dont Sarigue était détenteur. C'était toujours ça. Le père de celui-ci, huissier en Tunisie, avantageait, en effet, sa progéniture d'une pareille munificence et la mère de la comtesse, cette vieille harpie—qui n'était plus du tout sa cousine par les Montlignon, mais bien la veuve d'un marchand d'huiles de Béziers décédé dans la déconfiture—avait escompté l'héritage du recors tunisien qui devait revenir à Andoche Sarigue un jour ou l'autre. Bref, sa femme l'avait plaqué là, lui poussant, un beau soir, la porte au nez et le jetant sur le pavé avec ses hardes. Ah! il était frais, maintenant! A quarante ans passés, il fallait se refaire une situation. Et tout cela, pour avoir commis l'imprudence d'amener ce sale individu dîner une fois chez lui! Si encore il s'était contenté de la femme seule, cela pouvait aller, mais ce scélérat avait tout piraté: la matérielle, les rentes, la villa sur les bords de l'Oise. Il s'était installé en maître dans la place chaude et tous les jours, deux ou trois fois, contait le drame d'Algérie à sa belle-mère, une vieille liseuse de romans. Désormais, lui, le comte de Fourcamadan devrait retourner à sa vie de bohème, reprendre les expédients du passé, faire d'affreux métiers, car son actuel emploi de critique dramatique à l'*Aurige* de Montmartre ne le nourrissait pas. Il ne détenait plus qu'une ressource: le suicide, un homme de son rang ne pouvait consentir à déchoir deux fois.

Planté devant Boutorgne, il s'empara d'un de ses boutons, pendant que son poing droit, dardé en l'air, menaçait les dieux.

—Oui, mon cher, en un seul jour, j'ai perdu une femme, un enfant, une fortune et une maison de campagne..... tout ça pour avoir été trop confiant.....

Il se répandit encore en récriminations. Sarigue n'avait-il pas eu l'audace, le matin même, de lui dépêcher deux témoins: un pontife du journalisme et un *tartinier* de moindre encolure qui étaient venus lui demander, au saut du lit, une réparation par les armes. Le comte de Fourcamadan, qui cousinait avec les Montmorency, ne pouvait pas croiser le fer avec un homme qui avait fait cinq ans de bagne et se trouvait par cela même disqualifié. Non, lui portait une fleur de lys, en verrouil, dans son blason, l'autre la portait sur l'épaule. C'était ce qui les différenciait. Il avait eu beau l'expliquer aux seconds de Sarigue, ceux-ci s'étaient emportés. Le pontife, à qui son altitude imposait la retenue dans le discours, avait fait un signe à son compagnon:

—Je vous donne licence de qualifier ce Monsieur comme il le mérite, avait-il proféré; et l'autre l'avait alors traité de lâche, lui disant qu'il était comte «comme ses pieds», et que sa mère avait dû le procréer d'un marmiton, derrière une porte, un soir d'orage. Sa femme de ménage, appelée à la rescousse, en désespoir de cause, les avait expulsés à coups de tisonnier, et deux heures après, alors qu'il sortait pour porter sa copie à son petit canard, l'amant de sa femme lui était tombé sur le dos, la canne haute. Il allait porter plainte et le faire renvoyer à Cayenne. Cela ne traînerait point.

Le noble comte ne mentait pas, le rapt de sa femme par Sarigue avait bien été condimenté d'un cartel inattendu. Car c'est un fait à noter, un trait précieux des mœurs contemporaines: les marlous bourgeois ne lésinent jamais sur le point d'honneur. Ils s'envoient réciproquement des témoins à tour de bras, se hâtant, du reste, de se modeler ainsi sur leurs collègues du boulevard extérieur. Ceux-ci vident leurs querelles au couteau, illuminent leurs écailles de l'éclair du surin, sont très chatouilleux sur les atteintes portées à leur lustre individuel et font tête au sergot en la suprême défense du sanglier coiffé par les chiens, qui joue du boutoir en toute beauté. Aussi leurs confrères en chapeau de soie se sont-ils empressés de ne point laisser tomber en désuétude les coutumes de la Tribu. Dans Paris, du matin au soir, circulent des Messieurs très bien qui vont portant le défi de leurs commettants ichtyoïdes. Depuis l'entretenu légal, celui qui a épousé la fille du tripier de Chicago, la milliardaire américaine, celui qui restitue les fastes du passé et traite les rois de passage comme Fouquet traitait Louis XIV: M. Boni de Castellane, par exemple, jusqu'au plus petit *maqueraillon* qui se respecte, tous ne barguignent pas sur l'offense et pratiquent Chateauvillard sans omission. Il est à présumer que Gastinne Renette et les salles d'escrime pourraient fermer boutique du jour au lendemain s'ils n'étaient point assurés de cette indéfective clientèle.

Boutorgne en soutenant de son mieux l'aristocrate contondu, l'introduisait chez un pharmacien où il pourrait se faire retaper, rechampir de bandelettes et de sparadrap pour, ensuite, circuler décemment dans l'apparence d'un Monsieur qui vient d'être victime d'un accident d'automobile.

—N'est-ce pas, très cher, pour tout le monde c'est un accident de voiturette, avait prié le comte, et le gendelettre en était tombé d'accord. Sur le seuil du potard, le *prosifère* se retourna, pour voir ce qu'était devenu Sarigue. Celui-ci était resté entouré de trois ou quatre autochtones de Montmartre, qui le complimentaient sans doute sur sa vaillance et recevaient de sa bouche le détail et le commentaire de ses exploits. Mais quand il vit Boutorgne et Fourcamadan engagés dans l'emporium à bocaux, il fit demi-tour brusquement, prit le pas de course et fila par le haut de la rue Lepic, dans la direction de son domicile, comme si, désormais, il n'avait plus un seul instant à perdre. L'amant de la Truphot alla poser alors une main protectrice et amie sur l'épaule du comte, dont un commis, armé d'une sorte de coquetier et d'une petite éponge, lotionnait les orbites.

Au café de l'*Aiglon*—un des centres les plus actifs du putanat montmartrois—où tous deux accostèrent peu après, Boutorgne proposa une petite débauche pour le soir; justement il était en fonds. Le comte n'aurait qu'à se coiffer d'une casquette anglaise, à endosser un cache-poussière que l'on irait quérir chez un sien ami chauffeur demeurant tout près, et il passerait aux yeux de tous pour une intéressante victime du sport. Fourcamadan paraissait enchanté. La perspective de se riboter avec des grues lui faisait oublier tous ses récents désastres. C'est cela, on prendrait au passage deux acteuses d'un théâtre de la rue Blanche à qui—cela tombait bien—il avait promis un coup d'encensoir dans son papier et on soupaillerait de compagnie. Mais, s'étant enquis si Boutorgne comptait, après la fête, s'expédier à Suresnes et ayant reçu une réponse négative, le noble comte réfléchit une minute, fronça le front comme pour donner plus d'acuité à ses concepts et changea d'avis tout à coup. Il avait trop présumé de ses forces, dit-il. Voilà qu'il se sentait envahi par une migraine à faire éclater le couvercle de son crâne, un mal de tête furibond, résultat de ses émotions du jour. Et puis, il était tout moulu, courbaturé atrocement. Il n'éprouvait aucune honte à le confesser: il n'était point fait pour les pugilats. Le matin du jour où, en duel, il avait reçu dans la cuisse la balle du prince Murat, ce qui était une blessure noble, on lui aurait demandé de faire la fête, le soir, qu'il aurait marché. Mais aujourd'hui, il était écœuré par l'odieux de ces procédés de coltineur. Il préférait rentrer, oui, se mettre à la diète et demain après deux bons massages, il n'y paraîtrait plus.

Boutorgne dut le quitter après qu'il eût plusieurs fois consulté sa montre et requis un indicateur: un train qu'il lui fallait prendre à la fin de la semaine, expliqua-t-il. Et le *prosifère* décida de rejoindre Irma, une vieille connaissance du quartier latin, une fille énorme, à la fressure toujours en émoi, qui pour moins d'un louis, vous précipitait, une nuit durant, en des spasmes avantageux et de la meilleure qualité.

X

Débarqué à Suresnes, le lendemain, sur les deux heures de l'après-midi, Médéric Boutorgne précipitait le pas de ses petites jambes car il était porteur de nouvelles affriolantes qui devaient, à son sens, faire escalader à la veuve les différents échelons de l'allégresse. D'abord, le dernier Camille de Louveciennes, de la *Revue héliotrope*, avait été reproduit, *in extenso*, avec des commentaires laudatifs, par les *Cahiers helvètes*, un fascicule de Lausanne dont le secrétaire de rédaction était un ami à lui. C'était un article sur les primitifs flamands du Louvre, réfléchis par son propre entendement, par le miroir de son âme, après que la Truphot, au préalable, eût fait circuler ses dires à travers les provinces radieuses de son esthétique personnelle. Car la vieille avait des idées, beaucoup de concepts avantageux sur la peinture en particulier. Elle détenait des aperçus qui eussent fait passer Joris Karl pour un sacristain wallon, rien qu'à la confrontation avec les verdicts de ce dernier; elle donnait aussi l'envol à des théories que le sar Péladan n'eût pas répudiées pour se faire honneur dans les salons où l'on calamistre le cinède. Puis, Médéric Boutorgne serrait contre son cœur un précieux papier, une lettre bizarre reçue le matin même qui, si elle n'était pas une pure fumisterie, promettait quelque chose d'invraisemblable, un spectacle d'un haut ragoût pour quiconque, comme lui, faisait partie des Lettres françaises. On se rendrait à l'invitation formulée en cette épître avec la Truphot. Comme tout arrive dans le monde de la Littérature, surtout les faits du plus pur maboulisme, on pouvait—d'après le contenu de l'épistole et la personne du signataire—conjecturer ce qu'il y avait de plus formidable dans l'insolite et l'imprévu.

Il se fit reconnaître, à la porte, en prononçant à trois ou quatre reprises les paroles cabalistiques destinées à lui valoir l'accès de la maison, car la veuve, toujours embastionnée, avait institué tout un jeu de formules convenues afin que l'aventure de l'autre soir ne se renouvelât pas. Parvenu en trois sauts jusqu'à la salle à manger, le gendelettre, tout à coup, recula d'un pas et resta bouche bée, anéanti, comme si un aérolithe venait soudainement de choir à ses pieds.

Devant un petit guéridon poussé contre la table non desservie encore et qu'encombraient les reliefs du déjeuner, la veuve, Justine, la femme de chambre, Sarigue et le comte de Fourcamadan faisaient tranquillement un petit poker à quarante sous de relance.

—Cent sous et deux francs de mieux, disait l'Africain à l'homme blasonné..... un carré de rois, rien que ça... votre full aux valets est comme les pièces de Jules Lemaître, ou la parole d'honneur de Truculor, il ne vaut rien... j'empoche.

—Et moi qui avais un brelan d'as; bien sûr je me serais déshabillée dessus, déclarait la Truphot, par manière de parler, sans que ses partenaires parussent sursauter d'effroi à l'audition d'une telle menace.

—Quoi?... c'est moi qui *le suis* et, contrairement aux proverbes qui, décidément, sont la sagesse des imbéciles, c'est lui qui a la veine. Non, mais, vous n'allez pas nous regarder comme ça, avec des yeux grands comme des plaques tournantes, continuait le comte qui, cette fois, interpellait Boutorgne à qui l'émotion venait de retirer l'usage de la parole, comme le jour du dîner où il devait emporter de haute lutte l'amour de Madame Honved.

La veuve perdait douze louis que Sarigue et Fourcamadan empochaient par part à peu près égale.

—Ils ont couché avec elle... ils ont couché avec elle... se désespérait *in petto* le malheureux prosifère se rappelant tout à coup la fuite de Sarigue la veille, dans le haut de la rue Lepic, et le manège du comte refusant sa petite noce dès qu'il l'eût assuré qu'il ne devait pas rentrer le soir même à Suresnes.

—Je suis frit... c'est sûr... Mais voyons, Fourcamadan n'est parti que le second; il a dû être distancé.

Sarigue l'inquiétait peu quoique très redoutable dans les choses d'amour. Mais il devait épouser la comtesse après divorce et avait été fiancé par la veuve. Avec lui rien de durable n'était à craindre. Il ne devait avoir comme but que de soutirer quelque somme. Le péril, c'était l'autre qui se trouvait sur le pavé maintenant et n'avait plus d'autre ressource que de placer son titre à nouveau. Si la veuve s'excitait sur les armoiries, il n'y avait pas à dire, il était fichu, lui. Tant d'efforts, tant de sales besognes acceptées et réalisées pour rien... Ah! c'était bien là sa chance coutumière.

Le comte ajustait présentement sur lui un visage d'un effroyable coloris; ses deux orbites tuméfiées, d'un violet exaspéré se nuançaient du savant dégradé des couchers de soleil; des cercles concentriques de rose et de bleu sombre rayonnaient jusqu'au milieu des joues recouvertes, elles aussi, par les torgnoles de la veille, d'une frottée de pastels tenaces et polychromes. Le nez, au centre de sa petite face chafouine, deux fois grosse comme le poing à peine, se boursouflait sous une pourpre vineuse, et la lèvre inférieure se gonflait, d'un rouge sale, tel un bourrelet de porte-fenêtre mal essuyé.

Et puis il avait eu l'idée, plusieurs jours auparavant, de laisser pousser sa barbe, une barbe qui était maintenant d'un noir sans entrain, piquetée de blanc et qu'on aurait pu utiliser assez pratiquement déjà comme brosse à décrotter, étant donnée son inéduquable rugosité.

Evidemment, avec un pareil extérieur, peu susceptible de déchaîner les frénésies, il n'avait pu embarquer dans la couche de la Truphot, diagnostiquait Boutorgne pour se conforter. Fourcamadan riait d'ailleurs, s'avérait au mieux désormais avec son agresseur de la veille qu'il tutoyait même par instants, réconcilié sans doute par quelque flibusterie réalisée en commun. Le larcin de la femme, de la fortune et de la maison de campagne paraissait avoir été amnistié par lui, déjà. En gentilhomme qui sait vivre, il ne le chicanerait plus dorénavant à propos de pareilles misères. Il avait été le moins fort, et pour une fois le moins roué. Il acceptait l'ukase de la Fortune, en patricien qui ne récrimine pas inutilement.

Médéric Boutorgne, toujours sans voix, conservait l'apparence d'un malheureux inopinément statufié. Il expirait de petits soupirs d'angoisse et n'arrivait pas à proférer la moindre phrase. Cet homme-là, certainement, était né *stupéfié*; il avait l'ébahissement congénital. Malgré tout, en cette minute encore, il se trouvait plus de savoir-faire qu'aux camarades et ne doutait point de l'issue du tournoi. Sa campagne antérieure—d'une scélératesse si niaise— lui apparaissait comme une petite merveille de rouerie compliquée. On verrait bien qui l'emporterait en définitive.

—Non, mais tournez-vous..., dit le comte peu difficile sur le choix de ses plaisanteries, en désignant le gendelettre à ses compagnons, non, mais il en bave comme un escargot qui regarde découcher sa promise...

La vieille s'esclaffait, sans rien trouver d'injurieux au quolibet, étant de trop bonne compagnie et ayant l'esprit assez large, par surcroît—comme elle le disait souvent—pour ne pas tolérer les facéties de ses invités. Tout cela l'amusait. Jamais elle n'avait été courue de la sorte, même au temps de sa jeunesse, à l'époque de Monsieur Truphot; d'autre part, peut-être, ne prenait-elle pas Boutorgne très au sérieux.

—Eh! bien quoi? Arrivez donc, on va vous faire un jeu, commandait le héros passionnel.

—Amitiés à tout le monde, finit par évacuer le dérouté Médéric en serrant les mains tendues et en baisant celle de la veuve. Excusez-moi, j'ai marché si vite... un peu de dyspnée... et puis voir le comte dans cet état.

—Un accident d'automobile, les journaux sont pleins de ça... ce matin; nous avons culbuté avec le duc de Valfreneuse à la descente de la côte de Picardie. N'est-ce pas Sarigue?

—Certainement, répondit l'autre avec le sérieux qu'il devait avoir usagé pour répondre, jadis, au Président des assises.

—J'apporte des nouvelles épatantes, réexpectora Boutorgne résolu à pallier le désastreux de son arrivée.

—Ah! oui, elles doivent être fraîches vos nouvelles, elles sont au moins contemporaines de la première dent de Sarah Bernhardt, ou de sa prime scène d'amour avec Damala, quand celui-ci posa sa blanche main sur la gorge aussi immatérielle que déjà avancée, ce qui s'appelait, en 82, *la prise du mamelon vert*... Non, mais nous prenez-vous pour des gens sans accointances avec les gazettes?... On les connaît vos nouvelles... Vous allez nous apprendre, n'est-ce pas, que M. Éliphas de Béothus, le type qui voulait détruire la planète, le soir du dîner, vient d'être arrêté pour avoir assassiné cinq personnes?... ironisa le comte gouailleur à l'adresse du prosifère.

—Comment vous savez? je tiens la chose d'un camarade qui est attaché au Cabinet du préfet... aucun communiqué n'a encore été fait aux journaux... répliqua Boutorgne.

—Nous savons tout, fit Fourcamadan, sentencieux, l'index levé, et en braquant sur l'autre son visage coloré comme un ciel d'Orient... Nous savons bien d'autres choses encore... Celle-ci, par exemple; à moins d'être menteur comme l'*Agence Havas*, vous confesserez que vous êtes porteur d'un papier extravagant, dont la teneur est identique à ce qui suit...

Et le comte, debout au milieu de la pièce, se mit en devoir de donner lecture, d'une voix crécellante, de la missive reçue par la Truphot, le matin même, et en tous points semblable à celle que le gendelettre, en surprise, se préparait à notifier son auditoire:

Hôpital Ambroise Paré.
Place de la Nation.
Salle Velpeau.

Le plus notable Réprouvé des Temps modernes, à qui Dieu décerna l'inconcevable honneur d'être choisi entre deux milliards de créatures humaines, afin d'être supplicié durant vingt années sur un Calvaire d'angoisse qui, seul, peut rivaliser avec le Golgotha: CELA POURRA RACHETER LE MONDE DE TROIS MILLE ANS DE POURRITURE LITTÉRAIRE, *Jacques Paraclet, pour le nommer, informe les personnes qui, de près ou de loin, s'intéressent encore à l'art d'écrire, qu'il tient actuellement, à l'hôpital Ambroise Paré, l'emploi de moribond.*

Démuni des quarante sous nécessaires pour intéresser à son trépas l'infirmier de service, il entend ne pas être privé des témoins—LES MÊMES—*qui, jadis, contresignèrent de leur présence les profitables râles et les délicieuses convulsions du Fils de l'Homme. D'autre part, comme il s'est toujours montré respectueux des plus légitimes désirs de ses contemporains et qu'il n'ignore pas ce qu'on doit à ses semblables, il fera le possible pour ne priver aucun individu de bonne volonté du spectacle consolateur de son agonie.*

Boutorgne était atterré. Le comte lui avait coupé ses effets un à un. Mais les opinions fusaient déjà.

—C'est une fumisterie, comme lui seul sait les conditionner, prononça Sarigue.

—Raison de plus pour y aller, répliqua la Truphot qui, sans doute, n'en avait pas eu pour ses quinze louis et espérait quelque supplément ultérieur.

—S'il s'emploie à décéder, comment voulez-vous qu'il ait pu lancer des faire-part? reprenait, avec assez de bon sens, le compatriote de Jugurtha.

—Oh! c'est un homme de précaution; je le connais: il devait les porter sur lui depuis plusieurs années, en toute prévision; il n'y avait sans doute que le nom de l'hôpital à apposer, émit Boutorgne.

—Puisque c'est gratuit, pourquoi n'irions-nous pas? trancha le comte.

D'un commun accord, il fut décidé qu'on irait.

Et comme la petite bande, une demi heure après, s'engouffrait dans la gare, le comte tira Sarigue par la manche, le ramena un peu en arrière des autres en lui prenant les mains, et lui coula dans l'oreille, lui parlant de sa femme qui, la veille, accompagnée d'un homme de loi, avait envahi l'ancien domicile conjugal pour sauvegarder les meubles et les nippes lui appartenant par contrat.

—La comtesse est d'une nature aimante... tâchez d'être très caressant avec elle... hier, elle m'a fait une scène... vous avez dû la négliger... je ne voudrais pas qu'on se quittât en gens mal élevés...

XI

Une heure après cette lecture, toute la bande débarquait à la gare Saint-Lazare. On s'entassa dans un fiacre pour gagner l'hôpital, et comme justement on se trouvait être au jeudi—jour de visites—cela allait au mieux, à moins cependant qu'on ne se présentât après l'heure de fermeture des portes. Jusqu'à la place de la Bastille, tout marcha parfaitement, mais là survinrent des incidents qui firent croire qu'on n'arriverait jamais. Près de la colonne, le cheval se cabra à demi, s'enlevant, tout à coup, dans les brancards, avec ce qui restait de force nerveuse dans sa carcasse de bête boulimique insuffisamment sustentée. Un bicycliste chassieux, coiffé d'une casquette à carreaux noirs et blancs, les bas tombés sur les talons et découvrant des tibias ennemis du savon, venait de lui passer sous les naseaux avec un cri guttural, et maintenant il filait, exagérant la rotondité simiesque de son dos, pendant qu'il adressait au cocher le vocable ayant servi de pétarade dernière à Waterloo, vocable qui devait, à n'en pas douter, constituer pour lui, comme pour la plupart de ses pareils, le lustre principal de sa conversation. Maintenant l'automédon vociférait à son tour, réquisitionnait dans ses lectures de l'*Intransigeant*, dont la manchette dépassait la poche de sa houppelande, de péjoratives épithètes, qu'il lançait de loin, à la volée, contre son ennemi occupé à virer dans le tournant de la rue Jean Beausire. Un moment même, bien que Boutorgne se fût accroché à ses basques, il parut vouloir l'y suivre, le fouet haut, pour affirmer, sans doute, la supériorité et le brio de sa coprologie alimentée aux sources des meilleurs polémistes. Mais un autre pédard survint, coiffé celui-là d'un képi bahuté de collégien, qui recommença la même manœuvre, et décocha comme invectives à l'homme au chapeau ciré les noms de deux temps des verbes latins, que celui-ci prit pour d'effroyables injures.

—Sale supin... bougre de gérondif...

—Quoi qu'il dit... l'entendez-vous... C'est toi qui en est un de supin, hé youpin... vermine cosmopolite... fils de Franc-Maçon... vendu à l'Allemagne... immonde dreyfusard!... tonitruait le cocher congestionné qui fouaillait sa bête pour rattraper le cycliste échappé.

—Cent sous si vous nous jetez à Ambroise Paré avant dix minutes, cria Sarigue, en désespoir de cause.

—Ah! pour sûr; faut qu'ça soit pour vous, mon prince, sans ça j'aurais préféré rater ma *moyenne* et lui arracher les oreilles à ce sectaire, répliqua, en pointant sur la gare de Vincennes, l'homme de l'Urbaine dont la triste destinée était de passer toute sa vie avec un ou des bourgeois au derrière. Des passants amusés stationnaient au large sur le terre-plein; un garde municipal tirait sa moustache cirée en faisant miroiter complaisamment au soleil la bague d'argent, à chaton bleu, qu'il portait à l'annulaire. Deux ébénistes s'étaient arrêtés au ras du trottoir, l'un portant sur l'épaule un fronton, et l'autre un panneau de lit, d'un style dit *Henri II*, dont la prépondérante hideur réussit à contenter les bourgeois les plus difficiles, en mal d'agencement mobiliaire, et dans lequel la plupart d'entre eux aiment à se reproduire et à confabuler.

—Tiens, pige donc l'aztèque de la haute... en v'la encore un qui a été fait avec du sperme coupé d'eau... dit le premier en désignant le comte de Fourcamadan dont le visage s'adornait toujours d'un coloris digne d'une toile de luministe.

—Sûr... il s'ra fait *sonner* par Gérault-Richard, hier chez Vianey, pour avoir interrompu le baron Millerand, ajouta l'autre.

Tous deux se mirent à rire pendant que le comte criait à son tour, de sa voix suraiguë.

—Dix francs... vous entendez cocher... dix francs.

—Un demi-louis, ah! votre Altesse est aussi généreuse que le général Boulanger: c'est juste ce qu'il m'a donné pour le mener à la gare du Nord, quand il a filé dare dare sur Bruxelles... car c'est moi qui l'ai trimballé.

La compacte fourmilière du faubourg Saint-Antoine, avec sa senteur de bois vernis, avec son grouillement d'êtres enfiévrés coulant le long des boutiques, obstruant la chaussée en un perpétuel prurit d'activité, se fendit devant le fiacre dévalant à toute allure sur les durs pavés pointillés, de loin en loin, par les taches d'or du crottin. Les bars multicolores, tassés drus, sur la devanture desquels des inscriptions en grosses lettres vertes ou blanches vantaient la qualité des petits noirs et des alcools démocratiques—l'alcool, ce stupéfiant maudit qui, avec son complice, le journal patrioteux, cette machine à crétiniser les masses, interdisent pour jamais à l'artère plébéienne de susciter un nouveau Santerre avec ses tambours—dévalaient les uns après les autres. Puis ce furent au moins deux kilomètres d'armoires à glace—écueil de la vertu faubourienne—et des pelotons compacts d'hygiéniques tables de nuit, devant lesquelles, en veston bourgeois, les patrons, bergers de ces meubles placides, faisaient la retape en distribuant des prospectus de couleur avec obstination.

.   .   .   .

Faubourg Antoine! Terre magnanime d'où s'envola la Liberté! Tu t'égales à la Voie Sacrée dans la mémoire des hommes à jamais reconnaissante. Et ton histoire est plus belle si elle fut plus brève! C'est toi qui traduisis pour la première fois la colère des Plèbes; c'est toi qui suscitas les piquiers en haillons sublimes dont les framées révolutionnaires, chevelées de rayons par l'astre de Messidor, allaient faire entrevoir au Monde les clartés rénovatrices. Il déboula d'une de tes mansardes, le Canonnier en qui hurlaient les voix de quinze siècles d'esclavage demandant vengeance, le Canonnier du 10 Août qui, allongé sur sa couleuvrine comme sur une femme amoureuse, prolongeait son plaisir, n'osait point se relever dans la peur de voir s'abolir trop tôt la volupté qu'il goûtait à te tenir enfin à la gueule de sa pièce, ô Royauté. Il venait d'une de tes ruelles, le Forgeron divin qui, dans les Tuileries prises d'assaut, dans le lit royal où s'était continuée la lignée d'exaction, dans le lit encore chaud des caresses de l'Antoinette, prit la parole au nom du Peuple, s'accroupit, et, tranquillement... déféqua...

Et tu connus toutes les générosités et toutes les clémences, immortel Faubourg! Dans la victoire, tu allas jusqu'à sauver l'honneur de tes plus cruels ennemis. On peut dire que, grâce à toi, Louis XVI a eu toutes les chances dans la vie. De cocu ridicule et de roi imbécile qu'il était, tu en fis un monarque sympathique aux populations sentimentales. Quatre-vingt-treize dramatisa sa vie inepte de serrurier couronné, de Bartholo diadémé. Il n'y eût pas jusqu'au 21 Janvier qui ne fût pour lui un don du destin. Mieux encore, au moment où sur l'échafaud il se préparait à donner l'envol à quelque confondante stupidité, au moment où il allait proférer quelque solennelle sottise dont il aurait porté le poids devant la postérité, tu eus pitié de lui et ordonnas à Santerre de lui retirer la parole.

.   .   .   .

Au coin de l'avenue Ledru-Rollin, un gamin vêtu d'un sarrau de percaline grisâtre, effrangé et roussi, où s'inscrivaient les carrés plus foncés de multiples pièces, un gamin albinos aux yeux vermillon, occupé à enfouir un piège à moineaux parmi un copieux amas de fiente chevaline, voulut fuir devant le subit surgissement du fiacre. Son pied s'embarrassa dans les ficelles noirâtres qui coulaient de ses brodequins délacés et il s'allongea sur le ventre en piaulant d'une voix éperdue, hors de la portée des roues cependant, mais après avoir culbuté dans sa chute, au bord du trottoir, une marchande de marée dont les paniers déversèrent sur le sol des poissons blanchâtres et un torchon immonde, empesé de sang caillé auquel, pendant la vente, elle s'essuyait les doigts.

Maintenant le gamin, qui s'était relevé, hurlait plus fort, se frottait les genoux, brandissait le poing droit, et injuriait le fiacre déjà loin, en répétant frénétiquement:

—Sales bourgeois... Sales bourgeois...

La ventraille d'un hareng, qu'il avait écrasé en tombant, adhérait encore à ses cheveux et pendillait le long de sa joue. Un cercle s'était formé autour de lui. Des mégères s'exerçaient à l'éloquence imprécatoire... Un garçon tonnelier et la marchande de marée, faisant claquer son torchon rouge comme un drapeau, couraient après le véhicule en s'efforçant de le rejoindre...

—Arrêtez-les... Arrêtez-les... ils viennent d'écraser un enfant... sous les yeux de sa mère...

Il était deux heures trente-cinq comme ils passèrent enfin devant le concierge de l'hospice. Précédés d'un garçon de salle alléché par l'espoir d'un appréciable pourboire, ils traversèrent alors des cours calamiteuses où pointait un gazon tenace, longèrent des bâtiments rectilignes, badigeonnés de frais, enduits d'un crépi mélancolique, qui semblaient exsuder tout ce qui peut être suspecté en fait de douleur ou de misère et derrière lesquels venait battre sans trève l'inlassable remous des géhennes humaines. C'était un des terrains de manœuvre favoris, un des champs d'évolutions préférés de la Mort, dont on aurait tort, en somme, de médire, puisqu'elle est, après tout, la seule chose douce que la Nature, en une heure d'attendrissement et de pitié, ait laissé tomber sur la terre en partage aux hommes. N'est-ce pas elle seule, en effet, qui a le pouvoir d'éteindre les hurlements de damnés qui s'échappent de ce monde supplicié et qui vont portant l'effroi et la désolation jusque dans les espaces cosmiques? Ce n'est pas sa faute à Elle si l'humanité imbécile s'acharne à faire de la vie et à se continuer pour assurer la pérennité du Mal, de la Laideur et de la Souffrance.

Ils passeront devant la lingerie sur le seuil de laquelle jacassaient deux sœurs au ventre énorme de bréhaignes bien nourries.

—Nous n'avons pas fait grand'chose aujourd'hui, disait l'une, la matinée a été très calme: nous n'avons coupé qu'une jambe.

—Chez nous deux laparotomies et un trépan sur du vilain monde: des filles-mères et un protestant... répliquait l'autre.

Plus loin, dans le tournant brusque d'un couloir, la petite bande, tout en se hâtant, se heurta à deux infirmiers qui débouchaient, convoyant une civière. Les manches retroussées des deux hommes découvraient des bras velus, cordés par des veines héliotropes, et un long tablier de cotonnade bleue les sanglait autour des reins auxquels se maintenait mal un pantalon de ceinture trop lâche qui coulait derrière les talons. Sur le cadre de bois, recouvert d'un drap de grosse toile bise, quelque chose de rigide, une forme imprécise et longue, fluctuait, tressautait à chacun de leurs pas. C'était un cadavre. La Truphot, qui marchait la première, recula, ainsi que les autres, instinctivement, et tous se plaquèrent contre le mur dans un réflexe d'effroi.

Les deux hommes passèrent sans même les voir, occupés à mâchonner de vagues paroles, des grommellements de colère. Mais, tout à coup, l'un d'eux, le second, un grand maigre au teint de plomb, aux yeux charbonneux et éraillés, s'arrêta net, forçant ainsi son compagnon, qui lui tournait le dos, à interrompre sa marche, pendant que le mort, bousculé par ce brusque arrêt, chavirait en partie sur le brancard et laissait pendre, en dehors du drap, une jambe grêle et décharnée. D'une bourrade, l'homme remit la jambe en place, rejoignit son compagnon, puis fouilla dans la poche droite de sa cotte de toile pour en tirer une courte pipe de terre et un cornet, un cône aplati de papier, d'où le «caporal», par de multiples déchirures, fuyait en petites touffettes brunes. Un flot de mots rageurs vint baver à ses lèvres.

—C'est-i à croire! V'là que l'Administration nous supprime les dix sous qu'on nous accordait pour la descente de chaque macchabée!

La pipe bourrée et allumée, ils repartirent, arrivèrent près d'un escalier dont le mur, à l'angle, portait un index surplombant le mot «Amphithéâtre». La veuve et ses suivants les virent de rechef poser le brancard, se rapprocher l'un de l'autre et reprendre leur mimique indignée, épaule contre épaule; le grand maigre appuyant son discours de coups de talon rageurs sur le sol. Quelque interne dut se montrer, sans doute, au loin, car ils se mirent en devoir de ressaisir les montants de la civière pour accoster la première marche, non sans que le plus enragé des deux, retirant une seconde la pipe de sa bouche, n'eût lancé un jet mol et long de salive noire dont la parabole giclante et sans vigueur vint éclabousser le cadavre qui s'était découvert dans la marche et que les cahots et les chocs tassaient sur lui-même, faisaient se recroqueviller, tout petit et comme effaré, au fond du brancard à nouveau brinqueballant.

—Br... fit le comte, les sales garçons d'honneur que vous octroie parfois la Camarde, quand on se marie avec elle!...

La veuve en avait froid dans l'épine dorsale. Une carafe frappée qui lui coulait dans le creux des os. Si elle avait su, certes, elle ne serait point venue. Elle en aurait pour huit jours, au moins, à cuver cette épouvante. Boutorgne fit diligence pour s'exhiber profond et philosophe. Il plaça une phrase pessimiste, remémorée d'un livre.

—Le voilà bien l'aboutissant final du spasme d'amour; fosse commune pour fosse commune, hypogée pour hypogée, ceux de l'hydraulique préventive, de la cuvette, étaient peut-être préférables... Le seul moyen de narguer la Mort et de la terrasser à jamais, c'était de manier l'injecteur contre la vie...

Sarigue sursauta. Il controversa, pontifiant d'un geste arrondi en arc de cercle qui faucha lentement l'air autour de lui.

—Oui, mais nous n'aurions jamais eu alors Roméo et Juliette, Werther ni René... Ce faisant, vous souilleriez l'amour et recouvririez la terre d'un voile de deuil, de néant et de ténèbre.....

—Quel forfait quand on pense qu'on aurait pu détruire ainsi avant la lettre, en cette époque seulement, Aurélien Scholl et Paul Bourget... celui qui fit des calembours immortels, qui porta l'esprit français à son apogée, et l'autre qui déchiffra enfin le rébus des âmes, surenchérit le comte dressé sur les ergots, en érigeant, au dessus de l'épaule du gendelettre, le prisme solaire de ses contusions faciales.

—Laissez le donc, il est toujours sentimental comme ça... il paraît très sérieux à la surface et il se moque au fond des choses les plus saintes; il blasphème la mort et ne respecte même pas l'amour, conclut la Truphot froissée dans ses délicatesses.

Médéric Boutorgne comprit qu'il venait de brandir une gaffe de plusieurs décamètres. Un froid intérieur racornit ses viscères. Diable! il semblait mal en cour près de la veuve, depuis l'intrusion des deux autres! On avait dû le desservir sans doute. Il voulut en avoir le cœur net. Dix pas plus loin comme on allait arriver enfin à la salle Velpeau il poussa dans l'angle d'une fenêtre Sarigue qui marchait le dernier.

—Vous aviez donc besoin d'argent que vous êtes venu à Suresnes?

—Oui, mon petit, répondit cyniquement l'autre, il me faut 2.000 francs pour éteindre une dette... une vieille dette qui pourrait indisposer ma future belle-mère.

—Vous les aurez, je m'en charge, mais pourquoi le comte cuisine-t-il Madame Truphot, lui aussi.

—Ah! ça, c'est votre affaire, mais je vous conseille de vous méfier, il a un titre à placer vous comprenez... dame! son blason pourrait bien concurrencer votre littérature.

Médéric Boutorgne rougeoya d'une pourpre de colère, ce qui était peut-être sans précédent dans sa vie. Il exhaussa son maigre torse ampoulé, leva le poing, et hors de lui, dédaignant le langage choisi, il devint nature, s'exprima comme aurait pu le faire un de ses confrères de la périphérie.

—Gare à lui... gare à lui... s'il s'avise jamais de *marcher dans mon boulot*...

XII

J'entrerai dans le ciel avec une couronne d'étrons...

JACQUES PARACLET.

La salle Velpeau était trop petite pour contenir tous ceux qui avaient répondu à l'extraordinaire invitation de Jacques Paraclet. La plupart conjecturaient la fumisterie bizarre, le comportement paradoxal dont le pamphlétaire catholique était coutumier. Mais quelques imbéciles étaient accourus dans l'idée que cela *pourrait bien être vrai.* D'autres, des *vedettes* notoires se dissimulaient, cachant leur figure derrière le chapeau tenu à la main, tout pâles de joie rentrée, s'accrochant quand même à l'espoir ridicule qui leur faisait escompter la béatifique consolation de voir finir là, sous leurs yeux, celui qui les avait scalpés ou désossés dans la guerre d'indien sioux déclarée par lui, pendant vingt ans, à toute la Presse et à tous les littérateurs sensationnels. On s'était précipité comme à une *première,* car c'était le fait du jour dont on parlerait une semaine au moins dans les cénacles et les dîners de confrères, la chose originale qu'il faudrait commenter sous peine de passer pour un Béotien ou un provincial. A son tour, d'une manière ou d'une autre, le Sauvage était attaché au «poteau de couleur». On allait donc voir comment il crèverait; et si ce n'était qu'un gigantesque humbug, il ne pouvait s'en tirer que par un trait inimaginable et sans précédent, digne du génial banquiste qu'il était. On le savait à la hauteur et son public s'était donc mobilisé, en se pourléchant les babines, dans la conjecture de l'une ou l'autre circonstance dont l'agrément se balançait, en somme.

A quelque vingt pas de la salle, la Truphot parut vouloir se dérober.— C'est un *bluff* pour sûr, dit-elle, cet homme-là ne m'a fait venir que pour me taper encore d'une vingtaine de louis. Mais comme Boutorgne, Sarigue et le comte n'étaient point en cause, et n'avaient rien à redouter de ce côté, ils la poussèrent en la rassurant.

—Il y avait bien trop de monde, certainement il n'oserait pas.

Des gens débordaient de la porte, revomis par la petite pièce qui contenait six lits dont les malades, des convalescents du reste, avaient déserté devant cette subite invasion de leur home dolent. Quelques individus refoulés dans le corridor cherchèrent à les retenir au passage. Pourquoi entreraient-ils puisqu'il leur fallait, eux, rester dehors faute de place? Un hourvari, un vacarme verbal, de véritables bramellements s'entendaient, qui surexcitèrent au plus haut point la curiosité de la petite bande. En jouant des poings et des coudes, elle fit proue de vaisseau et fendit enfin la cohue.

Hirsute, debout sur son lit, la face turgescente encore sous un restant d'érésypèle qui faisait redonder ses joues, les yeux en flammes, et le capillaire embroussaillé de son estomac mis au vent par sa chemise arrachée, Jacques Paraclet trompettait d'effroyables périodes...

Il avait atteint son but. Circonscrit par la famine, sans journal pour y vociférer et l'éditeur le plus amène se regimbant désormais devant l'apport de tout manuscrit, il avait été jeté vivant—ce qui était pour lui le plus effroyable des supplices—dans le cul-de-basse-fosse du silence. Il pouvait à la rigueur consentir à crever de misère, mais il ne pouvait périr aphone; ce qui aurait été du reste à son honneur, si le moindre levain de sincérité eût jamais fait fermenter son indignation. Mais il n'en était rien. Jacques Paraclet s'était imprudemment fourvoyé dans le catholicisme, voilà tout; et la cléricaille—qui préférera toujours l'insidieux venin du trigonocéphale aux rugissements du tigre à jeun—avait fait subitement *sacristies en arrière*, à la vue de ce démonomane qui prétendait, à lui seul, changer le relief moral du continent affecté au lymphatique Jésus. Les brûlots dont il était le Commodore n'avaient rien incendié et lui étaient restés pour compte: de là son satyriasis blasphématoire, lorsqu'il fut trop tard pour orienter sur d'autres étoiles.

Convaincu qu'il était perdu sans retour, il avait alors machiné de toutes pièces la présente scène, en se décidant tout à coup à reconquérir un auditoire, ne fût-ce que pour quelques instants, et au prix de n'importe quel subterfuge. Un érésypèle assez conciliant s'étant impatronisé dans sa personne, il en avait profité pour lancer des invites à assister à son agonie: assuré qu'on viendrait toujours, qu'il pourrait donner ainsi sa représentation d'adieu, et, comme il le disait: se dresser une dernière fois aux yeux de tous, sur ses tropes paroxystes, comme Attila sur son bûcher de boucliers... Maintenant, il les tenait.

La Truphot et ses compagnons avaient manqué l'amorce de l'olynthienne, mais il en restait encore de quoi satisfaire bien des gens.

Présentement, l'outlaw fulgurait et fracassait comme un tonnerre éperdu, ramassant son public épeuré, malgré tout, d'un bras véhément qui semblait échappé à la camisole de force, et il jetait d'effarants blasphèmes qui éclataient telles des fougasses, tels des coups de mine.

. . . .

...Il est vraisemblable qu'à un instant précis de la fuite du Temps à travers les âges, et dans la nuit d'un désert, les ancestrales femelles, dont vous êtes issus, se sont accouplées à des chacals, afin de vous fournir l'âme toute de sordide bassesse que nous vous connaissons...

Il est à présumer aussi que, grâce à votre besoin de vous reproduire et de proliférer, la planète va voir s'accroître trop rapidement le lot de putréfiences dont la véhiculation, concurremment avec celle des gens de cœur, lui est assignée; et qu'elle s'arrêtera un jour, immobile et éperdue dans l'espace, se refusant à translater plus longtemps un tel surcroît d'immondices autour de son centre solaire...

Car vous êtes les borborytes et les bousiers des plus pestilentiels cloaques, et la prospérité de votre fourmillement vermiculaire est l'indice des immédiates décadences...

Vous ignorez la justice, le désintéressement et la générosité, toutes ces menues étoiles qui trouent la nuit de l'âme humaine et l'autorisent encore à croire qu'elle ne s'est pas introduite indûment dans l'harmonie du monde, et qu'elle n'est pas la parfaite saleté destinée à polluer un ordre de choses jusqu'à elle admirable...

Vous tous qui m'écoutez, bourgeois, artistes, intellectuels, entretenus, écrivassiers ou imbéciles de tout poil ou de tout lustre, vous n'êtes que des eunuques, des tueurs de faibles, des Surhumains de l'abjection, des égorgeurs de vaincus, et votre aplatissement devant le Puissant n'est comparable qu'à l'allure rampante du lombric, quand cet intéressant annélide conjecture tout proche le talon implacable qui va lui faire épandre, par écrasement, les sales viscosités dont son corps est empli...

La plupart d'entre vous se réclament de la qualité d'écrivains et, pour satisfaire la fringale de beauté qui torture, à n'en pas douter, les masses contemporaines, ils ouvrent toute grande la braguette de leur âme, puis éjaculent la gravelle et l'albumine de leurs concepts: c'est ainsi qu'on vous doit des livres! Quelquefois, aussi, comme énonciateurs d'Idéal, vous prenez l'Époque à la cravate pour l'entraîner avec vous dans le pourrissoir d'équarrisseur où achèvent de se désagréger les charognes phosphoreuses qui doivent, dites-vous, remplacer les chevaux du fils de Clymène et traîner sur le monde, jusqu'au plus prochain Eridan, le flamboyant Soleil de Vérité et d'Amour que vous êtes occupés à attiser...

Tous, d'ailleurs, avec ponctualité et sans lassitude, vous attentez à la langue française, cette seule et dernière Idole qui nous reste à étreindre dans la déroute de tout. Et il faut avouer que c'est un insondable problème pour la raison humaine de comprendre comment il se peut faire que les mots, ces choses adorables où frémissent et chantent les âmes confondues de quatre races, ne voient pas immédiatement s'abolir tout leur sens au seul contact de vos sordides plumes!

Rien qu'à vous dévisager, l'immédiate sensation qui surgit et s'impose induit à se demander, étant donné ce que sont les hommes, comment les poux peuvent encore les supporter; aussi, une immense pitié, de suite, saute et s'installe dans l'âme, en faveur de ces acarus diligents et déshérités réduits, pour conquérir leur nourriture, à implanter leurs suçoirs en de tels épidermes...

Nul ne saurait contester que vous avez dépassé l'outrepassable et suborné l'ignominie, que le souffle de vos poitrines et la transsudation de vos âmes ressusciteraient, par simple contact, les charniers et les croupissoirs abolis et lubrifiés depuis dix mille ans. Quiconque vous approche, gens de lettres de nos jours, reconnaît et confesse que votre seule présence infuse une vigueur nouvelle à l'excrément qui s'apaise et que, jalouse d'égaler la vôtre, sa puanteur, noblement stimulée, dévergonde aussitôt et devient hystérique. Cela c'est le secret et l'explication de l'horrible odeur de certains soirs d'ici-bas...

Tels que vous êtes, cependant, votre exécrable infamie, dont la description impossible confond d'impuissance le Verbe humain, est pourtant la seule chose qui maintienne le monde en équilibre et diffère, pour quelque temps encore, l'abolition de notre habitacle.

A considérer, comme en ce moment vos faces, écarquillées et sanieuses, se congestionner d'attention rentrée; à voir vos cous se gonfler sous la cravate et décharger vraisemblablement les matières viscides de leurs multiples écrouelles: indice certain de la constriction angoissée de vos individus, il n'est point ridicule de diagnostiquer que vous attendez de moi encore l'effroyable et surprenant postulat accoutumé, seul explosif capable de secouer votre torpeur, comme le coup de savate dans les gencives de la prostituée est seul capable de la sortir pour un temps de sa passivité coutumière et de lui restituer ainsi un semblant d'état humain. Eh bien! je dirai donc qu'il n'est plus niable, en effet, que la Hideur et le Crime, sur lesquels la Vie repose, sont une condition indispensable de son existence et de sa durée, et que, de cette proposition, vous êtes la démonstration péremptoire.

Oui, si la fin de notre planète fut cent fois déjà vaticinée et plus de fois encore tout près de se réaliser, de par l'accomplissement d'un phénomène cosmique, vous fûtes toujours, vous autres, les Archanges breneux qui la sauvâtes à l'instant délectable désiré par tous les cœurs soucieux de voir enfin le Mal s'abolir, et qui aspirent, depuis tant de siècles, à l'avènement du Néant, cet Absolu du Bien. Je dis donc que les comètes, les comètes de beauté, les comètes belliqueuses empennées de lueurs, accourues du fin fond de l'Infini à seule fin de nous occire, ont, tout à coup, reculé d'épouvante, à la seule idée de gagner à votre contact le chancroïde infâme dont vous êtes atteints!...

.   .   .   .

Comme son souffle ne pouvait pas le porter plus loin, Jacques Paraclet fit une pause d'une seconde; sa poitrine se gonfla d'une haleine ainsi que la voile d'une yole se gonfle de vent, et il bascula enfin sa péroraison.

—Aussi, l'ultime espérance qui nous reste à nous autres, épris de l'impérieuse justice, c'est de penser que la terre, lasse à son tour d'errer sans profit dans le sein mystérieux de l'éther frémissant, lasse de battre son quart avec ses six compagnes autour de son inexorable marlou, de son incorruptible soleil, sans autre salaire que de vous continuer, finira bien un jour, un jour proche, par acquérir l'horreur de vos sales pieds, et qu'un hoquet de dégoût, un spasme d'infini vomissement, venu du plus profond du sphéroïde, le projettera dans les distances, le fragmentera en vingt éclats infâmes et purulents, capables à eux seuls de contaminer tout l'Absolu!...

Six infirmiers précédés d'un chef de service accouraient enfin pour maîtriser et recoucher Jacques Paraclet qui écumait des salives rosâtres.—Ah! bien, fit l'homme en tablier blanc, ce gaillard-là me dira encore qu'il agonise. On va lui signer son exeat et vite, et mettez-moi tout ce peuple dehors.

L'auditoire, malgré sa volonté de blaguer, était quand même aplati par cette conflagration d'inconcevables anathèmes, cette torrentielle chevauchée de périodes ruées comme des cavales crachant du feu par les naseaux. Nul ne se sentait le souffle congruent à riposter en équivalence. Seul, le petit Troussenoir, du *Diogène*, eut le sentiment de la situation et sauva l'honneur de l'assistance.

Il jeta au milieu de la salle son chapeau mou aux bords graillonneux, qui, en moins de deux minutes, fut rempli de billon lancé à la volée.

—La quête, Messieurs... la quête... n'oubliez pas l'artiste...

XIII

Que la Vie dépose son excès d'impudeur, les écrivains satiriques déposeront leur excès de langage.

La Truphot, depuis la veille, était arrivée à Luchon où elle avait décidé de passer les mois caniculaires tout en suivant un traitement pour sa gorge. Les thermes de l'endroit ont pour mission, comme on sait, de retaper et de déterger les muqueuses appartenant à tout ce que l'Europe compte de plus notoire. Elle avait emmené Médéric Boutorgne, qui ne la quittait plus d'une semelle, et Siemans réapparu deux jours avant le départ, au moment où on y pensait le moins, et quand le *prosifère* remerciait déjà le sort d'avoir fait disparaître son plus sérieux rival, sans qu'il eût besoin pour cela d'user du moindre machiavélisme. Le Belge, devant le désarroi de la maison et la domesticité, de plus en plus insurgée, avait poussé les hauts cris. Ah! c'était ainsi qu'on administrait durant son absence. C'était du propre! Sans barguigner une seule minute, il avait jeté les deux bonnes, Justine et Rose, à la porte, et procédé également à l'éviction de la cuisinière. Puis, il était allé tenir certain discours au père Saça qui, ayant ouï la chose, s'était décidé sur l'heure à interrompre enfin les cris de kangaroo en gésine qu'il poussait depuis le soir de son *accident*, comme il s'exprimait.

Médéric Boutorgne, une semaine avant l'exode de Paris, s'était battu en duel avec le comte de Fourcamadan. Oui, il avait eu cet héroïsme. De la fumée et deux détonations avaient été échangées à trente pas, les yeux fermés et dans un réciproque trismus de terreur, parce que le gendelettre ayant réuni contre l'aristocrate—afin de ruiner ses entreprises sur la Truphot—un dossier formidable, qui ne recélait pas moins de quarante preuves d'escroqueries, abus de confiance et grivèleries diverses commises jadis en province, par le susdit patricien, celui-ci lui avait cassé une dent, d'un coup de poing, en plein Napolitain. Dam! il avait bien fallu, le lendemain, aller requérir chez Gastinne Renette, moyennant trois cents francs déposés d'avance, la paire de pistolets dont la fonction est d'être parfaitement inoffensifs et de laver par surcroît, les injures entre *gens d'honneur*. Au retour de cet exploit, la Truphot, attendrie par l'idée qu'elle était capable, malgré son âge, de susciter des massacres tout comme Hélène, dans la cité d'Ilios, la Truphot avait juré au gendelettre, magnifié par le péril couru, un amour auquel la Mort elle-même ne pourrait attenter cette fois. Elle s'était laissé passer au doigt l'anneau des définitives fiançailles. Puisque Siemans, pour qui elle avait tout fait, se moquait d'elle à ce point, et laissait le meilleur de soi chez des gourgandines, maintenant elle n'hésitait plus. Jamais, bien sûr—elle le reconnaissait spontanément—elle ne rencontrerait une tendresse et un dévouement comme ceux de Médéric. Le voyage en Grèce était décidé pour le lendemain de la mairie. Même—c'était une idée à elle—à quoi bon s'épouser, en ce pays médisant? On pourrait se marier là-bas, devant le consul d'une quelconque bourgade d'Hellas, ce serait bien plus pratique. Et le gendelettre, radieux, habita l'Empyrée pendant plusieurs jours. Mais quand l'amant légitime reparut, il lui fallut déchanter. En quelques heures, l'attitude de la veuve changea du tout au tout à son égard. Elle sauta au cou de Siemans, dès qu'elle le vit, en rappelant «son cher Adolphe», son «fils chéri» qu'elle avait cru perdre. Car à l'instar de Rousseau et de Madame de Warens, elle croyait utile de pimenter la chose d'appellations maternelles, pour lui donner une apparence d'inceste dans les paroles. Puis, elle s'était enfermée avec le Belge un après-midi tout entier.

Boutorgne, rôdant près de leur chambre, y avait entendu des bruits significatifs qui l'avaient empli de rage. Et quand tous deux redescendirent pour le dîner, leurs yeux sombres et battus, leur mutisme volontaire étaient pleins de mésestime à son égard. Pourtant l'écriturier réussit à se faire emmener à Luchon. Là-bas on verrait bien; il trouverait sûrement un moyen, quel qu'il fût, de se débarrasser du Belge sans retour possible cette fois. Cependant comme il se méfiait de son imagination, à l'ordinaire plutôt paupérique, il avait emporté dans sa malle un Balzac complet. Il y puiserait de quoi corser sa scélératesse ingénue. L'auteur de la Comédie humaine ayant décrit et rendu toute la vie, son cas, sans aucun doute, devait y être étudié. Il n'était pas possible, en effet, qu'il eût oublié le Maquerellat et qu'il se fût à ce point désintéressé d'un des principaux modes de la vie contemporaine. Mais Balzac était vague dans son esprit; il l'avait lu trop jeune: il lui faudrait le piocher ferme. Les péripéties inhérentes à Rastignac et à Rubempré, qu'il se remémorait en flou, ne pouvaient guère être utilisées par lui. Il ne se mouvait pas dans le noble faubourg, ni dans les milieux d'élégante richesse qui extraordinèrent si fort le génial romancier. La Truphot n'était pas la duchesse de Grandlieu, encore moins la duchesse de Maufrigneuse. Donc, cela ne s'adaptait pas; les procédés d'arriviste des deux célèbres ambitieux étaient ou trop forts ou trop faibles, et pas dans leur ambiance, en tout cas. Il analyserait les *Célibataires*. La lutte des deux demi-soldes pour la conquête de la Rabouilleuse enrichie pourrait lui fournir l'expédient cherché. Oui, mais la veuve n'offrait pas grande similitude avec la pêcheuse d'écrevisses berrichonne. Et puis, diable, il répugnait à en venir au duel farouche, à la ruée sabre contre sabre qui dénoue le roman. Enfin, il allait quand même disséquer Balzac, à tête reposée et, pour plus de sûreté, il y adjoindrait Stendhal pour la psychologie. Après tout, pourquoi ne serait-il pas une sorte de Julien Sorel? Ainsi que ce dernier, il avait essuyé le feu d'un pistolet. Mademoiselle de la Mole, pour lui, dans son personnel *Rouge et Noir*, avait soixante ans, voilà tout.

Munis d'adresses réquisitionnées dans une agence de location, tous trois erraient maintenant dans la station thermale, en quête d'une villa à bon compte. Siemans avait décidé qu'on ne vivrait pas à l'hôtel pour éviter dans la mesure du possible les déprédations et le stellionat des aborigènes qui ont porté l'escroquerie, envers les étrangers, à l'altitude de leurs montagnes. Et Boutorgne, dédaigneux des enseignes, et laissant au camarade le soin vil de découvrir les boîtes à louer, éployait déjà son âme de poète sur la cime des monts voisins, et préparait des vocables de couleur pour, aux oreilles de la veuve, chanter le paysage en beauté.

Luchon! Il serait puéril autant que ridicule de silhouetter cet endroit que le Bœdeker et Monsieur Jean Lorrain enseignent abondamment. La présomption d'une prose descriptive quelconque apparaîtrait flagrante après les adjectifs, émanés des plumes les plus augustes, qui ruisselèrent antérieurement sur ce décor. Tant de gaves de copie se sont précipités du sommet de ces monts pour déferler dans les plaines basses des journaux et des éditeurs bien achalandés, tant de majestueux oracles ont pris la peine de *sentir* les Pyrénées, comme ils ont *rendu* Venise, que les dites Pyrénées ne toléreraient pas une minute l'effroyable sacrilège qui consisterait à s'attaquer à elles d'une plume sans autorité. Ce serait courir le risque de voir les pics de Bagnères-de-Luchon—qui sont des pics bien appris et reconnaissants envers qui les glorifia—se renverser incontinent sur leurs pointes en esquissant des cabrioles d'effroi. L'auteur se gardera donc bien d'avancer la moindre épithète, qui pourrait induire les pesants contreforts et les cimes altières en une désastreuse non moins qu'affligeante rupture d'équilibre. Ce n'est que lorsqu'on tire couramment à cent éditions qu'on a le droit de palpiter devant la superbe de ces sommets, car les paysages sensationnels, en littérature, ne sont point à tous venants, comme on serait tenté de le croire. Les municipalités qui les exploitent doivent les défendre contre l'inconséquence et la maladresse possibles des jeunes écrivains. Or, comme celui qui écrit ces lignes est fort pauvre, il ne se relèverait pas d'un procès que pourraient lui intenter, pour crime de lèse-Pyrénées, les chatouilleuses édilités circonvoisines.

Les aubes de Luchon, quand la Truphot et ses deux suivants, cuirassés d'écailles, s'y manifestèrent, faisaient donc de leur mieux pour ne pas déchoir, en attendant la venue de leurs glorieux et annuels panégyristes. Le soleil de midi, non moins que son confrère, le soleil couchant, était toujours le brave luminaire dont, des millions de fois, nous furent contés les prouesses et le talentueux savoir-faire en matière de déroutant coloris. L'horizon, au prélude du soir, se nuançait de «rose évanescent», de «mauve clair», de «violet lamé d'or», de «jaune topaze» et «d'ambre vert» comme il sied à un horizon qui se respecte et dont on parle beaucoup dans les quotidiens du boulevard. Et il n'était pas jusqu'aux escarpements, ou aux *aiguilles* les moins réputées, qui ne tinssent à honneur de parader, eux aussi, dans les plus surprenantes et les plus subtiles tonalités. On aurait pu épuiser d'un coup plusieurs dictionnaires analogiques sans parvenir à exprimer, de façon convenable, les ressources géniales de leur esprit d'invention informé de ce qu'on doit aux bourgeois qui payent sans lésiner. Mais derrière tout cela, il faut le dire, derrière les vains oripeaux de la couleur et l'harmonie des lignes, qui suffisent à récréer et à extasier l'œil et l'esprit humains uniquement amoureux de la forme *toujours imbécile* ou des surfaces *toujours mensongères*, derrière tout ce qui fait évacuer à la littérature des diarrhées d'irréfrénable rhétorique, se cachait comme toujours l'âme sordide, maléficieuse et carnassière de la vraie Nature embusquée sous son fard de grâce et de douceur, pour perpétrer l'œuvre abominable, tout en ralliant le suffrage des insanes bipèdes que le prurit du tourisme précipite dans la pérambulation.

Il était près de six heures, et ils avaient déjà visité nombre de «villas à louer». Partout, ç'avait été les mêmes prix impossibles, les mêmes pièces étroites et basses, orientées à contre-jour, sur le «point de vue», les mêmes cretonnes sirupeuses, cuirassées par la fiente des mouches, les mêmes hécatombes de moustiques écrasés contre les vitres et les glaces, les pareilles murailles si minces qu'on les aurait crues construites avec des cloisons de boîtes d'allumettes suédoises, les identiques et présumables phalanstères de puces, les insidieux forums de punaises tapis derrière les tentures, et surtout les inévitables «commodités»... anhydres. Pour avoir de l'installation moderne, il aurait fallu mettre trois mille au moins. Siemans se récriait. Payer ça, mille ou douze cents francs pour la saison! ah! non, c'était plus cher qu'au Vésinet, ou qu'à Trouville, près des Roches noires. Là-bas au moins il y avait le bois, la fraîcheur et la mer, tandis qu'ici, avec leurs sales montagnes, ces manufactures d'entorses ou de coups de soleil, il préférait reprendre le train. L'excessif éloignement de Paris et de Montmartre devait le faire enrager, sans doute, car il parlait de s'aller terrer à Enghien, où il y avait des eaux sulfureuses, des rastas et des petits chevaux, tout comme à Luchon. Et puis, du lac, près de Saint-Gratien, on voyait le Sacré-Cœur: c'était au moins aussi beau que le *Vénasque*.

Enfin, dans la périphérie de Luchon, ils finirent par découvrir cinq pièces et une grande cuisine à peu près habitables, dans une maison élevée d'un rez-dechaussée et d'un étage et posée au beau milieu d'un bout de pré où quatre chèvres noires étaient à l'attache. Trois cents francs par mois de location, c'était acceptable, d'autant plus qu'un marché en plein vent se tenait non loin de là, deux fois par semaine, et qu'on pourrait s'y approvisionner à bon compte. Voilà ce qu'il leur fallait. Siemans donna parole de revenir le lendemain pour la signature de l'engagement et de l'inventaire.

Précédés des inévitables Moka, Spot, Nénette et Sapho qui claudiquaient sous le poids de leur adiposité de bêtes trop repues, et qui s'arrêtaient à chaque pas pour ne rien perdre du fumet des déjections rencontrées sur la route, ils regagnèrent le Luchon fashionable, et se trouvèrent inclus dans la cohue élégante des baigneurs qui regagnaient la table d'hôte pour le dîner. Médéric Boutorgne rapprocha sa chemise saumon clair, son panama cabossé, son impeccable pantalon de flanelle et ses bottines fauves, des élégances accostées et, délibérément, se trouva à la hauteur, avec, toutefois, l'esprit et le talent en plus. Car il n'y avait pas à dire, ce qu'il entendait des parlottes de ces gens le consolait de sa propre conversation. Visages bouillis par la noce stupide, orbites liquoreuses, faciès où la sottise avait entreposé ce qu'elle avait de meilleur, profils de rapaces ou d'usuriers parvenus, tous les cercleux, les sportsmen, les enrichis, les gens d'affaires de Paris, que Juillet débuche des halliers ou des officines du ridicule et de la malfaisance, dans quoi ils s'étaient complus l'automne, l'hiver et le renouveau, confluaient en cet endroit, satisfaits, diserts et hannetonnants. Les femmes qui ont payé très cher ces maris ou ces amants, poussaient dans les groupes leurs jupes courtes, leurs corsages clairs, leurs boas de plumes floconneuses, leurs cheveux peints, avec dans leur allure tout ce que les trépidations sur le *matelas* bourgeois peuvent imprimer de malformations morales ou physiques. Elles aussi faisaient le possible pour requérir l'attention à l'aide de jacassements appropriés, de gloussements vérifiés dans les salons, de jeux d'ombrelles ou de faces à main, tout en se réclamant, en des verbes très hauts, des neurasthénies à la mode. Des imbéciles surérogatoires, le pantalon haut retroussé, en chemise de flanelle cuivre ou vert-nil, coiffés de petites casquettes quadrillées, porteurs de raquettes, et qui avaient représenté sur leur nuque, à l'aide d'une raie médiane, l'endroit qu'on ne peut nommer, contaient leurs exploits au tennis du jour en recevant les félicitations exclamatives de leur épouse, de leur maîtresse ou de leurs sœurs, émues de tant de prouesses. C'était l'accoutumée population des villes d'eaux consacrées, dont le contact donnait alors au trio de la veuve, de Médéric Boutorgne et de Siemans de petits frémissements d'aise et les affermissait, par surcroît, dans l'idée qu'ils participaient, eux aussi, à une minute précieuse de la plus inouïe des civilisations. Les cloches, appelant pour le dîner, sonnaient les unes après les autres, dans une belle discipline qui, sans doute, en avait fixé, au préalable, par règlement municipal, l'ordre de préséance. Et le Métropole-Hôtel, le Highland-Hôtel, le Splendissime-Hôtel, l'Exaction-Hôtel, le Rasta-Hôtel et le Flibust-Hôtel, qui érigeaient autour du Casino leurs façades pontifiantes, d'un luxe solennel et niais, buvaient à longues goulées de leurs porches béants, cette ruisselée de villégiateurs catalogués au *Gotha*, au *Bottin* ou dans les Greffes des «correctionnelles».

La Truphot, Siemans et son coadjuteur s'étaient arrêtés près de la porte de l'Établissement thermal, devant un éventaire de bibelots indigènes aussi horribles que coûteux, et ils flanochaient un peu, marchandant des photographies de sites et des pétrifications diverses, avant de rejoindre la pension de famille exempte de faste où ils avaient fait porter leurs malles, la veille, au débarqué du train. Sur le trottoir d'en face, à dix pas d'eux, un petit homme, au nez busqué, au front concave, brun comme la sépia, qui portait, ridiculement passée sous son bras, l'anse d'osier d'un gros panier de ménagère, palabrait avec un muletier, tout en accompagnant ses dires d'une profusion de clin d'yeux enjôleurs et de gestes captieux. Le muletier, un robuste fils de l'âpre Pyrénée, était un gas superbe, dont le buste svelte et élancé, bien pris dans la veste courte, filait en lignes fières et souples vers un col noblement éjecté, pâtiné par le hâle de la montagne, et que niellait, d'une ombre bleue et sous-jacente, la résille délicate des veines juvéniles. Il avait le profil aquilin du Béarn et l'œil noir, aux paupières lourdes cillées de soie épaisse, qui déchargeait l'éclat aigu d'une prunelle comme enduite d'un virulent siccatif. Tout à coup, on entendit un retentissant *viédaze!* et le petit homme roula alors sur la chaussée, précipité en dehors des assises de ses larges pieds par un magistral coup de tête en plein sternum, pendant que le mulet du montagnard, accourant à la rescousse de son maître, le bourrait de basses ruades décochées au ras du sol. Le panier qu'il tenait au bras ayant été projeté à plusieurs pas de son propriétaire, un chat s'en échappait maintenant, un angora, au poil d'un noir violâtre et magnifique, aux deux yeux d'ambre jaune mouchetés de noir. Et le muletier, désormais placide, la bride de sa bête au poing, s'éloignait, du pas mesuré et solennel d'un grand d'Espagne, qui vient d'accomplir, au mieux, une délicate fonction d'ambassade.

La veuve et ses deux compagnons s'étaient retournés au bruit.

—Eh! mais, je ne me trompe pas, c'est Cyrille Esghourde, un bon copain du *Napo!* exclama Médéric Boutorgne à la vue du petit homme au panier, qui se démenait en geignant parmi le crottin de la chaussée, à la plus grande joie des boutiquiers surgis de l'abri de leurs éventaires.

Tous trois coururent le relever. La Truphot, en possession de l'identité du personnage, et connaissant désormais que c'était un *gendelettre*, le brossait d'une main maternelle.

—Cette brute vous a-t-elle sérieusement blessé, questionnait-elle, secourable.

—Ah! vous pouvez le dire, Madame, c'est une riche brute, répondait Cyrille Esghourde, avec un toupet monstre, après s'être précipité dans les bras de Médéric Boutorgne, et comme ce dernier achevait les réciproques présentations. Imaginez-vous que j'étais en pourparlers avec lui pour me faire conduire dans un village de l'extrême-montagne, où, au lever du jour, on peut chasser le gypaète à l'affût... Je lui offrais un louis pour deux heures d'ascension: 1 800 mètres d'altitude quoi, et voilà comment ce pacant ivre m'a répondu. Mais je vais déposer une plainte, vous avez tous été témoins... cela ne se passera pas comme ça... Ah! fichtre et ma chatte, avez-vous vu ma chatte... Aphrodite... Aphrodite... ici... mimi...

Deux cireurs de bottes ambulants étaient accourus, et sous la manœuvre diligente de la brosse, qui le nimba d'un nuage de sternutatoire poussière, Cyrille Esghourde redevint présentable en quelques minutes. Avec un peu d'arnica, comme le lui conseillait la Truphot, la bosse qu'il portait au front se résorberait très vite. C'était l'affaire de deux jours. Siemans revenait avec l'angora, Aphrodite, qu'il avait trouvée blottie dans un angle de porte, dix pas plus loin, et miaulant désespérément. On emmenait dîner Cyrille Esghourde, à la pension de famille, et, tout en marchant, il conta qu'il était sorti dans l'intention d'aller donner à un ami la chatte qu'il avait emmenée de Paris pour ne pas la laisser, durant son absence, aux soins de mains mercenaires qui lui avaient fait crever, l'année précédente, un chat de Siam, pure merveille. Sur sa route, il avait rencontré le contondant muletier. Sa chatte était merveilleuse de beauté, mais elle était enragée d'amour, continuellement sous l'influence de son sexe, disait-il, et comme il répugnait à la laisser se mésallier avec les matous d'alentour, il en était réduit à la confiner chez lui. Aphrodite, alors, cassait tout, arrachait les rideaux, transformait les tentures en vermicelle, et, par ses plaintes vrillantes, ameutait les voisins. La veille, même, elle lui avait déchiré tout le plan de son futur roman, *l'Ephèbe-dieu*, un embryon de manuscrit d'une dizaine de pages, qu'il aurait la plus grande peine à reconstituer. Il ne voulait plus risquer pareille avanie. La Truphot, séduite, sollicita la bête.

—Elle serait très bien soignée; il pouvait en être sûr; elle adorait les animaux, et Aphrodite ferait, sans nul doute, le meilleur ménage avec Nénette, Spot et Sapho qui, d'ailleurs, lui témoignaient déjà de l'amitié, car ils donnaient l'assaut aux jupes de la vieille femme pour flairer, de plus près et avec des frétillements, la fragrance sexuelle de leur nouvelle camarade.

—Je n'osais point vous l'offrir, madame, acquiesça Cyrille Esghourde, mais je ne peux vraiment souhaiter meilleur destin pour la pauvre compagne de ma solitude. Puis, dans un besoin d'informer l'assistance de sa nature «artiste», il ajouta:

—Jusqu'ici j'adorais les chats, le sonnet de Baudelaire m'avait emballé, car j'aime à me conformer aux opinions littéraires les plus en faveur, je le confesse. J'en possédais toujours deux ou trois chez moi, mais depuis quelque temps je trouve que ces animaux de perversion sont un peu surfaits! Ils copulent avec platitude, odorent désagréablement, et n'ont rien des adorables complications humaines. Or la complication est la condition une, essentielle, de l'amour des raffinés. A l'heure présente, je me demande comment le poète des divines névroses a pu s'éprendre de ces félins sans détraquement, qui aiment et caressent à la façon des portefaix ou des chefs de bureau. Comment a-t-il osé son fameux sonnet, lui, l'immortel satanique, comment n'a-t-il pas rougi de ces vers, d'ailleurs insanes? Souvenez-vous:

Les amoureux fervents et les savants austères
Aiment également en leur mûre saison
Les chats puissants et doux, orgueil de la maison...

—Est-ce que «des amoureux fervents» ne sont pas ridicules dans leur mûre saison? triompha-t-il finalement.

La Truphot eut envie de cingler l'autre d'une aigre réplique. A voir Boutorgne se dresser déjà sur ses mollets étiques d'homuncule, elle perçut que celui-ci se déclarait tout prêt à accourir à la rescousse, à venir renforcer sa controverse, et à démontrer péremptoirement que les «amoureux fervents», n'étaient jamais ridicules quelle que fût leur indécente longévité. Mais un besoin de savoir la refréna. Que voulait donc dire Cyrille Esghourde avec ses «adorables complications humaines»? Serait-il, lui, en possession d'un nouveau mode d'aimer? Ce diable de petit homme aurait-il inventé un nouveau péché pour pimenter et rénover un peu les frottements de l'homme et de la femme? Aurait-il, d'un seul élan, d'un seul coup de sa tête circonflexe, culbuté le «mur» qui défend de s'évader, de s'éloigner des voluptés archi-connues?

Alors comme le gendelettre, le *Matulu* cabossé marchait entre Médéric Boutorgne et Siemans, elle fit un crochet brusque, puis, l'œil brasillant, vint le frôler, cheminant désormais à son côté, dans l'espoir, sans doute, d'une profitable initiation.

Hélas! la veuve errait lamentablement dans ses inductions sans acuité. Si Esghourde avait été, comme elle, un possédé de l'amour congru, Médéric Boutorgne se serait bien gardé de le prier à dîner pour compliquer encore un peu ses affaires qui n'allaient pas au mieux.

L'ami du prosifère poussait à un trop haut degré le respect de soi pour se conformer à la norme amoureuse et requérir le petit spasme à l'égal de son père, par exemple. Il n'avait pas l'esprit d'imitation et de plagiat poussé à ce point. Ses œuvres le prouvaient. Au temps de son éphébat, comme Perse à l'entrée de Suburre, il s'était trouvé placé à l'entrée des deux chemins de la vie. Seulement, à l'encontre de l'auteur des *Satires*, il avait dédaigné le Portique, pour aiguiller sur le... *gros raifort*, dont parle Aristophane.

Cyrille Esghourde était l'auteur de trois livres: *Mémé, Joël* et l'*Antinoüs*, à l'aide desquels il s'était situé dans la littérature comme le chantre opiniâtre de la Sodomie. C'était le *Barde* des *Bardaches*. Catholique pratiquant, élevé chez les Jésuites, comme il prenait le soin d'en avertir ses lecteurs, il s'endeuillait ponctuellement, pendant cinquante pages au moins, au début de chacun de ses livres, à l'idée que la République attentait à la sérénité de «ses doux maîtres», molestait les fils vireux de Loyola, qui enseignent à la jeunesse, en surplus des mathématiques et des «colles» pour Saint-Cyr, les façons d'aimer d'Elagabale Antoninus. A ses dires, la plupart de ses camarades, de ses labadens, élevés comme lui sous le mancenillier de la Jésuitière, s'étaient trouvés investis, à son égal, à l'approche de la puberté, par ce *delirium* indéfectible, auquel préside placidement, dans les dortoirs pieux, un Christ bénévole, dont la seule fonction et l'unique récréation, ici-bas, paraissent être, tantôt dans les dites chambrées, tantôt dans les alcôves bourgeoises, d'assister en parfait voyeur aux ébats et aux soubresauts de ses créatures tout en les bonifiant de son effigie. Donc, en sortant de chez les Pères—il nous faut bien croire ce qu'il raconte lui-même—Cyrille Esghourde s'était trouvé stigmatisé pour toujours de ce travers qui devait le condamner à passer la plus grande partie de sa vie, inclus, les pommettes congestionnées et les phalanges exacerbées, dans les urinoirs, dans les *théières* de l'Agora. A peine émancipé, il s'était mis à *télescoper* des gitons, à se *coaguler*, à s'*agglutiner* à tous les ascyltes fomentés rue des Postes, sans dédaigner toutefois ceux que mensure M. Bertillon, à circuler en un mot, à travers ces alléchants individus avec la vitesse et la furia du Métropolitain dans son tunnel. Au bout de quelques mois de ces exercices, il pouvait traverser le cinède le plus coriace avec le même brio qu'un clown traverse un cerceau de papier. C'est ce qu'on peut appeler le *sport ciné... détique*. Aussi, s'était-il empressé de dénicher un éditeur pour détailler au public, par le menu, les exploits les plus notables de son éréthisme d'inverti.

Dès qu'il avait amassé quelques sous à perpétrer des marchés avantageux pour le compte d'un marchand de charbons en gros où il était préposé à *la place* et au Grand-Livre, Cyrille Esghourde sollicitait un congé et, ayant par surcroît soutiré quelque argent à son libraire ou à ses auteurs—de petits rentiers—il se précipitait en Espagne ou en Italie pour y retrouver ses amis, les valets de *cuadrilla* ou les voyous du Transtévère, les *cioccari*, les modèles pouillasseux de la *Trinita del Monti*, les *Birrichini*, qui ont toujours la roupie aux fesses et, pour une pièce de billon, vendent des violettes ou bien leur croupe au voyageur, au *forestiere dilettante*.

A Paris, où abondent les Philistins, comme il disait, il modérait ses exploits, adoptait volontiers une attitude cafarde, la joue facilement rougissante et l'œil baissé, et, comme des mésaventures lui étaient survenues—le bruit courait qu'un jour il avait fallu requérir les pompiers pour retirer un zouave disparu dans sa personne—il préférait de beaucoup s'ébattre de l'autre côté des Pyrénées ou des Alpes, où, paraît-il, le culte de la *Beauté* n'est pas encore aboli, tant s'en faut. A chaque ligne de ses écrits, en effet, Cyrille Esghourde, élégiaque, se réclamait de la *Beauté*, la Beauté morte avec l'Hellas! sanglotait-il infatigablement, car il n'avait, celui-là encore, retenu de la Grèce que l'endémique pédérastie. C'était l'André Chénier de l'arrière-train.

Pauvre Beauté, que de solécismes, de turpitudes et d'abjections on commet en ton nom! Hélas! si vous interrogez tous les imbéciles qui s'en vont barrissant, à propos de n'importe quoi, ce mot de Beauté, si vous leur demandez ce qu'ils entendent par lui, au juste, vous en trouverez les cinq sixièmes qui exciperont de sanies équivalentes à celle de Cyrille Esghourde. De temps en temps, d'âge en âge, un mot qui ne renferme rien, un mot vide de sens, mais à l'aide duquel on excuse tout, un mot que répètent éperdument tous les hommes, se met en devoir d'hystérier ferme le bétail réputé pensant.

Il n'y a pas longtemps encore, c'était le mot de Dieu qui a abouti à supprimer l'intelligence du monde pendant plus de quatre-vingts siècles. Depuis que ce vocable diffamé a perdu son crédit, et qu'il n'impressionne plus que les catins sur le retour et les généraux de division, celui d'*honneur*, entendu au sens bourgeois, prit la suite pour commettre les mêmes méfaits; puis un suivant, puisé dans l'antique, se hâta de prendre la main. C'est celui de *Beauté*, terme sidérant, à quoi se reconnaissent les pseudo-artistes, mot qui nous assassine, et grâce auquel le crétin le plus oblitéré arbore des yeux chavirés d'aise, et s'autorise à tout faire, pendant que la compacte multitude de ses semblables rugit autour de lui: ô Beauté! Vivre en Beauté! Agir en Beauté! Tout pour la Beauté! Car l'Humanité est impuissante à tirer parti de son périple, à se libérer de sa gangue de sottise. Lassée de ses hochets de vieillesse, elle retourne aux excrétions de l'enfance, aux tétines flétries dont l'allaita le Paganisme. Sommez un peu tous ces bipèdes enragés, qui délirent en cette extravagance, de définir la Beauté. Ils ne savent pas du tout ce qu'ils doivent entendre par ce son articulé, mais ils le meugleront sans trêve, jusqu'à ce qu'ils soient tombés sur le sol, sans connaissance, comme les Convulsionnaires de Saint-Médard.

Les poètes les mieux inspirés ont cassé leur viole à vouloir nous en élaborer une définition acceptable.

Je trône dans l'azur comme un sphynx incompris
J'unis un cœur de neige à la blancheur des cygnes
Je hais le mouvement qui déplace les lignes
Et jamais je ne pleure et jamais je ne ris.

profère sans rire le plus goûté des ébarbeurs d'hexamètres contemporains. Et voilà pourtant de quoi les *éphémères* sont amoureux à l'heure présente; ils se déclarent ravagés, par ce hiératisme de catalepsie, par cette Entité, cette Divinité mal définie—que le poète lui-même n'a pu formuler—et qui, à l'exemple de la métaphysique et de toutes les théogonies, n'est jamais tombée sous leur entendement. La Beauté, comme les Grecs l'ont enseigné et comme les contemporains l'ont promulgué, n'est pas ce *qui recrée et enchante la prunelle humaine* ou bien fait se dérouler dans l'intelligence une fugace et agréable vision. *La Beauté est ce qui éjouirait l'œil et apaiserait en même temps l'esprit.* Or ce qui pourrait réunir de façon réelle ces deux conditions simultanées, *n'existe pas* sur terre ni dans aucun des espaces cosmiques. La gladiature qui était une chose merveilleuse pour l'œil, qui mettait en valeur le courage et l'habileté dans le combat, et exerçait ainsi une sorte de fascination morale, la gladiature n'était en soi qu'un spectacle de laideur et d'épouvante puisqu'il était pour affoler la conscience du juste en pouvoir de raisonner et de résister au choc premier des abusives sensations. Celui-là s'inscrivait déjà contre l'opinion de son temps, or qu'est-ce que c'est que la Beauté sinon un mode du goût accepté et transitoire? Le sage des siècles à venir pensera de notre Esthétique ce que le juste du temps de Galba pensait de la gladiature, de la beauté admise, et ainsi de suite à travers les âges. La Vénus de Milo perd sa grâce, et devient ridicule si l'on découvre qu'elle n'est après tout que la représentation corporelle d'une femme, d'une Pougy de son temps, en qui prospéraient probablement les *strychnines* de sottise communes à la quasi-totalité de son sexe. Les planètes, les étoiles, elles-mêmes, s'exhibent hideuses et réprouvables si l'on spécule que les unes et les autres rendent possibles d'affreux drames semblables à ceux d'ici-bas. Et l'harmonie et l'équilibre du monde, eux aussi,—les superlatifs de la Beauté pourtant—ne sont en somme que la parfaite et exécrable architectonie de la Douleur. Aussi, périsse la Beauté pourvu qu'advienne la Justice!

Les *surfaces* et les *extériorités* sembleraient donc avoir fait leur temps. Mais le pouvoir quasi-hypnotique qu'exerce sur les hommes le captieux éclat de quelques apparences n'est pas près de s'abolir encore. La chose a été voulue, décrétée par la Nature qui se trouvait bien dans la nécessité d'offrir quelque pâtée à ses créatures, qui se voyait dans l'obligation de les amuser, de les empêcher d'analyser, de détourner leur attention de la vérité profonde, de les *appeauter*, en un mot, afin que n'éclatât pas, dans son entier épanouissement, toute l'infamie du Monde. La grande scélérate, qui a tout créé et tout édifié, ne faisait pas grand cas de l'intelligence humaine, et elle n'a pas pris la peine de diversifier outre mesure ses moyens de domestication ou ses procédés de mensonge. Des règles et des travers à peu près identiques régissent et dupent toutes les espèces animales. La mentalité des bipèdes qui pantèlent à l'infini, sur ce qu'ils nomment grotesquement le Beau, n'est pas différente de celle des phalènes ou des cétoines qui viennent palpiter aux lampes des soirs d'été, ou qu'un rais de lumière culbute dans les dernières limites de l'épilepsie voluptueuse—leur corselet est moins coruscant, voilà tout.

Le Christianisme a empoisonné la terre d'idiots qui se sont conglomérés pour, disent-ils, vivre dans la parfaite mysticité et adorer Dieu dans le silence des cloîtres. La Beauté a fait de même: elle a suscité des milliers d'acéphales prétendus inspirés et mystagogues, eux aussi, qui fondent des Cénacles, des Écoles d'Esthétique, vivent dans la contemplation platonique d'une abstraction sans aucune réalité subjective ni objective, et jurent, avec des gestes de Corybantes qu'ils en sont les Grands-Prêtres. Certains prédestinés ont, il est vrai, réalisé de-ci, de-là, des tours de force dans les œuvres de la couleur ou du ciseau. Qu'est-ce que cela prouve? Est-ce que l'art, après tout, n'est pas un vain hochet avec lequel l'homme s'amuse, croyant endormir sa douleur et alentir sa détresse? Est-ce que ce n'est pas le palliatif ridicule à la hideur de tout, hideur qui, à la longue et sans lui, serait insupportable et induirait l'humanité, peu à peu, à la seule solution logique: celle de ne pas se continuer? Est-ce que ces œuvres sont suffisantes pour masquer, dérober désormais l'iniquité de l'Univers, le rendre agréable, ou lui faire pardonner?

Ceci est d'une telle évidence que l'on voit la plupart de ces Maîtres, de ces disciples et de ces thuriféraires de la Beauté, s'agripper à l'occasion, et dissimuler derrière ce culte éperdu de l'esthétique leur malpropreté personnelle, leur impuissance à raisonner, leur eunuchisme, ou leur négation de la Vérité; d'autres, comme Cyrille Esghourde, leur vésanie ou leur pédérastie; mais tous, quels qu'ils soient, vous trucideraient sur l'heure si vous ne leur concédiez pas la mirifique qualité *d'artiste*.

Dites-leur donc que la *Forme* est haïssable, que l'Antiquité à la fin nous obsède avec sa statuaire uniquement vouée au geste des palestres ou à l'anatomie des athlètes forains, avec son éternelle eurythmie de croupes et de gorges; dites-leur que les peuples adonnés à la contemplation quasi-exclusive de la Forme, comme les Grecs et plus tard les Romains qu'ils empoisonnèrent, étaient des *peuples-enfants* immanquablement voués à l'abrutissement final et au joug des Barbares; criez-leur qu'il y a autre chose que cela dans la vie, que Littré avec sa face de laideur effroyable, que Renan avec son masque adipeux, aux tombantes bajoues, où brillait le génie étaient, même au point de vue de *l'enveloppe*, autrement beaux que le *Laocoon*, le *Discobole* ou l'*Apollo* du Belvédère; criez-leur que la Forme a toujours usurpé indûment l'attention des hommes, que la plastique la plus vénuste, ne vaut pas, aux yeux du véritable civilisé, un théorème de mathématiques ou un impeccable syllogisme; hurlez-leur que la *Ligne* et l'*Extériorité* sont exécrables, parce qu'elles mentent inévitablement, et que tant qu'elles auront un culte et des desservants, nous ne nous serons pas affranchis de la mentalité des primates; vociférez que l'Intelligence seule est digne d'adoration, mais qu'Elle est l'adversaire forcené de la fameuse Beauté, parce qu'Elle décortique les surfaces—seules agréables et visibles aux yeux de myopes des foules modernes—parce qu'Elle fait apparaître la réalité, *l'essence profonde* des choses *toujours hideuse*; époumonez-vous à énoncer tout cela et vous les verrez tomber incontinent en des pâmoisons de quadrumanes indignés. Ah! oui, est-ce qu'on ne va pas bientôt nous laisser en paix avec cette prostituée qu'on appelle la Beauté? avec la Beauté qui ne produit, ne suscite que *le dilettante*, alors que dans le mot dilettante il y a toujours *tante*, à la finale.

Donc Cyrille Esghourde, lui aussi, chantait la Beauté, et l'amour qu'il nourrissait pour elle était à ce point désordonné qu'il lui rendait grâces, le plus souvent possible, sous forme de lècherie de bardaches, et qu'il dilapidait, de son mieux, le sphincter que la nature lui avait donné. Il était, à trente ans, le poète préposé par les 30.000 sodomites de Paris, à la glorification et au pansement de leurs *gomorrhoïdes*. Et vous pouvez croire qu'il s'employait avec passion à cette besogne que récompensait déjà une dizaine d'éditions successives.

Son dernier livre, l'*Antinoüs*, était, sans conteste, son pur chef-d'œuvre. Il y débutait agréablement par conduire le lecteur, à Rome, dans un lupanar de gitons où, sous motif de pastels, de sanguines et de charbons exécutés d'après le *Nu*, un tenancier de prostibule antiphysique—tous les hommes au salon—faisait l'article et le boniment pour Volturno Pozzi, *il tipografo*, Lucio Bolli, *il barbiere*, Giovanni Bocchi, *il orologiaio*, trois remarquables échantillons des infusoires de vespasienne, qui, sous les yeux du consommateur, gigotaient d'un arrière-train encore sans fistules et garanti sans iodoforme. Et depuis peu, Cyrille Esghourde sentait prospérer son audace. Déjà, dans ce livre, il réalisait, en partie, les antérieures promesses faites à la clientèle, et dont la crainte du Procureur général et de la dixième chambre lui avaient conseillé de différer l'exécution jusque-là. Car Cyrille Esghourde, terrorisé par l'idée de poursuites possibles, s'était contenté, dans ses œuvres précédentes, d'écouler une blennorrhagie sentimentale de modillon inverti. Il y poursuivait de ses obsécrations les *tignasses* des femmes, comme il disait, pour consacrer trois chapitres à la louange de la *tignasse* rousse de *Mémé*, son héros, qui se donnait à lui, un soir d'Août plein d'électricité, emmi la chapelle de la Jésuitière. Dans le dernier livre, le lingam instauré entre les lignes était déjà pour satisfaire les plus exigeants; les épousailles à la Pétrone, tout le vice grec, y étaient décrits par un auteur enfin maître de sa langue; la Priapée unisexuelle y rugissait, copieuse, et, selon le mode païen, l'extravagant délire de la Chair dévoyée, ruée en dehors de sa bauge, y bramellait fort congrûment déjà dans les sentines purulentes de la perversion génésique.

A l'heure actuelle, Cyrille Esghourde, muni de cinquante louis avancés par son éditeur sur le prochain manuscrit de l'*Ephèbe-dieu*, destinait sa personne à parachever le lustre des villes d'art de l'Espagne: Cordoue, Séville et Grenade, où il se proposait de passer quatre ou cinq semaines à étudier de près les jeux de l'ombre et de la lumière sur les torses conciliants, à scruter en «artiste» les replis et le sinus rectal des plus affriolants mignons ibériques.

XIV

Il faut placer la Vérité avant les convenances.

Madame Truphot, Boutorgne, Siemans et Cyrille Esghourde s'étaient mis en route dès sept heures du matin, par un brouillard piquant, qui devait se dissiper certainement sur le coup de midi, au dire des guides. Il s'agissait de gagner Ponalda, un village perdu de la haute montagne, accroché au flanc roidi d'un pic perdu, au-dessus duquel, à s'en rapporter aux affirmations de l'auteur de *l'Antinoüs*, le gypaète aimait tacher le bleu frissonnant du ciel de son vol immobile, de ses ailes figées dans la torpeur voluptueuse et le spasme du vide. Ce n'était pas uniquement le désir d'apercevoir quelques-uns de ces oiseaux de proie, amis des vertigineux espaces et des distances impolluées, qui avait déterminé la veuve à subir la demi-matinée de mulet que nécessitait l'ascension. Non, Cyrille Esghourde l'avait alléchée d'un possible spectacle bien plus calcinant pour elle.

La veille, au soir, longuement, il avait conté par le menu ce qui constituait pour lui le réel pittoresque de Ponalda, situé sur la route du Pic de la Mine. Certes, bien qu'il fût un artiste, ce n'était pas non plus le point de vue, ni les gypaètes qui l'attiraient en ce coin sauvage; ce n'étaient point les pics qui attentaient à la nue, les cascades échevelées qui déroulaient, du haut en bas de la montagne, leurs floconneuses tresses d'argent; ce n'étaient point les petits bois de chênes-lièges dépouillés de leur écorce qui, avec leurs fûts rougeâtres, semblaient aligner des milliers et des milliers de troncs humains, écorchés vifs et sanguinolents, des torses suppliciés érigeant des bras tordus et noirs, comme si un Genghis Khan, un Tamerlan ressuscités, avaient laissé là, le matin même, des témoignages de leur verve en fait de massacre. Ce n'était point le torrent déferlant en bas, dans la plaine, avec un fracas de train express, encore moins l'éboulis des roches, vert-pâle, violacées, lilas tendre, safranées, toisonnées de mousses crépelées comme des chevelures de nègres, pendant que d'autres ruisselaient d'une pourpre humide et fumante, sous le premier soleil, comme si elles venaient de remplir l'office de parvis pour quelque effroyable et mystérieux égorgement nocturne. Ce n'était pas le terrifiant chaos des sommets, des gorges et des ravins, toute cette épilepsie initiale de la Nature qui s'est amusée à bouleverser, à sabouler son ménage, son domaine péniblement ordonnancé, tout ce désordre qui, en somme, démontre l'inintelligence de la Force éternelle, chavirant en partie son œuvre première en une ribote d'homme ivre, œuvrant de préférence en de continuels cataclysmes, créant par à peu-près, dédaignant la *normale*, la suite voulue des circonstances, pour ne tirer parti que de *l'accident*, c'est-à-dire du conflit ou des hasards de la matière, n'enfantant que par à coups, ne suscitant le chef d'œuvre que sans le savoir, et ne perpétrant l'homme que par mégarde pour ensuite le torturer sans relâche. Non, tout cela indifférait Cyrille Esghourde qui ne prêtait attention, lui, qu'aux décors des capitales pourries et à la ronde-bosse des croupes viriles et malléables.

Il avait donc conté à la veuve et à ses commensaux cette particularité de Ponalda:

Quelques-uns parmi les touristes qui étaient montés, certains jours, au village,—un agglomérat de masures en basalte trébuchantes et mal closes—avaient été extraordinés de n'y voir âme qui vive dans l'unique raidillon de trois cents mètres formant la rue principale. Tout y semblait mort; les portes calfeutrées ne laissaient passer aucun bruit, et nul être vivant ne s'aventurait au dehors. Pas une poule picorante, pas un chat rôdeur ronronnant dans une coulée de soleil, pas un pourceau vautré à même les fanges comme on en rencontre dans les bourgs pyrénéens, ne se montraient sur la chaussée. Quelles que fussent la sérénité et l'allégresse de l'heure estivale, si profondes en ces endroits, où l'ardeur solaire se trouve refrénée et comme blutée par la frigidité limpide des hautes altitudes, aucune femme, jeune ou vieille—les hommes étant occupés à la garde des troupeaux ou aux besognes serviles et mercenaires de la station thermale—ne filait le rouet sur le seuil des chaumines, ne faisait accueil à l'étranger pour vanter l'auberge, lui vendre quelque fruste bibelot, ou requérir la sportule, comme il est de coutume dans les lieux où déambule le pérégrin préalablement abêti par le paysage. On avait beau heurter successivement à l'huis de toutes les maisons, personne ne répondait. Des mouvements et des rires étaient seuls perceptibles derrière le chêne épais des vantaux cadenassés. Un silence goguenard, une atmosphère de réprobation, semblaient réellement peser sur le dehors, à l'approche du voyageur, dans ce hameau perdu entre ciel et terre. Cet endroit était-il donc le lieu de retraite, la Thébaïde des sages qui entendaient protester à leur manière contre la niaiserie des Béotiens déambulant l'alpenstock et le Bædeker à la main?

Mais si le touriste favorisé par le sort était tombé au moment profitable, à la bonne minute, de l'après-midi où le même fait se reproduisait chaque semaine, au pareil jour, avec une régularité infaillible et périodique, il ne tardait pas à recevoir l'explication de cette insolite désertion de l'habitant. Tout à coup, dans le haut du village, un trompettement humain exaspéré, une clameur terrible, incisait le silence pour se prolonger en trémolos et finir en point d'orgue perforant, suivi immédiatement d'un fracas de porte lancée avec violence contre un mur de pierre. Alors, une galopade furieuse résonnait sur les pavés pyriformes; un stropiat débaulait en claudicant, les bras levés, le torse gibbeux, et un goître énorme servant de pendantif flaccide à un cou de taureau rougeoyant et congestionné.

C'était l'hebdomadaire et ponctuelle ruée de l'idiot, l'effrénée et tragique randonnée de l'hydrocéphale, qui fonçait dans le village, tenaillé, possédé d'une flambée de satyriasis, et menaçant de mettre à mal toute femelle rencontrée sur sa route. Plusieurs fois, hagard et terrible, il emplissait de sa course furieuse et de sa plainte effroyable l'unique rue aux angles capricieux, battait les murs, se cognait aux portes, se précipitait au pourchas des voyageurs en déroute, les yeux injectés de filaments rouges et la bouche poissée et toute dégoulinante de salives mousseuses, en continuant à pousser des beuglements de bête affolée que le stupre tourmente. C'était le Sexe triomphant et dominateur qui passait, le Rut invincible porté à la pression des cent atmosphères de la continence, qui se déchaînait, farouche, tempétueux, immonde et cependant magnifique. Et quand l'idiot avait tapé vainement du poing à toutes les murailles, quand il s'était usé les dents à mordre au passage dans tous les chambranles hermétiquement verrouillés, il se lançait au dehors du village; de sa même course qui faisait voleter les écumes de ses lèvres, il se précipitait dans les sentiers tortueux, dans les landes caillouteuses, où il tournait en rond, en des spires affolées, dégringolant le revers des âpres pentes. Et on le voyait, de loin, rouler parfois sur lui-même pour remonter en s'agrippant des genoux et des ongles, jusqu'à ce qu'il tombât enfin, épuisé, mais pantelant encore, sur la terre qu'il embrassait de ses bras frénétiques, dans un besoin farouche d'étreintes et d'enlacements....

C'était fini. Désormais, il était calmé pour une semaine au moins. Toutes les portes des maisons s'ouvraient alors. Des femmes en sortaient, amusées, rieuses et jacassantes. Les poules et les chats réintégraient la chaussée pacifiée. On courait voir où le goîtreux était tombé.—Tiens il a été plus loin que la dernière fois... ma Doué... Et une grande fille brune, au masque tragique et impérieux—sa sœur—filait derrière les autres. Dès qu'elle avait rejoint le malheureux, elle le retournait la face au soleil, essuyait d'un mouchoir son front et ses joues tachées de glèbe, ou écorchées par les silex. Quand il avait cessé de hoqueter ses sanglots d'impuissance, quand il versait enfin dans une immobilité quasi-cadavérique, qui terminait toujours en coma d'agonie l'froyable crise où le plongeait la sédition de la Chair inassouvie, elle le veillait une heure, deux heures, assise près de ses épaules, le regard croché à la ligne céruléenne de l'horizon, comme pour demander la raison de cette épouvante et de cette fatalité aux espaces mystérieux qui doivent savoir le pourquoi des choses. Puis, dès qu'il pouvait se remettre debout, elle le soutenait par les bras et, droite, tranquille, regagnait à son côté la pauvre demeure, les yeux absents et le front dédaigneux, sous les quolibets du village enfin ressuscité.

Leur père était un ancien instituteur d'Amélie-les-Bains qui était venu mourir à l'endroit natal, une fois acquise sa minime retraite. L'hydrocéphale soldait sans doute, lui, quelque faute ou quelque tare d'un ancêtre ignoré, dans ce terrifiant processus de l'hérédité qui fait payer au dernier issu la défaillance physique de l'ascendant et fait éclater, de façon péremptoire, le Crime de la Puissance créatrice. Tous deux, le frère et la sœur, vivotaient d'un maigre bien dans la maison familiale; la fille s'étant résignée au célibat pour mieux soigner son frère qui passait ses journées, assis au coin de la vaste cheminée, à saliver sur sa blouse de toile bleue, et à râcler, d'un couteau infatigable, des morceaux d'échalas dont il faisait d'inutiles copeaux, du vermicelle broussailleux, des filaments ténus, piétinés ensuite, par lui, toutes les heures, avec passion.

—C'est des cheveux d'blonde... y sont dorés et doux comme des cheveux de blonde. Mé... j'si laid... j'si éfirme... elles voulent point d'moué... répétait-il tout le long du jour, d'une voix à peine articulée, le menton continuellement enduit de crachats gazeux que sa sœur essuyait sans trève, d'une main secourable et sans répugnance.

Il était complètement inoffensif d'ailleurs, à part ses crises périodiques, dont le village averti par la sœur se garait de son mieux. Mais il fallait le laisser sortir, le laisser galoper, se saoûler de fatigue, car si on avait calfeutré son explosion satyriaque, il se serait brisé la tête contre les murs. Et on les entourait même d'un respect vague, eu égard à la mémoire de leur père, un homme de beaucoup d'instruction, disait-on couramment. Jamais, nul besoin de délation, jamais l'idée de faire interner le possédé n'étaient venus à ces montagnards libres et noblement dédaigneux du secours ou de la délivrance qu'auraient pu leur apporter les ergastules de la ville à l'usage des fous. Ils préféraient s'accommoder du dément, qui avait droit, lui aussi, à la liberté, et qui ne leur imposait qu'une servitude pas plus désagréable en somme que les corvées d'édilité ou la sujétion pécuniaire du percepteur. On se contentait de rire de lui. Et le goîtreux, victimé par une effroyable dynamique sexuelle sans issue pour lui, corrodé à jour fixe par l'ignition génésique que la nature impose comme une loi indéfectible à tous les êtres, même à ceux dont la déchéance devrait trouver grâce à ses yeux de bourrelle ne se délectant qu'en les plus effarants forfaits, le pauvre diable d'idiot, sous la sauvegarde et le dévouement admirables de sa sœur, aurait pu continuer longtemps à faire des copeaux et à baver des glaires sur son menton en forme de rostre, s'il ne s'était point, un jour, rendu coupable d'une inconsciente et déplorable facétie.

Un après-midi, un curé, un desservant de la plaine, était monté au village avec deux ou trois collègues, au moment même où l'idiot salace galopait farouchement. Énorme, effroyablement obèse, avec une coulée de ventre quasi-liquide que ses cuisses maigres éclissaient mal, ce soutanier béarnais n'avait pu fuir assez vite et, en quelques secondes, il avait été rejoint, culbuté, toutes jupes troussées, par le Priapique.

—Laisse-moi... laisse... moi... malheureux... tu vois bien que j'suis un prêtre...

—T'es une femme que j'te dis... t'es une belle brune... une de celles qui voulent point m'aimer... tu vas y passer...

Et il avait fallu employer des fourches pour faire lâcher prise au frénétique induit en erreur par le cotillon du vicaire, et que le relent dégagé par les profondeurs de ces sortes d'individus ne parvenait point à éclairer...

L'oint du seigneur, outragé dans sa pudeur et malmené dans son épiderme, outré peut-être d'avoir subi un traitement que son évêque ou ses pairs étaient seuls en droit de lui infliger, avait regagné Luchon plein d'une juste rage. Et malgré les supplications de la sœur, il avait déposé une plainte en règle. Des gendarmes étaient accourus pour enquêter; une demande en internement, que le maire du village, menacé par l'autorité ecclésiastique, s'était cependant refusé à signer, était revenue, accompagnée d'une lettre comminatoire du sous-préfet. L'idiot cette fois était condamné à aller finir ses jours sous la bastonnade et les sévices sournois des chiourmes, si sa sœur n'avait point pris, tout à coup, pour le sauver, une décision héroïque.

Depuis quatre heures et demie, au moins, la petite bande ascensionnait, à dos de mulet. Boutorgne avait réussi à pousser sa bête à côté de celle de la Truphot, et, tout en magnifiant le paysage avec un sens de la nature réquisitionné dans le meilleur de Rousseau ou de Chateaubriand, tout en ne répugnant pas à la faute de français, il faisait son possible pour rentrer en cour près de la vieille. A deux ou trois reprises, il était descendu de son bât pour disparaître derrière des ronciers ou des roches moussues, et revenir ensuite, la face rayonnante, les lèvres enduites de l'hydromel des béatitudes, tenant à la main—à la destination de la veuve—une *édelweiss*, une de ces fleurs d'un blanc gras, une de ces corolles dont l'ingénuité et la grâce ont été chantées par tant de poètes, et qui semblent positivement avoir été modelées dans la stéarine ou découpées à même un vieux gilet de flanelle amidonné de suint.—Pour vous, Amélie, en souvenir de notre excursion. La veuve, touchée, coulait vers Boutorgne un regard humide et paraissait reprendre goût à son thorax en forme de carène de vaisseau. Siemans et Cyrille Esghourde marchaient derrière, et, à un moment donné, comme leurs mulets s'étaient rapprochés, on put entendre ce dernier dire à son compagnon:

—Si, si, je vous assure, je n'ai jamais vu à personne un teint pareil au vôtre... vous avez une carnation à la Rubens...

Et le Belge, redressé sur sa selle, pointait très haut la tête, se pavanait, au pas méticuleux de son porteur, de l'air satisfait d'un monsieur qui, désormais, se sait détenteur de joues pareilles à celles de Marie de Médicis.

Ils étaient arrivés à seize cents mètres d'altitude et le brouillard, qu'ils avaient dépassé, s'étendait maintenant sous leurs pieds, emplissant la vallée d'une nappe nitide, d'une sorte de mer laiteuse. Les pointes des sapins trouaient sa surface de milliers d'aiguilles qu'on aurait prises pour les clochetons d'une ville submergée et disparue. Le soleil criblait les petites vagues de la brume opaline et dense de ses sagettes lumineuses, de ses myriades de javelots d'or, et, grisé de superbe, dans un échevèlement, dans une menstrue de feu, il montait vers le zénith. Les versants dénudés s'enlevaient en jaune d'ocre sous la lumière blonde. De loin en loin, un morne désolé, avec son sol pierreux, ses monceaux de caillasses, ponctuait la ligne de crête d'une bosse de dromadaire, gris sale, hérissée par le poil fauve des herbes folles desséchées par le vent nocturne. Puis, des prés verts, des pâturages drus, comme vernissés d'une peinture trop fraîche, tachaient les pentes, ainsi que des pièces disparates ajustées sur le revers de la montagne. D'invisibles sonnailles tintinnabulaient à l'arrière des lointains boisés; des fumerolles tire-bouchonnaient dans le ciel effervescent. Des pommes de pins, mordues par le froid de la nuit, se détachaient et tombaient mollement sous la réaction de la tiédeur envahissante, tandis que la terre en langueur et pâmée, lubrifiée par les rosées matutinales, s'étirait paresseusement, et craquelait sous l'étreinte de Midi.

Siemans, conquis par le charme et la grâce de l'heure, étendit la main et fit arrêter les mulets. Avec le geste et l'onction d'un grand-prêtre, il donna l'ordre aux autres de descendre puis, assis à l'extrême bord d'un palier surplombant le précipice, il tira l'ocarina de la poche de son veston et, une flamme mystique dans les yeux, célébra le paysage en jouant le *Ranz des vaches*. Quinze jours durant, il avait répété ce morceau: une surprise qu'il réservait aux camarades pour la première circonstance profitable.

Trois cents mètres plus haut, comme on s'était remis en route, Cyrille Esghourde tira le Belge par la manche, et lui montrant un sommet qui perforait le brouillard lactescent d'un cône héliotrope:

—Le pic de la Mirandole, devant vous, ami...

—Ah! vraiment, et quelle hauteur a-t-il? questionna Siemans en toute candeur.

—2830 mètres, affirment les guides... il faudra en faire l'ascension, répondit Esghourde en contenant mal un accès d'hilarité.

Un quart d'heure plus tard, on était arrivé. Bien avant que les autres eussent quitté le bât de leurs montures et dégourdi leurs membres dans l'indécision et le malaise des premiers pas, Cyrille Esghourde avait disparu, filant dru, au pas accéléré de ses petites jambes, vers le village proche.

Dix minutes s'écoulèrent; il revenait enfin, la figure déconfite, et la mimique en désarroi.

—Ah! bien vous savez! dit-il, nous n'avons pas de chance; nous sommes refaits!

—Bah! et comment cela? questionna la veuve.

C'était un véritable désastre, comme il voulut bien le conter. Avoir ascendé pareille altitude pour être à ce point désillusionnés, il y avait de quoi invectiver tous les dieux: l'Olympe et la Jésulâtrie. Pouvait-on imaginer malchance pareille? Voilà, il revenait du pays qu'il avait trouvé animé et vivant, avec des femmes plein l'unique rue, bien qu'on fût un jeudi, jour où se produisait immanquablement le débuché du fou. Il s'était enquis, avait-on enlevé le malheureux pour l'incarcérer dans un cabanon, sous l'éternelle menace de la douche, seul mode d'argumentation qui lui soit intelligible? Les vieilles femmes interrogées s'étaient gaussées de lui, se réintroduisant dans leurs maisons sans vouloir lui répondre. Une jeune fille, prolixe et fûtée, que son bon air avait conquise sans doute, lui avait seule expliqué pourquoi le village était désormais tranquille, parfaitement assuré de ne plus voir se reproduire jamais la ruée farouche du goîtreux.

Pour sauver son frère de la mort certaine qu'allait lui infliger l'asile d'aliénés, pour lui éviter la fin effroyable des érotomanes préalablement garrottés dans la camisole de force, et taraudés vifs par le jet pointu des douches, comme seul remède, la sœur avait consenti à se sacrifier, à s'immoler, elle, dans un holocauste admirable et sans précédent digne d'être chanté, jadis, par les grands Tragiques grecs, qui traduisirent l'Impératif terrible de la Fatalité.

Elle s'était donnée à lui, tout simplement, dans un inceste quasi-divin, acceptant l'immonde contact, les baisers terrifiques, toute l'horreur de cette lubricité de cauchemar, de cet accouplement d'enfer, pour le racheter, le rédimer, au bord du gouffre et l'apaiser, en berçant sa chair de monstre désormais assouvi, contre son sein palpitant d'une fraternité sublime.

—Fichtre de sort, il n'y a pas à dire, c'est beau, clama Médéric Boutorgne. Je vais fabriquer avec ça trois actes pour le Français ou pour Antoine. Sûr, il y a là un effet final, un coup de théâtre à faire éclater le bois des banquettes.

Cyrille Esghourde crut bon de controverser. Il émit, d'un ton pincé, quelques aperçus doués de vraisemblance pour mieux cacher la mésestime en laquelle il tenait, sans doute, un inceste qui n'était pas perpétré exclusivement par deux individus de sexe mâle.

—Ça ne passera pas mon cher. Pour forcer le public des agents de change et des salons à accepter pareille chose, il faudrait exciper du mobile chrétien. Pour conquérir les suffrages des intellectuels, il faudrait commander la pièce à un Russe, à un Allemand ou à un Polonais. Si Jésus ou la mentalité du nord n'intervient pas dans l'affaire, vous êtes fichu. Dans cet ordre d'idées je vous mettrai, si vous le voulez, en rapport avec un père Jésuite. Celui-ci, qui est un admirable humaniste, unira habilement les deux esthétiques. Il n'y aura qu'à belgifier un peu sa prose. Il ne prend pas cher; c'est d'ailleurs lui qui fournit Sienkiewitz, ainsi vous voyez.

—Dites donc, Esghourde, il ne faut pas blaguer mon pays, interrompait d'une voix rogommeuse Siemans, qui avait le mot de *belgifier* sur le cœur. N'oubliez que nous avons, nous aussi, des notoriétés littéraires. Après tout, c'est nous qui vous avons donné Ruysbroeke l'admirable et Francis de Croisset.

—Sans compter Maëterlinck, ajouta en s'inclinant l'auteur de *Mémé*, soucieux d'éviter une préjudiciable dispute.

—Maëterlinck... le *cinématographe des limbes... le Ripolin des âmes... le cornac des préexistences et du lymphatisme incorporel...* conclut Médéric Boutorgne qui citait les définitions d'un ami.

Mais la Truphot était nerveuse. Peut-être avait-elle eu des intentions quant à l'idiot. Sa personnelle littérature, malgré la récente progression de son talent, malgré toute l'envergure de son érudition alimentée aux meilleures fréquentations, n'était pas encore à la hauteur du débat engagé. Elle ne pouvait pas intervenir brillamment. Une lancination autre la travaillait d'ailleurs: voir de près le couple consanguin... et s'il se pouvait, diable! ce serait là un spectacle ravageant, assister un peu à leurs comportements. Depuis qu'elle avait quitté Paris, depuis les derniers incidents de Suresnes, elle souffrait de ne plus frôler de pittoresques amours, et surtout de ne plus pouvoir en ordonnancer tout près de sa couche. Elle proposa donc de donner congé aux guides jusqu'à trois heures, et d'aller prosaïquement déjeuner, car elle mourait de faim. Ensuite, on se rendrait à la maison de l'Inceste.

Sur les trois heures, ils en sortaient désillusionnés. Ils n'avaient trouvé là qu'un idiot qui ressemblait maintenant à tous les idiots du monde, et qui n'était pas très différent, en somme, de quelques-unes de nos gloires sociales qui circulent avantagées du respect de leurs congénères. Il se tenait avec plus de simplicité, voilà tout. Il était bossu, c'est vrai, mais Ésope, Scarron et le maréchal de Luxembourg, étaient bossus, eux aussi. Maintenant, il ne bavait plus; il portait une blouse nette, exempte de toutes maculatures et, dans son extérieur, il était certes bien plus reluisant et moins oléagineux que cette Babel d'acarus qu'on a pris l'habitude d'appeler Drumont dans les rédactions du boulevard. Quant à son parler, désormais mesuré et suffisamment articulé, il aurait été difficile de le différencier de celui de Monsieur Bertillon, par exemple. Contrairement à celui-ci, même, il ne maniait ni kustch, ni chaîne imbriquée, et ne taquinait nullement le mécanisme d'un *appareil destiné à projeter en l'air les mots d'un bordereau* quelconque. Il était encore goîtreux, c'est vrai; mais, après tout, l'humanité n'est pas bien sûre qu'il soit moins avantageux de porter un goître au cou que d'y porter la Toison d'or, la croix de grand-officier, ou des scapulaires. Il n'y a que des affirmations dogmatiques là-dessus et aucune dialectique nettement déterminante. Cette tétine flasque, appendue à sa glotte, lui avait été dispensée par la Nature avec la même inconséquence qu'à d'autres fut dispensé le talent; et le malheureux, à l'encontre de beaucoup parmi ces derniers, n'en faisait aucun usage désavantageux pour ses semblables. Cet ornement étant tout à fait inoffensif, il ne pouvait pas s'en servir pour idiotifier le voisin, ce qui est à considérer et suffirait à le placer—aux yeux des sages qui se plaisent à analyser et à raisonner—bien au-dessus de ceux qu'on appelle couramment les brillants orateurs ou les grands écrivains. Au surplus, circonstance adventice mais digne d'être retenue, ce goître l'avait préservé, lui, le pauvre, du *farcin* de l'orgueil, du *charbon* de la vanité ou de la *morve* de suffisance dont sont atteints la plupart de ses collègues en humanité, lorsqu'ils peuvent se réclamer d'un profil potable, de leur compte réglementaire de membres, d'un suffisant capillaire, d'une certaine habileté dans le discours ou l'écriture, ou bien encore lorsque le monde a décrété qu'ils étaient détenteurs d'une pseudo-intelligence capable de retenir et de leur faire réciter, sans défaillance, tous les versets du Psautier de sottise ânonné en commun.

La sœur, elle aussi, était d'une simplicité à dérouter les moins exigeants. Un bonnet de linge sommait les cannelures de sa coiffure à la catalane, et sa jupe de cotonnade à stries grisâtres se gonflait sous l'emphase naissante d'une maternité héroïquement consentie. Elle paraissait être tout à fait ignorante de l'attitude qu'aurait pu lui imposer la littérature après une si magnifique abnégation de soi. Elle ne s'éployait pas en des récitatifs à l'Iphigénie, n'avait point connaissance des poses adéquates à tout emploi d'héroïne. Sans doute, elle était sans culture, car sans cela il aurait été difficile de comprendre pourquoi elle ne se hâtait pas de traduire son âme et de se raconter en des discours indéfinis, comme l'enseignent l'esthétique grecque et sa puînée, la psychologie contemporaine. Elle n'accusait la Fatalité, ni le Destin, et pourtant si, comme la fille de Clytemnestre et d'Agamemnon, chantée par Euripide, elle n'avait pas sauvé sa patrie, en apaisant la colère des dieux par sa propre mort, elle avait, en s'immolant, apaisé, pour son frère, le Sexe exaspéré, divinité bien autrement redoutable et douée d'une bien autre existence que celles de l'Hellas.

Médéric Boutorgne traduisit, d'un mode lapidaire, la déception de la petite bande:

—C'est une brute; elle ne comprend même pas la beauté de son acte!...

Puis, comme il était sans intérêt, après tout, de considérer plus longtemps cette grande brune dans ses allées et venues, que ne rehaussait aucune glose saugrenue; comme cette sœur sublime n'éprouvait nullement, devant les étrangers, le besoin de définir sa *psyché*, et se contentait de vaquer en toute placidité aux soins du ménage, tous sortirent de la petite pièce, à la queue leu leu.

Siemans, qui venait le dernier, n'était pas dehors que, tout à coup, Cyrille Esghourde, les bras écartés, se mettait soudainement à plonger, la tête en bas, en une sorte de frénésie, ployant plusieurs fois son petit buste à la charnière de ses reins, tout comme s'il manœuvrait à l'improviste une invisible pompe à bras.

—Cher maître... cher maître... vous ici... râlait-il d'une haleine violentée par l'émotion, et la gorge strangulée par une crise inattendue de suffoquant respect.

Il paraissait positivement vouloir disparaître sous terre, rasait le sol de son corps quasi-horizontal, offrant, sans doute, à l'inconnu, son dos à fouler, tel un eunuque à l'apparition du Padischah.

Un *cher maître* érigeait, en effet, son auguste personne dans l'entour immédiat. Et la Truphot dut accourir pour soutenir aux aisselles *l'embasicœte* qui menaçait de verser dans une syncope de ravissement.

Le bonze, surgi comme par miracle, était Georges Sirbach, auteur du *Golgotha*, du *Labyrinthe des tortures*, des *Mémoires d'une cuvette* et de dix autres livres tout aussi retentissants. Ce jour-là, il était accompagné de son ami, le célèbre docteur Zagolbus chargé de lui définir le cas du goîtreux au point de vue médical, et de déverser sur la chose le plus possible de substantifs grecs et de termes scientifiques. Car Georges Sirbach avait l'intention d'introduire, si possible, cette péripétie dans son livre, alors sur le chantier, *Les quarante-deux jours d'un épileptique*, dont l'action se déroulait à Bagnères-de-Bigorre.

Georges Sirbach, qui manœuvrait dans la Prose actuelle les grandes orgues de la Désespérance et fouillait l'anatomie sociale du scalpel crissant de l'ironie, était entré jadis dans la Lice contemporaine revêtu de l'armure niellée de deuil, du noir gorgerin larmé d'argent, d'un Samnite, d'un Andabate du Nihilisme.

Dès ses premiers heurts d'armes, la notoriété, en bonne fille soumise qu'elle est, désireuse cette fois de varier un peu ses *passes*, était venue s'offrir à lui, attirée par sa rancœur douloureuse de mâle désabusé. Jusqu'à trente ans passés, son humeur de révolté littéraire qui menait le rude assaut de la Raison victorieuse sur l'imbécile Espérance ne s'était donc point ralentie. Quasi seul, parmi la presse à grand tirage, il avait noblement combattu le Béhémot de l'hypocrisie, la Tarasque bourgeoise avec des ruses et des rages de gladiateur que la victoire de son escrime, enfin imposée, récompensait, du reste, à l'issue de chaque tournoi. Et Georges Sirbach avait bénéficié, lui, de ce fait miraculeux: du haut de la loge impériale où, entouré des *Augustans* de la critique, trône l'Opinion—plus cruelle et plus abêtie que les Césars romains—le don de la vie lui avait été fait, la grâce de ne pas mourir de faim, comme tous ceux qui luttent pour les idées libres et sont vaincus d'avance, lui avait été octroyée, royalement, dans le hourvari des buccinateurs sonnant la fanfare du succès. *Plaudite Cives!*

Désireux d'entériner au plus vite cette gloire nouvelle, le photographe des *grands hommes chez eux* s'était voituré alors jusqu'à son domicile. Et c'est à partir de cette minute qu'il prit place aux étalages de la rue de Rivoli, entre le dernier cliché de Pierre Loti ayant revêtu le burnous d'Abd-El-Kader pour recevoir *son frère Yves*, et celui de Rigo avec toutes ses bagues. Dans le fond d'un cabinet de travail vert-pomme, Georges Sirbach accotait à la cheminée une élégance de patron boyaudier élégiaque et, du mieux qu'il le pouvait, informait les populations, qu'en haine du lieu commun, il portait à droite. Dès lors, devant la consommation exagérée que Paris, les Amériques et les petits théâtres firent de cet alléchant portrait—auquel, sans doute, il dut son destin,—Georges Sirbach put se convaincre qu'il était, sans conteste, l'heureux *manager* d'une âme capable d'affronter les plus hauts sommets de l'altruisme. Il décida, soudainement, que, phénomène unique dans l'Epoque, il offrirait, aux masses éberluées, le surprenant exemple d'un homme qui vit et réalise enfin l'Esthétique dont il est le *Barnum*. Il n'y avait pas à dire, il se sentait incapable de différer plus longtemps le soin d'être à lui tout seul un Apostolat ou quelque chose comme un Mètre unique, un inconcevable Régulateur auquel pourraient se rapporter et se régler toutes les palpitations généreuses de ses concitoyens. Tolstoï, justement, venait d'écrire *Résurrection*, où il exposait les différents stades d'une intelligence et d'un cœur qui se libèrent peu à peu des liens infâmes dans lesquels la mensongère civilisation, en son œuvre de mort, les avait bandelettés. Tolstoï venait d'offrir au monde le symbole admirable du prince Nekludoff s'efforçant de racheter, du plus profond de sa gangrène, la Maslowa; rénovant, par l'offre de son nom, celle qui était devenue l'immonde fille de joie et avait été précipitée, de gouffre en gouffre, par le seul maléfice d'un de ses baisers de satisfait, jusque dans le puisard sans fond de l'hébétude et de l'amour vénal. Le patricien, *redevenu un homme*, accourait pour exhumer la malheureuse de la prison-léproserie, du cul-de-basse-fosse où la Justice parque les Réprouvés, et dans lequel elle avait été jetée au milieu des cris de rage impuissants, des hurlements à la mort des maudits, des vomissements de l'alcool et des propos abjects coulant comme une dyssenterie effroyable de la bouche des prostituées—cantique d'horreur et d'épouvante qui s'élève chaque jour des entrailles profondes, des ergastules de la Société pour chanter sa propre gloire. Eh bien! Georges Sirbach s'était déterminé à épouser, lui aussi, une pierreuse, à racheter, à son tour, une Maslowa, à procéder, en public, à une personnelle *Résurrection*. Seulement, la prostituée que Georges Sirbach avait épousée possédait trois cent mille livres de rentes acquises par une pratique et un sens judicieux du putanat portés aux dernières limites du savoir-faire.

Et pour cet homme, vous entendez bien, le monde n'avait jamais été que sourires; jamais il n'avait souffert de la famine; jamais il n'avait succombé sous l'hallali des huissiers!

Mais vous croyez, peut-être,—tant la chose vous semble hypertrophiée d'énormité, si on peut ainsi s'exprimer—que le glorieux *prosifère*, en agissant ainsi, avait un but caché, en puissance de le faire absoudre postérieurement. Vous conjecturez, peut-être, que ce n'était là qu'un défi truculent jeté à l'odieuse civilisation, et qu'il avait l'intention, par la suite, de retourner cet Alaska réalisé, ce Klondike épousé, venu du prostibule bourgeois, contre la Bourgeoisie elle-même.

Vous pensez, sans doute, qu'il employa ce claim, dont les sables aurifères avaient été lavés, pendant vingt-cinq années, au tamis d'une cuvette sensationnelle, à fréter des révoltés, par exemple, à noliser, lui aussi, des justiciers qui devaient se conformer à ses écritures, combattre des exacteurs dans le vieux monde; vous présumez qu'il poussa contre le flanc de l'esquif social, plein de pirates en frairie et d'esclaves affamés, une torpille quelconque. Vous ne doutez pas qu'il s'efforça de laver cet or infâme de sa souillure originelle, et qu'il lui affecta un emploi généreux. Vous êtes convaincu, puisque vous n'avez jamais ouï parler du bruit fait par un de ces comportements tragiques, que Georges Sirbach, répugnant à cette outrance dans l'acte, se décida à donner plus prosaïquement ses millions aux pauvres, qu'il fonda une œuvre enfin, non pour qu'il fût parlé de lui tous les ans comme du fienteux Montyon, mais pour sauver de l'inanition et de la mort une partie de ceux qui s'en vont hululant la faim et le désespoir. Vous gifleriez, sans hésiter, comme tenant des propos attentatoires à la dignité de toute l'humanité, le Monsieur qui affirmerait, devant vous, que ce Pactole, produit par le stupre sordide, n'a pas servi à consoler des filles-mères, des parias de naissance, des bâtards, tous ceux que la lâcheté du mâle, après l'amour, condamne aux supplices de la misère et de la solitude. Eh bien! vous auriez tort, car si vous croyez cela c'est que vous accordez encore une importance, une valeur quelconque, à tout ce que peuvent écrire ou proférer les hommes notoires quand ils parlent de Pitié ou de Justice. C'est que devant les gens chargés d'honneurs, vous n'avez jamais, en vous-même, proféré cette parole de vérité sociale: *Pour t'élever si haut, tu as dû descendre bien bas.* C'est que, toute votre vie, vous serez dupe des pitres, des histrions, des paillasses, des grimaciers, des queues-rouges, des joueurs de tympanon, des porteurs de cymbalum, des sonneurs de tuba, des Paraclet, des Truculor, des Sirbach, des phénomènes de tout ordre qui, sur les tréteaux de la célébrité, se disloquent, bondissent, ruent, vocifèrent, en des cabrioles, des contorsions éperdues, tirent la langue, soufflent du feu, mangent du verre pilé, pour retenir le public devant la *banque*, devant *l'entresort*, et l'opérer de son argent, de son intelligence ou de sa vaillantise, avec des mots magiques plein la bouche et de la poudrette plein l'âme.

Liberté! Justice! Droit! Honneur! Civilisation! Socialisme! Anarchie! les vocables divins crépitent, fulgurent, flamboient, comme un orage des tropiques, le Sinaï s'embrase, la nue s'entr'ouvre et les *grands hommes* passent le licou, font les poches ou le bulletin de vote à la clientèle pâmée qui s'est hissée sur le *Plateau*.

Non, Georges Sirbach ne versa pas dans cette épilepsie philanthropique. Il n'était pas jeune à ce point. *Les affaires sont les affaires*. Il employa avec beaucoup plus d'à propos la dot de la prostituée à jouir abjectement de tous les profits bourgeois que donne l'argent. Il barbota à pleins ailerons dans le purin du bien-être, et s'ébattit, toutes squames dilatées, dans les fanges de la somptuosité. Mais un souci le lancinait: celui de placer sa *respectabilité* à l'abri de toutes les randonnées de la malveillance. Il fit donc râfler, chez les marchands, les antérieures photographies de sa femme, où, dans l'exercice de sa profession précédente, elle était représentée, décolletée jusqu'aux orteils— ce qui avait eu longtemps pour résultat de faire rater le bachot à nombre de rhétoriciens auxquels la remembrance de cette subjugante plastique, entrevue un jour de flane, faisait déserter Cicéron pour les endroits solitaires.

Georges Sirbach, néanmoins, déféra à l'opinion dans une certaine mesure. Il se retira de Paris, mouilla dans le petit hâvre d'une localité de la grande banlieue, et, après avoir chaussé les pantoufles de remploi, les pantoufles de tapisserie ornementées d'un cœur percé d'une flèche, il y passa quelques années à ne plus exhiber sa personne dans les lieux publics. Mais il continua farouchement à collaborer aux gazettes, où il fit paraître, comme par le passé, des chroniques de désenchantement amer, des écrits stigmatisant sans répit les scélérats de la finance, les forbans de la réaction, les flibustiers de l'industrie, les rufians des lettres et les malfaiteurs sociaux de tout acabit. Et le procédé était bon. Quand la clientèle révolutionnaire entend quelqu'un hurler aux chausses des bandits, elle ne prend jamais la peine de discuter l'aloi de son indignation; elle oublie de regarder ses mains pour s'assurer qu'elles sont sans souillures; elle oublie de lui crier: d'où viens-tu, qu'as-tu fait, toi qui nous parles de Justice, et de Vertu? Elle le sacre du coup «une belle âme». Jamais elle ne lui demandera si son passé est vierge de tout forfait, si son corps ou son âme sont exempts de toute prostitution. Non, il lui suffit, pour l'instaurer honnête homme, qu'il serve ses passions du moment. C'est ce qui fait qu'elle a été si souvent vendue à l'ennemi et le sera toujours. En possession de cette évidence, Georges Sirbach avait intelligemment décidé de ne point briser ses armes premières, mais bien d'exagérer son mode initial de combat. Il avait compris qu'il était pour lui sans profit majeur, d'aller grossir le nombre des champions rétrogrades en luttant, à son tour, pour la défense de la Religion, de la Famille et du Capital. Ces trois hypostases du monde bourgeois régnaient, chez lui, respectées, enviées et indestructibles; la suprême habileté consistait donc à paraître vouloir les démolir dans la société. Et il s'y employa en toute ardeur. Chaque fois que, dans un recoin du canapé, dans un repli du divan, il trouvait un bouton de culotte qui n'était pas à lui, un poil de... barbe oublié là depuis des années, il vitupérait le mariage, jetait l'anathème à l'argent, exaltait l'union libre et désintéressée. Aussi, après deux ou trois campagnes, sa copie se mit à atteindre des prix fabuleux. Toute la Critique fut d'accord, un jour, pour l'arbitrer, comme le plus grand ironiste, le plus parfait satirique des temps contemporains.

Quis cœlum terris non misceat et mare cœlo,
Si fur displiceat Verri, homicida Miloni, etc..

Qui, dans son indignation, ne serait tenté de confondre ciel et terre, si Verrès condamnait le brigand, et Milon l'homicide? si Clodius dénonçait les adultères? Si Catilina accusait Céthégus, etc.?.. Il n'y a que Juvénal pour verser dans une ire aussi enfantine à propos de pareilles misères. C'est ce que pensa Georges Sirbach en se restituant à Paris. On le vit acheter incontinent un hôtel avenue du Bois, acquérir une seigneurie en Seine-et-Marne, engorger ses antichambres d'une domesticité en culottes de panne et en boucles d'argent, instituer à l'égard de *Son Anarchisme* un protocole dont rougiraient les chefs d'État. Et, à la suite d'avantageux traités passés avec les gazettes et les gros éditeurs, il continua à basculer un dévoiement de proses d'un subversisme sous-jacent, que surexcitait, cette fois, le laxatif d'une verve ragaillardie, le ricin d'un enthousiasme qui n'a plus à craindre désormais d'être licencié par les directeurs de journaux, au lendemain de quelque éclat. Puis, comme l'importance de ses comptes de dépôt dans les banques le mettait, pour la vie, à l'abri de toute mésaventure, et que, puissance sociale, il en imposait à son tour aux autres puissances sociales, et n'avait point ainsi à redouter les lois scélérates, son courage ne connut point de bornes. Il se mit à charger à boulets rouges la couleuvrine du roman-pamphlet, la caronade de la pièce à thèse, préconisant la *reprise individuelle* et le meurtre politique, tirant sans défaillance, en pointeur inviolable, sur la Propriété, la Famille et le Capital, collaborant à ses moments perdus au *Régicide*, petite feuille qui vécut quelques mois, juste le temps de faire coffrer ses rédacteurs, et de les faire impliquer dans le fameux procès des Trente, hormis lui, naturellement.

L'argent va à l'argent, chacun sait ça, mais plus il est infâme, plus il radie un magnétisme attractif qui aimante vers lui les filons monétaires en désarroi.

L'or appelle l'or, comme le dépotoir les déjections éparses: c'est pourquoi, juste en ce moment, Georges Sirbach s'enrichit d'une hoirie nouvelle.

Un littérateur célèbre, qui, associé à son frère mort avant lui, avait exploité pendant vingt-cinq années une marque de fabrique cotée très haut à la Bourse du succès, venait de trépasser, à son tour. Les derniers jours de ce grand écrivain avaient été pénibles. Dès la disparition de son puîné, il avait commis une lourde faute: celle de s'acharner à vivre pour démontrer inconsidérément, mais de façon définitive, que ce n'était point lui qui détenait le talent de la rubrique commune. A partir de cette époque, en effet, nulle œuvre recevable n'avait succédé à la série des livres documentés élaborés en commun. Et on avait vu le malheureux, désireux de faire figure malgré tout, s'acharner, sous prétexte de *Mémoires*, à colliger les notes de son blanchisseur, les ragots de son perruquier, les mots de sa ventouseuse, les puériles anecdotes qui avaient trait à son existence de vieux garçon solennisant les moindres événements de son privé, de sa vie de célibataire égotiste qui ne peut pas se résigner à n'être plus une vedette sensationnelle. Tombé dans le bric-à-brac et la frénésie du bibelot, il encombrait la presse de ses commentaires sur le XVIIIᵉ siècle qu'il avait presque réussi à faire haïr, allant, dans son impuissance de raté enrichi, de l'exégèse de la Guimard, par exemple, à celle du Japonais Outamaro; roulé d'ailleurs par tous les juifs de Paris qui tenaient emporium de curiosités. Couramment, on lui vendait, à des prix fabuleux, pour des Boulle ou des Riesener, tous les similis fabriqués rue Traversière ou rue Amelot. Il se ruinait pour acquérir des laques et des cloisonnés que le bazar de l'Hôtel-de-Ville entrepose d'habitude. C'était un alarmant échantillon du gendelettre célèbre retourné à l'enfance qui, à l'instar des catins périmées, ne peut pas consentir à s'effacer, à disparaître, et, la figure maquillée et rechampie, s'en vient faire la fenêtre, aux heures du soir, pour raccrocher encore le client, le lecteur, avec des grimaces séniles et les minauderies de ses fanons pendants.

Pendant dix années, chaque dimanche, il avait réuni dans son grenier d'Auteuil une basse-cour de littérateurs, qui picoraient autour de lui, avec des gloussements d'aise, les rogatons et les vieux détritus d'une conversation de fossile inane et prétentieux. Depuis longtemps déjà, il projetait de ne point décéder sans s'être, au préalable, confectionné un trépas plein d'inattendu, qui longtemps encore—à défaut d'autre chose—assurerait à son nom la voluptueuse publicité. Comme bien vous pensez, il ne pouvait se dissoudre à l'instar d'un simple mortel; il ne pouvait être récupéré par le néant sans tapage prolongé. Par testament, il décida donc la création d'une Académie libre, dite *Académie Goncourt*, devant faire pièce aux Coupolards de l'Institut et perpétuer ainsi, à travers les âges, sa mémoire auguste de Gonfalonier littéraire. Pareil à une vieille fille asthmatique et onaniste qui, en mourant, laisse toute sa fortune à ses chats ou à ses serins favoris, il légua tout son avoir—soit 6.000 francs de rente pour chacun—à ceux qui avaient assisté sa vieillesse d'une oreille longanime et de caresses intéressées.

«Il restitua à la Nature la forme que celle-ci lui avait prêtée», comme dit Bossuet, juste au moment où son œuvre allait être enfin glorieusement couronnée. Il avait, en effet, passé les trois dernières années de sa vie dans les cabinets de chalcographie, afin de doter ses futurs académiciens d'un costume qui leur assurerait le respect des foules et contrebalancerait celui des quarante vieillards de la Sainte Périnne des lettres. Ses légataires, on s'en doute, étaient décidés à accepter n'importe quel déguisement, n'importe quel chienlit, pour encaisser la monnaie. Longtemps, il hésita entre un bonnet de talapoin, des babouches à pointe recourbée, une robe de mandarin en soie violette adornée de dragons griffus, de flamants roses, ou de fleurs de lotus, et l'habit de cour du Régent. La question de l'épée l'angoissait aussi. Il mourut comme il venait de donner enfin la préférence à la longue canne de jade des lettrés du Nippon sur la brette en verrouil du XVIIIe siècle. Mais le Destin ne s'était pas trop acharné sur cet homme. Il avait eu le temps de fixer le protocole de réception des futurs récipiendaires!

Georges Sirbach fut naturellement un de ses élus. Et sur le champ, en égard à cette conjoncture, la compassion de ce dernier pour la détresse humaine devint surprenante et démesurée. Douillettement embossé dans la citadelle imprenable de sa fortune, qui, malgré le succès de ses proses, sentait toujours le bidet mal essuyé et le périnée effervescent, coulant, lui, des jours exempts de deuil et de tristesse, cela dans un faste renouvelé des collecteurs d'impôts de l'ancien régime, il dénonça sans faiblir les puissants et les satisfaits à la vindicte des meurt-de-faim. Tout en détachant ses coupons et en signant l'ordre d'expulsion de ses locataires impécunieux, il écrivit ceci, un jour de l'an dernier: *Ah! elle est bien trop lâche la misère pour oser brandir le poignard et secouer la torche sur la joie des heureux!*

Il faut être impartial et ne rien celer de ce qui peut être à la décharge de ce Révolté. Georges Sirbach, contrairement à Truculor, avait réussi à inoculer à sa femme l'amour rédempteur de la vérité. Lors d'un procès célèbre, qui se déroula en août-septembre 1899, la conjointe, désireuse d'égaler son mari, accourut bellement à la rescousse de la civilisation en péril. Et tous les lecteurs d'un journal, *Le Crépuscule*, qui tirait alors à 100,000, purent savourer un article étançonné de son parafe, où elle exhortait les *Dames de.. France* à s'unir, dans un effort final, pour faire triompher le Droit et la Justice[3].

A la suite de cette tartine, les leçons de syntaxe furent très demandées dans le Marbeuf, les beuglants et parmi ces dames des Music-Halls. Nulle parmi les filles galantes n'ignorait plus qu'avec des michés rémunérateurs, quelque sagacité dans l'élimination des amateurs contaminés—ce qui permettrait d'atteindre la cinquantaine—et surtout beaucoup d'acharnement à pratiquer l'entôlage pour amasser la forte dot, après s'être payé sur le tard, au sortir de la maison chaude, un petit homme dans la littérature, on pouvait espérer collaborer aux journaux répandus et apporter sa contribution à l'Ethique contemporaine.

C'est ainsi que se manifeste dans toute son ampleur la réconfortante équité, qu'à la moindre occasion, fait paraître notre Époque. La République ayant pour toujours supprimé le pouvoir césarien, ces dames ont abdiqué l'espoir d'épouser un Empereur, comme la Beauharnais ou la Montijo, et de gouverner ainsi notre pays. Mais les mœurs eussent été sans excuse de leur interdire l'hyménée avec les gens célèbres et de les empêcher de régenter, dans la mesure de leur savoir, l'intelligence du public. On ne voit pas pourquoi le *Dispensaire* ou le *Joubert* n'épouserait pas dans les Académies, n'écrirait pas dans les gazettes, alors que Madame Adam, Mademoiselle Lucie Faure ou la princesse Mathilde, par exemple, tinrent boutique d'esprit et ont accaparé l'industrie spéciale qui consiste à muer en immortels des Costa de Beauregard, des Faguet ou autres Thureau-Dangin. Il serait par trop imprudent, on le conçoit, de décourager toute une caste, pleine de bon vouloir, qui contribue au lustre et à l'éclat de notre patrie, maintient hors de pair, dans le monde entier, la réputation de nos lupanars, et fait accourir les étrangers, bien plus que si Descartes, Pascal, Auguste Comte et Renan, ressuscités à point pour embêter M. Izoulet, se donnaient la répartie, en public, au Café Napolitain.

Qu'on ne nous oppose pas qu'il est malséant et incivil de contrister les filles publiques retirées des affaires après fortune faite, pour la raison, qu'en somme, ce sont des femmes. Nous nous faisons gloire, tant est grande notre aberration, de ne point déférer à la morale sociale quand elle promulgue qu'un homme qui se vend peut conférer l'honneur à la femme qui l'achète. Ah! s'il s'agissait d'une pauvre et lamentable pierreuse de la rue, certes il faudrait trouver des mots qui seraient plus doux que des caresses de mère, des vocables qui seraient un opium, un baume, un dictame de réconfort, pour panser les blessures que la Vie et la Société ont faites à cette douloureuse. Mais que dire de la catin enrichie qui, toute sa jeunesse, besogna, se troussa, encaissa la semence des snobs, mit son sexe à l'encan, pour fréquenter les Caisses d'Épargne et, une fois l'âge mûr, rentrer dans le giron des classes respectées! Pour celle-là, il faudrait inventer des flagellations de feu, des knouts dont les lanières seraient des éclairs déchaînés, un bûcher fait de bouse de vache d'où sa graisse immonde, sous la flamme justicière, ruissellerait sans que jamais la mort secourable pût mettre fin à son agonie. Oui, la carrière de l'Hétaïre est belle, quand fille du peuple, chair à salacité, elle sème autour d'elle, pour venger sa classe, et le deuil et la ruine et la folie et la mort; quand, insatiable et farouche, dans une révolte superbe, elle broie les riches pour venger les siens asservis. Et si les plèbes étaient intelligentes, elles ne procréeraient des filles que dans le but unique de ravager avec elles, comme avec des brûlots, la Société qui les écrase. Mais l'autre, l'autre prostituée, qui, soumise, entasse les proies et les rapines, thésaurise et vend l'amour à faux poids pour, plus tard, acquérir de la *considération*, ébaubir son époque du reluisant de l'homme qu'elle s'est payé! Dans quel lointain continent d'immondices faudrait-il l'enfouir vive, celle-là, afin que sa puanteur ne vînt pas asphyxier les gens propres!...

Comme l'histoire des délectables jours que nous vivons est tissée d'une trame subtile d'événements paradoxaux, une réconciliation touchante venait d'épuiser d'un seul coup le stock d'attendrissement que détenaient encore le boulevard et le monde des lettres. Georges Sirbach faisait sa paix avec Abraham Méderheyer, juif jusque-là sans précédent dans l'infamie et la putridité. Ce tenancier de journal mondain, commensal et usurier de la plus haute aristocratie française, ne pouvait être comparé qu'à ce pou de bois qui s'accroche par grappes aux oreilles des chiens, au *tiquet* dont parle Toussenel, à qui la nature a refusé un orifice anal et qu'elle condamne à s'engraisser, à se gonfler de ses propres excréments *jusqu'à ce qu'il en crève*. A Rennes, toujours en août 1899, l'auteur du *Labyrinthe des tortures* avait flanqué une torgnole célèbre à ce copronyme de Ghetto, à cet insecte scatophage, qui, en son papier, butinait, comme du bran, la mentalité de l'*Armorial*. En l'heure présente, Abraham Méderheyer avait récupéré les bonnes grâces de Georges Sirbach en promettant, sans doute, de présenter Madame à la duchesse d'Uzès et de lui faciliter l'accès de quelques salons où régnaient les bonnes façons et non plus la *sous-maîtresse*. Et l'auteur *du Golgotha*, sollicité par l'éditeur d'un illustré, d'un pamphlet hebdomadaire, de placer le juif dans une galerie de *Têtes de Turcs*, qui devait paraître prochainement sous sa signature, s'y était énergiquement refusé, en poussant des glapissements d'effroi. Même, il avait proposé de résilier la commande, plutôt que de verser dans un aussi effroyable sacrilège.

Avant d'entrer dans le journalisme, Méderheyer avait tenu la comptabilité des coucheries chez une catin du second Empire, nettoyant les démêloirs, épongeant le petit meuble, déjouant à l'avance, par l'acuité de son odorat, les entreprises des clients gratinés de calomel ou voués à l'iodure, cirant les bottines et aidant les vieux messieurs à se mettre au lit. Il se portait garant auprès des amateurs que sa patronne était sans gonocoques. Abraham et le *prosifère* se rejoignaient donc sur le tard de la vie, dans une conjonction touchante, après des dissensions et des pugilats qui ne pouvaient, dorénavant, qu'exagérer la saveur de l'amitié finale. L'un avait débuté comme *secrétaire*; l'autre finissait comme *mar... i*.

Quelques individus doués de longévité indiscrète, des macrobes persévérants qu'on rencontrait encore, de cinq à sept sur l'asphalte, s'autorisaient au passage de chacun d'eux à d'affligeantes remarques.

—Abraham faisait les poches quand on était couché; ses doigts crochus déchiraient toutes les doublures, proférait l'un.

—Georges a une bien belle pelisse, aujourd'hui; *c'est la mienne.* Madame, jadis, me l'a fait laisser en gage, un matin de 69, que je n'avais pas la coupure de 25 louis pour le dessous du chandelier, ajoutait l'autre.

. . . .

Chose surprenante, la Morale éternelle, la Loi inflexible qui ordonnance la conscience des justes, l'infrangible apanage de la dignité humaine, que cet homme avait bafoués, tiraient de lui une implacable vengeance. Dans ses œuvres, les lamentations du supplicié qu'il était, malgré sa fortune, s'orchestraient sourdement. Le Rut dont il s'était enrichi lui avait déclaré une vendetta farouche, et on en pouvait démêler à travers ses livres toutes les cérébrales péripéties. La lancination continuelle des souvenirs infâmes, l'impuissante furie contre le passé, avaient implanté dans son esprit d'analyste l'aiguillon rougi et barbelé d'une endémique *constupration*. Il avait dédié trois cents pages à la folie furieuse de la chair, entonné pendant tout un volume le Magnificat du Sadisme et, dans chacun de ses romans, il y avait un viol, le déchirement lamentable d'une enfant par un vieillard forcené. Sa littérature traduisait sa perpétuelle hypnose: il avait, par contraste, *la hantise de la virginité*, des vierges sur lesquelles, par rage, sans doute, il faisait s'acharner les démoniaques lubriques sortis de son imagination. Et une douleur terrible issait de ces pages, ruisselait de ces immondes amours: tout le martyre d'un être qui ne peut pas effacer ce qui est, toute l'angoisse d'un homme, à qui le Sexe, monstrueusement symbolisé, dans le tête-à-tête coutumier, offre et dérobe en même temps son mystère, la torture d'un malheureux usant ses ongles sur le sphynx de granit, ayant besoin de tout savoir pour se racheter devant soi-même, pour se trouver une excuse ou une joie peut-être, et qui, avec des désespoirs et des râles, s'acharne à faire l'impossible clinique de la Volupté!

. . . .

On aurait pu l'ignorer et laisser à la carapace d'opprobre qui l'étreint et l'étouffe lentement le soin d'en faire justice si l'on ne s'était rappelé à temps qu'il souillait des idées nobles et leur faisait perdre peu à peu, en combattant pour elles, le pouvoir qu'elles gardent encore sur quelques âmes ingénues. Qu'il détaille les prouesses immuablement imbéciles et nous initie aux délectations cutanées des antropopithèques, des *amants* contemporains, en mal d'amour; qu'il fasse panteler l'adultère sur le divan d'analyse de Paul

Bourget; qu'il nous conte, s'il le veut, les sursauts, et nous montre les écumes de la viande bourgeoise travaillée par la fringale du Pouvoir ou des fornications; mais qu'il ne touche pas aux saintes formules de Pitié et de Réparation sociale. Nul n'a le droit de parler à la foule d'Équité et de Justice, si son pelage n'est pas d'une hermine impolluée. Le Chabanais n'a pas le droit de nous dire qu'il sait où se trouve la Vérité. Il faut trancher net, au bord de l'autel, d'un glaive sans miséricorde, la main breneuse de l'officiant putride qui prétend s'emparer du hanap, du calice miraculeux, où gît la liqueur de miséricorde, capable de délier, peut-être, le cœur des hommes du mensonge, de la férocité et de l'égoïsme. La première œuvre qui s'impose, avant la mise en route vers la Civilisation supérieure, consiste à arracher aux épaules des drôles, des rufians, des fourbes et des ophidiens à face humaine, les paillons fallacieux sous lesquels ils se plaisent à parader. Le seul labeur qui ne saurait être différé commande de les jeter à bas de leurs tréteaux, après leur avoir, au préalable, cassé les dents pour les marquer à jamais. Et la lumière ne sera réellement douce et consolante que lorsque les excrémentiels ne pourront plus la contaminer, lorsqu'il sera interdit aux putois de diriger le combat des lions, lorsqu'il sera interdit aux alligators de sortir de la vase pour pleurer sur le destin des hommes, lorsqu'il sera interdit aux garçons de prostibule d'étancher de leur tablier visqueux le sang qui rougit les flancs magnanimes de Prométhée!

Souvenez-vous. Ce n'est pas une brute obtuse, ce n'est pas un nationaliste, ce n'est pas un être à l'entendement de bivalve, qui jamais n'a pu prendre conscience des pensers sereins, des étoiles magiques, plafonnant de leurs gemmes la mentalité humaine, que l'on évoque ici. C'est au contraire un écrivain compréhensif, qui savait ce qu'était l'honneur, puisqu'il signa jadis un article retentissant où il accusait les cabots de *déshonorer* la vie, de *déshonorer* la passion, de *déshonorer* la mort.

Aussi, quand cet homme-là parle de Mélancolie, de Désespérance et de Pessimisme, trois des plus nobles choses qu'il y ait sous le soleil, cela paraît aussi effroyablement douloureux et sacrilège que si l'on pouvait voir Flamidien s'emparer de la Simarre de Château-Thierry pour rendre la justice; que si l'on apprenait tout à coup que l'Arétin s'est introduit insidieusement dans le pourpoint de Roméo, et chante l'amour à sa place sous le balcon de Juliette!...

Cyrille Esghourde était venu, en courant, quelques minutes après sa rencontre avec Georges Sirbach, informer la Truphot qu'il ne redescendrait pas avec elle à Bagnères-de-Luchon. Le cher maître condescendait à le tolérer en sa présence; il l'avait même invité à dîner. Et il énonça la chose d'une voix chevrotante d'émotion, avec un redressement orgueilleux de son profil busqué. Médéric Boutorgne sentit son âme distiller un fiel noir à la pensée que lui, un écrivain et un artiste aussi, ne bénéficiait pas de la même faveur, et que l'auteur du *Golgotha* n'avait même pas daigné le remarquer. Une pensée néanmoins le consola. Après tout, il n'était pas à proprement parler ce qu'on pouvait appeler un confrère, puisqu'il n'avait point encore réalisé la veuve. Quand ce serait fait, quand, à son tour, il aurait un hôtel et un nombreux domestique, Georges Sirbach ne lui marquerait plus un pareil dédain. Qui l'empêcherait, d'ailleurs, de surenchérir sur lui et de l'extraordiner, s'il le voulait, par la virulence de ses théories libertaires? Si le journal qu'il était dans l'intention de fonder ne réussissait pas dans la réaction, après quelques transitions savantes, il en ferait, au bout d'un an ou deux, une feuille subversive. Une fois qu'il aurait été décoré, rien ne le retiendrait plus; il lui serait loisible de s'installer anarchiste et de jouer de mauvais tours au gouvernement. Cela serait d'ailleurs sans danger, puisqu'à l'instar de Georges Sirbach il aurait accédé au million.

La vieille femme, quand Cyrille Esghourde eût tourné les talons, trouva la chose un peu mufle.

—Nous plaquer comme ça!

—Ce garçon-là ne saura jamais *ce qu'on doit aux femmes*; il faut en prendre son parti, expliqua Boutorgne, d'une voix réprobatrice. Et il proposa, en manière de conclusion, de rejoindre le guide et les mulets pour redescendre immédiatement.

La Truphot, pourtant, depuis quelques minutes, donnait des signes évidents d'effervescence. La vue de l'ex-satyriaque, le sacrifice de la sœur, cette histoire, ces événements, où la chair exaspérée tenait le premier rôle, la râclaient, la ruinaient intérieurement. Ses joues flambaient maintenant à ces souvenirs sous une poussée d'incarnat; ses mèches grises, humides de la transsudation de son front, s'envolaient sous le tic de sa tête agitée par saccades nerveuses. Sa figure se plissait en myriades de petites rides, tel un ris de veau. Mais ce jour-là, le ferment qui la galvanisait toujours à la moindre occasion et ne devait s'éteindre qu'avec elle, l'avait mise en un tel désarroi, que sa plate laideur coutumière se haussait presque au tragique de la furie qui n'est pas sans beauté. Positivement, avec son torse maigre, ses bras trépidés de longs frissons qu'elle n'arrivait point à maîtriser, ses prunelles cerclées de fauve, ses épaules inquiètes et sursautantes, qui semblaient vouloir d'elles-mêmes rajuster une invisible nébride, elle ressemblait à quelque vieille ménade qui va se déchaîner. La fureur utérine était manifeste. Et ce fut Siemans qu'elle choisit, comme Agavé choisit Penthée, pour le déchirer sans doute. Stupéfait, Médéric Boutorgne les regarda filer sur l'auberge—sous le ridicule prétexte à lui donné d'y rechercher un porte-cartes égaré durant le cours du déjeuner.

Resté seul, le gendelettre se sentit envahi par le découragement. D'amères pensées investirent son esprit, et il en scanda le deuil, les yeux vides et les tempes bourdonnantes, en frappant de son alpenstock les cailloux du chemin poudreux. Sa défaite était consommée. En cet instant encore, c'était le Belge que la veuve choisissait, c'était la brute qu'elle réquisitionnait en dédaignant la littérature représentée par sa personne. Entre un garçon boucher sentant le sang frais, et Spinoza, les doigts humides encore de l'encre qui traça l'*Ethique*, la Femme n'hésitera pas: elle choisira la brute: car le génie est sans emploi dans l'alcôve, se dit Boutorgne. Mais ce postulat n'arriva point à le consoler. Tous ses efforts précédents étaient perdus; tous les engrais avalés, tous les baisers vomiques, son duel même, ne comptaient pas au regard de l'ingrate Truphot. Il s'était dépensé en pure perte; elle ne l'épouserait jamais. Et lui, un homme de talent, devrait crever de faim dans son âge mûr, et n'aurait même pas la chance qu'avait eue ce Sirbach de lever un traversin rembourré de billets bleus. Pourtant il ne voulait pas perdre la partie sans avoir lutté désespérément. Nietzsche démontrait qu'on pouvait faire des miracles avec la volonté. Eh bien, s'il le fallait, dans sa lutte contre Siemans, il serait le *Surhomme* qui ne recule devant rien. Une intelligence dressée aux meilleures méthodes, comme la sienne, ne devait jamais se courber sous l'autocratisme des faits. Son imagination susciterait des circonstances qui retourneraient l'état d'âme de la Truphot. On allait bien voir qui allait l'emporter de la destinée imbécile ou du Vouloir humain.

Et Médéric Boutorgne, dans un grand coup de son bâton ferré qui fit décrire à un caillou inoffensif une trajectoire d'au moins vingt mètres, se confirma à lui-même cette détermination irrémédiable: éliminer le Belge coûte que coûte et s'il ne pouvait y réussir, se venger impitoyablement.

XV

C'était le seizième jour qu'ils passaient tous trois dans la petite villa isolée de la rue du Mont-Ventoux. Cyrille Esghourde était parti, s'expédiant en Espagne dès le lendemain même de l'excursion, sans être venu les voir, après leur avoir fait seulement porter quelques mots d'excuses par le chasseur du café *de la Bidassoa*. La maison ne comportait qu'un rez-de-chaussée assez élevé et un premier étage mansardé, de deux pièces seulement, dont une servait à la bonne. Cette servante était très drôle. Sa conversation, où fracassait un effroyable accent du Béarn, se composait uniquement de sentencieux aphorismes sur la cherté des légumes, l'impolitesse du garçon boucher et de reniflements... Ses fosses nasales, obturées, lui commandaient, à chaque minute, de placer son index sur sa narine gauche, et de faire entendre ainsi le cri du canard inquiet de sa lignée. La bâtisse s'enclavait dans un jardinet rechigné et poudreux qu'un autochtone, salarié par le propriétaire, venait, une fois par semaine, molester d'un rateau pessimiste et, au travers duquel, sans aucun résultat appréciable, d'ailleurs, il promenait un fallacieux arrosoir. Les boniments, la conversation des bourgeois qui, chaque année, louaient cet endroit, devaient avoir découragé toute tentative honnête de la végétation. Les roses de juin et les glaïeuls ingénus s'entêtaient à ne point éclore et, seuls, deux ou trois buissons hispides témoignaient d'un bon vouloir tenace qui leur faisait s'agripper au passage, de toutes leurs épines, aux vêtements des hôtes ou des fournisseurs. Trois chambres à coucher, en arrière de la salle à manger et d'un salon exigu, s'ouvraient sur le corridor pénombral du rez-de-chaussée, qui desservait également, tout au fond, la cuisine et le petit retiro placé là à point, semblait-il, par une trouvaille de l'architecte, pour condimenter les odeurs culinaires de ses remugles sournois.

La Truphot et Siemans faisaient chambre à part, tout au moins en apparence. Accompagnée de ce dernier, la vieille femme filait ponctuellement, chaque matin, dès dix heures, à l'Établissement thermal pour y confier sa gorge aux appareils de fumigation ayant assumé la curatelle de la vétusté, du découragement et des végétations insolites, qui se permettent de ravager sans aucun respect le larynx des gens à leur aise, le larynx qui leur a été concédé par la nature pour proférer, leur vie durant, le plus de sottises possible. Elle en revenait vers midi pour déjeuner et repartir ensuite avec le Belge qui ne la quittait plus. La plupart du temps, Boutorgne restait seul, vaquait l'après-midi à travers la ville, désorienté et mélancolique. On ne l'invitait pas à faire de compagnie la moindre promenade. La Truphot paraissait même tenter tout le possible pour qu'il prît congé et filât sur Paris, de sa propre inspiration. Siemans qui, jusque-là avait montré un beau désintéressement et un parfait dédain de toutes ses tentatives de main-mise sur sa maîtresse sexagénaire, avait-il compris qu'à la longue il finirait peut-être par devenir dangereux? Ou bien la veuve avait-elle confessé que le gendelettre lui avait proposé, à Suresnes, de l'enlever pour aller vivre, tous deux, en Grèce, et s'y marier en justes noces? Toujours est-il que Siemans braquait parfois sur Boutorgne un regard où celui-ci pouvait démêler déjà la volonté manifeste de procéder à son évacuation, dès la première circonstance profitable. Et le *prosifère* acharné sur Balzac, rué sur Beyle, ne trouvait toujours pas l'expédient pratique, la talentueuse machination, qui le débarrasserait de son rival. A l'heure actuelle, il feuilletait les bas feuilletonistes, les Montépin, les Jules Mary, les Decourcelle, les Malot. Si ceux-là ne donnaient rien, il compulserait Paul Bourget en désespoir de cause. Mais ce dernier ne s'occupait que des gens distingués, ne fournissait que le traquenard de salon. L'humanité ne commençait pour lui qu'aux personnes qui ont cent paires de bottines, comme Cazals. Penché sur les bidets armoriés, il révélait au public, avec des cris d'admiration, ce que la semence des gens du monde contient de principes supérieurs. Et puis, il exprimait en langage suisse des pensées de chef de rayon. C'était à croire qu'il faisait fabriquer ses romans chez Dufayel. Il était donc déraisonnable d'espérer qu'il eût entrevu comme possible l'existence d'une femme aussi démunie de particule que Madame Truphot, d'un homme comme lui qui s'habillait à la *Belle-Jardinière*, se chaussait chez *Raoul* et pratiquait le rufianisme autre part que dans les salons du faubourg ou les *pince-choses* de l'île de Puteaux. Seuls, les romanciers populaires lui seraient secourables, évidemment. Il y retournerait, les lirait ligne par ligne. Diable! il allait oublier Georges Ohnet, le plus fécond d'entre tous, celui dont les monceaux de volumes représentent dans la librairie contemporaine quelque chose comme la *Cordillère* de la sottise.

Il irait au plus tôt requérir à la bibliothèque municipale quelques-unes des *Batailles de la vie*. Puis il réquisitionnerait l'*Arriviste*, de Champsaur et *Sébastien Gouvès*, de Léon Daudet, ce morphinomane qui n'hésite pas à traîner dans les sentines du nationalisme le nom de son père, l'auteur de *Tartarin*. Qui sait, parmi les plus imbéciles on trouve quelquefois l'embryon d'une idée qui devient géniale dès qu'elle a été cultivée et mûrie dans la serre chaude d'un esprit averti, comme le sien, par exemple? Il n'y avait du reste plus à hésiter. Chaque soir, en effet, il demandait ostensiblement deux lampes à la petite servante renifleuse qui composait à elle seule tout le domestique; il ne manquait pas de faire savoir à la vieille qu'il se sentait dans une veine de travail extraordinaire, et que, bientôt, le manuscrit destiné à être signé par elle et lui serait presque charpenté. Eh bien! Madame Truphot ne bronchait pas; Madame Truphot ne manifestait aucun enthousiasme. Elle se contentait de hocher la tête plusieurs fois, d'un air maintenant détaché. Il avait eu beau faire donner les réserves, sortir de sa malle et lui exhiber une liasse de papiers de famille démontrant qu'il pourrait relever, quand il le voudrait, son marquisat créole, elle ne paraissait plus s'exciter sur la possibilité de s'administrer une particule, un génitif, dans un hyménée légitime. Que faire?

que faire alors si son imagination ou les inventions des romanciers glorieux ne lui fournissaient pas la pratique péripétie qui le débarrasserait du Belge? Il ne pouvait pourtant pas, dans une excursion de montagne, le précipiter d'un coup de tête dans une crevasse. Son tempérament de civilisé et sa nature d'artiste protestaient d'avance contre la vulgaire brutalité d'une pareille détermination.

Un matin, comme il sortait de sa chambre, les paupières violacées d'insomnie, Siemans, solennel et componctueux, l'arrêta par le bras. Il avait une allure inquiétante, un air de gravité insoupçonnable jusque-là en ce lourdaud empêtré. Et le gendelettre, un instant, redouta un discours de diplomate qui, avec mille et une précautions ou circonlocutions, avise un confrère que ses lettres de rappel sont sur le point d'être signées. Mais l'amant de la Truphot, sans doute, ne se sentit point à la hauteur d'une telle tactique; il dédaigna tout prolégomène et tout déploiement oratoire pour ne garder seulement que la gourme du plénipotentiaire et dire à l'autre:

—Mon pauvre ami, nous partons à Pau dans huit jours et nous ne pouvons pas t'emmener. Madame Truphot demande ce qui te serait nécessaire pour gagner Paris.

Atterré par ce coup du sort qui, bien qu'il s'y attendît un peu, tombait sur son crâne comme la masse d'un bélier tombe sur un pilotis, Boutorgne trépida un instant sur ses courtes jambes pendant que des flammèches de toutes couleurs dansaient devant ses yeux vagues.

Néanmoins, avec crânerie, il vint se planter devant le Belge.

—Alors c'est toi qui me chasses? questionna-t-il, sa poitrine en côte de melon gonflée d'une humeur belliqueuse.

Siemans roulait un œil commisérateur, que gênait dans les coins un petit diaphragme de chassie matinale, et il évaluait Boutorgne en promenant avec insistance sur sa chétive personne un regard en zigzag, qui supputait un à un tous les ridicules plastiques du malheureux *matulu*.

—Non, mon vieux, mais Madame Truphot a reçu des lettres anonymes, dans lesquelles ton rôle se trouve commenté sans bienveillance, et il ne faut pas que sa *respectabilité*, à laquelle elle tient par dessus tout, tu le conçois, puisse en souffrir.

—Tu mens! Tu mens! s'enrageait Boutorgne, devant la vision de toute sa carrière brisée.

Le Belge sans doute eut pitié. Des sympathies confraternelles l'envahirent. Peut-être aussi, superstitieux, eut-il peur que trop de sécheresse d'âme indisposât plus tard et, à son tour, le Destin en sa faveur.

Il rétorqua:

—Non, je ne mens pas; c'est en copain que je te parle; il n'y a rien à faire pour toi ici. Tu peux encore te créer une *situation* par ailleurs. N'use pas tes forces contre l'impossible...

Alors, remis d'aplomb en toute sa suffisance; se carrant à nouveau dans son égoïsme et la bonne opinion qu'il avait de soi, il se sourit béatement, se donna, pour ravaler son interlocuteur, deux grands coups de poing sur le thorax qui résonna comme du métal.

Le *prosifère*, comprenant que la prolongation de ce débat serait oiseuse, regagna sa chambre d'un pas aussi solennel que celui de Napoléon après son abdication, à Fontainebleau. Seulement, supérieur à l'autre, il n'entailla aucun guéridon d'un canif rageur.

Il murmura:

—C'est bien, je m'en irai dans quatre jours: le temps d'attendre mon courrier.

Mais le Belge sentit ses brutalités naturelles prédominer. Il redevint féroce, n'ayant pas la victoire élégante; voltant lui aussi, de loin, il jeta avec cynisme, sans se retourner:

—Tu as raison, car ferais-tu un chef-d'œuvre; serais-tu un jour et tout ensemble Baudelaire et Verlaine, Balzac et Flaubert, tous les types dont tu nous rases, que tu pourrais encore te bomber...

Et il éclata d'un gros rire. Une minute après on entendit l'ocarina qui donnait l'envol à *Petite brunette aux yeux doux.*

Rentré dans sa chambre, Médéric Boutorgne envoya rebondir, d'une bourrade, jusqu'aux rideaux de la fenêtre, où elle s'accrocha en miaulant désespérément, la chatte de Cyrille Esghourde, la malheureuse Aphrodite, qui le hantait de préférence aux autres, et était venue se frotter à ses jambes. Puis il se jeta sur son lit, la joue appuyée à son coude, médita farouchement en une pose romantique de héros terrassé par le sort, besogna du plus aigu de son esprit à trouver enfin le moyen de salut tant cherché. Et la chatte, rassurée par son silence et son immobilité, peu à peu s'enhardissait. Dans le clair obscur de la pièce, avec son dos violâtre et chantourné, sa queue éployée en forme de guivre de blason, elle escalada le dos d'un fauteuil qu'elle écussonna, héraldisa, de sa ligne inquiétante, quasi-fantômale, éclairée par les deux topazes en flammes de ses yeux.

Supprimer Siemans, oui, l'assassiner par un moyen génial et qui n'éveillerait point le soupçon, c'est à peu près ma seule ressource, pensait froidement Boutorgne qui, malgré les apparences, ne s'avouait pas complètement vaincu. Tout, tout, plutôt que de réapparaître au *Napolitain* sans faste et sans gloire, comme par le passé. Faire un beau livre n'était rien, l'emporter de haute lutte sur la vie contraire, voilà où résidait le talent. Et il ne voulait pas, lui, qui était destiné plus tard à de grandes œuvres, se charger l'âme du poids de la déroute; il ne voulait pas consentir à la castration morale du vaincu. Parmi tous les procédés de meurtre sournois et sans danger que la littérature avait inventés, il était prêt à choisir le plus décisif. Mais auquel donner la préférence? Son imagination surexcitée évoqua d'abord les crimes fabuleux de l'Asie, le lacet de soie, le venin de trigonocéphale injecté dans la veine jugulaire pendant le sommeil, l'épingle d'or rapidement insérée dans le cervelet. Puis ce furent les thyrses de Bacchantes, les poisons de Locuste, l'aspic de Cléopâtre, la coupe de Médée, l'étouffement sous des pétales de roses découvert par Héliogabale, les breuvages de la Brinvilliers, qui tous manquaient d'à-propos. Il n'était point un dynaste oriental, un chef de Janissaires séditieux, ou un prétendant de souche royale; en tout cas il se trouvait par trop démuni d'esclaves noirs pour œuvrer selon le mode asiatique. Restait l'assassinat plus moderne, l'empoisonnement par certains alcaloïdes qui ne laissent aucune trace, mais il était dénué de connaissances en toxicologie, et le dangereux de l'affaire était, en l'occurrence, le pharmacien toujours délateur. Alors quoi? Qu'avait-il à sa disposition pour en finir? Il avait le bouillon de culture du tétanos, de la typhoïde, de la diphtérie, versé à pleines cuillerées dans le potage comme l'avait enseigné M. Eliphas de Béothus, le soir du dîner, chez la Truphot. Oui, mais les flacons de coli-bacilles, de septocoques, ne couraient pas les rues. On n'en trouvait chez nul épicier. Il aurait fallu être avantagé d'un ami dans un institut séro-thérapeutique et lui avoir, au préalable, filouté la précieuse fiole. Il n'était pas dans ce cas. Bigre!... quelque chose de rudement fort était la mouche charbonneuse, gorgée de pus cadavérique, insinuée dans la chambre à coucher. Le charbon donnait-il toujours la mort? Où trouver la mouche à tarière empoisonnée? Pourquoi ne pas injecter à Siemans, dans son sommeil, à l'aide d'une Pravaz, quelques ptomaïnes puisées dans la charogne d'un animal putréfié? Oui, mais si le Belge se réveillait?

Aucune de ces solutions ne satisfaisait complètement Boutorgne. Et pour la première fois de sa vie, il commença à douter de son esprit inventif.

Sur les quatre heures de l'après-midi, le gendelettre, qui avait déjeuné en ville, promenait dans l'allée d'Etigny son front couturé des rides de la préoccupation, raviné par la scarifiante idée fixe. Il n'avait pas encore trouvé le mode d'assassinat inusité avec lequel il pourrait perpétrer l'acte en tout repos, sans avoir à redouter jamais le juge d'instruction ou la fâcheuse Cour d'Assises. Malgré tous ses efforts, sa cérébration avait été sans résultats, et il en était venu à s'avouer à soi-même que, puisqu'il était resté ainsi à court de toute invention, ce continent de l'activité humaine qu'on nomme la littérature dramatique lui serait fermé à tout jamais.

Sous la feuillée épaisse, sous la voûte continue des frondaisons de la célèbre promenade, la foule était dense. Tous les kakatoës, tous les busards, toutes les orfraies, tous les tiercelets et toutes les perruches des perchoirs civilisés ou de la forêt de Bondy bourgeoise, réconciliés dans la même parade de sottise, jacassaient, lissaient leurs plumes, ou se frôlaient avec amour sous les ombrages conciliants, à l'heure que préconise le bon ton. Cette humanité déambulante n'était plus que sourires; les différents individus qui la composaient, ayant chacun avantagé leur plastique du rehaut et des vêtures qui étaient pour la mettre en valeur et pour investir le prochain de sexe adverse du désir d'y goûter, donnaient libre cours à leur sociabilité. Des gens se présentaient les uns aux autres, en émettant, la bouche fendue jusqu'aux oreilles, les banalités émétiques qui, pour les personnes bien élevées, servent à traduire, par avance, la joie qu'ils éprouveront désormais à commercer. Les grimaces congruentes à la bonne société se multipliaient pour mieux masquer l'intention profonde qu'avaient tous ces bimanes de se flibuster réciproquement leur femme, leurs maîtresses, ou leurs capitaux, avec toute l'hypocrisie et la cautèle de rigueur. Les beautés du boulevard, les catins érectionnantes, ayant transporté leur retape en Pyrénées, circulaient sous des harnais fracassants, empierrées de joyaux, malgré le plein soleil, et laissaient derrière elles une rumeur d'exclamations admiratives et un sillage de mâles en pâmoison. D'aucunes, ayant réussi à appâter de leurs charmes quelque crétin évidemment pécunieux, se hâtaient vers les petits *gigotoirs* qu'elles s'étaient ménagés dans les hôtels somptueux ourlant la voie de leurs façades pontifiantes et niaises. A la table d'hôte Sacarron, à travers les baies large-ouvertes, on pouvait apercevoir le geste obscène de Jean Lorrain mangeant des bananes, car il dînait là tous les soirs à cinq heures. Près de lui, un officier de la Légion d'honneur, un bourgeois *autophage*, dévorait une tête de veau. D'autres drôlesses, que le sort n'avait pas encore favorisées, imprimaient à leur croupe une saltation cadencée et s'efforçaient, en frôlant les hommes, de les allumer au pyrophore de leurs hanches redondantes. Et beaucoup parmi les conjointes légitimes, qu'escortait un mari découragé, un mari dont le tripot de l'endroit ou l'hiver dispendieux de Paris avait anémié le revenu ou saccagé la matérielle, travaillaient à rendre leurs prunelles fascinatrices, besognaient pour déterminer l'éréthisme dans leur voisinage, et lever, elles aussi, l'amant qui apaiserait les créanciers et sauverait les meubles de l'Hôtel des ventes.

Boutorgne, dans le désarroi de son esprit, et affreusement seul parmi cette foule, considérait stupidement depuis une minute, le respectable Mont Ventoux, au front chenu, au chef enneigé, qui trônait, patriarcal et majestueux, parmi le clan des pics de sa tribu. Mais les yeux du gendelettre se trouvèrent arrachés à la contemplation de ce furoncle géant par une légère bousculade dont il fut l'objet. Un lot de rastas émanés des Tropiques, au teint iodé, au complet polychrome, circonscrits par le feu des gemmes dont leur plastron, leur cravate et leurs manchettes étaient imbriqués, venaient de le dépasser. Instinctivement, en homme qui connaît la vie, Boutorgne mit la main à ses goussets: sa montre de nickel et la monnaie dont il était détenteur n'avaient point déserté sa personne. Rassuré, il allait reporter ses prunelles sur l'impassible Mont Ventoux, afin de le bien implanter dans son esprit et de pouvoir en tirer, si besoin était, une prose subséquente, quand, tout à coup, il tressaillit. Les gentlemen de Montevideo ou de Caracas, en débarrassant sa perspective immédiate, venaient de lui démasquer un spectacle inattendu, une scène quasi-symbolique et représentative à elle seule de presque tout l'ordre social. La Truphot était devant lui, assise à dix pas, sur un pliant, et un vieux Monsieur, grand, très grand, qui éployait le chasse-mouches d'une longue barbe blanche, au proboscide démesuré plongeant presque jusqu'au faux-col, un vieux monsieur vêtu d'un *suit* gris clair, que Boutorgne reconnut immédiatement pour être le roi des Welches, se dirigeait vers elle, accompagné d'un jeune homme mince et blond, son aide de camp sans doute.

En deux bonds, le gendelettre fut à portée, dissimulé derrière le tronc rugueux d'un gros platane.

La vieille, à la vue du roi, s'était levée toute droite, la face cramoisie d'émotion joyeuse. Les mains à plat sur la jupe, elle esquissait, dans sa gaucherie ridicule, de successives et irréfrénables révérences, qui faisaient plonger son buste maigre et donnaient l'essor aux tire-bouchons de ses frisettes grises. Les efforts manifestes qu'elle faisait pour proférer des paroles d'accueil, pour émettre des propos de servilité attendrie, n'aboutissaient qu'à lui faire propulser de petits cris inarticulés. Siemans, près d'elle, les joues envahies, lui aussi, d'une pampination véhémente, ne savait plus où mettre ses mains, et les fourrait alternativement dans ses poches ou l'entournure d'un gilet, privé d'élégance, probablement conditionné aux *Cent mille paletots* de M. Jaurès. Un moment, son trouble fut si grand qu'il tira par contenance un étui à cigarettes de la poche de son veston, l'ouvrit, parut hésiter à en offrir une au monarque plein d'aménité qui lui souriait avec bienveillance, puis, finalement, n'osa pas et se contenta, avec sa grâce coutumière d'hippopotame atteint de cor au pied, de faire tomber sa chaise sur les jambes de l'homme couronné. Le roi, sans déroger aucunement à sa parfaite et condescendante urbanité, la ramassa d'un geste sans aigreur.

—Votre santé s'améliore-t-elle, Madame? Vous me verriez fort heureux d'apprendre que les eaux vous sont secourables....

La Truphot éperdue, bafouillait des Votre Altesse..., des Majesté..., dont la plupart, d'ailleurs, n'arrivaient pas à se libérer de sa salivation intempestive. Une minute, au paroxysme de l'émotion, elle alla jusqu'à l'appeler successivement: Mon Roi!... Noble Prince!... *Grand Sire!...*

Le Constitutionnel welche souriait toujours. Mais désireux sans doute d'abréger les affres respectueuses de la vieille femme, il tendit la main à Siemans, la secoua par deux fois, en lui disant pour prendre congé.

—J'espère, *mon cher compatriote*, que vous emporterez de Luchon le même bon souvenir que moi.

Accolades, embrassades des rois, des putes et des marlous! ces derniers étant leurs meilleurs soutiens.

Et quand le roi se fut mis en route vers l'hôtel Sacarron où il logeait, Médéric Boutorgne put voir la Truphot passer le bras dans son pliant, serrer avec frénésie les mains de son compagnon, et l'entraîner en courant, pour, sans doute, loin de la foule et des regards profanes, aller cuver ensemble leur délire enthousiaste.

Ce que le prosifère ne savait pas et ce qui fournissait l'explication de cette scène était ceci: depuis dix ou douze jours, Madame Truphot, dans l'allée d'Étigny, faisait sa cour au Roi. Elle l'attendait là, chaque quatre heures, sur une chaise, trompant les longueurs de l'attente en coupant, avec des soupirs et des larmes sentimentales, les pages de *Cruelle énigme*, de Paul Bourget. Puis, du plus loin qu'elle l'apercevait, elle lui adressait à distance force risettes de ses vieilles lèvres parcheminées, exhibant le ris de veau de ses joues plissées, ployant son dos en arc de cercle, bien avant qu'il fût arrivé à sa hauteur, allant même, un après-midi, jusqu'à le précéder, pour, avec le Belge, effeuiller devant lui des pétales de roses et d'œillets, négligemment, comme sans y prêter attention. Vingt fois, peut-être, elle avait recommencé le même manège, si bien qu'un soir, vers six heures, le porteur de sceptre, touché par les attentions de cette vieille dame qui nourrissait pour sa personne un culte si exagéré, était allé spontanément lui décerner quelques mots aimables. Et chaque fois qu'il la rencontrait depuis, il ne manquait pas de s'arrêter et de prendre des nouvelles de sa santé.

Exagérer sa courtoisie et son terre à terre hypocrite avec quiconque du fretin, faisait partie, en dehors de son royaume, de la politique de ce Chef d'État, qui ne répugnait pas à être, en même temps, le *miché* le plus sérieux de toute l'Europe. Ce monarque très chrétien exerçait ailleurs, en Afrique, dans une partie du Congo, le métier de négrier, y rénovant de son mieux le commerce du bois d'ébène. Les noirs y étaient suppliciés par dizaines de mille, les villages brûlés, les fœtus arrachés du ventre des femmes grosses, les enfants lancés en l'air et reçus à la pointe des baïonnettes en un plaisant jeu de bilboquet, quand il arrivait que les malheureux indigènes ne montraient pas assez d'empressement à travailler sous la courbache, ou à livrer l'ivoire et le caoutchouc qui servaient au roi à payer ses *passes* dans les alcôves dispendieuses. Le bruit d'extraordinaires bénéfices et de massacres à ravaler son collègue Abdul-Hamid parvenaient de-ci de-là en l'Europe amusée, qui continuait à lui faire fête et savait qu'une partie de cet argent viendrait à ses lupanars. Dernièrement, il avait fait traiter ses sujets de Louvain comme ses esclaves du Congo, et il déchaînait l'admiration de ses collègues en royauté pour la poigne terrible qu'il cachait sous ses gants à côtes rouges de gentleman. Chaque année, il accourait ponctuellement faire une saison à Luchon où il expédiait à l'avance son faux ménage,—ce qui ne l'empêchait pas de goûter à toutes les grues retentissantes. Et il venait, tout récemment, de se montrer impitoyable pour les écarts de traversin des personnes de sa famille, et de témoigner d'un rigorisme incoercible en flétrissant, de façon publique, deux de ses filles qui, à son exemple, s'étaient autorisées à coucher illégitimement.

Ah! si la Truphot avait été de sang assez noble pour le recevoir chez elle, le traiter avec faste, comme le comte Boni de Castellane venait de le faire, et ensuite border ses draps en surveillant les coups de rein de ce gigolo septuagénaire et diadémé, c'eût été le couronnement de sa carrière.

Médéric Boutorgne, derrière son platane et sur la fin de cette scène, s'était mis subitement à gratter la terre du pied, comme un jeune étalon. C'est qu'une cinglée de lumière, une idée rayonnante, tel un éclair fulgurant, venait de zigzaguer dans son esprit et de l'emplir d'un crépitement de flammes.

L'expédient tant cherché, le moyen qui assurerait la victoire, il le tenait enfin! Oui, à regarder la Truphot, Siemans et le roi des Welches se faire de réciproques salamalecs, l'idée, jusque-là rebelle, s'était offerte, s'était élancée, avec tout l'imprévu et la belle furia des idées de génie. Et, maintenant, il filait le long de la ligne des arbres pour se mieux dissimuler, et ensuite il appuyait brusquement à gauche, pour se jeter en ville, détalant toujours de son allure la plus précipitée. Il s'était au moins embrayé à la troisième vitesse, comme disent les chauffeurs. Parvenu devant le bureau de poste de Luchon, il s'arrêta, s'épongea, et, une minute, souffla à pleins poumons. A nouveau, il ausculta son idée, pour voir si elle n'avait pas perdu, à ses propres yeux, sa force déterminante et le plus clair de sa magie, comme il arrive souvent aux idées de génie qui, sournoisement, emballent sur l'heure les cérébraux comme lui et apparaissent enfantines dans l'instant qui suit. Non, la sienne, à l'examen, conservait la qualité merveilleuse, toute la force avec lesquelles elle était venue au monde.

Alors, délibérément, il poussa la porte. Puis, arrachant une feuille de télégramme de la boîte appendue à la cloison fuligineuse de l'endroit, il œuvra en l'élaboration d'une dépêche adressée à un libraire de Toulouse dont il avait, au préalable, puisé l'adresse dans un Bottin, obligeamment prêté par la buraliste. En deux phrases concises, il priait ce commerçant d'adresser aux initiales A. S. poste restante, par le plus vertigineux et le plus prochain des express, tout un lot de revues, de brochures, de quotidiens et d'hebdomadaires spéciaux. Un mandat télégraphique devait, d'ailleurs, accélérer le bon vouloir de cet homme. Et, s'étant relu trois fois, Médéric Boutorgne, qui se sentait vivre une minute stendhalesque, égale au moins à celles que vécut jadis Julien Sorel, s'approcha du guichet et tendit son papier, avec un front aussi impassible et le même empire sur ses nerfs qu'avait pu en montrer le héros du *Rouge et Noir*, lorsqu'il approcha l'échelle de la fenêtre de Madame de Rénal, ou qu'il se prépara, plus tard, à escalader le balcon et la personne de Mademoiselle de la Mole.

Quand il se retrouva dehors, des cloches et des carillons sans nombre bien plus nombreux qu'à Bruges-la-Morte—ville réputée pour l'effroyable pullulement de ses sacristies et l'excellence de sa sodomie monacale,— molestaient la placidité de l'atmosphère et annonçaient l'imminence de la «croûte au pot», du «potage bisque» ou de la «barbue sauce câpres» dans les différentes tables d'hôte de la ville.

D'un talon qui sonnait cette fois victorieux, et la cigarette belliqueuse pointant sa tache de feu vers le bord de son chapeau, Médéric Boutorgne regagna alors en se dandinant et sans hâte aucune le couvert frugal de la Truphot.

Jamais les hôtes de la petite maison de la rue du Mont-Ventoux ne s'étaient montrés si aimables pour lui que ce soir-là. Siemans et la veuve semblaient se livrer à son profit à un véritable tournoi de prévenances et de politesses. En surplus d'un potage au lait, il y avait une omelette aux pointes d'asperges et un *poulet marengo*, plats que le gendelettre affectionnait particulièrement, puis un foie gras, aux truffes véritables qui avaient dû être commandées exprès pour lui. La vieille femme prêtait attention à tous les détails du service et la petite bonne fut saboulée d'importance, parce qu'elle avait oublié, une fois, de passer à Boutorgne une assiette chauffée à point. Si certaines circonstances qui n'emportaient point l'amitié, comme voulut bien le dire la maîtresse de céans, imposaient une séparation douloureuse pour tous, rien ne pourrait affaiblir ni diminuer leur sympathie réciproque. On se retrouverait à Paris, l'hiver suivant, voilà tout. Là-bas, loin des méchantes langues, on reprendrait la bonne vie précédente. Et, comme la vieille hypocrite déchira d'un sanglot, à cet endroit de son discours, la sérénité du repas, et fit pleuvoir, dans son assiette, une averse de larmes parfaitement machinée, elle crut le moment venu de passer, sous la nappe, à Siemans, pour que celui-ci la remît à son tour au *prosifère*, une lettre toute froissée et maculée.

—Vous pouvez lire, vous pouvez lire, cher ami, autorisa-t-elle... vous verrez comme c'est immonde.

Et Boutorgne ayant placé la chose—un papier anonyme—près de sa fourchette, lut, en effet, qu'un habitant de Luchon, soucieux de rester inconnu, accusait la Truphot de coucher avec son amant: un sale journaleux entretenu, cela devant son fils, impuissant, lui, à empêcher cette infamie. Car l'auteur de la missive, en toute ingénuité, prenait Siemans pour la géniture de la veuve. Pas une seule minute, d'ailleurs, le gendelettre ne douta que le truc de l'épistole ne fût issu de la coopération de leurs imaginations coalisées.

—Pour l'honneur d'une femme, n'est-ce-pas? il vaut mieux céder... lui disait le Belge; d'ailleurs, si je pince le scélérat qui a écrit cela, il passera un fichu quart d'heure.

Mais Boutorgne, ayant repoussé la lettre après avoir demandé un bol et un morceau de citron pour se laver les mains contaminées par cette ordure, fut admirable de chevaleresque abnégation. Il avait complètement oublié les paroles de Siemans, au matin. Lui, Médéric, ne comptait pas, déclara-t-il, ils ne devaient point se préoccuper de sa personne. S'il avait pu prévoir que Madame Truphot, pour qui il éprouvait une affection désintéressée dont la preuve n'était plus à faire, subirait, à cause de lui, de pareilles tristesses, il n'aurait jamais consenti à venir à Luchon. C'était sa faute. Mais avec des intentions pures, une âme liliale, peut-on prévoir jamais la vilenie du troupeau d'alentour? S'il lui avait été possible de conjecturer la dixième partie de ce qui arrivait, certes, il aurait préféré se faire tuer dans son duel avec le comte de Fourcamadan. Quant au polisson qui avait perpétré cette petite immondice, conclut-il, avec une candeur admirablement feinte, nul homme d'honneur ne pouvait songer à se commettre avec lui. Siemans devait donc le laisser tranquille. Le châtiment d'un pareil être consistait en ce qu'il ne pouvait comprendre l'amitié ou la Beauté, en ce qu'il ne pouvait percevoir la noblesse ni l'altitude des sentiments qui avaient prospéré en son âme à lui, Boutorgne.

Aussi quand le dîner fut achevé, après l'inévitable discussion esthétique où tout vint aboutir et dans laquelle le gendelettre exposa, en un compendium lumineux, son mode de régénération humaine qui devait rendre impossible le retour d'infamies semblables à celles dont ils souffraient; après que la Truphot eût déclaré qu'elle voyait le salut dans le retour à la vieille religion de nos pères; après que Siemans eût confessé sa foi en la rédemption sociale par la musique conjointe aux sports athlétiques, à la sagace éducation du muscle: le foot-ball ou la pelote basque, par exemple, dont il était, depuis son arrivée à Luchon, un adepte fervent; quand fut venue enfin l'heure du dormir, Médéric Boutorgne passa des bras de l'une, dans les bras de l'autre, fut imprégné par eux de larmes attendries, endolori d'étreintes et aux trois quarts étouffé d'embrassements.

XVI

Un opium d'espoir, un haschich divin de fol enthousiasme, grisa le gendelettre cette nuit-là. Débarrassé de Siemans par le coup de maître qu'il avait préparé, il se voyait déjà, ralliant Paris après une année passée à voyager à travers le monde, regagnant le Napolitain après douze mois d'exode à travers l'Espagne, l'Italie et la Grèce et, indissolublement marié à la Truphot, laissant tomber, parmi les confrères ahuris, la nouvelle qu'il allait fonder un grand journal.

Il se visionnait dans le cabinet directorial, donnant des ordres à son secrétaire de rédaction, brassant des affaires, piratant le bien d'autrui, arrimant des prises, comme il est de règle pour un potentat du papier noirci qui règne sur trente deux colonnes. Dans le brouillard indécis des jours à venir, il s'évoquait, entouré d'appareils téléphoniques, le doigt impératif, le verbe autoritaire, prenant ses dernières dispositions pour que le ratelier de sottise où le public vient brouter chaque matin fût abondamment garni des luzernes et des *regains* affectionnés. Il traiterait d'égal à égal avec les sommités politiques, et il aurait à son tour de l'influence sur les destinées de son pays. Sa feuille serait à grand tirage, car il s'attacherait à prix d'or, en l'enlevant à un autre quotidien, Charles Florent, un escroc notoire, un logicien impeccable qui n'avait jamais été emballé par aucun enthousiasme mais seulement trois fois par la police. Dans sa gazette, à lui, ce dernier, dont le solécisme était aimé des foules, chanterait la Patrie, la Famille, dirait son fait à l'Allemagne, et se lamenterait congrûment sur les fils de roi que «leur mère abandonne», comme la princesse de Saxe pour se prêter à la saillie des précepteurs plébéiens. Avec lui, la petite troupe éperdue des reporters faméliques devrait filer droit. Le premier qui blufferait, à la porte! Jamais il ne tolérerait qu'on lui carottât des frais de voiture ou de déplacement pour perpétrer des *interviews* de chic, et colliger d'imaginaires feux de cheminée, après la manille, au café de Suède.—Dites donc, vous, là-bas, Tirouflet, votre viol, dans le numéro d'hier, était sans couleur; vous ne poussez pas les choses assez loin.—Et vous, Flicampoix, c'est à désespérer; je vous avais dit de me mettre des morts comme s'il en pleuvait dans le coup de grisou de lundi; il fallait insister sur la douleur des veuves et des orphelins, Nom de Dieu! montrer la terre qui crache du feu... évoquer l'enfer, la géhenne, que sais-je? parler du Styx ou bien du Dante... vous n'en avez rien fait, votre petit caca était quelconque et sans pittoresque.

—Mitasseux, au galop, faites-moi deux cents lignes sur l'éruption des volcans de la Martinique. Foutez-moi là dedans des raz de marée, des cyclones de flammes, des pluies de cendres à n'en plus finir. Vingt mille victimes au moins, et surtout, n'oubliez pas, une croix de bois avec son

Christ, qui reste seule intacte, au milieu d'une ville détruite... pour la clientèle bien pensante.

Lui-même se chargerait de la politique, tous les jours un filet, un éditorial *à la Magnard*. Ah, il en culbuterait des ministères... au moins autant que de petites femmes sur le divan en pourtour de son bureau. Toutes les cabotes, depuis la simple acteuse jusqu'à la grande vedette, qui viendraient solliciter un écho ou une lèche dans son papier, devraient agir dans le sens horizontal et se documenter au plus exact sur les rides de son plafond. Et les coups de bourse donc! Quand son journal s'inscrirait à la hausse sur les terrains aurifères de la planète Mars, les chalets de nécessité du Sahara, ou le métropolitain de Tombouctou, malheur à qui marcherait contre lui. Et les belles campagnes patriotiques!.. La repopulation.. la ligue pour la défense de la vie humaine.. la protection des fœtus contre les traumatismes abortifs ou contre l'hydraulique malthusienne.. Sûr, il les ferait chanter à son tour les ambassades.. Le Chargé d'affaires teuton devrait casquer d'au moins deux cent mille s'il ne voulait pas voir insérer que le Kronprinz, déjà investi de la syphilis l'année précédente, venait de mettre le comble au deuil de sa famille en s'unissant sournoisement, dans un mariage morganatique, avec une chanteuse de café-concert.

Le lendemain, après avoir averti la bonne qu'il ne rentrerait pas pour déjeuner, il fila sur le bureau de poste. Il n'y avait rien encore aux initiales A. S. Trop fébrile pour songer à s'alimenter de quoi que ce soit, il alla fumer de successives cigarettes sur une chaise de l'établissement thermal, près d'un des mille petits ruisseaux du parc radotant à son oreille sa rengaine d'eau courante si chère aux poètes de toute langue et de toute latitude, que le plus futile détail des particularités de la nature a toujours le don d'extrordiner. Repris d'inquiétude, tourmenté par un malaise pessimiste, Médéric Boutorgne se demandait si, en cette occurrence encore, le Destin ne lui réservait pas quelque nouvelle noirceur. Enfin, sur les deux heures, n'y tenant plus, il se représenta devant le guichet grillagé, où une vieille demoiselle, en manches de lustrine, au porte-plume planté dans le petit bouchon grisâtre d'un chignon étiolé, interrompit un moment un ouvrage de tricot pour lui remettre un volumineux paquet. Il le tenait, il le tenait donc cette fois l'outil de sa fortune! Il la caressait maintenant de la main la borne fatidique où, tout à l'heure, allait venir se fracasser le char de Siemans, l'aurige au dos versicolore! Et, comme la veille, avec une magnifique possession de soi, sans qu'un de ses nerfs se permît de broncher sous la férule de sa volonté, le gendelettre arracha une minute de télégramme, puis une autre encore, dans le dévidoir de similis-buis fixé à la cloison, devant lui. La première de ces dépêches partit à l'adresse du préfet des Hautes-Pyrénées, à Tarbes, la seconde à l'adresse de la Sûreté générale, à Paris, et toutes deux étaient signées du même nom: *Opos*, car les humanités précédentes de Boutorgne lui avaient permis de choisir brillamment, parmi quelques autres dont il se souvenait encore, ce substantif qui, comme on sait, signifie œil en grec.

Dehors, il enveloppa son précieux paquet d'un journal, prit une voiture à l'heure, et se fit conduire allée d'Etignym.

Comme il l'avait diagnostiqué, la Truphot et le Belge étaient là, assis tous deux côte à côte, dégustant l'un et l'autre les gazettes nationalistes de Paris, prenant patience, dans l'attente de la promenade quotidienne du roi des Welches, dont ils espéraient encore, sans doute, quelques politesses honorifiques. Et les ayant constatés, le *prosifère*, remonta dans son locatis avec un ricanement qui n'aurait point déparé, pensa-t-il, le masque de Machiavel.

—Cocher, rue du Mont-Ventoux; vous arrêterez à mon ordre. Dix minutes après, il trouvait fermée la porte de la villa. Circonstance profitable et que le sort pour une fois complice lui devait bien: la bonne était sortie, dans le dessein, sans doute, d'aller négocier l'achat des provisions du soir, ou de retrouver peut-être le garçon de bains avec qui elle réalisait le voluptueux simulacre de se continuer.

Médéric Boutorgne avait une clé; il entra, poussa la porte avec précaution, s'immisça dans la cuisine, s'y empara d'un large couteau à découper, et s'assit sur une chaise, pour, bien tranquillement et en toute minutie, l'astiquer avec un torchon et la brique à polir. Cinq minutes ainsi, il fourbit la terrible lame, puis quand elle fut à point, redoutable et bien nette, il en entoura la pointe d'un chiffon de papier, reprit son paquet et pénétra dans sa chambre. Là, il déposa le tout sur son lit, et couché à demi sur une petite table lui servant à travailler, il tira à lui une large feuille de papier qui, en quelques instants, se trouva couverte d'un dessin bizarre. En lignes nettes et précises, il y avait configuré un torse d'homme avec la tête, l'attache des bras et le renflement des pectoraux. Cela tenait à vrai dire plus de la planche anatomique que de l'académie.

Le cœur, les poumons, le foie, les intestins s'y trouvaient indiqués avec l'encerclure des côtes, toute la cage thoracique. Quand il eut fini de situer ces viscères avec assez d'à-propos, il zébra la feuille de petites inscriptions brèves, en écrivant de la main gauche, pour dénaturer son écriture.

—*Le cœur est difficile à atteindre, se méfier du portefeuille qui fait cuirasse.*

—*Dédaigner les poumons où la blessure est quelquefois guérissable.*

—*Le ventre est, en somme, l'endroit comportant le moins d'aléa, et où le coup est toujours mortel.*

Le dessin séché à la chaleur de son haleine pour éviter les traces compromettantes au buvard, Boutorgne quitta sa chambre et passa d'une allure décidée dans celle de Siemans. Il défit son paquet, qui contenait une dizaine de brochures anarchistes rouges et noires, au titre farouche et menaçant, des journaux de petit format aux manchettes comminatoires, des fascicules sans aménité où, à chaque page, se trouvait proclamée la nécessité d'incendier sur l'heure la porcherie sociale. Une ficelle tranchée d'un coup de canif fit ébouler à ses pieds, en dehors du papier d'emballage, cinq à six opuscules incarnats intitulés: *Les crimes de Iaveh*, d'Aurélien Faible, le plus notoire des bateleurs verbeux de l'Idée libertaire, un drôle qui travaille dans l'anarchie comme d'autres dans la traite des blanches, un Galimafré nauséabond, qui dénonce sans relâche la malfaisance du bourgeois, et gagne à ce métier, comme il s'en vante, trente mille francs par an, employés non à faire de la propagande, mais à trousser des femmes et à se vautrer en des noces hypocrites, loin des compagnons affamés qu'il a embarqués sur son bateau. Cet écumeur de l'ingénuité révolutionnaire, qui a réussi à sauver son épiderme de toute malencontre quand ses disciples catéchisés par lui donnaient leur tête sur l'échafaud, fait étalage de pauvreté dans un galetas sordide de Montmartre et galvaude en d'innommables ribotes les revenus de millionnaire qu'il extirpe a la simplicité des déshérités. Sa sincérité est du même aloi que celle de Georges Sirbach et son talent du même acabit que celui de Truculor. Les miséreux, qui viennent ouïr ses conférences, ruissellent bientôt sous les humeurs peccantes, la leucorrhée intarissable, d'une sentimentalité de *premier à la soierie*, dont il est l'éclusier vigilant. Il évoque à chaque instant, par exemple, les «*oasis de l'avenir*», chante sur l'air de «Au temps des cerises», le «*temps d'anarchie*», parle des «*femmes qui, n'étant plus obligées de se vendre, seront heureuses de se donner.*» Et rien ne peut réfréner cette romance scrofuleuse, cette averse implacable de fleurettes bleues trempées dans le jus des écrouelles de la niaiserie.

Médéric Boutorgne truffa alors la couche du Belge de toutes ces brochures, insinuant de préférence celles d'Aurélien Faible sous le sommier; il en farcit l'armoire ainsi que les piles de linge, et en plaça quelques-unes sur la planche du porte-manteau. Puis il inséra son petit dessin dans la doublure d'un vieux veston, et, déchirant la couture du matelas, il y hébergea le terrible couteau de cuisine. Dix fois, il trembla à l'idée que la petite bonne pourrait rentrer à l'improviste et le surprendre, mais le sort continuait à le protéger. Maintenant, il ne restait plus qu'à refaire le lit, à remettre toutes choses en place. Satisfait de soi, il ramassa quelques tordions de papier traînant à terre, borda soigneusement les draps, aplatit la couverture, s'attardant à ces détails en homme qui n'a que des éloges à s'adresser et, en conséquence, décerne mentalement un satisfecit à sa volonté trempée aux meilleures aciéries *Nietzschéennes*. Il résista même, de son mieux, au besoin lancinant de proférer quelques-unes de ces paroles mémorables que la littérature a mises dans la bouche de ses héros ou de ses archétypes en des situations d'importance à peu près équivalentes. Cependant, sur le palier, il pensa que l'acte n'avait aucune valeur par lui-même, après tout, s'il ne se réclamait d'un parler adéquat, seul en pouvoir de le magnifier. Le poing tendu vers un supposable horizon, il défia la vie, le destin, l'au-delà, tout ce que les hommes peuvent évoquer en désignant les lointains de leur dextre crispée.

—L'Intelligence a violenté la Fortune, proféra l'avorton, le cou rentré dans le buste, et la bouche presque au ras des épaules.

Le reste de la journée se passa sans incident; la Truphot et son amant, qui rentrèrent vers sept heures pour dîner, l'entourèrent comme la veille d'attentions et de prévenances émues. Siemans lui fit même cadeau d'un porte-cigarettes arabe, en maroquin noirâtre clouté d'acier, qu'il avait acheté pour lui près du casino et sur lequel il avait fait graver: *A Médéric, souvenir d'amitié*. Réintégré dans sa chambre, après la détente de bavardage qui prolongea le repas, il mit de l'ordre dans ses affaires, réunit en tas le plus gros de ses nippes vagabondes, de façon à pouvoir filer au plus vite si la nécessité d'un départ précipité s'imposait. Et il se coucha très tard, assuré par avance d'une insomnie fiévreuse, dans l'attente du soleil qui devait prêter sa lumière à des événements d'ordre capital pour lui.

Le lendemain, les circonstances s'engrenèrent les unes dans les autres comme il l'avait prévu, et le dénouement escompté se déclencha bref et terrible, couronnant ainsi sa stratégie d'un plein succès.

Caché derrière les arbres obèses de l'allée d'Étigny, il vit, sur les cinq heures, deux individus sans élégance, aux mains énormes, presque aussi grosses que celles qui, en fer-blanc, servent d'enseigne aux gantiers provinciaux, deux individus, embellis d'une redingote aux plis métalliques de frère mariste en civil, se détacher subitement du roi des Welches qui commençait sa promenade, s'approcher de Siemans déjà prosterné, et le cueillir sans douceur pour l'entraîner en dehors de la foule, malgré ses protestations et les coups de pliant de la Truphot.

—C'est un anarchiste que l'on arrête, disait Médéric Boutorgne à quelques baigneurs témoins du fait; il est venu ici pour tuer le roi des Welches.

Et bientôt des cris de mort retentirent sur les talons des deux policiers, de la vieille femme et de son malheureux amant.

—Branchez-le! branchez-le! il faut le lyncher!... hurlaient des gentlemen du dernier genre dont les moustaches, le capillaire et le reluisant profil, chaque jour et durant de longues heures, étaient évidemment sarclés, travaillés et entretenus, sans que jamais leur intelligence parût bénéficier de semblables soins.

—Écorchez-le vivant! vociféraient, les ongles tendus, d'affriolantes femelles du grand monde et du demi dont la fonction unique, dans la société, consistait à entrebâiller leurs orifices à tous venants.

En quelques minutes, la figure du Belge fut gouachée de rouge, pommelée de vert, sous les contusions multiples. Extraordiné, rendu stupide par l'invraisemblance de ce qui lui arrivait, il promenait autour de lui des regards d'aliéné. Un moment, il parut reconquérir le sentiment de la circonstance; le dos rond, les bras tendus en avant pour se protéger, une épaule plus haute que l'autre, il protesta de son loyalisme, de son amour d'entretenu pour toutes les autorités sociales.

—Vive le Roi... vive l'Empereur... vive le Président... vive le Pape... vivent tous les Rois!.. hurla-t-il, dressé sur les pointes. Mais sur lui, les cannes des snobs se levèrent comme des sabres dans une mêlée de cavalerie, retombèrent sur sa tête comme elles étaient retombées sur le dos des femmes au Bazar de la Charité. Les ombrelles des merluches polyandres pointèrent vers ses orbites. Son effort n'aboutit qu'à lui faire cracher trois dents, alors qu'une de ses oreilles pendillait, sanguinolente.

La police municipale, accourue à la rescousse, réussissait enfin à faire la haie et à amener un fiacre. C'est sans doute à cela que le rival de Boutorgne dût de ne pas être écartelé vif.

Effondré sur un banc, à portée de la scène, le *prosifère* déliquesçait de joie sauvage, se pâmait en la volupté des vengeances assouvies. Se moquer de lui coûtait cher. Le rustre en garderait longtemps le souvenir, même s'il parvenait à se tirer de là. D'ailleurs, il aurait beau se défendre, jamais il ne récupérerait la Truphot, car, en sa qualité d'étranger, les brochures anarchistes incluses dans son lit et sa chambre serviraient de prétexte plus que suffisant à la police pour l'expulser, le restituer à sa belle Patrie. Arrivât-il à démontrer surabondamment son innocence, il n'en était pas moins fricassé.

Deux heures après, désireux de ne rien perdre de ces péripéties supérieurement amenées par lui, Médéric Boutorgne alla établir une croisière au large de la villa de la rue du Mont-Ventoux. Comme la brune venait, il aperçut le Belge sortant, le cabriolet au poing, au milieu des deux argousins qui l'avaient arrêté, pendant qu'un troisième, accompagné du juge d'instruction, chargeait dans la voiture tout le résultat de la perquisition. Ça n'avait pas traîné. Et à voir tous les soins dont on entourait un petit paquet long et étroit, le gendelettre n'eut pas de peine à se convaincre que le coutelas de cuisine avait été saisi, lui aussi, avec les fascicules et les livres subversifs. Le fiacre passa à vingt pas de lui, peut-être, au milieu d'une frange d'indigènes menaçants et de baigneurs hostiles accourus jusque-là. Quand il eut disparu, au trot allongé de ses deux tarbais pie, vers la gare sans doute, Médéric Boutorgne pensa qu'il était de son devoir d'aller, de son mieux, consoler la Truphot.

Il la trouva assise au milieu de la chambre, les mains posées à plat sur les genoux, l'œil arrondi en disque, trépidant de tout son maigre corps en de continuels sursauts régulièrement espacés, comme si elle avait été placée sur une sellette d'électrocution. Elle poussait des cris trépanants, de successifs hou! hou! de terreur folle, la prunelle diluvienne, la stéarine ravinée de sa face agitée de brusques remous, happant l'air par saccades de sa bouche aux gencives sanieuses et aux dents nécrosées. Elle gloussait, hurlait: Adolphe! Adolphe! Et, Maria, la bonne en désarroi, virait autour d'elle, une tasse à la main, questionnant Madame, veut-elle du vinéraire?.... Tout à coup, l'orbite de la vieille femme parut s'orienter sur une vision particulièrement hallucinante. La bouche crispée se tordit plus encore, rétracta ses commissures; une langue enduite de mousses gazeuzes issa, se démena pour ensuite se réintégrer dans le trou noir de la gorge; les vêtements s'envolèrent, planèrent un instant sous la rotation intérieure des membres affolés, et un glapissement continu prit l'essor, pendant que la figure devenait extatique et immobile sous l'emprise d'une névrose exaspérée. La crise d'hystérie! pronostiqua Boutorgne. Et, en effet, elle ne tarda guère: les phobies accoururent, infligeant à ce cerveau de rentière l'estrapade des hypnoses cauchemaresques.

Elle tendait les mains autour d'elle comme pour se préserver, les rejetait à son côté, les doigts frémissants, semblant chercher un appui, une aide impossible... Au secours!.... Au secours! hululait-elle.... la torche... l'incendie.. les forêts flambent... les villes croulent!... Ah! cette ruée! ce fleuve rouge qui submerge le monde!... pourquoi m'avoir placée sous une fontaine de sang, misérables? grâce!... grâce!.. ils ont coupé la tête d'Adolphe et son sang gicle dans ma bouche.. épargnez-moi.. je vous donnerai tout.. ma fortune, mon or... laissez-moi la vie!. Elle bondissait au-dessus de sa chaise, paraissait vouloir, dans sa terreur paroxyste, ascensionner, escalader l'espace à l'aide des détentes brusques de ses reins spasmodiques. Puis, brusquement, dans une dernière retombée du corps, elle resta immobile, figée dans une sorte d'épouvante léthargique, de catalepsie farouche, scrutant le vide de ses yeux fibrillés de rouge, le bas de la face englué de crachats huileux. Pris de peur, le gendelettre et Maria, la portèrent sur le lit. Là, elle resta un instant, la tête dans les coussins, et, subitement, se détracta, se roula sur le ventre, telle une femme égorgée, nagea avec les mains, cisailla l'air de ses jambes écartées en forme de V et ramenées ensuite vers les talons qui cliquetèrent comme des castagnettes. Alors un glougloutement tenace s'entendit; son ventre borborygma; une malepeste terrible prit possession de l'endroit, car elle se vidait comme un cadavre, évacuant par toutes les ouvertures. Et, dans la chambre, bientôt, ce furent les allées et venues continuelles de la bonne étanchant l'ordure, convoyant sans trêve le vase diffamé.

—Ma fiancée! dire que c'est ma fiancée! murmurait, *in petto*, le gendelettre. Et l'effroyable symbole s'offrit à son esprit. C'était la Bourgeoisie, la classe dirigeante, qu'avec son or scélérat, son imbécillité congénitale et son stupre infectieux, la Truphot synthétisait, de façon merveilleuse, dans son agonie prochaine. Comme la vieille femme, elle finirait abjectement, quand on lui aurait supprimé ses derniers souteneurs, le Prêtre et le Soldat; elle s'anéantirait immergée dans ses excrétions, sans force pour lutter, sans courage pour se défendre; elle s'engouffrerait, avalée par sa propre immondice, quand accourrait la victorieuse multitude des Justiciers, ou quand le peuple, ayant enfin refusé de se reproduire, de se continuer, aurait décrété sa perte. L'analogie était si juste et si profonde, que la Truphot, avant d'être terrassée par la crise, réclamait Adolphe à tous les échos—Adolphe qui était le prénom même de Monsieur Thiers, un des plus notoires et des plus féroces défenseurs de cette vieille hystérique qu'on appelle la classe moyenne— Adolphe Thiers, le plus squalide et le plus étronniforme des Bourgeois, au dire du grand Flaubert.

Cependant, la veuve ne mourut pas; un médecin, que Boutorgne partit quérir au plus vite, comprima le bas de l'abdomen, pressura les ovaires, et la crise disparut peu après. Même le sommeil fut assez calme. Aussi, le lendemain, sur les neuf heures du soir, comme la nuit tombait, un omnibus à galerie vint-il se ranger près de la porte de la villa. Trois malles y furent chargées, que Médéric Boutorgne avait bourrées, la veille, pendant la nuit, après avoir décidé la veuve à fuir avec lui, au plus vite, car qui sait si l'idée ne viendrait pas à la police, de l'inquiéter, elle aussi, pour avoir donné asile à un anarchiste? Sa qualité de bourgeoise, dûment rentée et de situation sociale avantageuse, l'avait sans doute prémunie contre des poursuites immédiates, mais des ordres pouvaient venir de Paris pour l'impliquer dans l'affaire. Il valait mieux filer de suite, s'il en était temps encore. En Espagne, on aurait tout le loisir de rechercher les mobiles inconnus, de définir l'imprévue et mystérieuse transformation qui avaient mué Siemans en libertaire implacable. Il se promettait d'appliquer à cela toute sa psychologie. Madame Truphot opina dans son sens, car elle tenait pour infaillibles les décisions de la police. La servante avait donc été licenciée vers midi, avec un mois de gages en supplément et un billet bleu donné comme gratification par sa patronne munificente. Boutorgne lui-même avait été la mettre dans le train pour Fontarabie, où elle avait un frère chez qui elle se proposait de passer quelques semaines. Eux allaient, si la route était encore libre, se rendre à Perpignan, d'où, par Elne, ils gagneraient Barcelone, et là mettraient ensuite le cap sur Gênes.

Déjà, les derniers cartons à chapeau étaient entassés dans la voiture, car on n'emportait que les *impedimenta* indispensables, en laissant au propriétaire le soin d'expédier postérieurement sur Paris tout ce qui restait du bagage. La Truphot, geignante encore, exsufflant des plaintes, matelassée de fichus, embossée dans un ample manteau, venait de se tasser entre les deux valises et, en minaudant par intervalles, se laissait enlever tout comme Proserpine. Médéric Boutorgne, une sacoche en bandoulière, la cigarette aux lèvres, et le geste désinvolte, donnait les derniers ordres en prévision de ce départ qui, pour lui, devait aboutir enfin à la terre des Argonautes. Déjà, il cueillait l'ultime sac à main au bras tendu du jardinier qui, la casquette basse, exagérait ses prosternements dans l'espérance d'un copieux pourboire, lui soufflait dans la figure de surabondants: mon doux monsieur.. oui mon bon maître... et, très myope, lui faisait flairer le parfum de trois-six de son haleine, en même temps qu'il lui mettait sous le nez la loupe poilue ornementant son crâne; déjà Médéric Boutorgne pêchait dans sa poche le louis destiné à déterminer l'exode de cette affliction de l'œil et de l'odorat, lorsqu'un coup de théâtre formidable se produisit. Siemans était là, devant lui, non pas dans un phantasme, mais en toute réalité, avec sa figure tuméfiée, avec ses joues excoriées et hersées par les ongles de la foule, avec, au front, les trois ou quatre petites pommes d'api que les poings contondants y avaient fait pousser la veille, et son oreille mal rajustée. Les deux mains aux épaules du gendelettre, momifié de terreur, il le secouait, lui criant au visage, dans le sifflement bizarre de sa bouche édentée.

—Misérable! C'est toi qui as monté toute cette affaire, et qui m'as dénoncé...

Médéric Boutorgne se débattait; un flamboiement rouge passa devant ses yeux à l'idée, qu'une fois de plus, sa fortune s'écroulait. Il eut presque du courage, recula d'un pas, exhibant le canon d'un revolver.

—Je suis en état de légitime défense; qu'il ne me touche pas ou je le brûle, ce sale anarchiste... ce régicide évadé...

Un instant on put craindre que les deux hommes, à l'instar de leurs collègues du boulevard extérieur, allaient se ruer en beauté l'un sur l'autre, s'ouvrir le ventre et se débobiner les tripes comme des serpentins de pourpre; on put croire qu'ils allaient rouler à terre, s'agripper réciproquement du harpon de leurs doigts avec des hurlements tragiques, comme deux mâles luttant pour la femelle ou pour la proie. Hélas! ils n'étaient que des *petits hommes* bourgeois, eux, et ils n'avaient pas, poussé à cette culminance, le point d'honneur, ou l'insouci de soi-même, qui déchaîne le massacre entre Sans-Peur de la Glacière ou le Bicot de Ménimulche, par exemple. Le début de leur confrontation fut tout ce qu'il y eut d'épique entre ces deux entretenus de la classe moyenne. D'ailleurs, en cette minute, le Belge venait de recevoir, en travers du corps, lancée comme un projectile, la Truphot délirante qui, à sa vue, s'était désencagée de son fiacre et, dans l'extravagance de son bonheur, poussait maintenant des cris de locomotive en émoi. Elle s'était accrochée à son cou, et l'avait fait tomber avec elle au milieu des hardes, du manteau de voyage et des deux plaids ayant chûté de ses épaules. Éperdue, elle l'embrassait, l'embrassait goulûment, salivait sur ses joues; le baignait de larmes attendries et du relent diarrhéique qu'elle dégageait depuis la veille. Un moment, tous deux disparurent presque, et se débattirent, à demi-enlinceulés dans le tas des nippes étalées. Mais Siemans aidé du jardinier qui recommençait à son adresse des: mon vénéré Monsieur... des: juste et bon maître... la portait dans la maison, car elle gigotait déjà en un prodrome de crise nerveuse, qui promettait d'être identique à celle de la veille.

Le gendelettre alors, s'interrogea. Les suivrait-il? Oui, certainement. Le contraire serait trop lâche. D'ailleurs, que craignait-il puisqu'il était armé, au contraire de l'autre? Et il se décida, donna l'ordre au cocher de descendre les malles, de conduire à la gare ce qui lui appartenait en propre, franchissant à son tour le seuil du jardinet.

Siemans l'attendait dans le corridor, à peu près calme maintenant. Sans doute, au fond de soi, devait-il trouver d'une jolie force la machination de son rival: ce qui lui faisait concevoir pour lui une sorte d'admiration craintive. Puisqu'il triomphait, ne valait-il pas mieux que les choses se passassent en douceur? D'autant plus que le gendelettre pouvait détenir en réserve une scélératesse aussi redoutable que la précédente. Désormais, il était préférable de ne le point pousser à bout. Néanmoins, il se planta devant lui.

—Tu n'avais oublié qu'une chose, Boutorgne, *c'est que je suis de la Police...* Il m'a suffi de faire vérifier mon identité à Paris.

Aplati, laminé par cette déclaration, le *prosifère* flotta un moment, à court de stratégie; il bredouilla, puis chercha à se disculper par un mensonge proféré avec l'assurance des plus probes sincérités.

—Ce n'est pas moi qui ait fait cela, Adolphe; ce doit être Cyrille Esghourde. Rappelle-toi ses propositions à peines déguisées, le matin de Ponalda... l'amitié dont il t'entourait, ton teint à la Rubens... tu n'as pas voulu marcher... Alors...

Le Belge hésitait; il oscillait d'une conviction à l'autre, mais, après une pause méditative, il finit par dire:

—Non, non, çà ne peut être que toi... Va-t'en, va-t'en...

Et pour couper court à une conversation au bout de laquelle il n'était pas sans redouter le revolver, il tourna les talons, et pénétra chez la veuve.

Boutorgne l'entendit donner deux tours à la serrure et pousser le verrou de sûreté.

Il se retrouva seul, seul avec sa médiocrité à laquelle les récentes péripéties le restituaient inexorablement. Il n'avait plus qu'à partir, à regagner le Paris hostile où il serait ridicule et désargenté plus qu'auparavant. Hébété, il considéra, avec des affres de stupidité, la petite lampe de jardin posée à même une chaise dans le vestibule, le lumignon falot qui avait éclairé cette dernière scène, car dehors la nuit imminait. Il fit quelques pas et le bruit de ses talons sur le carrelage vibra douloureusement dans son cerveau où s'élaborait, goutte à goutte, le vitriol du désespoir. Machinalement, il s'arrêta devant la cuisine, s'éloignant malgré lui de la porte, car il ne voulait pas encore contresigner sa défaite d'un exode sans retour. Il spéculait, contre toute évidence, sur une impossible conjoncture qui retournerait les situations et arracherait la victoire à Siemans. Et, tout à coup, une idée scélérate, une pensée terrible, une obsession de criminelles représailles, l'assiégea, qu'il chassa d'abord, mais qui reparut ensuite, harcelante et forcenée, pour dominer enfin dans son esprit. La cuisine s'ouvrait juste en face la chambre à coucher du couple, et il remarqua que la porte de cette dernière ne joignait pas exactement le sol, qu'il y avait à la base une solution de continuité, une fissure d'au moins un centimètre et demi. Il recula déterminé à fuir, mais revint bientôt à pas feutrés, souffla la lampe, pénétra dans la cuisine, se cabra près de l'évier, avança la main, la retira; vira une dernière fois pour échapper à la hantise effroyable et, se décidant enfin, blême et la bouche tordue d'un rictus de terreur, il tourna le robinet du gaz qui fusa avec un bruit doucereux et quasi-imperceptible. Alors, il fila sur les pointes, referma soigneusement l'huis d'entrée, en prenant la précaution de coller contre, au ras de la dalle, le large paillasson de sparterie pour empêcher l'air de se renouveler durant la nuit. Et quand il traversa le jardin, il se vit approuvé, au passage, par le sourire imbécile et béat de la lune, qui se dégageait lentement d'un amas de nuages couleur d'asphalte.

XVII

Le train filait vertigineux, déchirant le sein de la ténèbre de son éperon d'acier, se vautrant dans la nuit, secouant un moment la torpeur des campagnes du crissement et des plaintes forcenées de toutes ses ferrailles en émoi. Un vacarme de métal épileptique courait au ras du sol; les roues affolées battaient le vide, semblaient s'amuser en des virtuosités d'équilibre, puis retombaient, secouant les cloisons, et faisant jouer, tel un harmonica, les vitres trépidantes, pendant que la locomotive stridulait comme une bête en gésine. Les essieux violentés se lamentaient en des cris discords auxquels répondaient le ronflement des viandes humaines éparses sur les banquettes, le hiement des gorges malmenées par l'air empoisonné du wagon, où se jouaient la fétidité des haleines nocturnes et les pointes acérées des poussières charbonneuses. Les gares traversées crachaient, faisaient gicler, au passage, des lumières violentes, des disques verts, des lanternes rouges, des fanaux violets, laissant apparaître des silhouettes falotes d'automates galonnés, pointillées de boutons luisants, agitant d'un geste cassé et plein de nonchaloir, un petit drapeau sale, roulé en tampon comme une lavette à vaisselle. Les plaques de fonte grondaient menaçantes; au sortir des halls fuligineux, une succession de heurts, d'à-coups, de crans d'arrêt, semblaient menacer le convoi dans sa marche, s'acharner contre lui, pour l'arrêter, le bloquer malgré tout. Et l'élan reprenait. Une invisible cravache fouaillait la bête monstrueuse, en rut de vitesse, qui laissait derrière elle, sur la terre, un long frisson d'émoi. Les taches d'encre des vallées, qu'ocellaient les flaques miroitantes des mares ou des étangs, disparaissaient, coupées de loin en loin par le vert pâle d'une rivière ou la gibbosité d'une colline. Le sexe béant d'un tunnel engloutissait tout à coup le rapide frémissant qui reparaissait ensuite, comme un reptile gigantesque, agitant ses souples anneaux, et dardant contre les lointains sombres ses yeux nyctalopes.

Depuis des heures et des heures, Médéric Boutorgne roulait ainsi dans le fracas impitoyable qui servait d'orchestration satanique aux plaintes intérieures de son épouvante paroxyste. Une terreur panique l'avait saisi, une fois son acte consommé. Il s'était rué à la gare, requérant un billet, promenant autour de lui des prunelles hagardes, redoutant déjà que son forfait fût connu et qu'on vînt l'appréhender. Mais non, son regard n'avait cueilli que des figures placides et détachées, et, acculé dans le coin de son compartiment, malgré le réconfort de cette immédiate impunité, il avait de suite grelotté, enviant désespérément le calme ou l'insouciance de ses voisins. Vainement, il s'était chapitré, se répétant à soi-même que la preuve de son crime était impossible à faire, que le tout retomberait sur la petite bonne et serait imputé à sa négligence. Quand il portait la main à son front pluvieux, une rosée tiède mouillait ses mains. Déjà il avait saturé deux mouchoirs de cette transsudation fade, et maintenant il s'essuyait du revers de sa manche, affolé par la nuit, par l'obscurité de ce recoin tressautant où la lampe du plafond était voilée de sa paupière de lustrine bleue.

Une gifle de lumières polychromes sur le train. Morcenx! L'arrêt fit sursauter un tas de chairs sébacées qui jusque-là s'était contenté de ronfler dans son coin, d'émettre des rauquements cadencés. Une casquette de voyage, gris clair, se libéra d'un col de pardessus; des favoris en fibre de bois, d'un blond poussiéreux, parurent, agrémentant une tête sphérique, aux lèvres minces, aux yeux en forme d'accent circonflexe. L'homme tira par la manche un autre voyageur arrimé dans l'angle voisin. La bouche aux linéaments rectilignes, qui ressemblait à la fente d'un tronc d'église, s'ouvrit et laissa passer:

—Avez-vous suivi l'affaire intéressante que j'ai plaidée au commencement de l'hiver? Le meurtre Landajoux?

Le colis humain réveillé, sans doute un rongeur procédurier également, s'ébrouait.

—Oui, oui,.. Ah! non, je regrette....

Dans son coin, le sang de Boutorgne était au-dessous de zéro.

Voilà qu'on donnait un corps à son angoisse, qu'on parlait de meurtre tout près de lui. Ses tempes battirent comme des cloches; il diagnostiqua deux policiers qui raffinaient, se jouant de lui, en artistes.

Mais la conversation se poursuivait.

—Mon argumentation était déterminante; tous mes calculs avaient été établis pour démontrer que l'héritier, qui était l'accusé, était exhérédé par le fait même de la loi, et qu'il devait restituer à son co-héritier, le sieur Morizeau. L'accusation s'effondrait. Le substitut qui est un homme loyal me complimenta. Quant au président—un juriste—il aime assez les conclusions bien faites.

—Ils en sont tous là.

—Oui, il nous l'a même dit, un jour, en termes exprès, à Confolens: L'avenir est à ceux qui apportent des conclusions bien faites...

Maintenant, ce héros des prétoires agitait des petits bras, et son torse énorme tanguait sur la banquette. Il fouilla dans sa poche, en tira un étui à cigares, offrit des havanes à trois pour un décime.

—Vous savez que le tabac finit par paralyser le cerveau, réprouvait son interlocuteur.

—Au contraire, *ça éclaircit l'idée.*

Le gendelettre, par deux fois, dut se coller le front à la vitre, avec tant de force qu'il faillit la faire éclater, pour ne pas céder à la tentation stupide de requérir, de suite et par avance, les bons offices de cet imbécile, de ce chicanous providentiel qui faisait acquitter les accusés.

A Bordeaux, bien que ses deux compagnons eussent évacué le wagon avec leurs bagages, Boutorgne n'avait pas osé descendre, redoutant imbécilement le baudrier jaune qui plaçait les quais de la gare Saint-Jean sous l'égide des lois, et vouait la personne du gendarme à l'admiration continue et aux suffrages d'amour de la quinquagénaire qui tenait l'éventaire aux journaux. A Poitiers, n'y tenant plus, il releva son col, enfonça son chapeau sur ses yeux, que l'angoisse et l'insomnie obscurcissaient d'une cire, d'une paraffine tenace, et descendit avec des précautions de cambrioleur méticuleux. Il se remonta d'un consommé, et après avoir tourné trois fois autour du kiosque de Hachette, se rendit acquéreur de tous les journaux du Sud-Est qu'il put trouver. Dans un accès de terreur folle, il eut envie de fuir, parce que la femme le retenait un instant pour lui rendre sa monnaie, et le considérait, à demi-penchée, en fouillant, avec une contraction de la joue, dans la grosse poche de son tablier bleu. A nouveau terré dans son angle, il déplia ses gazettes, et les rejeta, n'osant point les parcourir. Il les reprit enfin, envahi par un froid intense qui rayonnait de sa poitrine et congelait ses extrémités, les mâchoires serrées comme par un étau, dans un trismus que sa volonté était impuissante à combattre. Il n'y avait rien, pas un écho, pas un fait divers énonçant le crime ou l'accident de Luchon. Pour dérouter son effroi qui subsistait malgré tout, il voulut lire tous les articles, en pénétrer le sens; il n'y parvenait pas et, arrivé au bas de la quatrième page, il répétait avec une frénésie stupide le nom du gérant, dont les syllabes de leur son intérieur semblaient vriller son cerveau. Il avait beau s'injurier lui-même, se répéter que, puisque l'acte était commis, il fallait faire face à la nouvelle destinée d'un front impassible, sa terreur augmentait à mesure qu'on se rapprochait de Paris. Son âme, au lieu d'être coulée dans un inoxydable métal, comme il l'avait toujours cru, après s'être vingt fois analysé au cours de sa vie, selon les méthodes de Nietzsche et de Monsieur Barrès, n'était donc qu'en fondante gélatine? Malgré lui des procès d'assises, des exécutions capitales, se présentaient à son souvenir. S'il était pris, condamné, exécuté, quelqu'un, au moment suprême, crierait-il, bravo Boutorgne! comme on avait crié jadis bravo Lebiez! Mais non, il ne serait pas inquiété; il échapperait sûrement. Il n'aurait même pas de remords, ses nuits seraient tranquilles, pareilles à celles des autres hommes.

Comme eux il récupérerait facilement sa quiétude, car si tous ceux qui ont commis quelque forfait s'en allaient dans la vie, dévorés intérieurement par les affres de leur conscience révoltée, il n'y aurait pas beaucoup d'yeux limpides ni de visages sereins de par le monde. Après tout, c'était la Fatalité qui l'avait voulu. Au moment où il allait à son tour saisir la richesse, au moment où il pouvait espérer goûter, lui aussi, aux voluptés que procure l'argent; quand marié à la Truphot, il aurait pu comme les autres choisir désormais ses maîtresses, et serrer contre lui des femmes jeunes et charmantes; quand il lui aurait été permis de goûter à la Beauté enfin, alors qu'il s'était contenté jusque-là des laissés-pour-compte de l'amour et des rogatons de l'alcôve; quand il aurait pu devenir quelqu'un, diriger un journal, donner de soi au voisin une opinion avantageuse, faire trembler les confrères, n'être plus en un mot le pauvre hère que l'on traite négligemment, et qui se voyait, au Napolitain, dans la nécessité de prolonger ses éclats de rire pendant une durée minima de cinq minutes à la moindre stupidité prétentieuse évacuée par les pontifes; lorsqu'il se saisissait du bonheur pour tout dire et de la liberté, la Destinée marâtre était accourue pour lui faire lâcher prise. Et il ne serait pas vengé...—Saint-Pierre des Corps, cinq minutes d'arrêt!

A nouveau, dans son coin, avec une figure verte et crispée de cholérique, il déplia des gazettes, des feuilles de Paris et de province. Toujours rien, de la première page à la dernière! Si, quelque chose, les *Petites Nouvelles* lui apprirent que Molaert venait d'être nommé officier d'académie. Alors son angoisse redoubla, il eut préféré savoir, être débarrassé de cette taraudante incertitude au sujet de son crime. La chose, évidemment, était imputable à un défaut d'informations, mais lorsque l'homme en redingote, coiffé d'une casquette blanche d'amiral, eût donné sur le quai le signal du départ, il s'accrocha des doigts au capiton de la banquette, semblant vouloir s'opposer, résister à ce train qui l'emportait vers la dernière étape, vers le Paris où il allait peut-être connaître de sombres jours. Il lui apparaissait que, tant qu'il roulerait, tant que le voyage n'aurait pas pris fin, l'Irrémédiable ne serait pas prononcé. Il sentait toutes proches les minutes formidables où le Sort allait laisser tomber sur lui son verdict sans appel. Jamais il ne pourrait lutter; s'il était pris, il avouerait! Et le rapide, faisant craquer ses jointures, se rua à nouveau dans son délirium de vitesse, s'envola au ras du sol, tel une trombe de fer, dans le vrombissement des rails, pendant que de chaque côté fuyaient les fils télégraphiques, comme de gigantesques portées de musique, dont les pinsons et les verdiers, badauds et désœuvrés, perchés sur les parallèles noirâtres, la queue en l'air, semblaient être les notes menues, les croches ou les béquarres. Le long de la voie des peupliers fusaient droit vers le ciel; d'autres, dénudés, sommés d'une petite touffette de feuilles, ressemblaient à de gigantesques cure-oreilles. Aux Aubrais, un voyageur, son compagnon depuis Bordeaux, lui demanda s'il n'était point malade à voir sa face contractée, ombrée de teintes d'un violet sombre. Il fit signe que non de la tête, et répondit qu'il avait seulement la migraine. Mais tout de suite son épouvante s'exagéra. Cet homme, sans doute, était de la police, comme Siemans; et il eut envie de fuir, de sauter à travers la portière, sur la voie, coûte que coûte. Un reste de lucidité le réfréna. Mais à partir de ce moment, ses dents claquèrent, dans un petit bruit de taquets heurtés, d'appareil Morse qu'on actionne régulièrement. Et il en vint à rêver d'une impossible catastrophe, d'une conflagration d'express qui, providentiellement—dût-il périr—empêcherait le retour à Paris. Désormais, il chercha en vain sa salive, voulut en lui-même formuler des mots, pour se prouver qu'il n'avait pas perdu l'usage de la parole et ne put y parvenir. Tout valsait autour de lui, en une saltation folle: le compartiment, le paysage, le plafond, la lampe sphéroïdale, qui placée au-dessus de son crâne, comme un œil, devait y lire, pensait-il, ses plus secrètes pensées. Austerlitz! Il sursauta par deux fois, comme si tout à coup un invisible pal se fût insinué en lui. Le manœuvre qui, armé d'un maillet, vint frapper les roues du train, lui parut symboliquement river ses propres chaînes, une manille de forçat ou des poucettes, qu'il ne quitterait plus qu'au matin blême de la mort flétrissante. Quand le train se remit en marche, cette fois, d'une allure lente de convalescent ou d'épuisé, il n'était plus, dans son angle, qu'un petit tas de chair roulé en boule. Mais des cris et une salive d'épileptique lui sortirent des lèvres lorsque le convoi, sous le tunnel, frôla le Palais de Justice. C'est là qu'on le jugerait, pensa-t-il. Et il versa ensuite dans un engourdissement torpide, dans un coma qui effaça le réel et supprima l'ambiance.

Maintenant le rapide avait stoppé. Des gens s'accolaient sur le quai. Des maris tamponnaient de leur barbe le visage et les orbites aqueuses de leur femme, hoquetante d'émotion simulée. Des pères passaient leur moustache, comme une brosse à reluire, sur le front de leur progéniture qui abandonnait une minute le gâteau entamé pour escalader leurs jambes. Des chapeaux tombaient sous le choc des embrassades.

Des voyageurs, le dos incurvé, défonçaient de leurs valises propulsées comme des béliers, au bout de leurs deux bras écartés, la foule obstruant l'étroit vomitoire. Les locomotives au repos, satisfaites du devoir accompli, poussaient des hennissements aigus, pendant qu'autour d'elles, les mécaniciens, la face enduite d'un cold cream de cambouis, tournaient, apaisant, du contact fébrifuge des burettes et de l'éponge mouillée, la congestion de leurs bielles et de leurs roues surexcitées. Deux employés à sacoches cueillaient les billets sans conviction, et ne déféraient que par intermittences aux questions angoissées d'une cohue avide de renseignements. Les gabelous, armés d'un morceau de craie, près des portes, bonifiaient les bagages du signe de la rédemption, après s'être documentés sur le linge intime et n'avoir rien dédaigné du fumet des chemises sales incluses dans le profond des malles. Le sous-chef de gare courait entre les groupes, stimulant le zèle de ses esclaves, dont la casquette bizarre laissait pendre à l'arrière une sorte de lanterne vénitienne en toile vernie, et il distribuait des amendes, en tétant un sifflet de nickel. Les hommes d'équipe se lançaient à l'assaut, au sac du fourgon, faisant décrire aux colis une voltige savante, jouant au foot-ball avec les menus paquets, charroyant du pied les petites caisses étiquetées «Fragile», édifiant des portiques, des sortes d'arc de triomphe bientôt éboulés avec les *chapelières* recouvertes de toile grise, marquetées des vésicatoires rouges, noirs ou blancs, que semblaient être les étiquettes des hôtels et de la consigne. Et l'accueil immédiat de la civilisation parisienne, à cette humanité accourue ou rapatriée des lointains provinciaux, se manifestait sous les auspices de cinq ou six grues circulant en des corsages de pourpre fracassante ou des jupes outrageusement céruléennes, à qui la compagnie, désireuse de ne dédaigner aucune recette, avait sans doute concédé l'exploitation de ces cent mètres de bitume avantageux.

Quand le dernier voyageur eut été absorbé par les porches de sortie, quand le quai, constellé de crachats, fut restitué à la déambulation des morceaux de papier d'emballage, des brandons de paille et des vieux journaux, que les courants d'air forcenés précipitaient dans un chassé croisé capricieux, quand la dernière malle, après avoir reçu le nombre de contusions et de blessures perforantes prévues par le règlement, eut disparu, on put voir, devant le wagon de Médéric Boutorgne, s'agiter tout un lot d'employés. Un homme à galons d'or se hissa même sur le marche-pied, parut remuer violemment son bras dans l'intérieur du compartiment, puis, redescendit, en haussant l'épaule d'un geste découragé. Une minute après, deux facteurs de la voie, l'un aux pieds, l'autre à la tête, emportaient quelque chose de mou, un corps brinqueballant et roulé sur lui-même, en spirale. C'était le gendelettre inanimé qui n'avait pu supporter le poids de son crime. Transporté dans une salle d'attente, affusé de vinaigre, malgré le réactif des sels anglais et une demi-heure d'efforts, il ne reprit point connaissance. En désespoir de cause, il fallut le transporter à l'hôpital où l'interne de service diagnostiqua, de suite, une fièvre typhoïde pleine de savoir-faire.

XVIII

Ni procréer ni détruire.

L'audience finissait en une touffeur d'asphyxie. Propulsés par la foule encaquée, une notable variété de relents humains, exaspérés et fouaillés encore par l'activité du calorifère, cherchaient à se réduire l'un l'autre, se disputaient sournoisement la finale prépondérance. Cela sentait l'houbigant, le chypre de bazar, la dent cariée, le suint aigre d'avocat échauffé, la jupe mouillée, la puanteur cauteleuse des estomacs malades et le haillon de miséreux, car une trentaine de pauvres diables, uniquement ondoyés par l'averse, las, sans doute, de contempler la Joconde, ou de s'exciter sur les Rubens, étaient venus dormir là depuis que le Louvre, pour eux, devenait sans intérêt. Le municipal, assis à la gauche de l'accusé, en butte depuis midi aux œillades assassines d'une grosse dame aux cheveux couleur sauce tomate, dont le corsage amarante craquait sous la poussée tenace d'une déferlante poitrine en fermentation, avait décidé qu'il succomberait sur les neuf heures du soir, son service terminé. Quatre filles sortaient, convoyant chacune un vieux monsieur congestionné: la Cour d'Assises, où jamais la *rafle* ne sévit, étant, comme on sait, un champ d'opérations merveilleux, avec sa cohue frôleuse, ses incidents dramatiques et ses luttes oratoires qui mettent les nerfs à mal, et induisent impérativement en la nécessité d'amour. Coup sur coup, le deuxième assesseur venait, en lui-même, de réussir quatre jeux de mots destinés à une feuille du soir, où, sous un pseudonyme, il signait des charades et des nouvelles à la main. Ce magistrat avait remporté l'année précédente le second prix de calembour au concours du journal *Le Pêle-Mêle*, et il s'entraînait louablement pour, cette fois, décrocher la première place.

Et le Christ qu'il faut toujours évoquer quand on parle du Prétoire, le Christ, succombant un peu plus encore en cette fin d'après-midi sous le poids des bêtises entendues depuis qu'il faisait là son métier de supplicié, érigeait, dans le fond de la salle, ses aloyaux mystiques et ses deux bras fades de célibataire trop continent.

La Truphot et Siemans étaient là, assis en bonne place, ayant bénéficié d'une invitation personnelle du président. Car la veuve et le Belge étaient sortis pleins de vie de la villa de Luchon, au lendemain de la machination criminelle du gendelettre. Boutorgne le raté, condamné à tout rater dans la vie, n'avait pas même pu réussir ce petit assassinat. Il avait compté sans une circonstance: la chatte de Cyrille Esghourde, la chatte Aphrodite, qui était alors sous l'influence de son sexe, après avoir concédé son amour et ses faveurs à quelques matous bien râblés des environs, était rentrée, la croupe copieusement ensemencée, au milieu de la nuit, en poussant la petite fenêtre de la cuisine, dont le loquet n'était pas mis: ce qui aéra la maison. Elle paya de son existence le crime avorté du *prosifère*. Le sort, d'ailleurs, se hâta de venger cette victime. Dix jours après, exactement, Boutorgne décédait à l'hôpital à la suite de la fièvre typhoïde qui l'avait investi.

L'avocat venait de répliquer au ministère public, et il se rasseyait parmi les murmures d'approbation de la salle, tout en repêchant, par contenance, une manchette timide dans le vaste entonnoir de sa manche. Mélancoliquement, le Président des assises songeait que cette fois encore il allait rater l'accusé. C'était la cinquième tête qui lui échappait depuis moins de deux ans. Comme le lui avait dit sa femme, au retour d'une de ces précédentes et néfastes audiences, il n'aurait jamais la croix de Commandeur avec une pareille maladresse! Ce jour-là, cependant, il était excusable, car il avait eu affaire à forte partie. Le défenseur, en effet, était un avocat nouveau jeu, un malin qui, dès le stage, répugna à chevaucher, pour arriver au succès, la vieille jument corneuse et bréhaigne de la routine. C'était un novateur, plus que cela même, un psychologue, il faut bien le dire, puisque ce mot confère le lustre ultime à l'intelligence humaine, depuis que Monsieur Paul Bourget a pris soin de définir la civilisation, promulguant par surcroît la pensée aux gens qui se respectent, après avoir enseigné la manœuvre du *spéculum* qui permet de s'enfoncer sûrement dans les âmes contemporaines. Cette jeune gloire du barreau avait donc un procédé à lui, bien à lui, pour enlever l'acquittement. C'était fort simple d'ailleurs: il étudiait son jury, pas plus; scrutait les faciès, notait les attitudes, expertisait de l'œil les vêtures, et tout cela, servant de points d'appui à une induction d'une stratégie et d'une sûreté merveilleuses, lui faisait déterminer les tares, le mental, les manies, les goûts et les aspirations de classe ou d'individu de chacun des douze membres composant la machine sybilline à éjaculer les verdicts. La liste générale le renseignait exactement, d'autre part, sur la position sociale des bimanes occasionnellement graves qu'il lui fallait déterminer. Avait-il devant lui, par exemple, comme ce jour-là, trois ronds-de-cuir au masque bovin et glorifiés par les palmes, cinq rentiers dont le ventre plein d'emphase dénonçait le brio des déglutitions et la prépotence des viscères inférieurs, un architecte dont la moue improuvait la fade ordonnance de la salle, deux officiers retraités, alcooliques, vénériens ou anencéphales, *gens hircosa*, comme dit Perse, et un riche bookmakers strapassé de bijoux? Il n'hésitait pas et, de suite, improvisait sa plaidoirie. Au lieu de flagorner les jurés en tas, de les enfumer avec l'encens éventé des vieilles formules laudatives que se repassent les maîtres du crachoir, il s'attachait à les séduire un à un, lui. Les ronds-de-cuir, d'abord. Avec une extraordinaire souplesse, une prodigieuse habileté, après les quelques lieux communs obligatoires de l'exorde, il se lançait en d'ingénieuses louanges sur l'Administration. Il vantait la vie des bureaux, la stagnation parmi l'émonctoire des paperasses, le travail paisible, la vie sans heurt, qui vous font accéder à la sérénité de l'âme, et donnent à l'intelligence, débarrassée de tout poids mort, cette acuité particulière qui permet de décortiquer les vaines apparences entassées à plaisir par le Ministère public. Les *assis* se rengorgeaient; même, ils apprenaient quelques-unes de ses phrases par cœur pour les servir, le soir, à la manille, aux partenaires qui tenteraient de ridiculiser leur profession. Puis, par de subtiles nuances, par des dégradés insaisissables, il arrivait aux rentiers. Leur classe constituait le rempart, l'indéfectible redan de la Société française. Grâce à son concours jamais marchandé et à son abnégation toujours prête, la Patrie, jadis, avait pu cicatriser ses blessures, payer la rançon à l'envahisseur, et étonner le monde par sa vitalité. La France immortelle, la France qui renaît de ses cendres, ainsi que le Phénix, Messieurs....., proférait-il en ces tropes poncifs, en ces métaphores béotiennes, sympathiques aux grandes éloquences du Barreau, et qui font dire, au Palais, que maître un tel a du génie comme Lysias ou Berryer. Pendant dix minutes, au moins, il chantait les gloires du 3%, et rassurait les rentiers en leur dénonçant comme impossible le vote de l'impôt sur le revenu. Sans doute, chacun d'eux regrettait-il qu'il ne fût plus célibataire, eux qui avaient des filles à marier! Aux officiers, maintenant. Celui-là, le petit gros, aux pommettes fibrillées, comme par une potée de vers de vase sous-jacents, avait été en Crimée, sans nul doute: son âge en témoignait. Il réquisitionnait donc tout son lyrisme, afin d'évoquer le Mamelon vert, pour, ensuite, se rappeler à propos la concision de César..... Le 8 septembre, au matin, le maréchal Pélissier donna l'ordre au 63ᵉ de ligne et au 2ᵉ zouaves d'avancer jusqu'au ravin de la Séméneskoïa..... Le vieux à rosette n'en revenait pas; il crispait au bord de son banc une main épaisse et rougeaude; de l'autre, il s'arrachait le poil des oreilles pour mieux entendre, et il pleurait à grosses larmes. Quelquefois, il interrompait:

—Il était sept heures, exactement, lorsque l'ordre nous parvint, Monsieur l'avocat... Son voisin, à monocle, aux moustaches en forme d'arbalète, était un cavalier, sûrement; cela se voyait à sa jaquette bien coupée, à la raie médiane de la nuque, à la niaiserie figée et prétentieuse de la face et aux *leggings* avec lesquelles il était venu. Il avait dû faire 70. En avant le Plateau d'Illy... le calvaire de Floïng... les chevaux barbes des régiments d'Afrique... Il n'est pas une charge. Messieurs, non pas une, pas même celle des quatre-vingts escadrons de Murat, à Eylau, qui aille plus avant dans l'épopée... Ah les braves gens! les braves gens! comme s'exclamait l'empereur d'Allemagne, lui-même... Touché, l'ex-officier saluait discrètement de la tête. Et c'était le tour de l'architecte. S'il diagnostiquait un petit manieur de tire-ligne, vite, il exaltait l'aménagement, le confort moderne des clapiers à bourgeois, qui permettent aux plus humbles de participer aux bienfaits de l'hygiène; s'il conjecturait, au contraire, un brasseur de plans gigantesques, il faisait l'apologie de l'art contemporain qui déposa, dans Paris, tant de monuments d'une difformité sans seconde et d'une hideur prépondérante. Quelquefois, pour être sûr de ne pas se tromper, il alternait les deux cantiques. En dernier lieu, il s'agrippait au bookmaker. A celui-là, il chantait l'amélioration du pur sang qui permit de rénover notre cavalerie; il disait les gloires hippiques et la splendeur des Grands-Prix. Et l'homme au complet quadrillé, *racé* tel un garçon de lavoir mais bagué tel Héliogabale, qui, pour la première fois, dégustait le panégyrique de sa profession, se sentait attendri comme le jour où, en plein Derby de Chantilly, sa maîtresse avait *levé* le duc d'Orléans venu en France avec un sauf-conduit du ministère opportuniste—ce qui avait amorcé sa fortune. Il était forcé de réfréner sa subite tendresse et les premiers témoignages de sa gratitude, pour ne pas lui crier: Jouez *Montézuma* à 12 contre un, dans l'Omnium; c'est couru! Et l'avocat continuait, continuait; maintenant, il en était à la péroraison... Les faits de la cause il ne les avait évoqués que pour mémoire; il ne s'en était servi que pour opérer la suture entre les diverses phases de son discours. Qu'importait au Jury? Celui-ci n'avait-il pas une dette de reconnaissance à acquitter envers lui. Contrister un homme aussi aimable, était-ce possible? Et les «Non» itératifs et spontanés répondaient à tous les chefs d'accusation. Maître Pompidor, d'ailleurs, n'avait qu'une seule fois raté l'acquittement—par manque d'audace, ce qui ne lui arriverait plus désormais. Ayant appris, un jour, à n'en pas douter, qu'un juré avait des mœurs antiphysiques, il n'avait pas osé, dans sa plaidoirie, faire un éloge discret de la pédérastie. Et son client avait été condamné à une voix de majorité, la voix du juré sodomite!

A deux ou trois reprises, en des audiences antérieures, un même Président s'était efforcé, il est vrai, d'intervenir, mais il avait été rabroué d'un tel:

—On porte *atttintte* aux droits sacrés de la défense! qu'il se l'était tenu pour dit, cet homme, et qu'il avait préféré se traduire, ce qui était plus conjouissant, deux ou trois vers scabreux de V. Martial, qu'il admirait fort, et qui l'aidait à endurer les longues journées d'assises.

Avec un pareil avocat, si on pouvait y mettre le prix—10.000 au bas mot—il était sans danger, comme on le voit, de trucider ses créanciers ou d'égorgiller le voisin. L'assassinat, pour les gens riches, Maître Pompidor ne plaidant pas pour le Pecus, devenait un sport bien moins périlleux que l'automobile et beaucoup plus récréatif—à la condition d'être doué, naturellement.

Donc, ce procès allait une fois de plus aboutir à un triomphe personnel, il en était sûr, car, avec l'inspiration du génie, ne venait-il pas de répliquer au Ministère public en citant un des mots d'esprit du Président du Jury lui-même, qui était vaudevilliste à la ville!

*
**

—Accusé n'avez-vous rien à ajouter pour votre défense?

L'homme déféré à la vindicte des lois, qui n'était autre que M. Éliphas de Béothus, l'ancien commensal de madame Truphot, s'était levé. Il était toujours maigre et très grand, osseux et glabre. Ses yeux, d'un noir inquiétant, semblables à deux grains de raisin muscat sur lesquels on aurait marché, brasillaient, comme au soir du dîner, derrière des paupières bordées d'andrinople; et de ces orbites un peu plus ravagées encore par le vice, la scrofule congénitale ou les insomnies du talent—est-ce qu'on sait jamais?— ardait un tel feu intérieur que l'on comprenait fort bien que nul poil, nul capillaire, n'eussent consenti à végéter sur un habitat aussi torride. Le nez descendait acéré, froid et long comme une lame de scalpel, sur une bouche chantournée et grimaçante, toujours en forme de balafre de yatagan. Mais, malgré la laideur agressive de cette figure, malgré les traits en conflit dans toutes leurs lignes, un rayonnement indéfinissable venait, par instants, magnifier ce visage où la Nature avait affirmé tout le brio de son dolosif savoir-faire. Un pantalon impeccable, un gilet de soie, signés par un tailleur inspiré, ainsi qu'une redingote qui eût pu, tout comme pour Monsieur Deschanel, pousser son propriétaire à la présidence d'une de nos assemblées délibérantes, venaient, d'ailleurs, corriger ce que l'allure générale pouvait avoir d'insolite. Le corps penché au-dessus de son banc, l'index et le pouce rapprochés comme s'ils réduisaient une puce à l'impuissance, il parla, dans l'attitude appropriée à toute démonstration rigoureuse.

—Je pourrais, dit-il, profitant du droit que la loi m'accorde, parler aussi longtemps que je le jugerais utile à ma défense. Je pourrais discourir deux, trois, cinq jours entiers, ou même quatre semaines durant; je pourrais employer tous les modes de langage connus, m'exprimer en alexandrins, en vers libres ou en prose rythmée, usager les dernières formules littéraires que Monsieur Hanotaux vient de léguer à l'art contemporain, ou me servir du patois dosimétré de Monsieur Rostand, que vous n'auriez point à protester...

Je pourrais même, si tel était mon vouloir, réquisitionner la grâce attique de Monsieur Brunetière, ou les inexorables déductions de Monsieur de Voguë et, comme vous le supposez, il me serait facile, à l'aide de ces moyens et de ces genres divers, d'anéantir votre entendement. L'exercice de la parole, pour un accusé qui défère à l'invite du Président, étant sans limites, sous peine de cassation, rien ne me serait plus aisé que de vous annihiler sans rémission. Après avoir glosé à l'égal des maîtres que je viens de citer, je n'aurais plus à vous redouter, puisque vous seriez hors d'état de prononcer sur quoi que ce fût, et que vous auriez, en peu d'heures, restitué au néant l'illusoire apparence humaine à laquelle vous vous accrochez avec tant d'âpreté. Je n'en ferai rien, cependant, car depuis que je suis prisonnier, depuis que je suis un assassin nettement qualifié, j'ai horreur de l'artifice, de l'oblique et de la cautèle. Et deux heures de discours me suffiront. Jadis, lorsque j'étais encore un honnête homme, je mentais à tous propos et à tous venants, et je me servais des moyens sanctionnés par la loi pour duper mon congénère en toute occasion profitable. Comment donc répudier à jamais mon ancienne et exécrable qualité «d'honnête homme» et entrer ainsi dans le plein d'une condition de criminel, si ce n'est en répudiant le mensonge qui est la nécessité constante, en même temps que le plus délicat plaisir de l'honorable citoyen? J'ai l'orgueil de ma situation, et je rends grâce au destin de me l'avoir impartie, depuis que ce truisme a pénétré mon intelligence: à savoir que, dans une Société bien organisée, les entreprises des assassins sont moins à redouter, pour la plupart de ses membres, que les entreprises des honnêtes gens...

Des experts légaux ou cités par la défense sont venus il n'y a pas une demi-heure déposer à cette barre. Ils vous ont exposé componctueusement tous les genres de folie ayant cours. Les uns, qui ont pris la chose de très loin, m'ont rangé tout d'abord dans la catégorie des dolichocéphales, d'autres dans celle des sous-brachicéphales. Trois d'entre eux, pour appuyer leur démonstration, ont sollicité de Monsieur le Président la permission de me palper la tête. Un petit, très vieux, avantagé de la rosette de Commandeur, s'est écrié, vous l'avez entendu:

—Si je pouvais, d'après la méthode de Broca, emplir le crâne de l'accusé de grenaille de plomb—sans qu'il soit besoin d'examiner le cerveau, tant le cas est simple—je ferais la preuve, sans contestation possible, que nous nous trouvons en présence d'un cas manifeste d'*hémophilie.*

—Et moi, répliquait son contradicteur, un grand maigre avec une tache lie de vin sur l'œil gauche, et moi, s'il m'était donné de mesurer sa capacité cranienne à l'aide de sable, contrairement au procédé de Broca, j'établirais indiscutablement qu'il y a là les manifestations péremptoires de l'hystérie *biophobique.* Une nodosité de la boîte osseuse a rétréci sans nul doute la cavité cervicale et déterminé le repli d'une muqueuse avec adhérence certaine...

Comme le conflit tournait à l'état aigu, Monsieur le Président a dû intervenir pour les empêcher de se pugiler à l'audience, alors qu'à bout d'arguments, après s'être jeté à la tête l'École de Nancy, le professeur Toulouse et le docteur Lombroso, ils allaient en venir aux mains. Et bien! tous étaient imbéciles, ou mentaient impudemment. Je ne suis pas atteint de vésanie, d'aliénation mentale, comme ils l'ont affirmé, et point n'était besoin de tant de détours ni d'un pareil abus de vocables tirés du grec. Ils n'avaient qu'à énoncer cette évidence, sans controverse possible, ils n'avaient qu'à formuler ceci: la cervelle des gens de ma caste, le crâne des bourgeois, et par conséquent le mien, élabore à l'ordinaire, grâce à une éducation et à un entraînement appropriés, plus de caca que l'intestin. Le cerveau des bourgeois étant indéniablement une tinette, qu'a-t-on besoin d'ajouter après cela? Ainsi, j'étais expertisé du coup. Mais vous pensez que je suis occupé à vérifier l'opinion émise sur moi, à faire la preuve que je suis fou. Non, seulement, je vous le répète, délié de tous les liens civilisés, j'ai maintenant horreur du mensonge et de la sottise. Or, tout le monde a menti devant vous: les témoins dont l'intelligence et la lucidité ne vont pas jusqu'à se remémorer exactement ce qu'ils ont vu, et le Ministère public qui prête à nos actes des mobiles qu'il sait parfaitement erronés. Celui-ci ment par métier, et gagne à cela autant d'honneur que de profit: ce qui le fait jalouser par mon avocat qui vient de flagorner les jurés, lui, qui a vanté leur bêtise, leur ignorance, leurs turpidités, et qui allait me faire acquitter, l'animal, si je n'étais intervenu à temps, moi, qui ne saurais endurer, depuis que je ne suis plus un homme respecté, qu'on jette les baves et les mucus du mensonge, les purulents crachats de l'hypocrisie sociale, au visage de la grelottante, nitide et virginale Vérité!

L'acte d'accusation me reproche d'avoir, en moins de deux ans, commis cinq assassinats, successivement sur la personne des sieurs Auguste Moulubas, dit «d'Albinos du Sébasto», Félix Mitou, dit «la Punaise des Abattoirs», Ernest Loupi, dit «le Deschanel de Ménilmonte», Emile Leviandé, dit «le Costo de Javel» et Son Excellence Marie Serge Demétrius de Soukanarine, prince de Tépéïoff, lieutenant aux Chevaliers-gardes de S. M. l'Empereur de Russie.

Pourquoi un homme comme moi, inscrit au Tout-Paris, membre de deux grands cercles, et possesseur par surcroît de trois cent mille livres de rente, a-t-il assassiné cinq personnes, dont quatre étaient des souteneurs avérés? Voilà ce qu'il serait peut-être intéressant de déduire, car j'imagine que vos intelligences, Messieurs de la cour et Messieurs du public, ont, depuis longtemps, fait justice de la divagation des scientistes qui m'arbitrent fou à lier et que votre droiture naturelle s'est révoltée, d'autre part, devant la manœuvre géniale mais artificieuse de mon avocat.

S'il faut en croire l'état civil que m'assigne l'accusation—état civil faux peut-être—je suis issu de la conjonction cutanée d'un couple de bonnetiers enrichis, et je vins au monde dans le Faubourg Saint-Denis, en la maison même qu'illustra pour jamais la naissance de M. Félix Faure. Toujours d'après l'accusation, je vécus ma jeunesse parmi le pilou, les cotonnades, la rouennerie et les mouchoirs de Cholet, à l'exemple de Sully-Prudhomme. Comment suis-je donc parvenu à ce mode cérébral si compliqué, auquel la science, tout à l'heure, n'a rien compris? Oui, comment, engendré par des gens aussi simples, dont la cogitation et la volition étaient pour le moins problématiques ou comparables seulement à celles des arapèdes et des vieux parapluies, comment suis-je devenu, moi, au point de vue mental—je m'autorise à le dire—une sorte d'objet d'art, quelque chose comme un de ces vases murrhins, œuvres des Parthes et de la Carménie, une de ces coupes que Corinthe fabriquait jadis, et qui mariaient à la transparence adamantine du cristal les lueurs fugaces, métalliques et capricieuses des plus subtils émaux?

Oui, comment suis-je devenu cela, moi, alors qu'eux, mes auteurs, restaient la poterie fruste, l'argile grossière façonnée maladroitement par une Société abêtie? Voilà ce que je ne m'explique pas. Quelque inconnu aura, sans doute, au lieu et place de mon père, jeté dans mes veines un sang moins plébéien, un sang distillé et décanté vingt fois par les alliages les plus généreux, ou bien encore sublimé par le feu divin du génie... Mais... je vois aux mouvements de l'assistance et des jurés, qu'une lourde réprobation, de ces paroles, doit être la récompense... Qu'ai-je dit Messieurs?... Ah! c'est vrai! j'ai jeté le soupçon sur ma mère, ma mère qui n'était peut-être pas la conjointe d'un bonnetier. Pourquoi de tels sursauts indignés? Ne vous avais-je pas averti tout à l'heure que je n'adorais plus qu'une chose, que je n'avais plus qu'une idole: la Vérité. En parlant ainsi, sans aucun souci de la déférence filiale, j'ai sans doute, à vos yeux, perdu le droit de me réclamer encore du ton de la bonne compagnie. Mais laissez-moi vous dire que les gens bien élevés, le parfait crétin ou l'académicien reluisant, ce qui est la même chose, qui sacrifient avec ténacité aux belles manières, à la mode, aux bienséances, non moins qu'aux opinions reçues, sont animés d'un tel besoin de sacrifice qu'ils paraissent, aux convenances, avoir sacrifié jusqu'à leurs vésicules séminaux. Or, moi, j'entends déambuler à mon aise dans l'idéologie des gens qui ne sont pas émasculés. Traitez-moi de cynique, de fils dénaturé, d'impudent ou d'amoral, cela m'indiffère, puisque le premier qui parla d'immoralité fut sans doute un impuissant ou un pédéraste s'efforçant de donner le change; tout comme le premier qui inventa la Loi, et assura ainsi la sauvegarde des canailles à venir, fut à n'en pas douter, un scélérat condamné par l'opinion pour un méfait notoire et qui s'efforça désormais d'avoir raison devant tous par un subterfuge inattendu. Ceci, nettement déduit—et il est bien malheureux que de telles évidences vous viennent d'un assassin—pourquoi me priverais-je d'émettre à propos de ma mère une hypothèse vraisemblable? Que me font vos billevesées sociales et le respect préconçu des ascendants immédiats? Ma mère m'a jeté de force dans une aventure qui s'appelle la vie, dans une effroyable aventure dont je ne puis sortir que par la mort. Elle ne s'est point préoccupée de savoir si ma mentalité, mon caractère et mes aspirations, qui ne devaient surgir que plus tard, s'adapteraient à la vie. Elle m'a conçu par plaisir et mis au monde par nécessité. Elle m'a précipité de force moi, *pauvre ovule sans défense*, dans un monde auquel, peut-être, je n'aurais pas souscrit. Pourquoi voulez-vous que je lui décerne le respect et l'amour, tout de suite, *à priori*, sans jamais réfléchir sur un pareil forfait. NI PROCREER NI DETRUIRE, c'est la loi de la civilisation supérieure dont je n'ai pu, hélas! réaliser que la première partie. Elle a obéi à la Nature, direz-vous, triste explication! Elle m'a donné le jour, pourriez-vous ajouter encore, mais c'est justement ce que je lui reproche. *Abstiens-toi*, a dit le philosophe athénien. Esclave imbécile d'un instinct scélérat, que n'a-t-elle pu connaître et goûter la divine sagesse, en cette parole incluse!

Vous le voyez, il faut en prendre votre parti; je suis de ceux dont parle le Dante, «qui blasphèment Dieu et leurs parents, la race humaine, le lieu, le temps où ils naquirent et la semence de laquelle ils sont issus.»

Messieurs, je continue... A la fin de ce discours, mais seulement à la fin, je dévoilerai ma personnalité réelle; jusque-là je veux bien consentir au *curriculum* que l'avocat de la République m'a imparti, réservant pour plus tard les aveux définitifs sur l'être énigmatique que je suis. Vous pourrez alors toucher du doigt l'inanité de vos instructions judiciaires et le ridicule de vos débats d'assises. L'ordinaire cortège des témoins, préalablement travaillés par les agences Tricoche et Cacolet à 50 francs le faux témoignage, l'éloquence glaireuse du Ministère public, les lieux communs en décomposition des grands avocats, sont, à n'en pas douter, pour que la femelle du gorille s'applaudisse de n'avoir pas, avec son espèce animale, versé dans la Parole, et partant dans l'idée de Justice, quand la chute qui la précipita du haut d'un cocotier et la peur qu'elle en ressentit lui firent faire cette fausse couche qui, depuis cette minute mémorable, s'appelle l'Homme.

Mais, pour en revenir à ma cause personnelle, et s'il faut en croire le porte-vindicte de la Société, je me montrai jusqu'à la mort de mes parents un fils parfait, une géniture en tous points profitable, un embryon dont la fécondation n'était vraiment point à regretter. Toujours d'après lui, dès que je fus mon maître, je négociai avec la Nonciature l'acquisition d'un titre à particule, et je disparus.

La Société perd ma trace pendant dix années et ne me retrouve que depuis exactement vingt-deux mois. Qu'ai-je fait pendant ces deux lustres? Quels sont les travaux glorieux, les hauts faits ou la plate et bourgeoise existence dont je puisse me réclamer afin de dissiper ce qu'il y a de mystérieux dans ma carrière? Vous dirai-je qu'à peine lancé dans la vie, parmi mes congénères, je me trouvai bientôt, comme tout être intelligent doit s'y attendre, dans la posture d'un nageur qui traverse un bras de mer peuplé de requins. Cela vous est indifférent, n'est-ce pas? et vous préféreriez sans doute que je descendisse des nébulosités du général aux précisions du particulier? Mais ce que j'ai fait vous ne le saurez point, car vos mentalités respectives seraient incapables d'en savourer la sublime grandeur. Qu'il vous suffise d'apprendre que les deux conceptions, les deux œuvres magnanimes auxquelles j'avais voué ma pensée et ma fortune durent être abandonnées, l'une après l'autre, et que de surprenantes phases morales, à partir de cet instant, commencèrent pour moi.

Dès que je fus vaincu, dès que j'eus roulé à terre, l'âme saignante, pantelante et tronçonnée, l'Hydre de Bêtise qui, telle Echidna, le monstre à cent têtes, trône assise sur le monde, et dont tous les humains lèchent le périnée avec ferveur, poussa vers moi une de ses tentacules, m'aggrippa et m'attira sur son sein.—Vis comme les autres hommes, me souffla-t-elle; emploie le formulaire tout préparé qui leur sert de conversation; donne des poignées de main aux scélérats; fais ta cour aux crapules respectées; sois neutre, atone et sans originalité; garde-toi de la sincérité comme du typhus; dépense ton argent à goûter à tous les cacas dispendieux et à tous les pipis réputés, connus dans les grands restaurants sous le nom de boissons ou de nourritures; va-t'en dans les cercles ajouter des chapitres infinis au sottisier en honneur dans les salons; que la famine du Pauvre et la douleur des suppliciés te soient source d'appétit et de réconfort; en surplus, chemine de ton mieux dans les pertuis et les orifices de la Femme, car par dessus tout, tu entends, *il faut faire l'amour.*

Que répondre à cela? Jusque-là, les seuls débats de l'esprit m'avaient attiré, et j'ignorai tout ce qui compose le bonheur selon la définition acceptée. A cette énumération savante des délices civilisées, un ressac intérieur bouscula tous mes organes; des salives voluptueuses et plus déferlantes que l'embrun d'équinoxe emplirent ma gorge, roulèrent en tumulte dans ma poitrine, parurent même refluer jusqu'à mon cerveau, habité déjà par la horde furieuse de toutes les concupiscences. Ah! oui, *vivre, vivre, vivre*! comme dit l'École naturiste; je hurlai ce verbe sur tous les tons, en un besoin, un désir farouche, des pamoisons qu'on venait de me citer... je répétai ce mot VIVRE, dans un *crescendo* furibond, en modulant ses deux syllabes avec tous les *dièzes* de volonté que j'avais à ma disposition.

Les entreprises par lesquelles je résolus de débuter, furent l'amour et le sport, entreprises qui permettent immédiatement à un homme de ma condition de s'imposer au respect et à l'envie de ses semblables. Hélas! Hélas! pourquoi la Nature m'avait-elle conditionné pareillement? Une rancœur morale, une détresse physique, une panique d'âme et de nerfs, survenaient toujours à l'issue du moindre de mes comportements amoureux. Je n'évoque pas ici, Messieurs, les trahisons de mes maîtresses, trahisons qui, pour un être de complexion raffinée, sont le véritable et même le seul charme d'aimer. La trahison, en effet, remue profondément la bile, active toutes les sécrétions peccantes, précipite l'amant, désireux de se réhabiliter devant soi-même, à la recherche d'autres femmes qui découvriront enfin toutes ses qualités méconnues par les précédentes; elle l'empêche de se vautrer dans la bauge de l'habitude, le restitue à sa norme immuable de sottise et de méchanceté et, selon le vœu de l'Espèce, l'actionne vers des croupes subséquentes qui remplaceront ou feront oublier l'arrière-train coupable.

Hargne et ironie du sort! quand j'avais goûté à ce que l'humanité proclame être la plus grande des voluptés, une pestilence d'asphyxie, un remugle de puisard, accouraient pour emplir mon esprit et ma chair à ce seul souvenir et me faire grelotter de dégoût et d'effroi pendant d'interminables semaines. Qu'était-ce donc? Peut-être n'y avait-il là que morbidité passagère ou manque d'entraînement. Je m'acharnai, j'inventai des dialectiques à mon usage, ce fut en vain. Toujours, en me traînant par les cheveux, pour ainsi dire, je me ramenai chez la courtisane, la pallaque ou la femme du monde, comme un malheureux, après avoir fui, se traîne à force de volonté devant le davier du dentiste. Toujours, toujours, je revenais de la chose avec le même goût indélébile de fange ou d'assa fetida dans la bouche. Les deux sexes de l'humanité, sans compter les sexes adventices, qui passent la majeure partie de leur existence à se flairer réciproquement, qui se fourbissent l'épiderme de la caresse de leurs paumes, comme on fourbit du ruolz avec une peau de daim, qui échangent la fadeur de leurs haleines, les relents hypocrites de leur larynx et accolent leurs babines, cependant que les moustaches se promènent sur les faciès adverses au milieu des petits hi! hi! de plaisir et du roulis des sclérotiques renversées, tout cela, y compris la confondante imbécillité du langage d'amour, l'inénarrable ridicule des «aveux», la puante scurrilité de l'accouplement, qui fait soubresauter les deux bipèdes en travail à l'instar d'hamadryas qu'on empalerait vivants, tout cela s'exhibait à mes yeux comme d'un grotesque à déconcerter l'esprit de Monsieur Leygues, lui-même.

Effroi! Soudain, à l'issue d'un de ces désarrois, une question terrible se posa pour moi. Avais-je sans le savoir des goûts contre nature?

Affolé, terrifié, anéanti à cette pensée, je vécus des jours sans nom, et, un soir, avec la belle franchise et la décision spontanée qui composent le fond, l'idiosyncrasie de mon individu, je résolus d'élucider le point délicat. J'accolai des cinèdes fameux, des bardaches *cupidonés*, je perforai des gitons dont eussent rêvé les Valois, les papes de la Renaissance et quelques-uns de nos plus brillants chroniqueurs. Je devins un habitué de «*l'arbre d'amour*», dans notre promenade élyséenne; je hantai quelques-unes des «*Théières*», c'est-à-dire des vespasiennes les mieux achalandées de nos boulevards. Et il m'arriva de dévorer un homme dans son centre, comme dit Catulle. Ah! ce fut pis encore! du guano empouacra ma gorge, des geysers de purin giclèrent dans mon âme... Alors seulement, je connus que seul d'entre tous les hommes, peut-être, je n'avais pas été embrigadé parmi les serfs du désir, parmi les leudes de l'amour normal ou antiphysique. Mais que faire, que faire sur cette planète, si l'on répugne à chevaucher d'autres êtres avantagés d'un pubis ou porteurs de génitoires? Ce fut atroce, Messieurs, d'autant plus atroce que le vide et le néant du Monde m'apparurent dans leur entier, et que le sport, du même coup, en vint à me dégoûter. Monter en steeple; au pesage de Longchamps, huer M. Combes, le seul Républicain qu'on ait vu au pouvoir depuis la Convention; être un des premiers maillets du golf ou du polo; faire du 130 à l'heure en palier; ouïr Monsieur Edmond Blanc; fréquenter Monsieur de Dion; frôler Madame du Gast, s'avéra stupide non moins que déshonorant pour un homme de ma mentalité.

J'aurais pu, étant données ma nature sensitive et ma remarquable compréhension capable de tarauder l'inconnu et le mystère le plus rebelle, j'aurais pu, me direz-vous, m'orienter vers les arts. Mais quoi? Faire de la littérature? Traiter, par le julep gommeux du roman à 3 cinquante, le catarrhe esthétique des personnes qui ont la déplorable habitude de s'intéresser, à travers 400 pages, aux comportements d'autrui? Assembler des vocables, perpétrer des phrases, distiller et passer vingt fois à l'alambic la saveur des épithètes, à quoi cela sert-il? Créer des types, modeler à nouveau des Werther, des René, des Rastignac, des Rubempré, sur lesquels, immédiatement, des imbéciles, à défaut d'originalité propre, seraient venus se modeler avant que le néant ne se fût refermé sur eux, comme l'eau du fleuve se referme sur l'ablette qui vient de gober une mouche, à quoi bon?

Et puis ayez un style sage et poli, soyez juste milieu, tout à fait réservé dans vos adjectifs, et même castré un peu; pour toute couleur, passez votre prose à la mine de plomb, alors vous serez un écrivain. Mais ne vous hasardez jamais à faire éclater le creuset de la phrase sous les flammes généreuses de l'indignation ou de l'enthousiasme: votre genre ne serait pas recevable disent les pontifes. Cela n'a pas grande importance, du reste, car l'écriture, le style, l'imagination, le talent, ont-ils servi à autre chose qu'à formuler de nouveaux modes de mentir ou de se leurrer soi-même? L'homme est animé d'un étrange besoin, qui suffirait à lui seul à faire éclater l'infériorité de son espèce animale: celui d'élaborer des fables, pauvrement imaginées pour la plupart, et d'en bercer sa douleur. Est-ce que c'est le fait de l'intelligence de croire à des contes, si brillants soient-ils, et de remplacer les mythes, au fur et à mesure de leur putréfaction, par d'autres mythes? Depuis les histoires de corps de garde et les pugilats de soudards grandiloquents qu'a formulés Homère, jusqu'aux affabulations carnavalesques du père Hugo, l'être humain en est resté à la mentalité des enfançons: il faut toujours qu'une nourrice lui murmure à l'oreille quelque chanson niaise pour le calmer ou l'endormir. Voyons, je vous le demande un peu, quel poème de vérité, quel roman aux mille phases, quelle tragédie suant l'horreur et l'effroi, approcheront jamais de cette constatation à la portée du premier venu: à savoir que la Nature est la Gouine scélérate qui a volontairement créé le mal, qui a fait l'homme mauvais, qui a décrété que toutes les espèces s'entredévoreraient, afin de jouir sadiquement de la Douleur emplissant l'univers, dans le besoin où elle était d'assurer la pérennité du crime, et qu'à cela, il n'y a rien à faire....

Or cette constatation suffit à tout; après elle, la littérature s'exhibe ridicule et infatuée de sa propre impuissance à rien changer de l'état de choses. *Tout est inutile, puisqu'on ne réduira jamais la malfaisance de la Nature*, voilà la seule chose digne d'être écrite. Ceci dit, il convient de se taire. Hormis cela, le reste n'est plus que proses à l'adresse des crétins, qui veulent à toute force qu'on leur ourdisse des histoires d'amour, qu'on les intéresse, qu'on leur tire des pleurs, avec les aventures douloureuses de leur prochain, quand ce même prochain, venant à périr de famine sous leurs fenêtres, ne leur tire pas une larme, parce que les péripéties n'ont pas passé par l'imprimerie. Car, vous l'avez tous constaté, la Douleur, la Misère, dans la rue, n'excitent la compassion de personne. Dans un livre elles font pleurer tout le monde.

Si je me sentais peu enclin aux Belles-Lettres, il restait la peinture et la musique, pourrez-vous répondre, dans l'intention visible de m'embarrasser. Or, je n'éprouve aucune gêne à confesser maintenant que la peinture et la musique—sur lesquelles je me suis tout d'abord illusionné—sont bien les derniers travers dans lesquels un homme puisse verser. Qu'est-ce que c'est que la peinture? La représentation d'une chose, d'un décor, d'un homme, à un moment donné de son époque, de sa vie, et une fois pour toutes. La peinture, vous en convenez, ne peut reproduire qu'un aspect momentané, qui désormais ne variera plus. Mais n'est-ce pas la négation même de la Vie, que de nous offrir cette vision figée, stéréotypée, immuable, que rien ne saurait plus modifier sans attenter à l'œuvre d'art, alors que la condition de la vie est de se modifier sans cesse et d'être non pas *une immobile*, mais *diverse* et *mouvante*? Quel ridicule effort vers l'insaisissable, la peinture a-t-elle donc tenté? *L'humanité n'est pas encore sortie des limbes de la civilisation*; nous sommes en pleine barbarie, voilà pourquoi il y a encore des tableaux, dont la juste destinée—qui nous venge bien—est d'être vantés par Péladan, d'embellir l'intérieur de tous les snobs, de tous les Chauchard ou autres ploutocrates acéphales de cette planète justement diffamée.

Quant à la musique, ce n'est qu'une chatouille à tous les endroits obscènes de notre individu, une *titillation sur le prépuce sentimental.* Elle ne s'adresse qu'à la fibre, jamais à la Raison, ne déchaîne que des sensations, et fait ainsi lever dans la chair tout ce que la Nature y a entreposé d'abject ou de ridicule. Prenez, en effet, Messieurs, les animaux les plus vils de la création, la vipère, le crapaud, l'araignée, le scolopendre ou l'officier de cavalerie; jouez-leur en partie un oratorio de Bach, ou une sonate de Beethoven, vous allez les voir donner, sur l'heure, les signes les plus évidents de la volupté; leurs écailles ou leurs pustules, vont immédiatement s'épanouir, se dilater d'aise infinie, de plaisir exacerbé. Pour mieux établir ma démonstration, j'ajouterai que si vous leur récitiez, dans la minute qui suit, la *Prière sur l'Acropole*, de Renan, ou la *Mort du loup*, de Vigny, la vipère, le crapaud, l'araignée, le scolopendre, l'officier de cavalerie, se feront immédiatement disparaître avec toute la vélocité dont ils sont capables. Le silence, d'ailleurs, aura toujours plus de génie que les musiciens, n'est-ce pas? Voilà, je suppose, qui est parler.

Puisque je répugnais «aux ambitions du grand art», pour me servir de votre langage, il m'eût été loisible,—pourrez-vous penser—de me déterminer vers des virtuosités moindres. J'aurais pu, à votre sens, me faire journaliste?

Maintenir dans le même état d'hébétude la clientèle d'un journal; vivre de maquerellat, de chantage ou de prostitution; être loué à la journée ou au mois par les marchands de suppositoires retirés des affaires qui détiennent les feuilles à grand tirage; consentir pour *arriver* à ce que mon sphincter serve d'encrier aux pontifes de la Rubrique; me mettre en carte aux fonds secrets; échanger sans résultat des balles à vingt-cinq pas ou des aménités à bout portant avec M. Arthur Meyer, autant valait, tout de suite, faire les lits de la Nonciature.

Voyager alors? figurer parmi ce bétail éperdu que le snobisme et les «Baedeker» incitent à la déambulation, de juin à septembre, et qui, de wagon en paquebot, de la plage à la montagne, vient déferler en bêlant devant les *beautés naturelles* que le crétinisme contemporain, secondé par les hôteliers et les imbéciles des journaux, a mises à la mode. Un kodak brinqueballant dans le dos, afin de bien affirmer qu'on a été délesté de toute intelligence, affronter la vague estivale, la mer, cette grande proxénète, cette grande entremetteuse des adultères de la classe moyenne. A Trouville, dans la saison, pendant que l'employé du Casino, armé d'une gigantesque écumoire, écrème les flots crétés de pellicules par le bain des touristes, comprendre enfin les colères de l'Océan, ses furies vengeresses des mois sombres, quand, plein d'une rage légitime, il se lance à l'assaut des falaises, semblant ainsi vouloir dévorer la terre pour la punir d'avoir déversé sur lui, à travers seize semaines, les boniments des snobs, les propos des bourgeois et la stupidité des paroles d'amour. Vous me direz que devant la mer il y a le soleil qui, telle une hostie sanglante, est avalé par l'horizon céruléen. Moi, quand le soleil se couche, je pense à tous les crimes, à tous les forfaits, à toutes les hideurs, que sa lumière a permises encore ce jour-là. Et je le hais, je l'exècre, je l'abomine; et pour ne pas être le «voyageur» qui salue sa beauté maléfique, je préférerais être prisonnier des ténèbres les plus visqueuses, des ténèbres d'Église; je préférerais passer ma vie à remplir, avec zèle et les yeux crevés, la charge la plus horrible, l'office de Grand Masturbateur du Vatican, par exemple!

Mais vrai, j'ai trop pleuré. Les aubes sont navrantes,
Toute lune est atroce et tout soleil amer.

Pourquoi, si tout te dégoûtait, ne t'es-tu pas révélé orateur ou bien encore sociologue? Je vous attendais là. L'Occident est ravagé par deux maux: la syphilis et la manie de l'éloquence. Le tribun qui, sur le *plateau*, désoblige la sérénité des couches d'air ambiantes, donne l'essor à ses prosopopées, met en valeur chacune de ses tirades, et fait un sort à tous ses mots, est un individu qui n'a jamais pris conscience du grotesque. De plus, c'est un cabotin-né. Comment sans cela pourrait-il consentir à se démener, afin d'embellir sa marchandise par sa propre gesticulation? Et comment quelque jour, ne s'enfuit-il pas en se frappant la poitrine pour s'en aller décéder de remords, dans un coin ignoré, au souvenir des stupidités qui lui ont forcément échappé? Affamé de célébrité, avide de gloire, l'orateur consent à tout, aux plus immondes attouchements, afin de se concilier la Foule et il n'hésite jamais à lubrifier le coccyx du Public de sa langue opiniâtre. Non, voyez-vous, *tout homme qui besogne sur des tréteaux est un prostitué.* Pour ce qui est de la sociologie en quoi Monsieur Drumont et Monsieur Jaurès brillent, d'un éclat pareil, tout ce qu'elle peut enfanter se manifeste imbécile suprêmement; et les systèmes des Réacteurs comme ceux des Révolutionnaires se rejoignent avec ensemble au même confluent de puérilité. Chaque fois qu'il vous sera donné d'entendre un des fantoches de la partie vous parler de Société harmonique, vous affirmer qu'il est en possession de supprimer la misère, le mal et la douleur, vous n'avez qu'à engager avec lui ce petit dialogue:

—As-tu le moyen de décrocher, d'éteindre le soleil, ou d'empêcher les hommes de se reproduire?

—Non.

—Eh bien! alors tais-toi, car ce sont les seuls expédients pratiques pour abolir ce dont tu parles.

Mais il restait, vous y avez tous songé, la carrière politique. M'instaurer candidat nationaliste et sauver la Patrie, là était le salut, n'est-ce pas, Messieurs les patriotes du Jury? Non, cela n'était pas possible. Mon comité m'aurait enjoint, toute affaire cessante, de railler les Bretagnes, d'accourir à la rescousse des croyants coprophiles qui, là-bas, remplacent les roses, les lys et les myrtes de l'autel par la fiente des dépotoirs. Passer des journées entières, assis sur le chaperon d'un mur, à embrener les commissaires du Gouvernement et prouver ma qualité de bon Français par un brio de stercoraire, me parut être une attitude sans élégance. Un aiguillage, un seul, me restait à tenter: devenir un dilettante, un raffiné; en un mot, me muer en imbécile à l'égal des cérébraux. Désireux d'obtempérer aux conseils dont je vous ai parlé tout à l'heure, anxieux de vivre selon la norme de ma caste tout en restant un intellectuel, je m'y essayai. Et, en toute habileté, je résolus de profiter des dernières créations de la littérature, d'additionner froidement des Esseintes à Monsieur de Phocas. Mes dispositions naturelles me servirent et en moins de deux mois je possédai une âme et un logis appropriés. Après avoir pâli sur Ruskin, j'eus des tableaux de primitifs, des Quentin Metzys, des Memmling, des Franz Hals, des Pordenone que je ne compris pas tout d'abord, qui me semblèrent hideux en fort peu de temps, mais au pied desquels je récitai infatigablement les proses de Monsieur Huysmans ou de Monsieur Jean Lorrain. J'achetai une copie de la Joconde, plus belle que l'original à ce que m'affirma le copiste, car, me dit cet homme, j'ai ajouté aux beautés de l'œuvre et j'ai corrigé les défauts. Ah! cette Mona Lisa, ce sourire agaçant, ce visage de loueuse de chaises du XVIe siècle, ce paysage tourmenté, ces Buttes-Chaumont épileptiques qui servent de fond à la toile, comme cela m'a fait hurler après seulement quelques semaines, quand, n'y tenant plus, je retournai Gioconda contre le mur! N'importe! Je me consolai avec d'insolites tapisseries, des soies extraordinaires, d'impossibles lampas, d'inouïs brocarts, des tabis, des orfrois magiques, dignes de susciter les plus nobles écritures. J'acquis des collections de pierres fabuleuses: des péridots, des opales, des rubis gros comme des testicules et des sardoines gigantesques taillées en forme de phallus. Je possédai des émaux, des cloisonnés, des gemmes byzantines, des bijoux phéniciens, des pendiques, des torques, des fibules syriaques, un cure-dents carthaginois en or jaune avec les initiales de son propriétaire gravées en caractères puniques, un incontestable suspensoir d'Alcibiade et même un bigoudi en byssus ayant appartenu indiscutablement à la divine Salomé! Je brûlai des essences précieuses, du nard et de la myrrhe conculqués pour moi à Bagdad même. Bref, ma demeure, en peu de temps, ressembla à quelque fabuleux et artistique lupanar d'invertis dont M. de Montesquiou et d'Adelsward eussent été les tenanciers, ou bien encore à une chapelle bien famée, pour millionnaires érotomanes. Et vous pensez si j'inventai des déraisons, des détraquements! Un jour, sous le Pont-Neuf, je stipendiai une cardeuse de matelas et je m'introduisis tout nu dans les étoupes et le crin de son chevalet. Une heure durant, je me fis battre à l'aide de ses longues baguettes, de ses verges d'osier, et, à chaque coup, chaque fois qu'un sillon bleuâtres se dessinait sur ma chair, je sentais la volupté violenter mon être, alors que mes doigts, crispés par le plaisir, cardaient et grignaient la laine, comme auraient pu le faire les crochets d'acier de la brave femme. Chez des brocanteurs, je négociai l'acquisition d'un nombre respectable de vieux sous-bras et, rentré chez moi, le soir, j'orchestrai, je symphonisai ces odeurs, ayant dépassé en cela, de bien loin, le célèbre des Esseintes, si ridicule, n'est-ce pas, Messieurs, avec son parfum de frangipane? Un matin, comme je venais de lire la prose célèbre de Mallarmé, la prose divine, en laquelle il conte la mort douloureuse d'une syllabe, je me vêtis de noir, et j'allai moi-même, à la mairie, déclarer le décès de la *Pénultième*. J'étais donc heureux, je vivais libre, affranchi du sexe et, comme un admirable artiste, j'étais parvenu, d'autre part, à l'ultime degré de la civilisation, au dernier stade de l'affinement mental.

Survint alors le cataclysme intérieur qui devait m'amener devant vous.

Un après-midi, dans la *Villa des Muses*, nous discutions esthétique avec le comte Robert—vous le connaissez tous—et il venait de sonner son officieux ou plutôt son esclave noir, un merveilleux éphèbe, nommé par lui Hiéroclès, qui, en l'œuvre de volupté, ne devait servir qu'une fois, comme tout ce que touche le comte Robert. *Infibulé*, l'esclave portait encore l'anneau d'argent destiné à défendre sa virginité ainsi qu'il était d'usage dans la maison de quelques patriciens romains soucieux des plus délicats plaisirs de la chair et de l'esprit. Entièrement nu, l'adolescent à la toison crépelée, oint d'essences précieuses et d'aphrodisiaques parfums, les tétons fardés, les orteils bagués de chrysoprases et les cuisses constellées de larges émeraudes, déposa sur un guéridon, d'onyx deux tasses contenant du lait de zibeline, deux tasses de jade sur lesquelles couraient des chimères d'or onglées de rubis. Après avoir trempé ses lèvres dans le précieux liquide, seule nourriture des vrais esthètes, que des trappeurs à sa solde recueillaient pour lui, à grands frais, au fin fond du Canada, tout en brisant la coquille d'un œuf d'épervier cuit et durci sous la cendre du bois de santal, aliment qui donne la vigueur et le plein essor, le comte Robert me dit sa nostalgie:

«Il portait l'inapaisable regret des vers inconçus des poètes défunts.»

Et moi, citant ses propres vers, je répondais, chantant la gloire du divin poète, et le consolant de mon mieux:

O vous, l'Homme sur qui toutes turquoises meurent,

J'en suis épouvanté!

Et nos velléités d'alliance demeurent

Comme un mort enfanté.

Où sauver les boutons, les bagues et les cannes

Que vous allez tuer?

Comment du bleu qui sort de mes cent sarbacanes

Me déshabituer?

Tout à coup, je me frappai le front avec un cri sauvage, comme dit à peu près Musset. Mystérieuse genèse des idées! Germination occulte de la pensée salvatrice! Comment le désir éperdu de vouer ma vie à une grande œuvre, à la seule grande œuvre digne de mon intelligence, m'était-il venu, en cette minute? Comment avais-je réalisé une aussi miraculeuse trouvaille, et cela rien qu'à réciter cette strophe immortelle dont nul hémistiche, nul mot pourtant ne pouvaient m'induire en semblable découverte? C'était l'Inouï tout simplement, et les Goëtistes, les Spagiriques eux-mêmes ne pourraient définir le processus d'un fait pareillement fabuleux.

Toujours est-il que j'étais déjà dehors, sans autre souci, ni dépense de politesse à l'égard de mon hôte qui, d'étonnement, avait ouvert et refermé plusieurs fois la bouche, ce qui avait eu pour résultat de faire choir son dentier sur le parquet. Même sa stupéfaction avait été telle qu'il avait bavé un peu de son lait de zibeline sur son corset de soie blanche escaladé d'iris noirs et de sataniques orchidées couleur de soufre.

Trois jours après, j'avais enlevé Hiéroclès, l'esclave nègre du comte Robert, et j'avais prélevé dans un cénacle littéraire une jeune femme éthérée, aux cheveux cuivre en fusion, aux bandeaux préraphaélites, coiffée en oreilles de setter-gordon, venue de sa province pour se conformer aux dires de l'École symbolico-décadente, non sans avoir été engrossée, au préalable, par un robuste vicaire de son département.

Je n'eus point de peine à démontrer à cette botticellesque personne— une figure de Pietro della Francesca—désireuse avant tout d'esbrouffer son époque et d'être louangée par les postérités, que nous pouvions, si elle s'y prêtait, réaliser quelque chose auprès de quoi la conquête de la pierre philosophale, le grand rêve des Alchimistes, apparaissait comme une simple misère. Oui, la gloire était là! Nous pouvions réussir ce qu'Héliogabale et le Sar Peladan n'avaient point réussi. Susciter l'Androgyne nous était loisible. Rien moins.

Entendez-moi bien. Nous n'avions nullement l'ambition de faire apparaître derechef l'Androgyne naturel, tel qu'il se manifesta dans les premiers âges de l'animalité. Le naturel, vous le savez, est en horreur aux délicats qui, avec juste raison, lui préfèrent l'artifice et le simili. Mais pour un autre motif, celui de *surpeupler la terre*, nous éloignions de nous, avec frénésie, l'idée de recréer la Gynandre détenteur des deux sexes, parfaitement normaux, se fécondant soi-même. En effet, messieurs, vous n'êtes pas sans savoir que l'être primordial, l'homme si vous voulez, était ainsi conditionné. Comme certains mollusques la possèdent encore, il possédait l'enviable faculté de se fruiter par auto-fécondation. Par surplus, il nourrissait, il alimentait sa progéniture de son propre lait, à l'instar des mammifères femelles d'à présent. Les tétons parfaitement inutiles que nous portons tous, nous, les mâles, nos mamelles, nos glandes mammaires, atrophiées parce que ne servant plus depuis que l'humanité s'est partagée en deux sexes *principaux*, sont une preuve formelle, définitive de ce que j'avance. Car pourquoi la Nature qui ne saurait errer, qui ne fait rien de superflu, nous aurait-elle donné des tétons si nous n'en avions jamais fait usage? Et ceci explique la pédérastie, tare de toutes les races, la pédérastie qui n'est après tout qu'un rappel du passé, une sorte de retour inconscient vers l'antériorité, un impératif d'atavisme poussant certains individus à revenir, sans qu'ils en aient conscience, à la règle d'amour primitive, à la norme initiale imparfaitement abolie encore. Je m'explique: ceux qui besognent les deux sexes, soit cinquante pour cent environ des sodomites, sont des êtres en qui *l'hermaphrodisme subsiste, perdure, en puissance.* Ils vont de l'homme à la femme avec un égal plaisir. Les autres, qui recherchent exclusivement le mâle, sont ceux en qui le sexe femelle s'est prolongé *de façon virtuelle*, et prédomine sur l'autre. Ces derniers qui possèdent tous les attributs du mâle se désolent en réalité et sans le savoir de la perte des organes féminins. Ils errent, se débattent et s'efforcent de revenir au premier mode de la vie, sans en avoir une nette conscience. Et cela est si vrai que, de temps en temps, la Nature a une distraction; par défaillance, par oubli, par accident, elle crée des hermaphrodites véritables. Elle semble vouloir ainsi revenir en arrière; elle élabore un monstre bisexué qui, présentement, n'est qu'un phénomène, alors qu'au début de l'espèce humaine, il était le type courant.

Tout à l'heure, je vous disais que nous avions repoussé avec horreur l'idée de recréer la Gynandre originelle.

Vous comprenez le danger que créerait le surgissement d'un pareil être apte à s'engrosser tout seul. Pour me servir d'une comparaison qui m'est chère, le pullulement de ces acarus, de ces coprivores, de ces cloportes de la grande famille des *conéoptères* qu'on appelle les hommes, finirait bientôt par avoir raison, en la dévorant toute vive, de cette rogne galeuse qu'est la planète. Déjà, ils s'y trouvent aussi serrés que les mouches sur une fiente exposée au soleil. Et le malaise règne à l'état endémique parmi eux, parce que beaucoup n'ont point une part suffisante des puanteurs nourricières qu'elle distille avec un soin jaloux. Dans ce temps-là, d'ailleurs, j'étais revenu de mon projet; je ne voulais plus supprimer la Terre...

Deux mois après donc, Hiéroclès et la maîtresse d'esthète, désireux l'un de s'enrichir grâce à ma munificence et l'autre de s'immortaliser, s'étaient prêtés à ce que j'avais exigé d'eux. Écoutez bien ceci. L'esclave noir du comte Robert avait consenti à l'ablation de sa mentule et de ses appendices, et un chirurgien de mes amis,—la gloire de la science future—avait pratiqué la greffe de la virilité d'ébène sur la plastique lactescente de la jeune nymphe des cénacles. Mais voyez jusqu'où va mon talent, et sur quel culminant sommet, sur quelle Alpe de génie, la fréquentation des artistes est capable de vous hisser. J'avais remarqué que la Nature, en sexuant la femme, avait agi avec la dernière grossièreté, avec un manque absolu de savoir et d'intuition. Pourquoi, oui, pourquoi, avoir placé la chose, de façon à ce qu'en s'hypnotisant sur elle, comme tout mâle vigoureux et sain est en devoir de le faire, les pieds—partie ridicule de l'individu—soient toujours visibles? Pourquoi aussi l'avoir située à proximité du brûle-parfums d'arrière, vase naturel des immondices? Ces néfastes particularités anatomiques sont pour affoler les rustres les plus opaques, vous en conviendrez, et je résolus d'y obvier. Il n'y a aucune raison, pensai-je, pour que l'hiatus en question n'ouvre pas son gouffre, son maëlstrom de délices, à côté du cœur par exemple, puisque ce viscère, qui entrepose toute notre noblesse, sert toujours à expliquer les déréglements de la cavité précitée. Une vulve fut donc pratiquée au bistouri, en le milieu du sternum, et maintenue ouverte par une canule d'argent, toute proche de la mentule du nègre qui profitait là comme une bouture sur un cep adolescent. Les eaux capillaires furent mises à contribution. Et ainsi ce fut parfait. Pubis et pénis, tous les organes dont se recrée l'homme, voisinaient l'un l'autre en une parenté familière, et, triomphe de la logique, se trouvaient réunis sous la main, dans l'heureuse opposition de leur couleur!

—Ça n'a pas le sens commun, dites-vous.

—Messieurs, le sens commun, comme son nom l'indique, est le sixième sens des imbéciles.

Le bruit de ce haut-fait, de cet invraisemblable miracle, réalisé par moi, courut Paris incontinent, et ce fut ma perte, car il est dans mon destin, hélas! de toujours rouler de l'Empyrée dans l'Hadès. Monsieur Huysmans ayant appris la chose, et inconsolable à la pensée qu'un seul de mes travaux avait, pour jamais, aplati son des Esseintes, Monsieur Huysmans, dans sa honte, courut s'enterrer tout vivant à Ligugé, et, du même coup, décréta la fortune du pharmacien de l'endroit qui, désormais, passa son temps à aider de son mieux à la résorption des bosses frontales de la communauté en dispensant à profusion, aux bénédictins et à l'auteur d'*à Rebours*, l'arnica et le sparadrap que rendait nécessaire chacun de leurs entretiens sur la liturgie ou la mystique chrétiennes. Car, ainsi que vous en êtes informés, on se contusionnait ferme dans cet endroit.

Quelles semaines d'ineffables délectations je vécus dans la cohabitation permanente avec mon androgyne, je ne saurais vous le dire! Il faudrait inventer une langue plus expressive que la nôtre afin de vous les conter! Certes, j'aurais dû exister solitaire et caché, tout entier à ma béatitude, mais j'étais homme encore, et le démon de l'ostentation me tenta. Je voulus donner une fête et m'exhiber dans mon bonheur et ma victoire, comme le Consul antique, puisque j'étais le Paul-Émile de la greffe animale. Le comte Robert y vint et se vengea. Ce soir-là, il était paré d'un corset de satin noir assailli et constellé de scarabées d'or. Et, comme le Crispinus de Juvénal, il portait des *bagues d'été*. C'étaient des torsades de fils minces, des linéaments quasi invisibles, des réseaux de follicules d'or vert, comparables pour la finesse et la ténuité au premier duvet, au capillaire hésitant des vierges à peine pubescentes. La complexion délicate du comte, sa nature véritablement féminine, la morbidesse si captivante de sa sodomie, ne lui permettaient pas de s'adorner de joyaux pesants, d'anneaux trop lourds, bons tout au plus pour les sous-officiers rengagés ou pour M. Paul Bourget. Sans doute, il usa d'effroyables sortilèges, de la magie des pierres, de l'envoûtement des mots, du philtre des rythmes, car à l'issue de la fête il enlevait mon androgyne et, par la suite, resta introuvable dans Paris. Je sus plus tard qu'il l'avait emmenée en Amérique et l'exhibait à Boston, à New-York, à Chicago, comme témoignage de son génie et de son horreur du banal, pendant que les journaux d'Europe dissimulaient la chose et annonçaient de lui une banale tournée de conférences.

J'aurai l'orgueil de vous cacher les affres qui suivirent, les tortures renouvelées de Prométhée, et je ne mésuserai point de votre condescendance pour vous peindre les heures affreuses qui furent miennes. Le Dante, dans son enfer, a oublié l'homme à qui on a volé son androgyne.

Je ne croyais pas pouvoir sortir jamais de mon hébétude, du coma dans lequel j'étais enlizé, lorsqu'un matin dont je me souviendrai toujours, un matin de février, alors que le ciel était couleur de pansement sale, et que la nue blennorrhagique éjaculait itérativement les mucus jaunâtres de ses dernières neiges fondues, je me sentis poigné par une sensation inusitée, par une détresse plus forte encore que les autres et jusque-là inconnue. Mon âme paraissait s'être ouverte à l'intérieur comme un sillon, une cicatrice d'humeur froide mal fermée, et je restai pantelant, transi, l'esprit et la chair en désarroi, comme si quelque insidieuse et vénéfique scrofule s'était glissée dans mes veines grelottantes. Cela dura une, deux, trois heures, peut-être, je ne sais plus. Il faisait grand jour, et cependant je haletais dans une ténèbre à ce point dense et opaque, Messieurs, qu'elle me semblait solide et que je m'efforçais à l'entamer, de la déchirer avec mes dents. Puis, tout à coup, au moment même où j'allais hurler, appeler mon valet de chambre, une révulsion! J'étais debout, me secouant, halluciné, affolé, cherchant je ne sais quoi de mes mains tendues, me tordant les doigts, de l'écume aux lèvres, avec, en mon être, tout le hourvari d'une lamentation intérieure qui ne pouvait cependant se traduire par aucun cri. Eh bien! savez-vous ce que je cherchais, sans presque en avoir conscience? Oh! c'est à peine si j'ose le dire. Je cherchais à étrangler quelqu'un!... Oui, je sentais que si j'avais eu là, devant moi, un corps humain, un corps de femme, de préférence, cela m'eût calmé sur l'heure, cela eût détendu immédiatement la contraction forcenée de mes muscles et de mes nerfs. Ah! pouvoir nouer l'étreinte implacable de mes phalanges autour d'un cou, d'un col blanc à la chair fine et jeune, et le stranguler lentement, lentement, en d'impossibles joies, en d'ineffables délices... Et pendant tout le reste de la matinée, je me roulai à terre, barrissant d'impuissance et de rage. On me releva en syncope. Depuis ce jour, je n'osai plus sortir de chez moi. Vous comprenez: ces cous de jeune fille que je me remémorais, ces tiges graciles et tièdes et satinées, entrevues jadis dans Paris! Je n'aurais pu y résister, j'aurais sûrement fait un malheur. Et l'infernal supplice, l'inexorable crucifixion commencèrent pour moi. Las de lutter, un jour, je fis venir des médecins à qui je contai tout; je me traînai à leurs pieds, les suppliant d'abolir cette effroyable hantise, de me tirer de ce gouffre gorgonien. Quelques-uns essayèrent des thérapeutiques impossibles, flairèrent mes crachats, examinèrent mes selles, goûtèrent mes urines, parlèrent de neurasthénie, me conseillèrent la campagne, la vie des brutes, et d'autres ne revinrent pas.

Un d'entre eux, cependant, me révéla une chose stupéfiante à laquelle je n'avais pas pensé jusque-là.—Vous êtes, me dit cet homme, une victime de la civilisation. Stimulé par les récentes littératures, vous vous êtes mis en devoir de réaliser les types les plus alléchants qu'elles venaient de fomenter. Alternativement, vous avez été des Esseintes ou M. de Phocas, et vous avez lu sans doute *De l'assassinat considéré comme un des beaux-arts*, de Quincey. Ainsi vous parveniez au palier suprême de l'affinement mental; vous aviez parcouru enfin le cycle qui va du primate à ces individus parachevés. Mais il est un point ultime qu'on ne franchit jamais sans catastrophe, mon cher client, car la Nature, comprenant très bien que l'être qu'elle a suscité, comme tous les autres pour des besognes déterminées, va lui échapper si son intellect s'élargit encore, la nature *naturante* le réfrène avec sa brutalité coutumière, donne un brusque coup de mors sur ses maxillaires douloureux. Par une régression terrible, elle le ramène brusquement en arrière, à l'état de l'homme primitif, et substitue ainsi à toutes ses aspirations d'artiste trop compliqué le goût initial, le besoin inné de tuer qui se trouve présentement enseveli au fond de la plupart des occidentaux sous les alluvions de trente siècles de culture. Depuis ce moment, l'individu,—vous-même, en l'occurrence— redevient l'anthropoïde ancestral, le grand bimane carnassier: il lui faut tuer, tuer, car tuer était jadis le plus divin des plaisirs..... Et il me quitta sans laisser derrière soi la moindre ordonnance, mais en exigeant deux mille francs pour prix de sa consultation.

Je restai plongé dans ma ténèbre, enlinceulé dans mes rouges visions d'assassinat. Une idée secourable accourut néanmoins. Pourquoi ne tromperais-je pas mon hallucinant désir, mon torturant besoin par l'artifice? Je commandai donc un mannequin à un de ces industriels spéciaux qui fabriquent des femmes en caoutchouc, ayant toutes les apparences de la vie, et, qualité suprême, *ne parlant pas*, qui confectionnent des Junons en vulcanite et des Anadyomènes en gutta-percha pour enchanter l'esseulement des navigateurs. Le négociant fit un chef-d'œuvre. C'était à s'y méprendre la réalisation du fameux portrait de Miss Siddons, de Gainsborough. Ce cou de patricienne, de grande aristocrate du siècle dernier qu'on se représente effleurant, du galop ramassé de son alezan, les gazons froids, les allées guindées des parcs anglais vernissés par la pluie dolente et paresseuse! Vous vous rappelez les vers de Chénier cités par Musset, n'est-ce pas, Messieurs?

....Un cou blanc, délicat

Se plie, et de la neige effacerait l'éclat.

C'était ça. Ah! les voluptés paroxystes que je goûtai d'abord. Mes doigts, serrés comme le collier d'une cangue, comme un carcan de bronze, s'enfonçaient par gradations lentes, par pressions savantes et calculées, dans le caoutchouc, à qui mon imagination avait enjoint d'être la pulpe fraîche et satinée d'un col de patricienne. Et puis, elle tirait la langue ma femme en simili, car le fabricant lui en avait mis une, en basane cramoisie, et des cris gutturaux se bousculaient dans le larynx de baudruche. Pendant huit jours, je crus avoir sinon vaincu mon mal, tout au moins transigé avec lui. Et mes domestiques me ramassèrent trois fois évanoui aux pieds du mannequin. Mais un soir l'impérieuse nécessité, l'injonction terrible revinrent plus formelles. Quasi fou, pressentant que j'allais succomber, je me jetai dans le Sud-Express. Où allais-je? questionnerez-vous. Ah! C'était bien simple, je m'expédiais en Espagne, dans l'espoir d'y soudoyer le bourreau pour le remplacer le jour où l'on exécuterait une femme, car on étrangle là-bas. Vous saisissez: le garrot d'acier, c'eût été mes doigts de métal... J'aurais serré doucement, doucement, sans à coups, avec une précision savante, pendant que tout se serait fondu dans mon être comme au contact d'une flamme voluptueuse qui eût léché mes nerfs avec ses langues caressantes. Peut être aurais-je été pacifié du coup. Mais je n'avais pas de chance, la dernière anarchiste, une jeune fille de dix-sept ans, venait d'être suppliciée avec sa mère, il n'y avait pas une semaine, à l'occasion de la majorité du roi. Il fallait attendre et c'était impossible. Un psychiatre ibérique, consulté par moi en désespoir de cause, me conseilla de tuer des animaux ou d'assister à leur supplice. Je me rendis à deux ou trois corridas... J'en sortis avec la nausée. Ces matadors aux fesses proéminentes, fanfreluchés comme des filles de maisons closes, encaustiqués de pommade, qui croupionnaient dans l'arène, avec leurs passequilles et leurs passementeries d'hommes de joie, me rappelèrent les gitons d'antan. La foule hystérique, déferlante et pâmée à la vue du sang, me fit fuir avec le seul regret qu'il ne fût pas possible de lâcher sur elle une quinzaine de tigres à l'issue du spectacle. Je revins en France, et, de suite, me précipitai dans un tir aux pigeons. En peu de temps je devins un fusil sensationnel, un fusil capable d'effacer le roi de Portugal lui-même, et je ne tardai pas à être de toutes les chasses retentissantes. Je fus héroïque, car, pour abattre par centaines les perdreaux et les faisans, j'allai jusqu'à supporter la conversation de nos grands propriétaires, de nos financiers fameux et des potentats en balade. Il fallait me voir! Je tirais sans relâche, ne manquant jamais, courant ensuite devant les porte-carniers pour ramasser moi-même les bestioles blessées. Je les soulevais délicatement d'une main, de l'autre, j'enserrais le col, et je nouais, je tordais mes doigts en trépignant, pendant qu'un tumulte de cris rugissait dans ma poitrine. Ah! c'était bon, bien bon! Je me souviens de l'une d'elles tombée dans un sillon. Elle agonisait, les plumes hérissées, gonflées comme par un vent intérieur, le gorgerin rougeâtre secoué de spasmes, l'œil se vitrifiant lentement, tandis que le bec, jusque-là convulsé par un trismus, s'ouvrait, tout à coup, pour laisser passer la langue qui jeta trois appels, trois stridulations de souffrance et d'effroi démesuré. Je courus sur elle... je l'emportai dans une clameur, dans un bramellement de plaisir et, les bras coulés entre les jambes, à demi-courbé, je l'étranglai, je comprimai mes poignets avec mes genoux pour avoir plus de force... On m'avait vu.

—Quel chasseur vous faites! C'est plaisir de vous inviter; vous avez le feu sacré, au moins, me dit, avec une tape amicale sur l'épaule, le baron Cormoran.

A quinze jours de là, je tombai malade. Ce fut une nuit sans fin, mais béate. Il me semblait exister sous un tunnel indéfini, dans une agonie latente que pas un rêve, pas un phantasme ne vinrent troubler. Ah! Comme c'était délicieux et confortant. Pourquoi, pourquoi, cette nuit n'a-t-elle pas duré toujours? Pourquoi en suis-je sorti? Sans doute pour connaître de nouvelles tortures, car lorsque je revins à l'intelligence, je m'estimai guéri, libéré, rédimé définitivement. Eh bien! non, je ne l'étais pas. Je n'avais fait que changer de bagne, passer entre les mains d'un nouveau tourmenteur.

La Nature, que j'avais combattue jadis, s'était dit sans doute que ma volonté était plus forte que la sienne, et que jamais je n'obtempérerais pour devenir l'étrangleur passionnel qu'elle avait décrété que je fusse. Elle s'y prit plus sournoisement, cette fois, avec une politique bien supérieure. Au lieu de tuer comme moi, insinua-t-elle, au lieu de massacrer au grand jour avec impudeur et cynisme; au lieu de supplicier les êtres avec furie, maëstria et sadisme, ainsi que je le fais, pourquoi ne tuerais-tu pas sans risque avec beaucoup de ruse et plus de science encore, en protestant à chaque minute de la pureté de tes intentions ou en affirmant ton droit légitime à agir ainsi, comme la Société, par exemple? Regarde, la Société tue tous les jours, par la guerre, l'usine, l'alcool, la famine, la diffusion de la bêtise, la misère, la caserne et la prostitution. Pourquoi, diable ne ferais-tu pas comme elle, puisqu'en l'occurrence, il y aurait volupté pour toi? Avec un peu de savoir-faire et de l'audace tu t'en tireras certainement.

A son égal, tu as de la surface, de la respectabilité acquise, qui donc songera jamais à t'incriminer? Et puis, même, si tu te faisais prendre, tu n'aurais qu'à arguer que tu as pratiqué en petit, toi, ce qu'elle pratique en grand. Pense à ses mensonges et à ses crimes coutumiers. Si un jour elle te traîne devant un de ses tribunaux, en te reprochant de l'avoir attaquée, de lui avoir nui grièvement, tu pourras lui rétorquer: Ta justice est en équilibre instable sur pas mal de principes dont l'un en particulier énonce: *Nul n'a le droit de se faire justice soi-même*; or, pourquoi t'élèves-tu contre moi, prétends-tu me juger, toi, Société, qui, en l'espèce, es juge et partie? Pourquoi t'accordes tu à toi-même, Entité mal venue, le droit que tu refuses aux individus?... Tu vois, ricanait la Nature, la Nature scélérate que j'avais voulu égorger jadis, tu n'as rien à craindre,... rien à redouter, même des Cours de Justice...

J'étais vaincu par le lumineux de cette argumentation. Je résolus donc de plagier la Société au plus près et d'assassiner avec une maîtrise et une duplicité au moins équivalentes. Pourquoi ne l'aurais-je pas égalée en hypocrisie? *Bourgeois, riche, d'une honorabilité indiscutée, je me déterminai à pratiquer l'attaque nocturne sur les rôdeurs.* C'était de tout repos. D'ailleurs, il y avait assez longtemps, n'est-ce pas, qu'ils la pratiquaient, eux, sur les Bourgeois? Pourquoi leur laisser les joies et le bénéfice de l'attaque nocturne? Ne convenait-il pas d'enlever ce privilège à la classe réprouvée comme le Tiers-État lui avait enlevé un à un tous ceux dont la Révolution l'avait un moment nantie.

Je sortis donc un soir dans l'équipage ordinaire du monsieur cossu. Une énorme chaîne d'or coupait en deux, comme un équateur coruscant, la sphéricité de mon abdomen: large ventraille rebondie obtenue à l'aide de force étoupes. Ma cravate était avantagée d'un diamant qui eût ravalé ceux du Padischah ou de M. Gérault-Richard, et mes doigts s'adornaient d'une véritable bijouterie d'archevêque. Dans la poche de côté de mon pantalon, une merveille de revolver, un «*Smith and Wesson*», plat et long, au mécanisme impeccable, caressait ma main de son frais contact et de l'ébène quadrillé de sa crosse. Je pris l'omnibus et descendis dans une de ces rues pestilentes et noires qui, comme un intestin engorgé, s'enroulent et sinuent sur elles mêmes, autour des Halles. Il y avait là justement un hôtel à filles. Je les regardais venir de loin, marchant à pas précipités, se retournant pour voir si l'homme qui suivait leurs jupes boueuses ne transitait pas par ailleurs. Il y en avait de jeunes, des gamines presque et d'autres qui étaient pour le moins sexagénaires, mais toutes avaient cette figure d'uniforme vieillesse, ces traits sans âge, cette chair bleutée, ces joues cuites et ces yeux éraillés que donnent l'alcool, la misère, et les coups des hommes. Toutes les catégories sociales défilaient d'ailleurs à leur suite: Il y avait des ouvriers qui secouaient leur pipe à la porte du bouge et des bourgeois qui, hâtivement, retiraient leurs gants ou leur décoration. Parfois, un homme entrait avec deux ou trois filles pour sa consommation personnelle. Je vis même poindre un gentleman, d'une trentaine d'années, qui venait de faire arrêter son coupé au coin du boulevard pour marcher derrière une horrible souillasse, et qui, sans doute, lui murmurait des saletés dans le cou, car subitement la larve qui l'accompagnait détala après avoir crié.—Ah! ben non, pas avec toi, t'es trop cochon... Plus loin, claudiquait un vieux cassé et cacochyme qui ne pouvait presque plus marcher, qui s'appuyait sur une canne, et qu'une petite, gibbeuse et presque chauve, les cheveux dévorés par le mercure, soutenait aux épaules. Un quart d'heure après, les hommes sortaient, jetant des regards inquiets sur leur tenue, comptant leur argent pour voir si on ne les avait pas entôlés; puis, sur leurs talons, surgissait la femme qui scrutait de l'œil la rue déserte pour s'assurer qu'elle était vide d'agents. C'était l'ordinaire défilé des amours de fange et de sentine: les lamentables, les déshérités, qui s'en vont là trouver l'exutoire requis par la Nature, les bourgeois à qui le contact journalier de leurs épouses donne du goût pour la chair des plus viles prostituées, et puis ceux que le vice malmène jusque dans l'ultime vieillesse, les petits vieux qu'on a couchés et bordés, le soir, les vieux bien propres de *Sainte Périnne* ou *des Petits Ménages* que la police recueille là, parfois, surinés par la gigolette ou ayant évacué leur âme, près de la cuvette d'ordures, dans un hoquet trop fort, dans une secousse trop véhémente d'immonde salacité; d'autres encore, ceux à qui le galetas empuanti par l'odeur des sexes, le taudion plein de punaises, le parquet ponctué de taches obscènes, les draps séreux et la fille engluée, peuvent seuls procurer l'extase suprême et le taraudant frisson.

Ce soir-là, je fus accosté par une prostituée.

—*Fais-tu voyeur* ou *fais-tu moineau?* me dit-elle... Ça ne te coûtera pas cher...

Faire voyeur, je savais ce que cela voulait dire; faire moineau, je l'ignorais. Elle m'instruisit, car elle avait le don des métaphores et sa métonymie était pertinente: cela devait s'entendre tout simplement d'imiter les passereaux qui, au bord d'un toit, ne s'attardent pas à leurs amours, fruitent leurs femelles et puis déguerpissent.

Lorsque je fus dans l'hôtel, je formulai hautement toute ma répugnance à faire moineau.

La prostituée répliqua:

—Alors pour la *voyure*, mon petit, c'est un louis au patron et deux thunes pour moi. Mais tu vas *rigoler des châsses* sur quelque chose d'épatant... La princesse est justement en mains... Tu sais... on dit que c'est la Cobourg... une fille du roi des Belges...

Je tressaillis... et j'éclairai. Deux minutes après, l'œil collé à un trou de la muraille, j'assistai à une scène bien faite pour porter au dernier degré de l'exaltation cérébrale un intellectuel comme moi, qui ne poursuit en toutes choses que l'insolite, l'infini ou l'absolu.

Une femme grande, trente-cinq ans peut-être, bien en chair, d'une merveilleuse beauté brune, aux yeux d'ombre phosphorescente, aux cheveux de ténèbre odorante, était couchée sans un mouvement, rutilante de pierreries, pavée de bijoux, sur une carpette mangée d'usure, sur un tapis rongé de pelade et maculé de taches séminales. Vêtue seulement d'une chemise et d'un pantalon d'arachnéennes dentelles, une demi-douzaine de filles en haillons visqueux, choisies sans doute parmi les plus repoussantes, s'acharnaient sur elle. Les prostituées tournaient autour de la chambre comme des hyènes encagées, fonçaient subitement sur le corps prostré, reculaient pour revenir et l'enserrer, épileptiques, dans des spires de démoniaques, dans des orbes d'hallucinées, se battant, s'attouchant en d'immondes contacts, s'écroulant ensuite en grappe, en monceau, approchant leur bouche de celle de la femme toujours étendue et comme figée dans la béatitude. Soudain elles se dévêtirent, jetant leurs loques à la volée, exhibant de terrifiantes anatomies, des sexes purulents qui eussent découragé tous les chirurgiens, des ventres rhomboïdaux, des décombres de gorges, des tétines énormes et fluctuantes qui nourrissaient le désir de conjoindre les orteils, et qu'elles promenèrent une à une sur les lèvres de la princesse, sur ses flancs marmoréens, en leur infligeant d'innommables et intimes caresses.

Quasi léthargique, la patiente ne bougeait pas; je la crus morte.

—Mais on l'assassine... elles l'ont tuée... au secours!

—Non, non, tu vas voir... c'est très courant... Ça s'appelle se *faire faire les puces*.

Tout à coup, une prostituée à cheveux gris, terrifiante de hideur, se dressa sur les pointes, darda vers le plafond un bras épidermé de crasse et, déchevelée, hulula, pendant que sa poitrine gélatineuse moutonnait effroyablement en des hoquets d'ivrognesse. Car toutes étaient saoûles. A ses cris, la petite troupe des ribaudes déchaînées s'enfuit pour s'aller plaquer contre la muraille. La vieille clamita derechef, et la ronde infernale recommença. Puis, toutes se ruèrent, arrachant par lambeaux le pantalon et la chemise de valenciennes, découvrant un impeccable corps dont les lignes seulement commençaient à se soulever, dont les lombes palpitaient enfin. Folie! Une culbute générale submergeait la Junon immobile d'une houle, d'un ressac de poitrines, de reins, de cuisses, de croupes frénétiques.....

Un remous parut alors venir du tapis, fit osciller le monceau effroyable. La patricienne, reconquise par la vie, sortait de sa torpeur... Une main fine, aux ongles translucides, troua le tas des chairs mouvantes, lança à travers la pièce des bagues, de l'or, des peignes, des colliers, qui roulèrent et rebondirent, fouettant la pièce de lueurs violentes...

Et pendant dix minutes, un quart d'heure peut-être, on n'entendit plus que des sifflements d'haleines affolées, des rauquements, des ahans éperdus...

—Assez... Oh si! encore, toujours, toujours... susurrait une voix agonisante et pâmée.

Moi je n'y pus tenir. La malepeste des haleines, le remugle effroyable des croupes, le suint des épidermes, les arpèges, les trilles de puanteurs qui, à travers les fissures des cloisons, arrivaient jusqu'à moi me firent reculer. Mes nerfs trahirent mon esprit qui venait de goûter les joies divines du fantasque et de l'inattendu. Mon œil quitta la fente. Je crus que j'allai vomir et vacillai.

—Ben quoi... remets-toi, me disait la pierreuse... il y en a beaucoup comme ça, tu sais, des femmes du monde... il en vient tous les jours ici... Plus ça pue, plus ça leur zy va... C'est une spécialité de la maison...

En descendant, près du bouge, j'avisai un cabaret borgne. Un des rideaux relevés montrait par l'étroite vitre fuligineuse quatre souteneurs perpétrant une manille sensationnelle. Près de la porte, un cinquième surveillait les filles et comptait les *passes*.

C'était le patron lui-même qui les marquait, d'un trait de craie, sur une ardoise. En me penchant, je vis que chaque fille était désignée par son sobriquet et j'entendis un des rôdeurs s'exclamer joyeusement:—Chouette, v'la *Bath en tiffes* qui monte pour la quatrième fois. Moi, j'allais et venais devant la porte, choisissant, parmi ces hommes, celui que je devais, du même coup, condamner à mort. Messieurs, je ne balançai pas longtemps. Il y en avait un petit, mince, d'un blond pâle, avec d'hésitantes moustaches, à peine un duvet flave et indécis au-dessus des lèvres. Oui, celui-là s'imposait; plus que tous les autres, il serait agréable de l'abattre, de le voir panteler à mes pieds dans les derniers sursauts, la convulsion définitive. Pourquoi? Parce qu'il était jeune et plein de santé, et que détruire de la chair jeune est une autre caresse à l'épiderme et une autre joie dans l'esprit que de supprimer de vieux êtres hors d'usage. J'attendis qu'ils fussent sortis, que le cabaret et le bouge eussent mis leurs volets et dégorgé leurs derniers amateurs. Il pouvait être deux heures du matin quand ils s'égaillèrent et que je pris la chasse derrière l'«Albinos du Sébasto». Je savais que, lui aussi, comme les autres, devait aller retrouver sa femme à l'issue du travail et vérifier la recette. Je ne lui en laissai pas le temps. A l'angle de la rue voisine, j'étais devant lui, face à face, le revolver braqué, sans un mot, à la hauteur du visage. Surpris, l'homme recula, enfonça sa tête dans les épaules, recula encore et me dit:

—Eh ben quoi!.. si vous êtes de la rousse, pas tant de *magnes*... on va vous suivre...

Alors devant ses mains dressées pour se garantir, je fis monter et descendre le revolver...

—Tu vas mourir, tu vas mourir... répétai-je.

Je jouissais atrocement de son angoisse, car il venait de comprendre, rien qu'au rictus de ma bouche, que c'était sérieux. Il tournait, et je virais avec lui, l'enserrant d'un cercle inexorable. Maintenant, il était vert et des gouttelettes de sueur tombaient de son front sur le pavé. Il ne songeait même pas à crier. Et moi, je guettais le moment où il allait se ramasser pour le bond en arrière qui aurait pu le mettre hors d'atteinte... déjà il ployait les genoux, prêt à se détendre, comme un puma... alors, d'une main, j'arrachai ma chaîne de montre, lacérant par surcroît la poche de mon gilet; je froissai ma cravate et, de toutes mes forces, je hurlai:

—A moi... au secours... à l'assassin! et je lâchai le coup.

Il était tombé atteint au ventre. Je le voyais se tordre comme un ver; un jet de sang giclait en bouillonnant hors de sa ceinture, tel un jet de vin hors d'une futaille percée; ses ongles écorchaient le pavé; par trois fois, il essaya de se relever, puis retomba, écumant, la bouche pleine de salives rouges. Son corps ensuite se noua en des soubresauts, des anhèlements, toute une trépidation frénétique, et, brusquement, il s'apaisa, sa tête heurtant seulement le sol en un rythme placide largement espacé. Moi, avec, dans les flancs, le coup de rasoir d'une sensation, d'un spasme extraordinaire, je m'étais accoté à la boutique voisine. Non... Le plus furieux désir, le rut le plus impétueux qui s'assouvissent enfin ne peuvent produire cela... Il me sembla que tous mes viscères s'étaient décrochés en même temps, et qu'à l'intérieur de mon être tout s'en allait en une dérive d'une indicible volupté...

Des sergents de ville, des passants attardés accouraient:

—Cet homme m'a attaqué, dis-je, j'étais en état de légitime défense; j'ai tiré. Au Poste de police, je montrai ma cravate, mon gilet arrachés, ma chaîne de montre brisée en deux morceaux; je produisis des papiers établissant de façon indiscutable mon identité, ma reluisante situation sociale. Le Commissaire me félicita de mon sang-froid.

—Il est mort, vous savez, ah! si nous en avions beaucoup comme vous, Paris serait bientôt nettoyé de cette vermine.

Chose bizarre, Messieurs, le lendemain de cette affaire, j'avais repris goût à l'amour. Un prurit inconnu jusque-là me poussait vers la femme. Je connaissais enfin la fièvre et l'impérieuse passion. J'étais même inapaisable comme si j'avais ingéré quelque virulent satyriaque. Moi, qui jamais n'avais pu endurer l'ineptie et la désolante niaiserie du geste d'amour, je ne vécus plus que pour l'amour. Je devins célèbre dans Paris. Les professionnelles me fuyaient à cause de mon irrassasiable boulimie passionnelle. Et parmi les femmes honnêtes, je rebutai les plus enragées, celles qui, malgré l'exode des moindres retenues, ont toujours la croupe en ignition. Oui, voilà le fait inexplicable: le sang m'avait réintégré dans l'amour. Quelle trame sournoise, quelles accointances mystérieuses les relient donc l'un à l'autre et les font ainsi voisiner? Voilà ce que je ne puis expliquer, avec mon faible génie. Mais que mon expérience personnelle serve au moins de contribution à ceux que tenterait l'étude du phénomène.

Vous voyez que mon stratagème était infaillible. Je pouvais, en toute sécurité, moi, bourgeois, pratiquer l'attaque nocturne sur les rôdeurs. Cinq ou six de mes confrères, dont deux millionnaires, la pratiquent encore à l'heure actuelle, du reste. Je sévérai donc. Un jour cependant, un de mes assassinés,—«Le Deschanel de Ménilmonte»—étant parvenu à guérir de ses blessures, eut l'inconcevable audace de révéler le truc en pleine audience. Ne croyez pas que je tremblai. Non; j'étais certain de ce qui allait survenir. Le

Président des assises, en effet, le remisa si vertement et lui démontra si bien toute l'inanité de son système de défense que le malheureux attrapa le maximum de la peine pour attaque nocturne à main armée. Il est encore au bagne à l'heure actuelle. Mon Dieu, que c'est drôle!

Comme vous vous en rendez compte, la chose aurait pu durer toute ma vie, si je n'avais pas, une fois, joué de malheur. Ce soir-là, je n'avais rencontré, dans ma quête silencieuse, que de vagues et quelconques souteneurs sans saillie ni pittoresque, qui ne valaient certes pas le coup de feu. J'allais regagner mon logis, quand je me heurtai, au sortir d'un bar mal famé, à un individu court et trapu, aux yeux d'indigo défaillant, au nez de Kalmouck, aux rouflaquettes poussiéreuses, et rayonnant je ne sais quoi de particulièrement bestial, je ne sais quel air de férocité tendue et glacée. Je présumai, à la radiation mauvaise de cette prunelle hésitante et torve, une prunelle de bête primitive, que je me trouvais devant un rôdeur redoutable qui, lui aussi, devait avoir tué bien des hommes dans les combats farouches des rues désertes. C'était un être à ma taille, quoique tout à l'opposite de moi-même qui suis trop civilisé et trop compliqué. Au geste impératif avec lequel il congédia deux individus vêtus comme lui, je reconnus le chef de bande donnant ses derniers ordres. A nous deux! me dis-je, et je le suivis. Vous savez le reste: C'était un prince russe déguisé qui faisait la tournée des bouges, et, comme cette fois, ma victime n'était pas un souteneur, mais bien un brigand armorié, entretenu, non par une femme, mais par la Société, mon subterfuge fut découvert.

J'ai donc à répondre de tous ces actes. Je viens d'étaler devant vous ma psychologie; vous avez cheminé à ma suite dans les circuits, les dédales de mon intelligence; vous êtes descendus dans les puisards de mon âme. J'aurais pu me dispenser d'être non moins prolixe que véridique puisque maître Pompidor venait de me sauver au moment précis où je me suis emparé de la parole. Mais je ne veux point passer pour un fou et répugne à l'idée de devoir mon salut à la ruse ou au mensonge. J'ai tué cinq hommes, dites-vous? Hé! c'est un crime moins grand aux yeux du Sage que d'avoir fait cinq enfants. A l'aide de quel raisonnement, je vous le demande un peu, établissez-vous, de façon irréfragable, le droit que vous avez de donner la vie, alors que vous prononcez que supprimer son prochain est criminel? Vous posez un *a priori*, je le sais bien, vous dites: satisfaire à l'acte génésique, procréer est un acte *imposé par la Nature*, c'est une fonction, un vertige auxquels nul n'échappe dans le règne animal. Et tout ce que la Nature impose est légitime et sacré. Moi je vous répondrai: le besoin, le vertige de tuer pour certains êtres est aussi injonctif, aussi impérieux que celui d'enfanter. La Nature l'a glissé, l'a coulé dans la chair comme une folie équivalente à sa contraire. Alors, puisque toutes deux sont naturelles, émanent de notre Mère à tous, l'une ne saurait, d'après votre définition même, être un forfait quand l'autre est une vertu sociale: attendu que votre argumentation *offre la Nature* comme *seul criterium* et pierre de touche ultime. Le monstre étant celui qui entre en rébellion avec la Nature, vous flétrissez de cette épithète celui qui verse le sang. Vous avez tort, il serait seulement un monstre s'il refusait d'obéir à ses poussées profondes, s'il refusait de tuer, s'il s'écartait de la règle naturelle à laquelle il ne peut pas désobéir, tout comme est un monstre celui qui, par volonté, s'abstient de la copulation.

D'ailleurs, il y aura toujours une excuse à invoquer pour l'assassin: c'est que celui-ci ne fait souffrir sa victime que quelques secondes, quelques minutes au plus, tandis que le mâle qui crée fait souffrir le lamentable, issu de son plaisir, quelquefois soixante ans.

Homme, en possession déjà de la mentalité de l'avenir, j'entends ériger au-dessus de la Société et de la Nature une intelligence prépondérante. Je ne me réclamerai donc pas, devant vous, de l'exemple de la première et de la dialectique de la seconde qui me déterminèrent, cependant, comme j'ai eu l'honneur de vous l'exposer. J'ose donc espérer, Messieurs, que votre entendement se haussera jusqu'à l'aperception de mon personnage. Je me suis courbé, moi, comme tous les individus du reste, sous des impératifs contre lesquels la rébellion était vaine. Avec quelques Écoles modernes, j'aurai l'audace de poser en principe que *nul n'est responsable de ce qui est en lui* et, partant, que vous n'avez pas le droit de juger. Non, vous n'avez pas le droit de *punir*, vous avez seulement le droit de *prévenir*. Vous tolérez l'ignorance, la misère, la prostitution, l'atavisme et vous vous étonnez des fruits qu'ils portent. Désarmés, je le veux bien, devant les tares de l'hérédité, vous reconnaissez spontanément que l'être qui les récèle n'en est point responsable, et cependant vous le flétrissez et le frappez quand, à l'instar de moi-même, il est déféré à vos tribunaux. Les *tarés* ne devraient pas procréer, et vous proscrivez l'avortement. Quelle logique! Vous ressemblez à des botanistes qui reprocheraient à la Ciguë, à l'Euphorbe, aux Strychnées d'être vénéneuses et qui s'acharneraient sur elles, briseraient leurs tiges, les décapiteraient, les brûleraient pour les punir des propriétés que la nature leur a conférées. Car, pour l'homme, il en est de même: vous ne pouvez pas conseiller la grande et scélérate Nature; il vous faut accepter les hommes qu'elle crée et ne pas leur en vouloir—ce n'est pas leur faute—s'ils sont mauvais. Vous ne pouvez que vous efforcer de les améliorer par une thérapeutique sociale, qui échouera encore dans la plupart des cas.

Au lieu d'avoir des Cours d'assises, des Chambres correctionnelles, que n'avez-vous des Assemblées *préventives*, des Cliniques morales, des Conciles permanents de Justes ou de Sages—si la société actuelle en façonne encore— où tout individu, qui se sentira sur le point de verser dans le crime, viendra, après avoir crié sa détresse, chercher aide ou réconfort, secours matériel ou électuaire mental, quelles que soient ses peccadilles ou ses fautes préalables?

Quand plus un seul être ne criera la faim, vous pourrez frapper seulement ceux qui volent, et quand l'atavisme ne fera plus payer aux fils les fautes des ascendants, vous pourrez frapper ceux qui tuent. Il y aura toujours des criminels, répliquez-vous. Et puis après? Puisque vous acceptez la cécité ou l'épilepsie, pourquoi, dans une vision supérieure, dans une optique sereine qui prend son parti de l'Irrémédiable, ne soigneriez-vous pas le criminel, comme vous soignez les tuberculeux, par exemple, alors que le tuberculeux, lui aussi, sème la mort dans son entour? Pourquoi l'assassin, serait-il plus responsable du besoin de tuer que la Nature a insinué en lui, qu'il ne le serait de la phtisie qu'elle aurait pu glisser dans ses poumons, par exemple? Cet homme n'a pas demandé à vivre, par conséquent à être mauvais. Alors que vous en êtes arrivés à accepter, à vouloir guérir même, au nom de la collectivité, les tares physiques du citoyen, vous vous insurgez encore devant les tares morales tout aussi ineffaçables, peut-être. Quand les imbéciles ricanent au passage d'un infirme, d'un disgracié, vous dites spontanément, vous la mentalité supérieure:—Ce n'est point sa faute. Pourquoi ne diriez-vous pas d'un criminel:—Il n'est pas plus responsable de ses attirances néfastes que s'il était né borgne, aveugle ou bossu. Vous me rétorquez:—Mais à la suite de passions odieuses, on peut verser dans le meurtre alors que le fond primordial était bon. Eh, oui... Certains deviennent coupables par suite d'un concours de circonstances psychologiques ou de faits particuliers, comme ils deviendraient lentement aveugles, par exemple, sans rien pouvoir contre. Les malformations apparentes trouvent grâce devant vous, pourquoi le scélérat, qui n'est autre chose qu'un stropiat mental, ne serait-il pas amnistié par le philosophe qui, remontant de l'effet à la cause, de l'être créé à la cause créatrice, s'en prend à la Nature, à la Nature uniquement responsable, et la cite seule à la barre de l'humanité, en lui demandant compte de ses forfaits?

Certes, vous auriez le droit de juger et de punir les hommes si le même tempérament moral, la même mentalité, les mêmes désirs, avaient été coulés en eux au début de leur vie. Alors, partis d'un point initial commun à tous, surveillés de près par une Société maternelle et soucieuse de faire triompher l'Ethique définitive, inexcusables seraient ceux qui s'écarteraient de la route commune pour s'orienter vers le Mal. Mais votre Société se désintéresse des êtres qui la composent, ne les découvre que lorsqu'ils ont failli, et la Grande Force agissante se moque de vos lois puériles et de vos clabaudements. Le caractère, les aspirations, les tendances, tout le réel, le *moteur* d'un être, en un mot, vous échappent; *vous ne pouvez comprendre la genèse d'un acte* et vous vous érigez en justiciers! L'individu élaboré par ce qu'une philosophie appelle la Matière et ce que d'autres appellent Dieu, l'individu, suscité pour être actionné dans tel ou tel sens, ne peut pas plus résister à ses rouages moraux,

aux *bielles* mystérieuses qui sont en lui, que les machines que vous construisez, vous-mêmes, pour un but défini. Pas plus que ces dernières, il n'a pouvoir de raisonner ni d'abolir sa *dynamique* intérieure. Encore une fois, la Nature, Volonté atroce, qui engendre le Mal et la douleur à sa fantaisie, se plaît aux complications; elle a horreur de cette uniformité qu'ont décrétée les Sociétés humaines. Et, tant que vous ne l'aurez pas astreinte à doser les êtres suivant les intérêts de votre civilisation ou les préceptes de vos morales contingentes et protéiformes, votre justice ne reposera sur aucun principe vraiment équitable, ne se pourra légitimer devant aucune conscience...

*
**

Comme le Président des assises, estimant sans doute qu'il avait fini de discourir, étendait la main pour lui retirer la parole, l'accusé protesta.

—Messieurs, je suis loin d'avoir fini... Ce que vous venez d'entendre n'est que la première partie de mon plaidoyer personnel; je vais m'autoriser à plier, à articuler la seconde sur la petite charnière qui les relie l'une à l'autre. Mais, auparavant, je demanderai à mon avocat de vouloir bien me faire la gracieuseté d'un de ces bonbons qui aident sans doute à saliver, et dont je lui ai vu faire usage tout à l'heure...

Maître Pompidor, sans rancune et en toute bonne grâce, ayant obtempéré avec un sourire, M. Eliphas de Béothus, après avoir croqué la pastille, repartit au bout d'une minute, la main ponctuante et la parole toujours incisive.

—Messieurs, voici comment j'aurais plaidé, voilà comment j'aurais fait ma propre psychologie, voilà comment j'aurais dialectiqué, et voilà comment, après m'être défini moi-même, j'aurais établi votre impuissance à connaître les mille et trois facteurs d'un acte, et partant votre inaptitude à condamner, si je me nommais réellement Eliphas de Béothus, si, tel M. Sully Prudhomme, j'étais la résultante d'une fornication de bonnetiers enrichis, ainsi que le prétend encore l'accusation.

Mais je n'ai argumenté comme je viens de le faire; je n'ai été de moi-même au devant d'une peine terrible, que dans la certitude qu'il vous serait impossible de me frapper lorsque je me rasseoirai après ma définitive péroraison. Aussi, me suis-je amusé à manier l'arme, toujours dangereuse pour un accusé, d'une logique implacable au lieu de nier avec acharnement, tel un politicien concussionnaire, ou bien encore d'apparaître à vos yeux comme travaillé, fouillé vif par les tenailles rougies d'un remords du meilleur aloi. J'ai réservé, en effet, pour la dernière phase, la dernière reprise de cette passe d'armes, la circonstance accessoire, la contingence vile à mes yeux, n'ayant aucune valeur logique, morale ou rationnelle, mais qui, cependant, et pour cela même, va me faire acquitter tout à l'heure. Bien que je voie en ce moment, sur les bancs du jury, le bookmaker qui en fait partie, offrir à ses collègues, *en payant dix*, le pari que je ne sauverai pas ma tête, je vous affirme et vous réitère que ma condamnation est impossible. Et je m'attache, dès maintenant, à vous convaincre de cette évidence...

Messieurs, l'état civil que le ministère public a bien voulu m'octroyer ne m'est pas applicable. Les papiers qui le composent, je les ai achetés. Je n'ai point été conditionné par les soubresauts passionnels d'un ménage de bonnetiers; mes yeux ne se sont point ouverts, pour la première fois, sur la hideur du monde, dans la bonasse rue Saint-Denis, et mon nom ne saurait être Béothus, comme vous paraissez le croire, malgré tout. Ah! je me nomme d'un bien autre nom, allez! Et quand je l'aurai proféré, d'ici une heure, à peu près, il n'y aura point assez de gardes en cette enceinte pour la faire évacuer, dans la terreur où vous serez tous, magistrats et jurés, que j'en dise plus long encore.

Loin, bien loin d'ici, dans un des plus vieux palais d'Europe, où il est de règle depuis longtemps déjà de vivre et de réaliser au naturel les drames Shakespeariens, dans un palais où les Hamlet ne se comptent plus, où il y a toujours de nombreux convives autour d'un perpétuel et mystérieux banquet d'Inverness ou de Meyerling, dans un palais où les princesses du sang descendent volontiers des marches du trône sur le trottoir, le plus glorieux des médecins de la ville trancha un jour mon cordon ombilical, et, m'enlevant du paquet d'immondices verdâtres où s'était parachevée ma floraison, il me jeta dans la vie.

Je me crois autorisé à dire qu'en aidant les nouveau-nés à conquérir ainsi l'existence, avec tout ce qu'elle comporte immuablement de hontes et de douleurs, les chirurgiens ne commettent pas un acte dont ils puissent se réclamer devant les esprits affranchis des opinions toutes faites. Comme le dit Montesquieu: «Ce n'est pas à la mort des personnes qu'il convient de pleurer, mais bien à leur naissance.» Où est-il donc, en effet, celui qui dans l'âge mûr ne regrette point de n'avoir pas été, en naissant, empoisonné par le méconium ou étranglé par le forceps. Qu'on me le montre, l'homme intelligent qui se félicite de vivre! Quand votre civilisation décrète qu'il est licite de jeter un être dans la vie, est-ce qu'elle n'agit pas comme la Rome antique qui jetait le vaincu, armé d'un épieu, aux fauves de l'arène? l'enfant que vous lancez dans le monde se trouvant, dès sa naissance, aux prises avec les monstres, les fauves bien autrement redoutables de la vie, qui s'appellent: le typhus, la tuberculose, le mensonge, la laideur, la cautèle et l'imbécillité. Et il ne leur échappera momentanément que grâce à une suite de hasards quasi-miraculeux, pour succomber, tôt ou tard, sous leurs griffes forcenées.

Mais vos esprits indéfrichables, Messieurs, où les idées conventionnelles et les préjugés poussent comme des ronciers hargneux et des orties arborescentes, ne vous permettent pas de goûter la sublime grandeur et la sauvage beauté de ces considérations nihilistes. Vous êtes enlizés dans les préjugés et la routine comme le coléoptère merdiphage dans son caca nourricier. Je reviens donc à moi-même, pour poursuivre, sans digressions désormais, le cours de mon récit.

Mes regards tombèrent, dans l'enfance, sur ce que l'humanité compte de plus servile; on ne me parlait qu'à la troisième personne et je n'étais pas encore sevré, ni tout à fait maître de réfréner l'exode intempestif de mes excrétions, que l'on me traitait déjà d'Altesse Royale. Mes jeunes ans s'écoulèrent donc circonscrits par un horizon de dos courbés, dans un milieu de servilité, de duplicité, d'hypocrisie, de vaine étiquette et d'abjecte platitude. Jamais, vous entendez, jamais je ne connus comme les autres enfants la joie de jouer sans contrainte ni de parler loin des pédagogues. Un peuple d'esclaves chamarrés, de valets coruscants, de courtisans aplatis au ras des planchers, veillait sur moi pour m'insuffler son âme sordide, pour m'apprendre les conventionnels propos d'où la sincérité, l'enthousiasme, l'épanchement juvénile, étaient proscrits par les règles du protocole.

Et la Nature, par paradoxe sans doute, m'avait doué d'un esprit spéculatif et d'un lancinant et précoce besoin d'observer! Mon âme, blottie à l'arrière d'un extérieur apathique, interrogeait les choses, s'efforçait de scruter les êtres et les faits parmi lesquels se déroulait ma vie coutumière, et sur lesquels, vaguement, je devinai qu'on ne me disait point la vérité. Car ce fut une des douleurs les plus vives, un des deuils les plus tenaces de mon existence d'enfant, de m'apercevoir un jour, qu'à propos de tout, les hommes mentaient autour de moi. J'avais vu tuer des animaux sous mes yeux, j'avais vu mourir un jour un vieux serviteur, et j'avais entendu des cris de souffrance. Quand je questionnai là-dessus le vieil abbé qui me servait de précepteur, il me répondait que les animaux avaient été créés par Dieu pour servir aux besoins de l'homme ou à sa nourriture, que leur souffrance ne comptait pas, puisqu'ils n'avaient point d'âme; quand je lui demandai: pourquoi la mort? il m'enseignait qu'elle était la conclusion de la vie et permettait au juste de gagner le ciel; et quand je lui répliquai: alors pourquoi la douleur, Dieu, qui est juste, n'aurait-il pas pu nous donner le bonheur sans cette épreuve? il se perdait en des considérations théologiques, et absorbait d'une seule narine le contenu de sa tabatière. Déjà je me faisais une triste idée du pion constipé, du vieillard hargneux, qui trône dans les espaces. Puis, toujours ma pensée revenait à ceci: l'homme ne peut donc soutenir son existence qu'en suppliciant des créatures inférieures, qu'en faisant couler le sang, qu'en mangeant des proies mortes, et qu'en dupant effrontément son prochain pour excuser ses fautes ou ses crimes. Et par delà tout ceci je pressentais confusément bien d'autres épouvantes, bien d'autres forfaits encore. Tout me semblait affreux, mon esprit, déjà, était martyrisé par l'idée que jamais ces choses qui me faisaient mal ne prendraient fin, puisque mes semblables les accomplissaient avec sérénité, et qu'ils croyaient en une divinité encore plus monstrueuse qu'eux-mêmes, laquelle avait ordonné tout cela.

J'avais perçu aussi derrière les portes d'immondes propos de laquais; j'avais assisté à d'innommables scènes que, plus tard, je sus être de l'amour, et mon âme trop fine, trop sensible, dans l'effroyable et prématuré besoin de savoir qui la rongeait, me faisait rechercher la société des domestiques, car j'avais démêlé qu'eux, parfois, à l'encontre de mon professeur, disaient la vérité sur certains points qui m'intéressaient. Seulement, tout fiers de m'apprendre quelque chose, ils me parlaient avec gouaille, en employant des mots orduriers. Comme eux, je devenais sournois, rétractant, la minute d'après, ce que je venais d'exprimer, et le vieux prêtre, après avoir deux ou trois fois constaté le fait, hocha la tête avec satisfaction et me demanda un jour si je ne voudrais pas, plus tard, au lieu d'être fringant officier, devenir un prince de l'Église. Si je répugnais à entrer dans les ordres, ajoutait-il, il croyait démêler déjà que mes qualités me permettraient de briller dans la conduite d'un État. Et il m'inculquait les rudiments de l'histoire, me parlait des batailles où Dieu avait assisté le plus fort et lui avait donné la victoire après un massacre de trente ou de soixante mille hommes. Alors je courais vers les offices, près des écuries, et, tapi sournoisement, je regardais le cuisinier couper le cou à un canard, essuyer ses mains rougies aux plumes encore frémissantes, pour essayer de me représenter, en multipliant cette horreur, ce que devait être le massacre de trente mille hommes. On me retrouvait pleurant, dans un angle de couloir, les dents claquantes, le front couvert de sueur, et lorsqu'on sollicitait de moi le motif de mes larmes, je répondais: c'est Wilhelm, le premier valet de chambre, qui m'a pincé. Dans mes promenades à cheval, au travers des campagnes environnantes, je voyais des paysans s'acharner sur la terre, travailler de longues heures, le corps ployé en deux, mener la charrue sous l'âpre bise de décembre, ou couper les blés sous l'affolant soleil d'août qui dévore les cervelles. J'eus un jour la curiosité de m'approcher d'eux comme ils s'étaient interrompus pour prendre leur repas, et je restai stupéfié en voyant qu'ils mangeaient du pain noir, dur comme du silex, et du lard rance couleur de rouille dont les chiens courants de mon père n'eussent pas voulu. Je questionnai le vieil abbé.—La terre qu'ils cultivent ne leur appartient donc pas? Il éclata de rire:—Pourquoi voulez-vous qu'elle leur appartienne? Dieu les a créés pour ensemencer vos champs, Monseigneur. Rien ne leur appartient en propre que leur âme et encore la perdent-ils le plus souvent. Mais ne les plaignez pas, ils sont libres, bien qu'on ait eu tort sûrement, de les émanciper du servage que Dieu avait ordonné...

Le même après-midi, nous allâmes visiter une aciérie. Là, devant le brasier flamboyant des fours à puddler, parmi un décor infernal, j'aperçus des hommes demi-nus, cuits vivants dans leur propre sueur, rissolés au passage par les effroyables flammes dardées des foyers gigantesques, des êtres n'ayant plus rien d'humain, brandissant des pelles immenses, luttant à coups de ringard contre les rigoles, contre les ruisseaux de fonte en fusion crachant des étincelles et des vapeurs sifflantes, qui les encerclaient et menaçaient à chaque seconde de les engloutir.

L'abbé lui-même formula ma pensée.—C'est l'enfer, me dit-il, vous irez dans un endroit semblable, après votre mort, Monseigneur, si vous n'avez pas servi les desseins de Dieu. Et je sus que ces hommes, eux aussi, mangeaient à peine à leur faim, mais que l'usinier, leur patron, était le roi des aciers, c'est-à-dire un des plus fabuleusement riches parmi les riches. J'appris qu'ils souffraient cette géhenne pour fabriquer des canons afin de tuer d'autres hommes.—L'agriculture et l'industrie! résumait, la main en l'air, mon professeur didactique: ce qui fait la richesse d'une nation que Dieu protège, Monseigneur. Toujours, il me parlait de cette divinité invisible qui me semblait patronner tout ce qui était injuste, tout ce dont souffraient mes neuves sensations et mon jeune esprit éveillé trop tôt.

Quand je le questionnai sur Ses desseins, sur les moyens par Elle employés pour convaincre l'humanité de son existence, il me parlait de la révélation et des miracles, me citait les pastours et les vachères auxquels Elle était apparue dans les champs ou dans les grottes. Alors je m'étonnais que Dieu eût préféré s'exhiber sans contrôle à des gardeuses d'oie hystériques au lieu de surgir tout à coup au milieu des multitudes assemblées ou quand les foules, ainsi qu'on me le disait, criaient parfois d'angoisse vers Lui en dressant des bras implorateurs. Comme on m'avait déjà incité à raisonner droitement à l'aide de la logique, je ne trouvais là aucune marque de l'Intelligence qui avait dû ordonnancer le monde. Et quand nous revenions, moi toujours triste et le vieux prêtre toujours guilleret, des mendiants, une nuée de miséreux en haillons, couraient vers nous, la main faisant sébile. Lui, me défendait de leur donner trop pour ne pas encourager le vice, disait-il. Et je me rappelais que chez nous, souvent, j'avais vu la livrée ivre se battre jusqu'au sang; je me rappelais que deux gentilshommes avaient été surpris dans un salon de jeu, trichant au baccara, et que Tiercelet, le grand piqueur roux, m'avait dit, un soir, en riant, que ma sœur aînée «avait plusieurs amants», ce qui me semblait être du vice aussi et du meilleur. Une fois, un de ces mendiants me stupéfia. Devant nous, sur la route, il fouillait un tas de crottin de ses maigres mains, semblait positivement le picorer avec ses doigts, et emplissait ensuite une écuelle de terre avec ce qu'il en extrayait.

—Qu'est-ce qu'il fait donc? demandai-je, intrigué.

—Il ramasse les grains d'orge et les grains d'avoine que les chevaux n'ont pas digérés, afin d'en faire une bouillie pour lui et ses enfants. C'est un juif; il ne mérite aucune pitié...

Ainsi, ainsi, à part quelques heureux comme moi, qui détenaient toute la richesse, et à qui, dès le premier âge, on enseignait l'aridité du cœur et l'atroce égoïsme, il n'y avait donc que des misérables ou des résignés sur la Terre!

Alors une voix profonde, une voix plus forte que celle de mes maîtres, s'éleva pour crier en moi:

—Ce n'est pas juste! ce n'est pas juste!

Et pendant des années, mon existence se prolongea pareillement. Des bons soins de l'abbé, je passai à ceux d'un Jésuite qui m'apprit à mentir avec science et génie.

—Dieu lui-même ne dit jamais sa pensée; imitez-le, Monseigneur, et vous deviendrez un prince célèbre, affirmait-il, le regard sinueux et la lèvre pincée. Puis un bataillon de professeurs hiérarchisés succéda à l'Ignacien. Mais tous, quels qu'ils fussent, prêtres ou laïques, me dupèrent avec méthode, travestirent la réalité du monde, arrangèrent l'Histoire et la Vie, comme me l'apprirent des livres: l'immense Rabelais, les Encyclopédistes, les auteurs du XVIIIᵉ siècle: Montesquieu, Condorcet, d'Alembert, Voltaire, Diderot, les poètes: Gœthe, Vigny, Léopardi, les penseurs comme Bayle, Proudhon, Buchner, Renan et le Maître incontesté des libres intelligences: j'ai nommé Schopenhauer, que je fis acheter en cachette parce qu'on les avait vilipendés devant moi. A la bouche de tous ceux qui m'approchent, purule le mensonge, pensai-je; ces livres doivent être beaux puisqu'on m'affirme qu'ils sont odieux. D'ailleurs, est-ce que les crabes peuvent juger les goëlands? me dis-je, en évoquant mes professeurs qui expertisaient les grands hommes. Et ils me façonnèrent. Là, toute ma prescience d'adolescent trop sensitif, toutes mes inductions personnelles vinrent se vérifier avec une précision mathématique.

Tous les mois, l'Empereur venait nous voir. C'était un grand vieillard, svelte et droit, staturé en force comme un coltineur de Trieste, et qui en avait, à peu de chose près, la mentalité. L'Impératrice, sa femme, avait été d'une beauté sensationnelle et d'une intelligence, d'une cérébralité véritablement indécente parmi les Cours européennes.

Amoureuse de toutes les œuvres de l'esprit, passionnée d'art, miraculeusement compréhensive, un Sophocle ou un Euripide eussent, à peine, été dignes de son choix et de sa couche. Elle était mariée avec un balourd qu'elle fuyait onze mois sur douze pour aller vivre à Capri, dans une villa grecque, au péristyle de marbres rares, aux colonnes doriques, au pur fronton, qu'elle avait fait élever d'après le modèle de celles qui, jadis, ourlèrent le Pnyx ou le Céramique.

L'Empereur se consolait en allant chasser l'isard dans le Tyrol ou la gélinotte en Styrie.

Invariablement, il parlait chasse avec mon père.

—Il me part un coq de bruyère à 50 pas... vous comprenez, duc... un coq de bruyère... je récite la moitié d'un *ave*, les dix premiers mots d'un *pater*, et je l'abats... à plus de 60 toises...

—Oui, je sais, répliquait mon auteur, vous êtes le premier fusil de la planète, Sire... vous aimez la virtuosité... vous ne tirez jamais de suite.

—C'est ça... c'est parfaitement ça... autrement mes gardes en feraient autant...

Et il prenait mon père par le bras, s'épanchant alors sur le compte de l'Impératrice.

—Vous savez qu'elle est folle... voilà qu'elle s'est toquée des œuvres d'un poète juif... un nommé Henri Heine... Connaissez-ça, vous?...

—Connais pas, ne lis jamais de saletés, Sire... Mort aux juifs!...

Une fois par semaine, je voyais ma mère qui avait un évêque pour amant. Et cela n'étonnait personne dans ce milieu où les coutumes féodales s'alliaient aux mœurs florentines.

Elle me faisait mander dans son oratoire, me posait la main sur l'épaule, sans jamais m'adresser la parole, me tenant une minute sous la radiation de son œil bleu, pour me renvoyer après avoir déposé sur mon front un baiser distrait qui sentait le musc et l'encens d'église. Mon père, l'être responsable du crime de m'avoir enfanté, ne s'inquiétait pas de moi deux fois dans l'année. Le bruit courait dans le château qu'il était au début d'une paralysie générale, tare de notre maison. C'était un petit homme qui, bien qu'il n'eût pas plus de cinquante ans, assumait déjà l'apparence vétuste d'un vieillard tout cassé et égrotant. Il passait ses journées dans une immense volière qu'il avait fait construire dans le palais en abattant les cloisons de quatre grandes salles. Quinze cents oiseaux de tous pays et de tout plumage voletaient, piaillaient, bruissaient dans ce hall treillagé, et mon père ne voulait laisser à personne le soin de remplir leurs mangeoires ou de nettoyer leurs déjections. Constamment, il allait parmi eux, en basquine de soie violette,—car il affectionnait, dans le privé, les habits d'ancien régime—les mains pleines de mil ou de chénevis, incitant de la voix les serins néerlandais ou les perruches du Brésil à venir prendre leur nourriture dans ses paumes ouvertes.

Pendant de longues heures, on entendait ses petit... petit... cui... cui... frou... frou... Et quand il était fatigué, il s'asseyait dans un large fauteuil à oreillettes et, béat, considérait ses oiseaux d'un œil extatique, ne s'arrêtant de rêvasser que pour essuyer d'un mouchoir de batiste, au chiffre impérial, les fientes tombées sur le dos ou les épaules de son habit. Souvent on lui apportait là les pièces à signer par délégation, les pièces d'État que, parfois, les bestioles irrévérencieuses blasonnaient à leur tour d'un sceau blanchâtre, d'une pastille molle et intempestive, que le chambellan, lui, recouvrait gravement de poudre d'or.

—Petit... petit... cui... cui... cui... frou... frou... frou... faisait mon père en apposant son parafe, infatigablement, et sans lire jamais.

Il avait eu, paraît-il, des chagrins d'amour dans sa jeunesse. La diplomatie, en mariant à un autre prince la femme qu'il aimait, lui avait porté un coup terrible. Immédiatement, il était devenu poète, passant ses nuits à composer des vers élégiaques dans lesquels il prenait les nuages, les étoiles, le soleil et la lune, la lune surtout, à témoin de son malheur. On m'avait montré ses poèmes en me disant que, moi aussi, je n'aurais pas le droit de choisir ma fiancée, car cet avantage que possède le dernier des rustres est refusé à la souche royale, pour motifs supérieurs et raison d'État. Une autre de ses passions était de panneauter des chats—ennemis nés des oiseaux—de les prendre au traquenard d'une chatière. Ce sport, seul, atténuait pour lui le deuil de ne pouvoir chasser, par suite de l'état débile de sa santé. Il avait fait lâcher un peuple de matous à travers le palais, et tous les caniveaux, tous les recoins des cours, étaient semés de ces pièges, de ces chausse-trappes qu'il amorçait d'un morceau de viande saigneuse. Quand un chat était pincé, l'ancien maître d'équipage sonnait du cor à pleines lèvres, faisant entendre l'hallali triomphal. Et mon père quittait ses oiseaux, accourait tout joyeux, en boitillant, appuyé sur sa canne, toussant, crachant, par les vestibules et les perrons, pendant que les familiers et les larbins s'écartaient chapeau bas.— Plus vite, plus vite, Frédéric, criait-il au grand laquais galonné, en culottes de soie et en catogan, qui le suivait à dix pas, portant à la main des pots de couleur et des pinceaux. Alors, pendant que le valet maintenait la malheureuse bête prisonnière, mon père longuement la peignait avec délices, en bleu, en rouge, en vert, lui attachant par surplus une casserole à la queue. Puis, il la lâchait brusquement, roulait parfois à terre, tant il riait d'un petit rire aigu, devant le bond désordonné, la trajectoire folle du chat terrifié qu'on libérait enfin.

—Ah! ah! comme il court! On dirait l'Italien à Custozza.

Et il retournait à ses oiseaux.

Un soir, le Surintendant de Police nous le ramena, car depuis trois jours il avait disparu du château. Il avait été arrêté dans un jardin public de la Capitale voisine, à la nuit tombante, sous la pluie rageuse d'un après midi de mars. Mon père, en cette circonstance, était, paraît-il, accompagné de deux individus entre lesquels il marchait pendant que l'un d'entre eux—celui de gauche—tenait un large parapluie destiné à abriter le déambulant trio. Vingt fois ainsi, revenant sur leurs pas, ils avaient parcouru une allée écartée, cependant que mon père... comment dire cela?... je n'ose... cependant que mon père, de chacune de ses mains, travaillait ses compagnons, comme le duc d'Angoulême avait l'habitude de se travailler soi-même...

L'Empereur, à la suite de cet incident, donna l'ordre de ne plus le laisser sortir. Et désormais, il vécut dans sa volière où il avait fait dresser un lit, et dans laquelle on lui portait ses repas. Il ne voulait plus voir personne, et si parfois quelqu'un s'approchait des grillages, un être étrange, en habit de cour, enlinceulé de blanc par les fientes des oiseaux, s'offrait à sa vue qui, d'une voie cassée, chantait des *lieds* d'amour et faisait des vers en comptant sur ses doigts. Deux ou trois fois par mois, seulement, le maître d'équipage venait le chercher pour forcer un chat.

A l'époque de ma puberté, dois-je vous le dire? les chambrières ne manquèrent pas de m'enseigner l'accouplement, de me faire goûter à leurs caresses vicieuses, de m'initier à des dérèglements sournois, pendant que leurs amants, les valets de chambre, me suggéraient des habitudes, des travers de prisonnier.

—Avec ça on devient un grand prince; on évite l'écueil des femmes, me disaient-ils en fanfaronnant dans leur turpidité et leur cynisme. Aucun d'eux ne manifestait la moindre crainte au sujet d'un renvoi possible. Qui donc oserait les chasser? Ils avaient bien trop de secrets. Et, moi, je leur étais reconnaissant, car ils m'apprenaient tous les potins, tous les scandales, toutes les hontes de la ville et de la cour.

A dix-huit ans, on me questionna sur mes goûts; on me demanda si j'avais fait choix d'une carrière. Je répondis sans hésiter que je voulais servir l'Église, que depuis soixante ans ma famille n'avait fourni aucun cardinal à la chrétienté, et que je réparerais cette lacune de ma lignée. Tous les miens me félicitèrent, et pendant deux jours, comme faveur et témoignage insigne de satisfaction, mon père qui était sorti de sa volière—ce qui ne lui arrivait plus deux fois par année, peut-être—m'autorisa à assister, à sa droite, au laisser-courre de ses chats. Ma mère, elle, me fit cadeau de son médaillon enrichi de brillants, et l'évêque, son amant, m'embrassa au front, de ses lèvres peintes. Alors, je fus déféré à tout un lot de théologiens chargés de me donner l'enseignement sacerdotal.

Pendant vingt-quatre mois, Messieurs, je témoignai de la ferveur la plus grande, de la piété la plus édifiante; pendant vingt-quatre mois, je ne levai pas trois fois peut-être les yeux sur les gens pour les dévisager, car le regard de mon semblable me paraissait toujours être un outrage à moi-même. Cela fera un saint, disaient les soutaniers, mes professeurs, qui vivaient dans un perpétuel émerveillement. Et la veille même de mon ordination, je priai mon père de les réunir avec ma mère et mes autres parents, dans la grande salle du palais, pour ouïr, de ma bouche, une déclaration importante. Quand tous furent assemblés, quand d'un signe, l'auteur de mes jours, m'eut autorisé à parler, je tirai de ma poche un petit manuscrit, fruit de mes veilles littéraires, et je me mis en devoir de le leur lire incontinent.

Cette nouvelle, Messieurs, vous n'en serez point privés. La voici...

Et, comme il en avait menacé l'auditoire, l'accusé sortit de sa poche un fascicule broché et donna lecture de ce morceau:

CONTE BIBLIQUE.

Marie de Béthanie, debout sur le seuil de sa maison, scrutait de sa prunelle saphirine des lointains poudreux de la route de Jérusalem, que rejoignait, là-bas, vers l'horizon, un grand ciel de pyrope et de safran, balafré par les stries violâtres du soleil au déclin. Une tiédeur douce, une onde de joie chaude, enchantait tout son être, quand aux heures du soir, comme en ce jour, elle attendait son nouvel amant, le Nazaréen, à la parole balsamique et aux cheveux volutés. Marie, cependant, n'était point entièrement heureuse. Un pli soucieux creusait son front, exhaussé par un cimier de nattes couleur de cuivre, lorsqu'elle venait à songer que jamais encore, malgré ses plus vives instances, le nouveau Prophète n'avait consenti à partager complètement sa vie. Pourtant, depuis la dernière Pâque, elle vivait dans l'espoir qu'il cèderait enfin. Et, pour subvenir aux charges lourdes de l'existence commune, le plus souvent possible, elle dérobait à la rapacité de sa mère la majeure partie des monnaies diversement effigiées, avec lesquelles les centurions du Proconsul acquittaient le loyer de son corps.

La mère de Marie de Béthanie avait fourni à Rome une belle et longue carrière de mérétrice retentissante. Pendant vingt-cinq années au moins, l'or fumeux de ses cheveux roux avait été chanté en vers hexamètres, glyconiques, phaleuces ou asclépiades par les plus réputés des poètes qui florissaient dans la ville des Césars, et souvent on s'était égorgé pour elle dans le camp des Prétoriens. A quarante ans, quand elle était belle encore, elle s'était repentie d'avoir délaissé les cataphractaires ou les chrysaspides du Palatin pour les porteurs de lyre, car, l'un d'entre eux, après avoir juré, sans doute, de mourir de façon bizarre et inusitée, avait fait d'elle une infirme dont le visage ne pouvait plus que semer l'épouvante. Ayant acquis, moyennant quinze aureus, la faveur d'être aimé une nuit, il avait sournoisement bu l'euphorbe avant les étreintes, puis s'était lié à la mère de Marie par un réseau de cordes fines qu'il avait, dans une rage d'amour décuplée par l'approche de la mort, serrées comme au cabestan. Cinq heures durant, il avait hoqueté, écumé et pantelé dans les affres de l'agonie, ponctuant les joues, le front et les lèvres de la courtisane de la mousse verdâtre de ses derniers spasmes. Et, lorsqu'au matin des voisins, attirés par ses hurlements, étaient entrés chez la courtisane, ils l'avaient trouvée accolée à un cadavre déjà froid et couleur de bronze oxydé. L'épouvante de la malheureuse avait été telle que son visage s'était tordu comme en une convulsion tétanique qui ne devait plus disparaître, et que ses yeux la veille encore si beaux, semblaient converger toujours vers la même horreur, dans un strabisme définitif.

Aussi, la mère de Marie, de retour à Jérusalem, avait-elle décidé que sa fille ne servirait jamais qu'au plaisir des militaires qui lui avaient laissé de bons souvenirs, et avec lesquels pareille aventure n'était point à redouter, car s'ils s'entretuaient parfois après les orgies, ils étaient notoirement incapables, par pur dilettantisme, de pareils détraquements.

Les centurions de la légion de Judée aimaient en Marie de Béthanie la facile composition. D'humeur passive, elle ne les injuriait pas au matin quand il leur arrivait de se refuser à verser le salaire que, par Perséphone, ils avaient juré la veille. Sa chair de blonde toujours amoureuse était en grande réputation à Iérouchalaïm. Des lettrés qui faisaient profession de n'aimer que les Grecques s'étaient même discrédités auprès de leurs pairs en recherchant ses faveurs, qu'elle leur avait refusées par surcroît. Et ceux-ci s'en allaient répétant, comme excuse spécieuse à leur faiblesse, qu'elle pouvait à la rigueur passer pour une femme d'Ithaque ou de Céphalonie, puisqu'elle savait danser aux crotales tout comme les filles de l'Archipel.

Marie jouissait d'une large aisance jalousée par la plupart de ses compagnes. Si le Nabi devait se refuser toujours à vivre sous son toit, elle pouvait tout au moins, songeait-elle, l'arracher à la grande route et, comme deux ou trois de ses amies l'avaient fait pour des garnisaires, le mettre dans ses meubles, dans des meubles de cèdre ou de santal précieux, et lui acheter des toiles de Perse et des manuscrits hellènes, pour orner sa demeure ou son esprit. Oui, l'avoir constamment près d'elle, ne le quitter que pour satisfaire rapidement, le plus rapidement possible, et comme à la dérobée, aux exigences de sa profession! Cette pensée la confortait quand ses nuits étaient prises par les caresses vénales.

De beaucoup, elle préférait son destin à celui de sa sœur Marthe occupée aux besognes ménagères, alors que son frère Lazare, associé avec un grammate émigré d'Athènes, à la suite de canailleries majeures, avait édifié un Cottabéion à Hyérosolyma. Sans compter les osselets et le cottabe, Lazare y dépouillait fort congrument la jeunesse du négoce—entichée par pose des mœurs de l'Agora—à l'aide de dés pipés que maniait, avec un art incomparable, une équipe salariée par lui. Trois philosophes d'Ionie, ayant depuis longtemps blasphémé la sagesse, composaient cette équipe, que venait renforcer un Ripuaire, staturé comme Héraklès, et sans rival pour contondre les récalcitrants. Le frère de Marie espérait, grâce à l'argent amassé et à la protection du Grand Prêtre, pouvoir acheter, plus tard, une charge de magistrat et finir ainsi ses jours dans le respect unanime.

Donc, avant de connaître Jésus, Myriam n'avait éprouvé d'autre désir que celui d'une prompte fortune, acquise d'après l'exemple maternel.

Lorsque riche elle serait seule au monde et libre ainsi d'orienter son destin, elle conjecturait qu'il lui serait facile de goûter les joies de l'hyménée avec un jeune caravanier, ou bien avec quelque lettré ayant plus de gloire que de pécune.

L'âge et la vénusté de ses amants l'avaient jusque-là indifférée. Comme ses veines charriaient en profusion les généreuses calories d'amour, l'homme, l'individu, s'effaçait à ses yeux pour n'être plus qu'une force, qu'un choc destiné à faire issir la volupté continuellement rembuchée dans la coulée intérieure de ses moelles trop actives. Une seule fois—l'année précédente— elle avait refusé de dormir avec un de ceux qui la sollicitaient, parce qu'avec lui, réellement, aucune conjonction épidermique n'était envisageable. Celui-là était un chef de cohorte. Des sèves sournoises avaient institué sur son visage des sortes de végétations quasi-madréporiques; ses joues boursouflées étaient semblables à de grosses éponges imbibées d'eau malsaine; et des bourgeonnements, des cryptogames charnus et de polychromie désolante, s'incrustaient à ses maxillaires en dispensant une inéluctable fétidité. Cette maladie provenait, paraît-il, du lointain pays des Mèdes, et plusieurs médecins de la ville disputaient sur elle jusqu'au point d'en venir au pugilat public. Cependant, le chef de cohorte, sur qui toute médication avait été essayée, sacrifiait à Isis en désespoir de cause et consultait les poulets sacrés qui avaient prononcé que la Déesse, déchirant ses voiles, viendrait elle-même le guérir un jour, par simple imposition des doigts. Cinq ou six centurions qui pratiquaient, eux, les étranges rites d'amour en usage sur les rives chaudes de la Gétulie avaient trouvé Marie complaisante et même intéressée par tout leur inédit. Jamais non plus, elle ne bayait aux récits parfois itératifs que lui faisaient de leurs campagnes et de leurs blessures quelques-uns de ses amants qui avaient combattu chez les Daces. Elle était donc de toutes leurs nuits orgiaques, quand le kinnor et la sambuque assourdissent imparfaitement les stridulations des femmes en amour, quand l'air se poisse du parfum des cassolettes, des fleurs et des toisons, et que dans le lointain des chairs moites s'enroulent, rampent et se déroulent, comme des vipères possédées, les nerfs que la volupté a tordus.

Mais, contrairement aux intérêts de Marie, les mœurs des centurions commençaient à se modifier sous l'influence des coutumes asiates. Déjà, ils fréquentaient les éphèbes qui servaient aux vices patriciens. Ils ne sortaient plus qu'en litière, gesticulaient avec préciosité en coupant l'air à l'aide de petites baguettes d'agate ou de jade. Ils rémunéraient moins largement les courtisanes, et débitaient contre le peuple d'Israël de violentes diatribes apprises par cœur et que confectionnaient des érudits à gages. La mère de Marie et Marie elle-même vengeaient de leur mieux le peuple élu en leur subtilisant, à chaque occasion propice, quelques-uns de ces bijoux travaillés par les meilleurs orfèvres d'Alexandrie, dont ils alourdissaient maintenant leurs doigts et leurs chevilles, et où s'enlevait, en fines intailles, le scarabée d'Égypte.

Trop souvent à son gré, maintenant qu'elle aimait un homme supérieur, Marie de Béthanie était forcée de consentir aux caresses salariées. Ah! ne partager qu'avec lui la couche basse, marquetée d'ivoire, parmi la nuit aphrodisiaque, aux senteurs opiacées du pays galiléen! Et ce soir-là, douzième soir des Ides du renouveau, elle édifiait en pensée la petite maison du bonheur, la petite maison sertie dans un parterre de passeroses et d'anémones d'Assyrie, où il serait si doux de vivre à deux, toujours... alors qu'à la veillée, avant l'heure amoureuse, il lui conterait à voix basse, quelqu'une de ces histoires de tendresse et d'élégie, qu'ignorent, les centurions au parler rude, et qui font se volupter les âmes sentimentales.

Mais guérir Jésus de son vagabondage?

Tout à coup, il parut devant elle, à l'angle de sa demeure, haut de taille, découplé en vigueur, le profil de chèvre, la peau saurée, les lèvres épaisses et très rouges, toisonné par les frisons, par l'astrakan d'une chevelure brune, en pur Syriaque qu'il était. Elle fut surprise, car elle n'avait point remarqué l'habitude qu'il avait adoptée depuis quelque temps de cheminer dans les fossés des routes ou de se dissimuler derrière les rideaux d'oliviers, pour surprendre les personnes catéchisables, ce qui doublait la profondeur de ses paraboles de tout l'effroi d'un surgissement imprévu. Quelques-uns le disaient thaumaturge et initié à la pratique du pantarbe. Et Marie de Béthanie fut près de croire qu'il était venu, porté sur les ailes du vent d'Arabie.

—Me voilà, femme, dit-il, pourquoi rester ainsi dehors et ne pas employer mieux le recueillement du soir?

Mais elle n'avait point perçu le sens de ses paroles, toute à la délectation de le revoir, l'oreille pleine de délicieux frisselis et les yeux papillotants, ne pouvant point croire encore à l'ineffable réalité, à la joie divine de sa présence. Elle vint à lui pour épouser son corps d'une étreinte; mais elle n'osa point aspirer à sa bouche. Une minute elle resta immobile; puis elle fléchit les genoux. Ses bras frais et nus ceinturèrent les flancs du Nabi, et, se traînant à demi, elle l'entraîna dans la maison.

—Chien errant, voleur de filles, renégat, contempteur de la Loi, honte d'Israël! vociféra une vieille femme bigle, aux paupières sirupeuses, dont l'affreux rictus découvrait les canines crochues, alors que la grisaille de ses poings tendus trouait de vagues blancheurs le clair-obscur de la pièce basse, mal éclairée par la lampe de bronze. C'était la mère de Marie, que chaque visite nouvelle du Nazaréen précipitait aux dernières limites de la fureur: Jésus, loin de payer, recevant des subsides. Et cela la faisait écumer, elle, qui poussait le souci maternel jusqu'à ne point vouloir gêner les ébats de sa fille par sa présence. Car chaque soir productif, elle allait requérir l'hospitalité d'une voisine et revenait aux premières heures du jour, pour passer une éponge mouillée sur les courroies des sandales et battre la toge militaire avec des verges de roseau. Ses tarots lui avaient appris, d'ailleurs, qu'il dégoûterait sa fille de la profession qui toutes deux les faisait vivre, et qu'il vouerait leur race à une éternelle exécration.

Jésus, depuis sa prime enfance, était habitué aux injures. Les siens, eux-mêmes, l'accusaient d'être de mauvaises mœurs et de *n'avoir jamais su se faire une position*, malgré toute sa facilité à discourir. Il se tourna donc vers la vieille femme et répondit de sa voix toujours quiète:

—Garde tes injures pour tes péchés, femme qui as trop vécu, et invective seulement ta propre nature qui se projette en avant de tes yeux et de ton esprit, et que tu découvres en toutes choses...

Hors d'elle-même, à la pensée que l'amour de sa fille allait, cette fois encore, rester sans salaire, la matrone, les bras dressés, attestait le ciel.

—Malédiction sur nous! La misère et le mauvais sort sont dans notre demeure, depuis que tu y es entré, mauvais fils. Qu'allons-nous devenir, dis, si tu détournes ainsi mon enfant de ses devoirs? Tiens, regarde—et elle brandissait sous le nez de Jésus une paire de chaussures à lunule—regarde, regarde donc, le dernier homme qui est venu visiter Marie nous l'avons pris pour un chevalier romain... Eh bien! ce n'était qu'un décurion, un pauvre décurion qui avait volé les chaussures de son chef. Le matin, il a payé en sesterces périmés, en sesterces du premier des Césars, du «*Mœchum calvum*» comme il disait en riant, ce bouc de sabbat, et j'ai dû garder ses sandales en gage...

—Le *Mœchum calvum*! exclama Jésus en jetant sur la porte des regards inquiets... Tais-toi, vieille, on pourrait nous entendre. Respecte l'autorité et les maîtres du monde... n'injurie pas César, surtout, redoute le Proconsul...

Et, marchant sur elle, il traçait dans l'air des signes d'exorcisme.

—Hors d'ici... hors d'ici, car Adonaï pourrait bien changer en crottin de mule les deniers d'or de ton fils Lazare, et, d'un voleur riche, en faire un gueux très pauvre...

La vieille, atteinte au creux de l'être par cette évocation sinistre, poussa coup sur coup deux glapissements de terreur; son rictus de cauchemar découvrit plus amplement ses maxillaires saigneux, un pleur résineux tomba de ses paupières dentelées en crête de coq, et, à reculons, elle s'achemina vers la porte, définitivement vaincue, non sans emporter toutefois, par crainte d'un larcin possible, un miroir d'argent niellé et une robe de lin astragalée d'or, cadeaux d'amour du vieux Caïphas à sa fille.

Alors Jésus tendit ses pieds pour l'ablution du soir. Dehors, des millions de topazes gemmaient le firmament qui enchapait la terre, comme toujours, de son pérennel et méprisant silence.

. . . .

. . . .

C'était le temps béni où l'éclat de rire des hommes venait en partie de renverser l'Olympe, où la plupart des dieux païens jonchaient déjà de leurs débris le sol civilisé. La Raison, fille du Portique, la Vertu, formulée par Zénon, allaient convier le monde aux agapes de paix et d'éternel amour. Mais un calembour imbécile, à peine digne d'un barbier de Suburre: «*Tu es Pierre, et sur cette pierre je bâtirai mon église*» prévalut sur Aristote. Mais la sanction du vol et du banditisme fournie par cette maxime: «*Rends à César ce qui appartient à César*», car César ne possède rien qu'il ne l'ait volé ou extorqué par la force, permit aux forbans et aux suppliciers de récupérer la Terre. Mais la lâcheté et le servilisme affirmés en cet apophtegme: «*Si tu as reçu un soufflet sur la joue droite, tends la gauche immédiatement*», étranglèrent la dignité humaine et eurent raison du stoïcien qui tenait la Nature en échec sur le granit aurifère de son âme. L'Occident, énervé par la superstition nouvelle, roula donc entre les jambes des barbares pour la saillie monstrueuse, et, pendant dix-huit siècles, l'humanité devait macérer dans la Ténèbre, le Mensonge et la Peur!

. . . .

. . . .

Le logis de la pécheresse n'était point sans luxe, ni même sans art. Son deuxième amant, un centurion qui rêvait, par le discours et la stratégie, de s'égaler au Grec Phocion, lui avait laissé, à son départ pour Rome, trois terres cuites, trois figurines de Myrina, plus une coupe signée par Euphronius lui-même, et dont les rouges silhouettes historiaient l'aventure de Thésée chez Amphitrite.

Des vases à relief et à lustre noir, des poteries et des hydries de Cumes, servaient aux soins de son corps. Des nattes fraîches recouvraient la mosaïque, près de laquelle, sur une console, parmi des pots de fard, des crayons d'antimoine et des lettres d'amour, s'encanaillait un manuscrit que Marie de Béthanie montrait volontiers à ceux qui lisaient les caractères grecs, et où le centurion prétendait, lui aussi, avoir configuré les véritables dieux. La table, ce soir-là, était frugalement servie d'une moitié d'agneau rôti, d'olives du Carmel et de figues de Chio, blondes et ambrées; dans trois lécythes de terre blanche odorait lourdement le vin noir de Syrie. Jésus, soucieux, avait mangé en silence et Marie, après l'avoir servi sans presque toucher aux mets, s'était assise à terre, s'appuyant à la tiédeur de ses genoux pour embrasser le bas de sa robe, chaque fois qu'il daignait baisser les yeux sur elle. Soudain, comme le sablier marquait la dixième heure, gagné sans doute par la quiétude du foyer, émollié par l'amour de la courtisane, ou se trouvant peut-être en une de ces minutes de découragement où le fond de l'âme remonte comme un flux irréfrénable aux lèvres des plus forts, Jésus parla:

—Je suis las, dit-il, femme, bien las. Les douze au retour de Bethsaïda ont perdu courage pour n'avoir pas réussi à immatriculer un seul esprit dans la foi nouvelle. Comme eux, je suis près de connaître la défaillance... Le doute, le doute affreux m'a envahi... Comprends-tu ce qu'un pareil mot veut dire pour moi? Jusque-là, je croyais tout savoir... Je croyais pouvoir tout expliquer avec les paroles jaillies du cœur. Je croyais que le sentiment devait être enfin victorieux. Un Grec aujourd'hui m'a montré que la raison seule est souveraine.

«Écoute-moi, m'a dit cet homme, comme j'enseignais près du mur aux prières, écoute-moi, bien que ma façon de discourir doive répugner à ta race illettrée, aux hommes dont tu es le frère et qui n'étaient point dignes du sacrifice de Prométhée.

«Je ne sais point parler sans préambule, et il me faut te dire pour donner quelque poids à ce qui va suivre que j'enseignai, jadis la Philosophie proche la fontaine de Callirhoë. Mon académie n'était point sans réputation, et j'allais définitivement bénéficier de l'épithète de Sage, lorsque j'eus le malheur d'improuver un Patricien puissant. Tu vois que je n'avais point droit au titre de Sage! Le Patricien fit fermer mon école, et j'aurais été réduit à la plus noire misère, si l'archonte au pouvoir, qui professait le scepticisme, n'était venu à mon secours et ne m'avait fait donner le poste d'œnopte, c'est-à-dire d'inspecteur des vins.

«Pour un philosophe, veiller à ce que le délire bachique de ses compatriotes soit de bon aloi me semblait plaisant, et j'admirais la prévoyance des dieux, qui fomentèrent la vigne afin que leurs créatures pussent, la bouche empâtée, bénir la vie, dire le plus de bêtises possible et oublier ainsi la scélératesse des Olympiens. Un jour, ivre moi-même, pris de vertige ou d'un prurit de sincérité, je dénonçai l'archonte mon protecteur, qui possédait des ceps en Achaïe, comme un vil trafiquant de breuvages adultérés, et j'allai même jusqu'à l'accuser de ne m'avoir nommé œnopte que pour pouvoir, en toute impunité, empoisonner la divine Athènes. Je dus m'exiler et devenir ici garçon d'étuve. Comme tout Grec, tu le sais, je puis être, tour à tour ou en même temps, grammairien, rhéteur, peintre, augure, mime, médecin, magicien, proxénète. C'est ce qui me vaut aujourd'hui le plaisir de dialoguer avec toi.

«Plusieurs fois déjà, je t'ai entendu te proclamer Dieu et prophétiser en ce sens. Tu es de bonne foi, évidemment. La croyance en ta divinité a dû germer en ton esprit, parce que tu t'imaginais parler autrement que le restant des hommes. Tu parles mal, crois-moi, tu ignores l'enthymème et le syllogisme, et tes gloses ne feraient pas une drachme sur l'Agora. D'ailleurs, si tu es Dieu, rien n'est plus facile à prouver. Tu dois en cette qualité connaître dans son plus petit détail la mécanique du monde. Explique-moi alors comment les étoiles tiennent dans le ciel sans crochets apparents et sont douées de régulières annulations? Quelle force les approche l'une de l'autre, sans qu'elles viennent jamais à se heurter, et les éloigne ensuite en leur faisant décrire des orbes que d'aucuns prétendent avoir calculés? Définis, analyse l'air, l'eau, le feu, le mouvement, la procréation. Pythagore affirme que le soleil est immobile parce qu'il est 1. Es-tu de son avis? Le Dieu ton père n'a pas manqué de t'enseigner tous les secrets que recherchent vainement les hommes, et tu pourrais m'apprendre pourquoi un corps lancé dans les airs ne suit pas toujours l'impulsion première et retombe immuablement vers le sol... Tout cela prouverait autrement ta divinité que tes hyperboles mal construites... Ton père doit être un fameux géomètre, crois-tu que les propositions d'Euclide sont justes?»

Jésus s'était levé et marchait dans la pièce...

—Cet homme avait raison, confessa-t-il. Je ne sais rien, rien, ou si peu! Je lui répondis néanmoins par une parabole:—En ce temps-là, les hommes orgueilleux désiraient la Science, mais Dieu leur envoya son fils qui leur apporta l'amour... Cependant mon contradicteur, paracheva le Nazaréen, de la voix qu'il devait retrouver plus tard dans sa passion, devenait sarcastisque et la foule, visiblement, était pour lui.—«Pose tes métaphores et réponds-nous sans fioritures... Tu n'es pas Dieu, puisque tu ne connais rien à la création et te défiles en mauvais rhéteur...»—Oui, oui, il n'est pas Dieu, grondait le peuple menaçant. Des pierres volaient vers moi; déjà les vieilles femmes commençaient à me lancer des excréments... Je dus fuir... fuir, pendant que le Grec, grimpé sur une borne, proférait la terrible, l'épouvantable parole que je redoutais depuis tant de jours, et qu'il avait trouvée, lui...

«Pourquoi le Dieu, ton père, qui pouvait faire le monde heureux et bon, l'a-t-il fait douloureux et scélérat? Est-ce qu'un homme, un simple humain, coupable d'un pareil crime ne serait pas digne de toutes les malédictions? C'EST NOUS AUTRES, LES CREATURES, QUI AVONS LE DROIT DE JUGER LE CREATEUR, ET NON PAS LUI... Arrière, imposteur! Tu dis venir nous racheter après que ton père nous a vendus. Qu'est-ce que c'est que cette vente monstrueuse et que ce rachat stupide? On voit bien que tu es d'Israël, à qui toujours les termes du négoce viennent à la bouche, que tu es de la race de Sem, éternellement vouée au commerce et à l'usure!»

Une suette d'angoisse secouait Jésus frissonnant... une exprimable détresse faisait transsuder son front d'une rosée fumante... Ah! n'être qu'un homme, rien qu'un homme, avoir le droit d'être faible, ignorant et lâche! ne plus agir, rêver! ne plus parler, aimer! Et ses deux mains tombèrent aux épaules de la fille, soudain dressée devant lui.

Un ressac de joie délirante et folle venait de chavirer l'âme de Marie de Béthanie. Elle comprit que son rêve, son rêve si longtemps caressé, touchait à sa réalisation. Depuis qu'elle le connaissait, pour le conquérir à jamais, elle désirait un enfant du Nabi, un enfant qui serait blond comme elle, et, plus tard, sentencieux comme le père. Ainsi, elle le posséderait jusqu'à la mort. La maternité, estimait-elle, lui serait facile, car antérieurement elle avait failli concevoir des œuvres d'un scribe de l'Ethnarque. Mais sa mère, experte aux simples qui délivrent, avait résolu facilement la conjoncture improfitable au commerce charnel. Son ventre, frotté d'aromates, poli comme un albâtre pentélique, était donc resté sans rides, et ses seins n'étaient pas bagués à la pointe des larges cernes bleuâtres qui éloignent les lèvres de l'amant. Elle offrait tout cela à Jésus. Elle consentirait avec joie à moins de beauté si la vie qu'il éveillerait en ses flancs pouvait l'unir à lui, indissolublement.

La chair grumelée sous le feu qui ardait du profond de sa féminéité, dans l'envol de sa chevelure cinglant la pièce de parfums âcres, elle clama, les bras au cou du Nazaréen, accolée à lui de tout son être:

—Prends-moi, possède-moi, rends-moi mère, et que tu m'appartiennes à jamais!

Ivre à son tour de volupté réflexe, le thaumaturge chancela, pour descendre vertigineusement, en une seule minute, jusqu'au fin fond du gouffre où le Désir est roi. Pour la première fois, il comprit qu'il venait d'être confronté enfin avec le seul, avec l'unique, avec le véritable Dieu, avec Celui qui enfante la Vie dans la lumière et les étreintes, dont la flamme immortelle galvanise les mondes et régente l'Univers, avec le Désir, tour à tour Créateur, Unité et Absolu. Sur l'holocauste de son orgueil, Jésus pleura; deux larmes ravinèrent ses joues, deux larmes qu'il offrit comme rançon expiatrice aux hommes que, sans l'amour de cette fille, il était sur le point de tromper. Avec son seul vouloir, à l'aide de la Raison indéfectible contre quoi tout attentat est inexpiable et vain, l'humanité accéderait peu à peu à la divinité du Savoir. Et Jésus ouvrit les bras pour étreindre la femme, ouvrit les bras pour la posséder.

Mais on frappa à la porte, et l'homme de Bethléem se recula.

—Accès du seuil au noble Valerius Livianus, mon maître! disait une voix impérative.

C'était en effet le riche Valerius Livianus, tribun militaire et cousin du Proconsul, qui venait rendre visite à Marie de Béthanie. Quatre Nubiens, aux cheveux cotonnés, aux muscles de bronze frissonnant, soulevaient sa lectique aux rideaux de pourpre, et son intendant, précédant les esclaves, heurtait l'huis de sa baguette d'ivoire, afin de discuter avec la pécheresse le prix de la nuitée de son maître: car Valerius Livianus était économe et l'affranchi soucieux de ne perdre aucun courtage. La mère de Marie s'insinuait derrière le Romain, tout heureuse de l'aventure qui la vengeait du Nazaréen, Un ricanement victorieux accentuait l'hiatus de sa denture, et, comme le vin au miel qu'elle avait bu chez la voisine avait ajouté à son habituelle force d'invectives, Jésus, sous une nouvelle ventée, sous un raz de marée d'anathèmes, disparut par le jardin.

Il allait vers le Golgotha; le monde était perdu!

A nouveau, M. Éliphas de Béothus, ayant terminé la lecture de son petit conte, sollicitait une pastille de maître Pompidor, et ce dernier, avec une bonne grâce qui ne défaillait pas, lui passait le drageoir. Un silence tombal planait dans la salle, un silence d'hypogée que seul un prêtre—qu'on était du reste en train d'expulser sur l'ordre du président—avait troublé en protestant à haute voix contre les atteintes portées à la mémoire de Celui dont il était ici-bas le voyageur de commerce, et pour le compte duquel il louait des chambres dans le paradis.

Placidement, l'accusé attendit que le double tambour de la porte se fût refermé sur le placier en miséricorde, et, le geste toujours élégant, la voix sans trouble, il repartit...

—Trois mois d'arrêts furent la récompense de ce talent littéraire et subversif exhibé en famille, trois mois de dure geôle que je passai sans livre, sans papier, sans le réconfort d'une parole amie, mais aussi sans professeur ni jésuite. Au sortir de ma forteresse, je reçus des mains d'un fonctionnaire une feuille de route pour un régiment de cavalerie, où je devais être immatriculé comme cadet. L'envie de m'enfuir, de gagner l'étranger, de vivre au loin d'une libre vie, me vint, mais où aller, puisque j'étais sans ressources aucunes et totalement inapte à me créer des moyens d'existence? J'obtempérai donc, et pendant sept ans, donc cinq d'épaulettes, j'existai parmi les patriciens à sabretaches et à éperons. Mon Dieu! que j'en ai entendu des bêtises, d'outrageantes bêtises, des niaiseries vingt fois vomies et remâchées parmi ces hommes à belliqueuses moustaches dont tout le savoir-faire est orienté vers l'alcôve et l'écurie! Et le plus fort était ceci: lorsque je m'efforçais de montrer à mes soldats, aux cavaliers de mon peloton, quels sots et prétentieux mannequins, quels scurriles fantoches étaient les officiers, mes collègues, ils ne me croyaient point.

Lorsque je leur disais que le plus brillant d'entre eux était certes mieux obturé que le plus hébété des gardes d'écurie, ils reculaient et baissaient les yeux, mal à l'aise. J'avais beau leur démontrer que le dernier des humains pouvait quelquefois penser par soi-même, conquérir, de par son propre entendement si mince fût-il, une parcelle de vérité, et l'officier jamais, car celui-ci pensait toujours à l'aide des idées toutes faites, des idées de sa caste ou de son école; j'avais beau m'acharner à faire vingt fois la preuve de tout cela, les malheureux balbutiaient et se reculaient apeurés et tremblants. Sans doute, l'hérédité d'esclavage était trop forte pour qu'ils pussent jamais se libérer. Sans doute, croyaient-ils que mon intention était de leur soutirer quelque parole d'approbation pour, ensuite, les faire passer au Conseil de guerre. Alors je m'acharnais, car je venais de lire Tolstoï et Ibsen et je voulais réaliser leur morale. A l'encontre de mes égaux ou de mes supérieurs, je m'étais de suite montré humain avec mes hommes, et maintenant une rage de fraternité m'emportait vers eux; je les traitais comme s'ils eussent été de mon propre sang, je leur parlais amicalement, me faisant conter leur vie; je leur distribuais non seulement tout l'argent de ma solde mais encore la plus grande partie de ma pension; je leur répétais dix fois par jour, peut-être, que j'étais officier malgré moi, et que je ne me reconnaissais pas le droit de leur donner des ordres, car nul n'a le droit légitime de commander à son semblable, ici-bas, rien n'y faisait. J'élevais ensuite le débat, espérant mieux me faire comprendre. Je définissais la Patrie, telle qu'elle aurait dû leur apparaître, la Patrie qui ne leur a jamais concédé aucune justice, mais qui, à chaque instant, confisque leur travail, leur liberté et même leur vie. Je leur disais que la Patrie c'était la somme des profits, des privilèges et des jouissances des riches, qu'eux qui ne possédaient rien devaient se désintéresser des querelles que la Patrie pouvait avoir avec les Patries d'à-côté. En quoi cela pouvait-il leur importer que le Français, le Germain ou le Slave triomphât chez eux, puisque toujours ils seraient pareillement exploités. Si les puissants et les satisfaits, en un moment donné, voyaient leurs biens menacés par l'envahisseur, ils n'avaient qu'à les défendre eux-mêmes, à combattre jusqu'à la mort, à mettre à jour de l'héroïsme, sans pousser à l'abattoir les multitudes qu'ils ont dépouillées et qu'ils maintiennent dans l'ignorance et la servitude. Puisqu'au sens des exacteurs, la gloire est une belle chose, et que les prouesses guerrières ennoblissent un peuple, pourquoi ne la réclamaient-ils pas pour eux seuls et réservaient-ils aux autres le soin d'accomplir les hauts-faits? J'ajoutais que, dans quelques siècles, jamais les historiens ne pourraient reconstituer l'état d'âme des foules misérables, des foules asservies et spoliées ne connaissant que l'endémique famine, et qui, cependant, sur un signal donné par un gouvernement, couraient s'égorger, de frontière à frontière, pour défendre le bien de leurs oppresseurs et assurer ainsi la pérennité du joug qui les écrasait. Tout était inutile, pas un œil ne brillait dans la joie de concevoir enfin la vérité et la dignité humaine; pas un front ne se relevait fier et libre parmi la double rangée de têtes rasées que j'avais devant moi. Non, ils ne pouvaient pas comprendre: la classe dont ils relevaient étant asservie depuis toujours; ils ne pouvaient pas m'entendre, car il leur était impossible de croire à la loyauté de mes intentions. J'offris de partager entre eux la moitié de ma fortune afin qu'ils pussent fuir, déserter, vivre heureux au loin, et ils restèrent muets et terrifiés. C'est un fou, pensaient-ils, ou bien c'est un scélérat. Tous redoutaient quelque effroyable traîtrise, tant il leur semblait insolite qu'un grand de la terre pût venir un jour à les plaindre ou à les secourir.

Et moi, rentré dans ma chambre, je pleurai tout seul parmi l'interminable nuit, car j'avais compris enfin que, quoi que je fisse, je ne serais jamais aimé, que je venais de trop haut pour être adopté par les humbles, que je pourrais être bon, pitoyable et généreux, nulle affection sincère ne s'approcherait de moi; j'avais reconnu qu'il était dans la destinée des puissants de toujours semer autour d'eux la haine, la peur ou la défiance, et que l'amour véritable ou l'amitié désintéressée leur avaient été équitablement refusés par la Fortune, jalouse de leur faire payer de cette affreuse rancœur les privilèges abominables du pouvoir et de l'argent.

Alors, à quelque temps de là, un soir de l'an 1889, je pris mon sabre d'ordonnance, mes épaulettes, mes croix, mes parchemins, et j'allai jeter le tout dans les latrines, seul reliquaire approprié à ces reluisantes ordures. Puis je m'expatriai; je courus le monde; je fis des conférences; j'écrivis dans les journaux; je stigmatisai le ridicule, l'infamie, la malfaisance du milieu en lequel j'avais été élevé. Je restituai, en toute sa réalité, à l'aide de la parole et de l'écriture, le vieux décor dont je m'étais évadé, le décor anachronique qui n'abuse plus personne, les figurants ni les spectateurs. Moi qui sortais du sein de cet abominable organisme, moi qui aurais pu y vivre toujours avec les bénéfices et les apanages qu'il confère à ses élus, j'en dénonçai le mensonge et la scélératesse; j'exhortai tous les hommes à s'unir, à fédérer leurs volontés, à surmonter un moment leurs dégoûts, leurs nausées, pour enfouir, d'un seul effort, ce vertige tenace, cet excrément maléfique du passé. Les bourgeois me considéraient bouche bée.

—C'est un dément, disaient-ils, comme mes anciens soldats. Car vous entendez bien, ils ne pouvaient pas penser, eux aussi, que je fusse sincère ni lucide. Ils avaient besoin de croire à ce dogme social, au principe d'autorité, au principe de droit divin; ils avaient besoin de révérer ce hideux et vétuste édifice d'exaction et de s'aplatir devant lui, malgré moi qui m'en étais évadé, malgré moi, archiduc, prince du sang, qui leur en faisais subodorer le souffle délétère, la peste de mort et de ténèbre.—Il parle de République, de Fraternité, de Justice, de Pitié, arrêtez-le, au bagne! à l'eau! à mort l'anarchiste! Ah! s'ils avaient été à ma place, eux, ils n'auraient pas quitté le bateau..., non; ils auraient plutôt renforcé le nombre des forçats qui rament dans la chiourme, ils auraient plutôt calfaté avec des cadavres les voies d'eau que la Raison a faites à la galère maudite.

Malgré tout, je ne me décourageai pas, et puisque les hommes ne voulaient pas de la Vérité et de la Justice, je résolus de faire fumer quelque encens personnel sur les autels de ces deux déesses diffamées. Écoutez bien ceci: moi, apparenté à des rois, je devins l'ennemi des rois, et je fondai, là-bas, en Amérique, un collège où, pendant dix années, l'on enseigna l'assassinat des tyrans. Puis, je fis mieux encore lorsque j'en vins à reconnaître que cette œuvre était inutile. Oui, tant ma soif d'équité et ma volonté de supprimer la douleur étaient surhumaines, je voulus détruire la Terre et la précipiter dans le Néant consolateur avec sa cargaison de damnés, d'imbéciles, de bourreaux, de tortionnaires et d'esclaves, avec ses multitudes de suppliciés qui ne peuvent pas s'abstenir de perpétuer la souffrance en perpétuant la vie monstrueuse. Et si l'homme de génie qui devait machiner la catastrophe libératrice ne s'était pas senti faiblir, ne s'était pas suicidé un mois avant qu'elle fût à point, je ne serais pas sur ce banc, et vous n'auriez point le loisir, Messieurs, de me considérer tous, présentement, avec des yeux plus larges que des hublots de transatlantique et des maxillaires qui pendillent lamentables, comme de vieilles montures de porte-monnaies.

Désâmé, rejeté en dehors de mon axe d'intelligence par l'effondrement, la chute à plat de ce dernier espoir qui était mon unique raison de vivre, je fus surpris, emporté comme un fétu par les vents alizés, par le mousson de sottise qui balaient les vastes espaces de la mentalité humaine. De l'infini éthéré où m'avait hissé mon sublime concept, je culbutai d'un coup dans les marécages des attirances, des mobiles et des désirs normaux. Je déférai au stupre, au rut, à la salacité, aux braiments sentimentaux, à tout ce qu'en un mot, vous appelez l'amour. C'était sans doute le pénultième désastre que la vie me réservait. D'avoir promené mon corps, ainsi qu'une varlope frénétique sur l'académie de trois ou quatre femmes, je crus que mon cœur, mon cerveau, mon âme allaient exploser sous les déflagrations d'une panclastite de dégoût et d'effroi. Ah! elle est délectable et vaut d'être recherchée, la plus grande des voluptés humaines.

Parlons-en! Comme je vous le disais tout à l'heure sous une autre forme: brouter les chardons du platonique ou bien grouiner dans l'auge sensuelle; évacuer immédiatement toute intelligence, constater en soi la subite intrusion d'une frénésie démentielle qui saccage l'organisme, annihile la volonté et passe les muqueuses au rouge incandescent; sentir son épiderme s'enflammer et crépiter comme une allumette suédoise; gesticuler telle une grenouille touchée par le fil électrique; brasser des sueurs fétides d'aisselles; se rouler dans les pestilentes odeurs du delta périnéal; puis, tout à coup, libérer, du bain-marie des reins où elle mitonnait insidieusement, l'affreuse liqueur qui donne la vie. Évidemment, ma lymphe, trop subtile, épuisée par une permanente consanguinité, adultérée par les successifs incestes d'une lignée vieille de quinze siècles, m'avait fait percevoir ces horreurs qui vous sont parfaitement agréables, Messieurs, et réalisent pour vous, de la puberté à la mort, le superlatif du plaisir. Et c'est alors qu'après m'être acharné, qu'après avoir cru un moment au mensonge de l'art: putréfaction égale à toutes les autres putréfactions humaines, après avoir fait tout le possible, en un mot, pour, comme mes semblables ici-bas, m'amuser d'un hochet ou désirer n'importe quoi, fût-ce une immondice, je sentis s'introduire sournoisement en moi le goût du sang, le besoin du crime. Après avoir quitté le palais de mes pères, après m'être débarrassé de ma livrée d'officier, j'avais cru m'évader, me libérer définitivement, devenir un être sain et fort, me transmuer en juste, en rentrant dans la société de mes congénères. Eh! bien, non! cela n'était pas possible, toujours je devais rester ce que j'étais: un patricien, un aristocrate, un dégénéré élaboré pour opprimer les foules et non pour les secourir. Ma pitié, ma soif de vérité, mon amour des déshérités, mon besoin effréné de lumière et de justice, admirables chez autrui, étaient condamnés, de par ma naissance, à n'être en moi qu'insanes ou ridicules. Puisque j'avais répudié la carrière d'exaction; puisque je n'avais pas consenti à être un *chef*, il aurait fallu me suicider sur l'heure, car autrement, *je ne pouvais être qu'un monstre.* Je ne pouvais plus redevenir un homme. Toujours, je devais errer sans mesure, toujours je devais aller du génie cimmérien à la folie meurtrière, pour finalement retourner, en la diversifiant un peu, à l'imbécillité de mes ancêtres.

Pareil à un aérolithe qui s'est volontairement détaché par dégoût d'une planète scélérate et qui vagabonde sans guide dans les nuits sablées d'or, parmi le pollen des étoiles, j'étais astreint à errer, désorbité, jusqu'à ce que je vinsse m'écraser sur un centre d'attraction aussi horrifique que le premier. L'hérédité me commandait de mentir, de duper, de tuer; une âme de carnassier, quoi que j'entreprisse, devait me remonter aux lèvres, parce que j'étais fils de rois... oui, entendez-vous, fils de rois, parce que j'avais derrière moi, dans les ténèbres du passé, une ascendance de potentats fourbes et menteurs, de carnassiers absolutistes et d'hommes de proie couronnés. Le sort m'avait destiné à être un Malfaiteur acclamé, et si je m'étais mis en marche vers une morale supérieure, si j'avais résilié le pacte infâme, rien ne pouvait étouffer dans mon esprit et dans mon cœur le levain congénital qui, sournoisement, les gonflait, pour, finalement, les faire éclater. A la mamelle sainte de Pitié et d'Amour, tu ne boiras jamais, m'avait dit la Nature, car tu es engendré d'un tyran, et, malgré tout, devant la détresse et la misère du Monde, j'avais approché mes lèvres, et mes lèvres s'étaient gelées avant que j'eusse fini de me désaltérer à la source bénie. Bien que tu eusses la volonté d'être bon, la conclusion de ta vie ne sera jamais la Bonté, avait-elle ajouté. Et moi, stupide, dans une minute d'espérance, j'avais cru fuir, m'échapper, libre, secourable, heureux, reconquérir mon autonomie d'être pensant, m'affranchir de l'opprobre, éviter les souillures du Pouvoir, devenir un sage! Ce n'était qu'un leurre. Toujours, l'inexorable Destinée devait me réintroduire de force dans le cycle monstrueux que j'avais osé franchir un soir de ma jeunesse. Vainement, je m'étais révolté; vainement je m'étais efforcé, avec des râles et des cris d'épouvante, d'exterminer ma personnalité profonde, celle que m'avait léguée mes aïeux. Tout avait été illusoire et vain. Où que j'allasse, quoique je devinsse, j'étais marqué pour créer de la souffrance, pour jouir de la douleur, faire couler le sang et être malheureux. Fils de rois j'étais... Fils de rois, je devais rester... et il n'était pas en mon pouvoir d'échapper au mensonge et au crime...

Messieurs, je suis l'archiduc Salvador qui prit un jour la mer, sur le brick *la Marguerite*, et disparut sous le nom de Jean Orth...

Et ce que l'accusé avait vaticiné se produisit alors. Le Président des Assises se dressa dans un geste si violent que sa robe, s'arrachant à l'épaule, découvrit un tricot de laine, un vieux gilet de chasse lie de vin qu'au lieu et place d'un veston il portait sous sa toge, par économie sans doute. Un triangle de chemise, ponctué des maculatures séniles du café et du tabac à priser, apparut par surcroît. D'une voix étranglée par la terreur et qui avait perdu la majesté congruente aux solennels débats, il criait, pendant que ses deux assesseurs se démenaient, eux aussi, éperdus, boxant l'air de leurs poings désordonnés.

—Gardes... gardes... faites évacuer la salle... l'accusé est fou... l'audience est suspendue.

FIN.

NOTES

[1] *Recueil de mes discours parlementaires*, Truculor.

[2] M. Laurent Tailhade, à qui j'avais lu quelques feuilles de mon manuscrit, a bien voulu faire à ce passage le très grand honneur de l'intercaler dans un de ses articles.

[3] Voir la collection de ce journal à l'époque indiquée.

Milton Keynes UK
Ingram Content Group UK Ltd.
UKHW010710240424
441619UK00004B/421